Theoretical Research
and Practice of Judicial Funding

司法经费
理论研究与实践

唐虎梅·著

人民法院出版社

图书在版编目（CIP）数据

司法经费理论研究与实践／唐虎梅著 . -- 北京：
人民法院出版社，2022.6
ISBN 978-7-5109-3518-3

Ⅰ. ①司… Ⅱ. ①唐… Ⅲ. ①司法-经费-研究
Ⅳ. ①D916

中国版本图书馆 CIP 数据核字（2022）第 089185 号

司法经费理论研究与实践　　著

策划编辑	韦钦平
责任编辑	刘晓宁
执行编辑	沈洁雯
封面设计	鲁　娟
出版发行	人民法院出版社
地　　址	北京市东城区东交民巷 27 号（100745）
电　　话	（010）67550572（责任编辑）　67550558（发行部查询） 　　　　　65223677（读者服务部）
客 服 QQ	2092078039
网　　址	http://www.courtbook.com.cn
E - mail	courtpress@ sohu.com
印　　刷	天津嘉恒印务有限公司
经　　销	新华书店
开　　本	787 毫米×1092 毫米　1/16
字　　数	385 千字
印　　张	23
版　　次	2022 年 6 月第 1 版　2022 年 6 月第 1 次印刷
书　　号	ISBN 978-7-5109-3518-3
定　　价	79.00 元

序

看了虎梅同志的这本书，十分欣喜，也十分钦佩。

欣喜的是，我在司法系统工作三十多年并分管过多年司法经费工作，很少看到对司法经费方面的研究文章，更未见到系统全面研究司法经费理论与实践的书籍。这本书的面世，应该说填补了这一空白。书中既对司法经费的基本理论问题进行了研究分析，又对司法经费的主要实践问题作了全面展示；既对国内司法经费的体制、保障和管理情况进行了系统研究梳理，又对部分不同类型国家和地区司法经费的相关情况进行了客观介绍及比较分析。这些内容实用性很强，无论是对各级各类司法经费工作的实务者，还是对社会上关注司法经费工作的研究者，都是十分难得和宝贵的资料，对进一步加强司法经费保障和管理工作、推动司法事业更高质量发展具有重要的作用。

钦佩的是，本书篇幅虽然不长，但研究全面系统、理论实践结合、涉猎广泛丰富。既涉及财经领域，又涉及司法领域，还涉及管理领域；既有对历史和现状的系统研究，又有对未来发展趋势的展望分析，具有较高的学术价值和现实指导意义。这一成果不是一朝一夕所能取得，而是需要潜心研究、长期积累、久久为功。虎梅同志工作一向勤勉，做一行、钻一行、精一行，担负了"务实者、研究者、推动者"三元角色。作为务实者的虎梅同志，无论是在财政工作岗位，还是在法院工作岗位，始终辛勤耕耘、精益求精，力求将司法经费的每一项工作做得尽善尽美。作为研究者的虎梅同志，善于深入探索，在忙碌的工作之时，自己动手写作司法经费类重要工作报告40余份、发表文章30余篇，研究报告和文章的意见建议很多形成了司法经费改革、保障及管理的全国性政策制度运用和指导实际工作。作为推动者的虎梅同志，2008年前，推动了1998年"政法机关不再从事经商活动"后财政经费保障工作的政策制定和贯彻落实，1999年后

"中央政法补助专款"规模的增加及管理工作的加强，司法各部门公用经费保障标准的制定落实，"中央补助人民法院办案专款"的设立，以及 2009 年"政法经费保障体制改革"方案的研究设计等工作，推动全国司法经费保障工作实现了跨越式发展；2009 年后，推动了人民法院经费保障体制改革、省以下法院财物统管改革、加强和规范人民法院经费财务管理等一系列工作，将法院经费工作提升到全新的高度。1998 年至 2020 年的 20 多年，是司法经费改革变化最大的时期，也是司法事业大发展的时期，作为一直身处管理全国司法经费工作一线的人员，能做好"三元角色"中的一元已属不易，能同时做好这"三元角色"实属难能可贵，其间的付出和辛劳令人钦佩。

新时代，平安中国、法治中国建设需要司法部门更多的担当作为，司法经费作为保障司法部门依法履行职能的物质基础，需要更好的理论引领和实践推动。我相信，《司法经费理论研究与实践》一书能为我们开启一扇窗，让更多的人系统了解司法经费实践全貌、更加关注司法经费理论研究，为进一步做好司法经费工作贡献智慧和力量。

第十二届全国人大法律委员会副主任委员

最高人民法院原副院长 苏泽林

2022 年 5 月

前　言

我自 1998 年开始从事司法经费方面的实际工作，至今已有二十余年。1998 年至 2008 年的 10 年，在财政部主要从事宏观层面的司法经费工作；2009 年至 2020 年的 12 年，在最高人民法院从事中观及微观层面的法院经费工作。在工作中，既要组织执行各项政策制度、保障司法部门经费需要，又要研究制定相关政策制度、指导全国司法系统经费工作开展。1998 年以来的 20 多年，是司法改革和事业发展变化巨大的时期，在司法经费工作中不断遇到新情况、新问题，需要及时研究解决；也经历了 1998 年"政法机关不再从事经商活动"后经费保障政策调整、2009 年"政法经费保障体制改革"及 2013 年"省以下法院检察院财物统管改革"等司法经费历史上三个重要的改革发展时期，一系列司法经费改革、保障及管理政策措施需要研究制定。如何使司法经费保障管理措施切实有效、改革政策方案切合实际，是很大的难题，也是重大的课题。

司法经费工作的过程，反映了司法事业发展的过程。司法经费政策的变化和完善，伴随着司法工作需要、经济发展状况、对司法工作的认识水平和重视程度以及治理理念和能力的变化等众多因素。作为司法经费工作者，需要系统、全面、深入了解司法工作、财经工作情况，综合运用经济学、管理学及法学等知识，研究制定政策制度、推动实施各项工作。在本人 20 多年司法经费工作实践中，虽然对不同时期遇到的新情况、新问题进行过深入研究、思考和探索，也撰写过工作报告并发表过文章，对当时的工作起到了推动作用，但感到一篇文章、报告只是对某一问题的专题分析研究，对司法经费的全貌展现及追根溯源远远不够。囿于司法经费工作的特殊性，理论界、学术界对此研究较少，可供学习借鉴的资料也不多。在全面实施依法治国、全面建设社会主义现代化国家新征程中，司法部门担负的责任更加重大、任务更加艰巨，为司法部门履行职能提供物质基础的司法经费工作，有很多新问题需要破解，有很多新课题需要研究。将本人多年司法经费工作实践积累和研究探索进行系统梳理，通过对我国司法经费历史和现实的全面研究及对不同国家和地区司法经费情况的比较研究，寻找出司法经费工作的规律，为司法经费实务工作者提供一个工具、为司法经费理论研究者提供一点资料，促进我国司法经费工作高质量发展，更好地保障司法工作需要，是写作本书的初心和动力。

本书共分六章，依次是司法经费概述、不同国家和地区的司法经费、司法经费体制、司法经费保障、司法经费管理及司法专项经费。第一章是对司法经费基本内容及研究意义的简要阐述，第三章至第六章是对中华人民共和国成立以来特别是改革开放以来我国司法经费体制、保障及管理实践的系统总结，以求完整展示我国司法经费的现状及发展趋势。本书用了较大篇幅对国际上有代表性的国家及我国港澳台地区的司法经费相关情况进行了介绍，并研究分析其特点，作为第二章内容，旨在为我们的司法经费改革和发展提供有益借鉴。此外，选取了不同时期本人单独或合作撰写发表的对司法经费研究的5篇文章，作为附录与读者分享，也从一个侧面反映司法经费理论研究与实践的过程。

书中内容有些是我新近研究所得，有些是在多年司法经费工作实践中的思考探索，有些是数次组织及参加对有关国家和地区实地考察的研究总结，还有些是对相关书籍资料的学习归纳整理。本书在写作中，既有对司法经费基本情况、主要政策的介绍，又有对司法经费工作规律、发展趋势的分析总结，力求由表及里；既有对司法各部门经费的全面研究，又有对法院经费的重点研究，做到点面结合；既对相关问题进行系统全面介绍，又在不同章节中插入实例，延伸展示相关研究和实践成果。

本书从筹划到形成，得到了不少新老同事的鼓励、支持和帮助，在此一并致以衷心感谢！还要感谢20多年来与我一起在司法经费工作中并肩作战的各级财政、司法部门的同志，在许多重要的经费改革和政策研究制定过程中，汇聚了全国不少司法部门、财政部门的实践经验，凝结了很多地方各级财政部门、司法部门的领导及司法经费工作人员大量的智慧和心血，不少同志与我一起为了一项政策、一个条文、一段字句，日夜研讨、精雕细琢，提供了改革方案和政策建议，也给本书积累了扎实的素材。特别要感谢老领导苏泽林副院长对本书审阅并作序！本书内容均为个人观

点，限于精力和水平，难免遗漏甚至偏颇，期待能够抛砖引玉，有更多的
人研究、关心、重视司法经费工作。

唐虎梅

2022 年 5 月于北京东交民巷 27 号

目　录

第一章　司法经费概述

第一节　司法经费的含义及特点

一、司法经费的含义

司法是国家司法机关依照法定职权和程序，具体应用法律处理案件的专门活动。司法机关有狭义和广义之分。狭义的司法机关仅指审判机关，广义的司法机关包括审判机关、检察机关、司法行政机关、警察机关及监狱机关等。

司法经费是指各级公安机关、国家安全机关、司法行政机关（包括监狱机关）、审判机关、检察机关行使职能所占有和消耗的费用支出。

长期以来，我国司法实践中，习惯于将上述机关统称为"政法机关"，其所需经费也随之称为"政法经费"。从国际情况看，一般将司法机关专门界定为审判机关和检察机关，公安、国家安全、司法行政机关属于行政机关。近年来，特别是党的十八届三中全会将"推动省以下地方法院、检察院财物统一管理改革"作为深化司法体制改革的重要举措后，我国学界开始将司法机关专指法院和检察院。为研究方便并遵从习惯，本书所述司法机关（政法机关）和司法经费（政法经费）包括上述五个机关，将专门涉及审判机关和检察机关的内容以司法机关（法院、检察院）和司法经费（法院、检察院经费）表述。同时，因国家安全机关经费工作的特殊性，书中除专门表述外，均不含此内容。

二、司法经费的特点

司法经费是保证司法机关正常运转所必须的费用。它具有两个显著特点：一是属于维持性支出，它主要用于各级司法机关从事司法工作所必须的公务性开支以及由此而附带产生的工作人员个人经费，是国家财政为了保证国家机器的存在和运作的支出，与国家财政支出中的另外两类支出——经济性支出和社会性支出有很大的区别；二是支出具有稳定性，司法机构的设置体现了国家在既定时期维护国家政治稳定和社会安定工作的实际需要与国家各级职权之间的职能划分，需要经过一定的法律程序，一经确定就不能随意变更，为维持其需要的经费支出也相应稳定。

司法经费的上述两个特点，决定了在财政支出的安排上应保持连续性，也就是说，无论任何时期、财政支出的规模如何，司法经费都是必须首先要保证的。[①]

第二节　司法经费的地位和作用

司法经费是国家财政支出的重要组成部分，是政府将集中于国家预算的资金按照一定的政治经济原则和国家相关司法工作政策，分配、运用于司法机关履行职能所必要的物质保障，是实现国家职能的重要手段，对保障国家机器正常运转及司法机关有效履行职责具有基础性作用。

一、司法经费是维护司法公正的经济保障

公平正义是司法工作的生命线，也是社会和谐稳定的基石。然而，公正要以一定的物质保障为基础，以一定的物质付出为代价。依据国家法律、法规和相关财经制度以及经费保障政策规定，为司法各项工作提供基本的经费保障，对于维护司法公正至关重要。

二、司法经费是保障司法机关依法履行职权的基本条件

司法机关担负着巩固共产党执政地位、维护国家长治久安、保障人民安居乐业、服务经济社会发展的神圣使命。为此，司法机关需要配置一定的人员、装备、办公办案场所，消耗一定数量的办案业务及工作运行经

---

① 唐虎梅：《国家行政经费与国家财政支出关系研究》（上）、（下），载《财政研究》2002年第11期、第12期。

费，这都属于司法经费支出的范围。可见，司法经费是保障司法机关依法履行职能和各项工作顺利进行的必要基本物质条件，是司法保障最重要、最基础的一项内容。

三、司法经费是司法人员职业活动的唯一待遇保证

司法机关代表国家行使司法权，司法人员在国家公职人员中居于特殊地位，承担裁断是非、定分止争、阻止犯罪、保护安全等重要职能，地位崇高、责任重大。司法人员为国家服务，只应接受国家给予的报酬，而不应接受其他任何机关、个人的馈赠和物质奖励，也不应参与其他任何形式的经济活动。可见，由国家安排经费为司法人员提供合适的经济待遇保障，是依法行使司法职权、确保司法公正的内在要求。

四、司法经费是司法事业高质量发展的物质基础

"兵马未动，粮草先行。"充分的物质保障始终是进行一切活动的根本，司法机关履行职责需要稳定的经费保障作为前提条件。推动司法事业高质量发展，既是司法机关自身建设的要求，也是国家、社会以及广大群众对全面推进依法治国、建设法治国家的期待。司法经费作为开展司法业务工作的必备条件，在促进公正司法、规范司法管理、深化司法改革、推进司法文化建设、加强基层基础等工作中都发挥着重要的作用。将司法经费保障与司法业务结合起来，共同部署、共同实施，是促进司法事业协调高质量发展的重要环节。①

第三节　司法经费的理论研究

一、司法经费理论研究的主要内容

司法经费涉及面广、政策性强，对司法经费的理论研究，可以从不同

---

① 本节有关内容根据苏泽林主编：《司法行政管理改革的路径与成效》（人民法院出版社2013 年版）部分内容归纳整理。

角度开展。本书立足于对中华人民共和国成立以来特别是改革开放以来我国司法经费实践的系统总结，结合对不同国家和地区司法经费情况的比较分析，从司法经费概述、不同国家和地区的司法经费、司法经费体制、司法经费保障、司法经费管理及司法专项经费六个方面，对司法经费理论进行研究。

司法经费概述对司法经费的基本内容及研究意义作简要阐述，为本书总览；不同国家和地区的司法经费通过对国际上有代表性的国家及我国港澳台地区司法经费相关情况介绍，研究分析其特点及对我们的借鉴意义；司法经费体制是司法经费的最基本制度，决定各层级政府对司法经费的承担责任及方式；司法经费保障是司法经费体制在司法经费工作中落实情况和效果的具体体现；司法经费管理是保障司法经费体制落实、实现司法经费保障目标的必要手段；司法专项经费是落实司法经费体制、促进司法经费保障的重要措施，也是司法机关区别于一般行政机关经费保障的特色优势。

二、司法经费理论研究的实践运用

司法经费是保障司法机关依法履行职能的物质基础，也是推动司法事业高质量发展的重要支撑。司法经费制度是为司法机关提供物质经费保障的基本依据，也是我国司法制度和财政制度的重要组成部分。加强司法经费理论研究，是完善司法经费制度、提高司法经费保障能力和水平、充分发挥司法经费职能作用、促进司法经费保障工作改革与创新发展的必然要求。

作为司法经费保障基本依据的司法经费制度，主要决定于国家经济社会发展状况、财经政策的变化以及司法体制改革的进程。中华人民共和国成立以来特别是改革开放以来，随着我国政治、经济、社会变革的不断推进，财政体制和司法体制改革的不断深化，我国的司法经费制度经历了一个不断改革、逐步完善的过程。[①] 而司法经费制度的每一次重大改革和完善无不建立在对司法经费理论研究的基础上，正如习近平总书记所指出的，"我们的事业越前进、越发展，新情况新问题就会越多……我们必

---

① 唐虎梅：《法院经费保障与管理》，载《人民法院司法行政工作通讯》2011 年第 4 期（总第 35 期）。

须……锐意进取，大胆探索，敢于和善于分析回答现实生活中和群众思想上迫切需要解决的问题，不断深化改革开放，不断有所发现、有所创造、有所前进，不断推进理论创新、实践创新、制度创新"。①

理论源于实践，又指导实践。笔者从直接从事司法经费工作20多年的实际经历中体会到，司法经费制度的每一次创新都是源于司法经费实际工作的迫切需要和理论研究的扎实推动。特别是1999年开始加强"中央政法补助专款"管理及2009年实施"政法经费保障体制改革"，堪称司法经费理论研究推动实践的成功典范。

【实例一】

"中央政法补助专款"设置及管理的研究与实践

从1999年开始设置的"中央政法补助专款"对司法机关的经费保障发挥了巨大的作用。这一专款的设置是源于当时地方司法机关，特别是贫困地区基层司法机关经费保障十分困难，人员经费得不到及时保证，存在拖欠工资等现象，公用经费严重不足，办案业务经费紧张，装备落后且数量不足，基础设施建设经费缺口严重等实际情况。财政部负责司法经费的职能部门经过广泛调查研究，形成了调研报告，提出整合专款项目、增加经费投入、加强经费管理的具体对策报财政部领导。② 在当时中央财政还十分困难的情况下财政部依然决定，从1999年起将中央财政用于地方司法机关的专项经费从2.3亿元增加到9.5亿元，增长了3.13倍，此后逐年加大。

为充分发挥"中央政法补助专款"的作用，使当时有限的中央专款发挥最大的效益，财政部相关职能部门经过深入调查研究、不断总结探索，提出了专款分配实行"因素法"，专款使用实行"项目管理"的思路，形成了财政部1999年印发的《中央政法补助专款管理办法》及2001年印发的《中央政法补助专款项目管理办法》两个政策文件，直接运用指导实际工作，对提高中央专款的使用效益和贫困地区司法经费的保障程度发挥了

---

① 习近平：《关于坚持和发展中国特色社会主义的几个问题》（2013年1月5日），载《十八大以来主要文献选编》（上），中央文献出版社2014年版，第114~115页。

② 唐虎梅、张光明：《贫困地区公安经费保障的对策》，载《行政事业财务》1998年第6期（总第24期）。唐虎梅、林洁：《增加投入 加强管理 提高贫困地区政法部门的经费保障程度》，载《行政事业财务》1999年第5期（总第29期）。

十分重要的作用，也开创了财政资金管理的新理念、新模式，得到各级财政和司法部门的肯定。①

【实例二】

"政法经费保障体制改革"的研究与实践

2009 年中央决定将"政法经费保障体制"从原来的"分级管理、分级负担"改革为"明确责任、分类负担、收支脱钩、全额保障"，这是自改革开放 30 多年以来我国司法经费体制的最大改革调整，对全面落实"收支两条线"政策、促进司法事业快速发展起到了决定性作用。这一重大改革政策的确定和实施，源自以下三方面的理论研究和实践推动：

第一，自 1978 年实行"分级管理、分级负担"的体制以来，在司法经费保障实际工作中积累了不少的困难和问题，与党的十六大提出的"构建和谐社会"的总要求和司法部门作为构建和谐社会重要建设力量与重要保障力量的地位不相适应；同时，党的十六大及十六届六中全会明确提出了"改革司法机关的工作机制和人财物管理体制""健全公共财政体制""加大社会治安的投入"等要求。

第二，自 2004 年开始，财政部相关职能部门为探索科学合理的司法经费体制，主动开展前瞻性研究，从理论与实践的结合上，研究提出可操作的方案建议，为领导部门决策提供参考。首先是走出国门、开拓视野，2004 年和 2005 年两次组织由中央财政和司法部门及地方财政部门人员参加的考察团赴不同类型国家考察，与所在国家官员就司法经费相关工作直接深入细致交流，结合我国司法经费实际，研究提出可供借鉴的经验。② 其次是 2006 年设立《健全公共财政体制 完善政法经费保障机制》研究课题，组织财政、法律、行政管理等跨学科的专家学者与实际工作部门人员共同研究，收集国外司法经费相关情况，进行综合比较分析，重点研究各

---

① 唐虎梅：《提高经费保障程度——财政部颁发〈中央政法补助专款管理办法〉》，载《中国财经报》1999 年 11 月 10 日。齐小乎：《一个公式：拒了人情，有了效益——三年来，中央政法补助专款实施因素法和项目管理，真正做到了为贫困地区"雪中送炭"》，载《中国财经报》2004 年 3 月 23 日。

② 贾新怡、唐虎梅：《借鉴有益经验 构建符合我国国情的司法经费保障机制》，载《财政研究》2006 年第 4 期。贾新怡、唐虎梅：《适应司法工作需要 改革经费保障体制》，载《中国财政》2006 年第 3 期。贾新怡、唐虎梅：《国外司法资源整合共享的做法及启示》，载《中国财政》2006 年第 5 期。

国司法经费保障体制、保障模式等国际经验及对我国司法经费体制改革的借鉴，为我国研究制定健全公共财政体制，进一步理顺和加大司法经费投入、提高经费管理水平、大力支持司法能力建设、更好地发挥司法机关的职能作用等政策作重要参考。

第三，2007年7月至2009年3月期间，财政部相关职能部门在深入基层实际、扎实调查研究、广泛听取意见的基础上，进行全面总结梳理，陆续形成了改革政法经费保障体制机制、政法机关"分级负担"经费管理体制、全国政法经费保障状况、改革法院检察院经费保障体制、深化司法保障体制改革、深化政法经费保障体制改革政策等共10多万字的相关系列研究报告，提出具体政策建议，作为党中央、国务院及财政部的政策文件颁布施行。

2007年7月关于改革政法经费保障体制机制问题的研究报告，深入分析了当时我国司法经费保障体制机制存在的司法责任体系与财政保障结构不匹配、中央专项补助规模及管理制度有待调整完善、司法部门"事权职权"划分不明确、"收支两条线"政策仍未得到有效落实、"中央出政策地方出钱"问题突出、司法经费使用效益不高等六个方面的主要问题，研究提出了改革"政法经费保障体制机制"的思路：一是明确中央与地方的事权划分，借鉴先进国家在司法领域事权划分方面普遍遵循的受益范围原则，进一步明确我国各司法部门中中央和省以下的事权划分，并对中央单独行使的事权、省以下单独行使的事权、中央和地方共同行使的事权及中央委托的事权的具体内容进行了分述；二是为充分调动地方的资源和积极性，应以"分级管理、分级负担"为原则，使经费保障与公共服务相匹配，由各司法部门与有关部门制定司法公共服务的国家最低标准和经费保障最低标准，在全国范围内统一实施，从而保证即便是最贫困的地区也能享有最基本的司法公共服务；三是完善规范转移支付制度，提高资金使用效益，按照均衡和效率原则充分发挥一般性转移支付制度在司法工作中的作用，按照事权划分原则规范司法专项转移支付制度；四是研究建立适应司法实践特点的绩效评价机制及全方位监督体系；五是采取切实有效措施，积极推动我国现有司法资源的整合、共享，梳理出可供整合共享的司法资源范围和内容，先易后难、统一规划、分步实施，发挥财政部门在司法资源配置中的职能作用；六是建立与经费支出有关的沟通协调和管理机制，通过强化司法各部门之间的业务合作，研究设计提高工作效率、降低司法成本的制度框架，综合研究涉及经费投入方面的政策，加强人员的管理和控制等措施，提高司法资金的使用效益；七是坚决落实"收支两条线"政策，规范部门执法和收入行为，各级财政部门和司法机关都要从观念和措施上坚决贯彻落实"收支两条线"，严格按照规定要求，将收入全部上缴财政，支出全部纳入预算，杜绝收支挂钩。这些思路为 2008 年和 2009 年研究设计司法经费保障体制改革提供了重要参考，也与 2013 年中央确定的深化财税体制改革、"建立事权和支出责任相适应的制度"目标相一致，还直接推动了全国司法部门设施资源共建共享工作的开展。自 2007 年开始，中央财政连续数年安排共建项目补助专款，支持省市级公检法司机关综合信息网、DNA 鉴定中心、物证鉴定技术中心、法医检验中心等共建项目建设。

2008 年 4 月关于深化司法保障体制改革的专题调研报告，是经过分赴全国 15 个省、20 多个市、40 多个县（区）进行重点调研，充分听取地方各级党委政府及财政部门、中央和省市县各级司法机关、有关专家学者等多方面意见，并对国际上不同类型国家的司法经费保障模式和开支情况进行研究分析后形成的。报告对司法保障体制运行基本情况进行了全面反映，对当时司法经费保障存在的主要问题及一些部门和地方提出应实行由中央和省"两级保障"司法经费体制的呼声进行了客观分析，提出了改革司法经费保障体制的方案建议。报告提出，我国现阶段对司法机关完全实行中央和省"两级保障"的时机尚未成熟，条件尚未完全具备。在当前根本法律和一些基础性问题难以有效解决的情况下，应充分重视"两级保障"体制可能在政权建设、司法业务工作、司法部门履行职责，以及司法经费保障等方面造成的问题，积极研究探索，全面听取各方意见，选择更为合理和可行的改革方案。一是实行"司法经费分地区、分级、分类按比例保障"的体制，即将各级司法部门的支出分为人员经费、日常运转公用经费、办案业务经费、临时突发事件经费、装备经费、基本建设经费等若干项目，根据不同区域的经济发展状况，分别确定各级负担范围；二是坚决落实"收支两条线"政策，规范部门执法和收入行为，进行将市、县级司法部门的收费、罚没收入全部上划省级国库作为省级财政非税收入的改革试点，促使市县级司法机关行政性收费、罚没收入与当地财政安排的司法支出彻底脱钩；三是加强公用经费保障标准的制定落实工作，采取有效措施解决各地在制定和落实公用经费保障标准中出现的问题，继续发挥其在基层司法部门经费保障中的机制性作用；四是规范完善装备和基础设施标准建设，由财政部、国家发改委牵头，与司法各部门研究确定装备建设标准体系和标准制定工作计划，制定装备标准三年规划和基本建设标准五年规划，按照保证基本需要、分类指导、适度超前、分步实施、资源共享等原则，推动标准的制定和实施，明确司法部门装备配备和基本建设的保障责任，实行分类保障；五是制定相关配套措施，顺利推进司法保障体制改革，包括制定各级各类司法人员编制核定标准和管理规定，加强人员管理，为经费核定和保障提供基础，建立健全适应改革需要的专门管理制度，建立司法、组织、人事、编制、发改、财政等部门间的协商会办机制，确保制定的政策标准符合实际、具有可操作性，并有相应的财力作保障。这份报告报送中央领导部门，为 2009 年"政法经费保障体制改革"提供了方案，作为 2009 年 7 月中共中央办公厅、国务院办公厅《关于加强政法经费保障工作的意见》和财政部《政法经费分类保障办法（试行）》的主要内容，印发各级党委、政府及财政部门，成为指导推动全国司法经费保障工作的重要依据。

三、加强司法经费理论研究的时代意义

新时代对司法领域的改革发展要求更高，司法经费工作遇到的新情况、新问题将伴随着司法工作的各阶段、全过程，加强司法经费理论研究意义更加重大。

（一）加强司法经费理论研究是落实中央改革要求的需要

党的十八大以来，以习近平同志为核心的党中央，把握时代大势，回答实践要求，顺应人民期待，形成了一系列治国理政新理念新思想新战略。党的十八届三中、四中全会着眼于更好地保障司法机关依法独立公正行使审判权、检察权，专门提出了"改革司法管理体制，推动省以下地方法院、检察院人财物统一管理""改革司法机关人财物管理体制，探索实行法院、检察院司法行政事务管理权和审判权、检察权相分离"等重大改革要求。这些要求的落实，还面临着许多亟待研究破解的难题，迫切需要对涉及的理论问题进行深入研究，自觉运用科学的司法经费理论予以指引，从理论上对改革中遇到的新情况、新问题作出正面回答。

（二）加强司法经费理论研究是适应司法事业发展的需要

当前司法机关处在发展改革关键时期，执法办案、司法改革、维护稳定等各项工作任务艰巨繁重，对司法经费工作提出了新的更多更高要求。同时，随着财税和投资体制改革的推进，2014 年修正的《预算法》实施，司法经费工作所面临的外部环境也发生了深刻的变化，给司法经费保障工作提出了一系列新的课题。只有深入开展调查研究，更加重视理论建设，从理论和实践的结合上对司法经费制度和司法经费工作进行系统研究和深入阐述，才能掌握新时代司法经费工作的特点和规律，增强司法经费工作的系统性、前瞻性和创造性，提高司法经费工作的能力和水平，更好地完成新时代司法经费工作所担负的重要任务和历史使命。

（三）加强司法经费理论研究是充分发挥司法经费职能作用的需要

长期以来，司法部门经费保障工作取得的成绩，基本是靠多年来的实干经验取得的，司法经费理论研究工作一直比较薄弱，属于理论界和学术界研究的冷门、司法经费实务界工作的缺门，与司法经费工作在整个司法工作中的地位和应发挥的重要作用不适应，也在一定程度上制约了司法经费保障工作上层次、上水平。为此，需要下大力气加强司法经费理论研究，用更加丰富的理论研究成果、更为成熟的理论体系来指引和支撑司法经费工作的科学发展，提升司法经费工作的能力和水平；用更为人信服的理论观点、令人敬重的理论品格来提高人们对司法经费工作的重要地位和所发挥重要作用的认识，为充分发挥司法经费工作的职能作用创造良好条件。[①]

总之，司法经费工作重要且特征明显，既有明显的司法特征，又有突出的行政特征，有其自身的规律。内容既涉及国家的司法制度、财政制度，又涉及党和国家各方面的政策及司法管理的体制机制，政治性、法律性、政策性都很强。因此，以习近平新时代中国特色社会主义思想和习近平法治思想为指导，进一步加强司法经费理论研究、推动司法经费实践创新发展，是永恒的课题。

---

① 根据张述元：《在中国法学会审判理论研究会司法保障理论专业委员会成立大会上的讲话》部分内容归纳整理，原文载《人民法院司法行政管理研究与参考》（第 6 辑），人民法院出版社 2018 年版，第 3~4 页。

第二章　不同国家和地区的司法经费

由于各个国家和地区历史及国情区情的差异，没有任何两个国家和地区的司法经费保障模式是完全相同的。本书选择了分属单一制国家和联邦制国家中具有代表性的 7 个国家及我国港澳台地区，对其司法经费体制、保障、管理及特点进行研究，总结分析对我们司法经费工作的借鉴意义。

第一节　单一制国家的司法经费制度

一、英国司法经费

（一）英国司法经费体制

1. 国家制度和政权组成

英国，全称大不列颠及北爱尔兰联合王国，包括英格兰、威尔士、苏格兰和北爱尔兰四个地区。英国是君主立宪政体国家，议会行使立法权，内阁行使行政权，法院等司法机构行使司法权。

英国的政府机构分为中央政府机构和地方政府机构。其中，地方政府机构设立郡和郡属区两级。英格兰和威尔士分 53 个郡，其中英格兰有 6 个郡级市，下设 369 个区。苏格兰划为 9 个管辖区，下分为 53 个区和 3 个特别管辖区。北爱尔兰分为 26 个区。伦敦为独立的行政区域，下设 32 个区和一个伦敦城。

2. 财政预算层级

英国各级政府都有自己独立的财政预算，经本级议会审批后执行。预算级次分中央预算和地方预算两级，中央政府与地方政府的事权划分比较明确。因英国的财力大部分集中在中央政府（通常占 80% 左右），中央政府除了承担中央事权范围的支出外，还要向两级地方政府提供拨款（包括地方补助和专项拨款，占比为90∶10），主要用于解决地区间提供公共服务能力差异的问题及要求地方政府解决的专门事项，如社会治安等。中央预算中67%的经费下拨给地方，地方预算占整个国家预算支出的比重为30%。①

3. 司法经费体制——一级保障与二级保障并存

英国司法体系可分为刑事与民事两个部分。刑事司法系统主要包括警察、法院、检察院、监狱及缓刑管理机构等；民事方面的司法权主要由法院行使。②

英国司法系统的经费保障，从层级上看，一级保障与二级保障并存，主要是二级保障模式；从经费来源看，主要来自中央一级政府。

由于组成英国的英格兰、苏格兰、威尔士、北爱尔兰四个地区的司法制度差异很大，为了保障国家的统一和稳定，英国司法系统的经费主要源于中央财政和统一基金（不列入预算的一种固定基金）。从事权与支出责任角度说，英国中央财政对司法领域经费保障的责任要重得多，中央财政支出远大于地方财政。从总体看，2001年至2007年，审判、检察、警察、司法行政和监狱五个领域的每年平均支出，中央财政为293.83亿英镑、地方财政为116.77亿英镑，中央、地方的支出比为72∶28。但各个司法部门中央、地方的支出比例有所差异，其中，审判系统为95∶5、检察系统和监狱系统为100∶0、警察系统为62∶38、司法行政系统为65∶35。③

（1）审判机关——中央与地方二级保障。英格兰、威尔士和苏格兰、北爱尔兰的审判机关差别较大，但上议院是整个英国的终审机构，兼具立法和司法职能。英国法院可分为6个级别，依次是上议院、上诉法院、高等法院、刑事法院、郡法院、治安法院。就英格兰和威尔士而言，上诉法院、高等法院、皇家刑事法院、枢密院司法委员会、刑事案件审查委员会组成了英国的最高法院，是中央的审判机关。而郡法院、验尸官法院和治

① 本节英国财政预算及司法经费情况根据项怀诚、刘长琨主编：《英国财政制度》（中国财政经济出版社1999年版）部分内容归纳和笔者参加对英国的实地考察及相关资料研究整理。

② 本节各国司法机构情况根据何家弘主编：《中外司法体制研究》（中国检察出版社2004年版）部分内容归纳整理。

③ 根据 Public Expenditure Statistic Analyses 2007（载英国财政部官方网：www. hm－treasury. gov. uk）数据翻译计算而得。

安法院则是地方法院。地方法院主要管辖简单的刑事和民事案件，以及涉及死亡刑事案件的勘查工作。中央法院则是地方法院的上诉法院，并有不同的管辖范围。全国有 240 个郡法院、157 个验尸官法院、700 个治安法院，高等法院在 27 个行政区设有办公室。

英国审判系统的经费主要区分为办公经费和人员经费，其中办公经费主要源于中央财政，人员经费则由统一基金保障。治安法院的经费由地方政府提供，其中 80% 的经费每年通过宪法事务部向地方政府拨款取得。

值得关注的是，英国民事法院的经费主要源于自身审理案件收取的诉讼费，中央财政基本不拨付经费。实践中，一般是先由财政部和民事法院预先估算所需经费，由财政部予以垫支，法院收取有关费用后再向财政部上交。

（2）检察机关——中央一级保障。英国皇家检察院是 1986 年根据《英国犯罪起诉法》设立的独立机构，为全国最高检察机关，由以总检察长为首长的总检察长办公室、皇家检察院以及地区检察院构成，实行分级设置、自上而下垂直领导的管理体制。共设置 42 个地区皇家检察院作为检察机关的基层机构。

英国检察机关实行独立预算，其经费完全源于中央财政，从而使检察机关能够完全摆脱地方当局的控制和影响。此外，检察机关还通过法院作出的"成本判决"每年收回一定费用。"成本判决"，是指法院针对公诉人出庭支出的成本，判决有罪被告人支付给检察机关的费用，一般数额较小，约占检察机关全年预算的十万分之五，其作用主要是表明政府为追诉犯罪付出了成本，这种成本应由有罪被告人承担。

（3）警察机关——中央与地方二级保障。英国警察系统共分为 3 个警备区，分别是英格兰和威尔士、苏格兰、北爱尔兰。其中英格兰和威尔士警备区受内政部、地方警察署和警察局长三重制约，苏格兰和北爱尔兰警备区由地方政府领导。内政部是警察管理体制中的最高权力机构，设有 43 个警察局，警察局长由地方政府委任，并对地方当局负责。

英国警察机关的经费也划分办公经费和人员经费，其中，人员经费完全来自中央财政（因为警察机构的人事完全由内政部管理），办公经费主要来自中央财政、小部分来自地方财政。在英国，由于历史上警察主要是为维护地方治安而产生的，按照法律虽然在业务上受内政部管辖，但实际上地方自主权极大，除了从中央也即内政部获得大部分经费外，每年还从郡、区政府获得大约 20 亿英镑的经费，这部分经费主要来自地方政府收取的居民房产税。

（4）司法行政机关——中央与地方二级保障。英国的司法行政机关由成立于 1885 年的大法官部、2003 年设立的宪法事务部和 2007 年 5 月成立的司法行政部三部分组成，都是中央一级的机构。2003 年后宪法事务部取代了大法官部的大部分工作，将其工作人员安排在遍布英国的各个法院和特别法庭的法庭管理处（1995 年成立），负责管理除治安法院和验尸官法院之外的所有法院；司法行政部除行使大部分司法行政管理职能外，还负责管理全国的监狱系统。

英国司法行政机关的经费主要源于中央财政，少部分源于地方财政。

（5）监狱机关——中央一级保障。英国的监狱体制可以分为监狱管理机构和监狱内部机构。由于监狱管理机构对全国的监狱进行管理，因此可以理解为监狱管理机构就是中央的监狱机关，而监狱内部机构则是地方的监狱机关。在职权划分上，中央的监狱机关负责对监狱进行监督和管理，而地方则具体负责犯人的管理。

英国监狱机构的经费完全来自中央财政，因为英国人认为刑罚的执行是一种国家主权的运用，必须由国家财政完全负担。

（二）英国司法经费保障

1. 司法经费保障模式

（1）司法分权。英国作为第一个现代共和主义国家，权力分立和失衡的理论思想是其国家制度设计的基石，这不仅带来了独具英国特色的民主现代化进程，也深深地影响了包括美国在内的许多国家的制度设计。英国司法系统的分权模式下也同样体现了这种权力制衡。第一，各司法机构都是独立预算的，这在财政上保证了各部门的独立，避免了一个部门受其他部门的不当影响，以使各部门能够公正地行使职权。第二，各部门的事权范围都作了明确划分，并以法律形式固定下来，各部门不能越权，也避免了各部门间的扯皮。其中，司法行政机关虽然有管理法院、监狱等机关的职权，但其权力范围仅仅涉及一些人事和设施的管理，却不能介入法院等机构的具体事务，从而保证了上述各司法部门之间的相互制约和平衡。

（2）财权中央集中。英国中央财政收入占据了全国总收入的绝大多数，地方财政收入很少，这就保障了中央对地方的控制，这也与英国的特殊历史背景相关。英国历史上并不是一个统一的国家，英国的统一是通过征服苏格兰和北爱尔兰完成的。为了保证国家的统一，就必须保证中央对地方的有效控制，而财政控制是其中至关重要的一种控制手段。因此，虽然英国的威尔士、苏格兰和北爱尔兰都是地方自治政府，享有很大的自治权，但仍然牢固地统一于一体。在司法系统方面也是如此，司法系统的经费绝大部分来自中央财政，使司法机构摆脱了地方的影响，能够独立公正地行使权力。

（3）经费一级保障与二级保障并存。英国司法系统的经费保障模式，从层级上说是一级保障与二级保障并存模式，即有中央财政一级保障，但主要是中央和地方两级财政保障，这与英国的具体国情有关。英国从国土和人口上来说并不是一个大国，而是一个小国，二级保障模式就已经能够兼顾到中央对地方的控制，以及地方的主动性和多元性。

（4）统一基金拨款。英国法官的收入不纳入预算，而是非常固定地来自一个独立的统一基金，并由统一基金完全负责保障法官的薪金。法官的薪金高于司法系统的其他部门，并且只能增加不能减少。法官被任命后，任何机关不得对其报酬和其他职务条件（包括退休金在内）作出不利于他的变更，一切都从统一基金中支出。英国法学家认为，对法官实行高薪制，可以保证其不接受贿赂，公正无私地执行法律。统一基金拨款模式保证了法官享有比较丰厚的收入，从而使法官能够独立公正审判案件。如果法官徇私枉法将会被弹劾，而且一旦被弹劾就会损失原本非常高的收入。这种模式之下，法官一般较为清廉，也较为独立。

2. 司法经费保障水平

英国全国司法系统总支出呈现逐年上升的趋势且占财政支出比重较高。2006～2007 年度比 2001～2002 年度增长了 32.5%，而且，司法系统总支出占财政总支出的比例在各国中是比较高的，2001～2007 年大约在 15%。[1] 这是由于英国较早进入发达国家行列，较为重视社会公正的充分实现，并在这方面投入很多资金，以保证公共司法服务的充分提供。

---

[1] 根据 Public Expenditure Statistic Analyses 2007（载英国财政部官方网：www.hm - treasury. gov. uk）数据翻译计算而得。

(三) 英国司法经费管理

1. 预决算管理

(1) 预算编制管理。英国各司法机关的经费都要按照英国政府统一的预算程序要求，通过编制预算取得。预算编制的程序是，先由各司法部门按照财政部发出的编制概算通知，编制概算估计书后提交财政部，由财政部审核汇编出英国政府支出概算，然后与收入概算一起提请国会议决，经下议院批准后以"拨款法"形式加以具体化。预算年度从每年4月1日起到次年的3月31日止。

各司法部门在编制预算时，要统一执行财政部制定的三条预算支出标准：一是支出上限标准。财政部每年都要确定各部门支出的最高限额，这是必须严格遵守的硬指标。最高支出上限的确定，先由各部门提出分部门的支出预算方案，财政部汇总平衡后，要与各部门进行磋商，若无大争议，便可报内阁讨论；内阁经过讨论提出意见，由财政部调整修改后，经下议院讨论以法案形式通过。在具体执行过程中，一般都不能突破这个标准，如发生特殊情况，也只能在1.5%的预备费中开支。二是效率标准。财政部要对各部门每年支出部分的使用效率提出具体的要求，要求各部门都要提出增加开支的具体理由，并作详细测算，而且对各部门的工作提出具体要求。若经过考核没有实现这一要求，该预算单位今后继续增加开支的要求则将受到影响。三是减少标准。财政部认为某一年度增加开支的因素，即有可能成为下一年度减少支出的因素，并且可以通过具体测算加以量化，这个量化指标一经确定，将从该预算单位下一年度开支中扣除。

(2) 预算执行管理。英国各司法部门的预算执行，首先，保证一年支出计划的总额不得突破。其次，财政年度内允许拨转，一个部门可以在一个决议拨款案中的两个款项之间进行拨转，但不能将一个决议拨款转到另一个决议拨款（这种转拨须经议会批准）。其中，经常性支出的拨款必须在该决议拨款的年度使用；根据年终的"灵活性计划"，占中央政府现金限额资本总数5%的资本支出可以结转到下一个年度。最后，各部门追加预算需要先报财政部审核后，再报议会审批。在议会没有批准之前，包括首相在内，任何人都无权同意追加支出。

各司法部门在预算年度执行终结，要组织编制决算，报财政部审核编制国家决算报告，递交下议院和国家审计署，下议院对决算报告和审计报告进行审议并表决通过后，成为正式的国家决算。

2. 经费拨付管理

英国司法部门经费管理主要由宪法事务部、总检察长办公室和内政部三个部门负责。根据资源管理的需要，全国共划分为 7 个大司法行政区、42 个地方司法区，每一个大司法行政区和地方司法区，分别设立相应的分支管理机构，负责该地区的经费等司法行政管理工作。

司法经费预算每年从财政部获得后，由宪法事务部下设的法院服务部通过 7 个大司法行政区及 42 个地方司法区将经费分配给各法院（法官工资由专门的基金统一管理，不分配给各法院），并由宪法事务部通过法律服务委员会向 11 个地区办公室分配法律援助经费；由总检察长办公室将经费预算拨给皇家检察院，再由皇家检察院向 42 个地区检察院进行分配管理；由内政部通过内设的警察资源处向 43 个地方警察局分配警察经费，并通过内设的全国罪犯管理处向 139 个监狱和缓刑管理机构进行分配。

（四）英国司法经费的特点

1. 中央政府在司法经费保障中发挥主要作用

在英国的财政体系中，中央掌握了大部分财政收入，并通过转移支付制度由中央财政将资金转移给地方，由此保证了中央政府对地方的控制。同时，各地的司法产品都能够尽可能地得到充足供应，财政收入少的地方将得到支持，各地司法产品的提供也由此而得到平衡，保证了全国范围内的司法基本公共服务均等。

2. 注重经费投入及使用的效益

英国属世界上经济最发达的几个国家之一，在财政支出中投入司法部门的能力很强、经费投入水平高、经费保障充足。即使如此，依然十分重视经费投入及使用的效益。[①]

（1）重视资源整合和共享。

一是通过强化各部门之间的业务合作提高资金使用效率。1997 年英国政府在公共投资需求增加很多而经济发展水平下降的情况下，委托学者对生产力的衡量机制进行研究，并将工作量作为其中的一部分，鼓励各部门

①　贾新怡、唐虎梅：《借鉴有益经验 构建符合我国国情的司法经费保障机制》，载《财政研究》2006 年第 4 期。

更多地合作协调以提高效率。从 1998 年司法大臣宣布要对司法体系作一系列改革开始，英国的司法体系向各部门合作的方向发展，并从工作量和开支很大的刑事司法系统的合作开始，先从地区再到中央成立了刑事司法委员会，将原来的警察、检察、审判、监狱、假释等工作由各个部门分别管理，改为由刑事司法委员会统一管理。该机构于 2003 年 4 月在 42 个地区正式成立，2004 年 10 月，成立了全国刑事司法委员会，要求每个委员会提交合作计划。其组成人员以内务大臣为主，包括警察部门的领导（内政部长）、检察公诉代表（总检察长）、大法官、假释服务以及监狱管理人员。委员会的职能主要是：制定业务指标，以增强公众的司法信心；减少对罪犯判刑时间，以降低关押成本；审查刑事司法体系中案件资金的运用和工作的提供，以改进资金管理工作、提高使用效率；协商解决部门协作中出现的问题。英国财政部认为，在整个司法系统，每一个部门作出的决定，都会引起其他部门工作成本的变化。如法院对一个罪犯的判决，会引起监狱监管成本的变化，因此，财政部从预算角度进行控制，促使各相关部门都要考虑效益，鼓励警察工作时考虑对其他部门（检察起诉部门、法院审判部门、监狱关押部门等）的影响。英国法院系统还成立了量刑指导委员会，目的是保证各法院量刑的一致性，同时，让法官清楚量刑结果对监狱的影响，既保证法官审判工作的独立性，又使法官在判决时考虑关押成本。对性质不严重的案件，通过判处罚款解决；对罪行较轻、风险较小的囚犯实行间歇式的监禁办法，以降低监管支出。

二是实行资源共建、共享。英国由内政部统一投资建立刑事司法信息系统（也称"案卷公助系统"），将各地案件方面的情况集中，供检察院、法院等有关方面使用，做到案卷互换。

三是设施建设注重实用、节约。英国许多司法机关的房屋都是利用过去的建筑，不少都有上百年的历史。新建于 20 世纪 90 年代的英国沃金治安法院，只有三个不大的法庭，而日审理案件最多时达 70 余件。

（2）效率和节约观念渗透在各部门的各项工作中。

在英国，效率和节约的观念不仅在政府本身和财政部门，而且在司法各部门都非常注重并在实际工作中从各方面予以体现。

一是要求各部门制定提高效率的计划。英国有专门人员受首相和财政部的委托，要求每个部门都要围绕提高效率作出本部门五年度计划，而且都必须在网站上公布，接受公众的监督。

二是财务管理工作日益受到重视。在英国，司法部门之间的主要合作领域是在公共服务领域提出一些指标，之后发展到逐渐体现在资金方面，例如，统一计算刑事司法系统的信息技术开支，审查42个地方刑事司法委员会如何更好地运用资金、提供工作，政府越来越强调在资金运用上的专业化，而且财务主管必须是最高领导层的人员。

（3）对人员控制十分严格。

由于人员支出占司法支出的绝大部分，因此，对人员经费的控制也极为严格。英国财政和司法行政主管部门在经费分配时，以工作量为依据，不与人员挂钩，各单位则依据获得的经费多少来决定雇佣的人数。

3. 以规范健全的制度措施保证资金使用效益的提高

英国从多环节、多方面对资金使用效益进行引导、控制和约束。[①]

（1）在预算编制环节。

一是注重预算分配的成本和效益。在英国，公共管理引入企业机制已成为一种共识，实践中也得到了广泛的应用。各司法行政部门在对下分配经费时，以案件数量决定经费，而不与人员编制挂钩。在分配警察经费时，综合考虑当地的区域面积、人口、失业、经济状况、交通、房屋类型、犯罪率等因素。英国财政部建立了一个支出分配的计算机模型，根据不同部门、不同地区、不同工作的因素分析，计算单个工作的成本，以此决定各部门的经费预算；内政部规定，每午集中两个星期时间，由各警察厅和每一名警察记录自己的工作，并根据当期支出测算具体工作成本；法院和检察院系统都有对不同类型案件工作成本的计算。

二是通过目标管理控制司法经费支出总量。英国由公共服务部门大臣与财政部长签订3~5年的《英国公共服务协议指标》，包括在有限的资金内使犯罪率下降到一定指标内、将发生和增加的案件在规定时限内审判结束、增加关押能力、为一定数量的人员提供法律援助等方面，所有指标都要公布，而且指标要求不断提高。具体到资金如何使用，则由各司法部门安排，让部门根据经费总量自行安排采取何种措施完成所有工作任务，而不是司法部门需增加做的每一件事情都要财政另行增加经费才能办理；资金不够也由各部门通过改进业务管理方式、减少人员等办法自行解决。例

---

① 贾新怡、唐虎梅：《借鉴有益经验 构建符合我国国情的司法经费保障机制》，载《财政研究》2006年第4期。

如，警察在执行任务时不轻易抓人，法院在审判时将罪行不太严重的罪犯判处罚款而不是收监解决，以减少关押费用支出等。

三是预算编制有较强的计划性和严密性。英国要求各部门先编制一个五年的预算规划，这个规划是滚动实施的。在此基础上，要以五年预算规划为依据，用两年时间编制一个为期三年的部门预算。在一个预算年度执行完成后，各部门可以根据情况对下一年度预算作适当调整和补充，并报财政部、内阁和议会批准。预算编制有严格的时间和程序规定，从基层各司法单位逐级汇总、审核预算，到司法行政主管部门向财政部报出本系统的部门预算，并递交内阁通过，议会审查批准，预算编制每一阶段的工作都有具体的时间和程序规定。

（2）在预算执行环节。以严格执行预算、节约支出、提高资金使用效益为核心，英国的财政和司法行政主管部门采取了许多有效措施。

一是努力保持对预算执行的有效控制。与其他各项经费一样，英国的司法经费预算一经议会批准通过即成为法律，也成为整个日常支出的准绳。预算执行中如果经费不足，理论上可以追加，但实际上追加的可能性很小，一般只能通过自己内部调剂解决；对人员经费的控制极为严格，在司法部门的预算中，人员经费是固定的，公用经费虽然可以调剂，但对调剂的项目、调剂的幅度和调剂的权限都作了具体的规定，专款专用的项目根据经费数额大小规定了上下级单位间的使用权限。

二是重视预算执行情况的监督。英国的法律援助经费在全世界是最多的，对其预算执行极为重视。每月监控现金支出，看是否超过预算；每月检查所做的工作是否允许做的，有无工作积压；定期举行负责财务和法院工作的人员、财务委员会负责人及宪法事务部相关人员三方会议，商讨法律援助经费问题；每季度对已发生的开支进行总结回顾，根据新情况考虑可能出现的新工作、制定新计划，并与宪法事务部商讨，提前预测经费需求。法律服务委员会的官员认为，预算像大船，掉头很难，提前告之，心里有数。英国对当事人需不需要法律援助是由法官独立作出决定的，因此，法律援助经费是按实拨付。即使这样，法律援助经费仍然需要编制预算，支出情况要接受审查，通过招标确定参与法律援助的辩护律师。宪法事务部甚至提出每年节约法律援助经费10%～15%的目标。

三是财务分析和监督以绩效评价为核心。英国非常重视司法经费使用情况的绩效评估，并建立了较为完整的绩效考核机制；对财务状况进行定期分析和评价已成为各司法行政主管部门的一项重要工作，几乎每个月都进行，并逐级上报。财务分析和评价不仅是掌握经费开支状况，更重要的是检查经费使用的效果。英国各个司法行政区域的地区主管办公室都专设了一名绩效经理，专门负责对辖区司法机关经费使用效果进行定期评估、考核。英国内政部对警察系统的考核制定了明确的绩效指标，如要求本年度比上年减少一定比例的犯罪率以及破案率、提起诉讼后的被判有罪率、地区移民的控制等。英国法院的地区主管对不同法院在办理同类案件中的成本进行比较，以评价各个法院的支出效率。这些做法不仅利于节约支出，并把整个司法支出控制在一个合理的水平内，而且使司法支出效果评价有了一套量化的指标体系，各司法机关可以对照这些指标来改进工作、提高效率，社会和公众也可以依据绩效指标来树立对司法支出的价值认同。

（3）在司法制度设计本身。英国为统一协调司法事务而设置的刑事司法委员会、为保证各法院量刑的一致性而成立的法院量刑指导委员会、为公检法部门案卷互换而统一建立的刑事司法信息系统等司法制度的设计和建立，为司法部门资金使用效益的提高提供了制度保证。

（4）实施全方位体系化监督。英国对司法部门资金的使用效益，实施了从单位内部到主管部门、财政部门、审计部门、议会以至社会等各方面在内的全方位体系化监督。每个单位内部都有严格的对预算执行进行监控和绩效考核的管理运作程序；主管部门负有对单位的管理、监督责任，并在预算分配和执行环节实行严密的监管；财政部门通过预算、成本分析、绩效评价、与主管部门签订《英国公共服务协议指标》等形式对司法部门进行效益监督；审计部门对单位的支出账单可以随时进行抽查，对超支情况更要进行严格审计；各部门的年度预算、审计结果、绩效评价结果甚至增加编制都要报议会批准；经批准后的各部门预算、对单位支出的审计结果、全国的提高效率计划等都要在网站上公布，接受全社会的监督。

4. 在管理规范严格的同时具有一定的灵活性

（1）对司法部门收入的管理，既严格实行收支分离，又实行分类管理、鼓励创收。英国司法系统在履行职能过程中都能取得一部分收入，但占各司法部门总支出的比例不大。如英国警察的罚款每年约 3 亿英镑，占其总支出的比例不到 3%。但对民事法院来说，收费是其经费的主要来源。在对罚没及规费收入的管理上，英国的做法有以下三个特点：

一是收入支出严格分离并纳入预算管理。虽然英国的民事法院主要是以收费来保证支出的，但每年仍然需要编制收费预算，年初财政部根据民事法院的收费预算垫付支出，法院取得收入后再归还财政部。

二是分类管理。对各司法部门取得的各项收入，政府和财政部门区别不同情况，实行分类管理。如罚没收入一般都要上交财政，但在英国没收罪犯财产的收入在一定限额内是由内政部保留的，每年约5000万英镑；警察为球赛等活动提供安全保护所取得的收入也由各警察厅留用，不需上交财政部（财政部认为这是在《英国公共服务协议指标》外警察提供的额外工作），仅此一项，英国警察系统每年就能获得4亿英镑。

三是鼓励创收。尽管实行收支分离，收支不挂钩，但制定了相应的激励措施，鼓励各司法部门创收。比如，民事法院的收费如果低于年初编制的预算，则会影响下一年度法院的经费支出；在对犯人的判决中，刑事法院更愿意选择罚款方式。

（2）预算在严格规定用途下可以适当调整，严格性与灵活性相结合。英国在经费使用上以发挥最大效益为原则，讲求灵活性。突出表现在三个方面：

一是允许基层单位对不同项目间的经费进行调剂使用，避免一些单位有的项目经费用不掉，有的项目经费不足。为了既能保持预算的控制性，又能更加合理、有效地使用资金，英国制定了一系列的规则、制度，以保证预算执行中的灵活性。例如，除人员经费和专项经费必须专用外，对警察部门的经费支出没有硬性的限制，而只注重经费使用效益。

二是对经费节余的管理，从以前规定当年经费当年用完、节余上交的做法，改为节余的经费可以留用，而且不影响下一年度的预算。改革的原因，一方面是为了鼓励节约；另一方面，责任明确、法制健全、管理人员素质高、法制意识强等良好的社会法治环境是给予部门资金管理灵活权的关键。

三是为了解决预算执行中的各种不确定增支因素，英国的司法行政部门都按预算的一定比例预留机动经费。对大的支出、涉及全局的支出，如基建、IT建设，都由上级司法部门或各司法行政主管部门直接组织实施，以提高资金使用的有效性。

（3）预算分配管理级次灵活多样。英国对不同司法部门预算资金的分配管理方式不尽相同。有的由财政部门分配到主管部门，再由主管部门分配到基层单位；有的则由财政部门直接分配到基层单位。如英国的警察经费由财政部统一核拨到内政部，再由内政部分配到所属的各警察厅，由其自主使用，财政部和内政部只是对诸如专款专用等资金的用途作了规定。部门负责分配时也有不同情况，一般是将日常公用经费、小额房屋维修和采购经费分配到各基层单位，但信息系统建设经费、一定经费数额以上建筑的维修、大的采购合同都由各司法行政主管部门直接掌握。无论采取何种方式，其原则就是利于工作、管理和效益提高，同时，也取决于历史与现实等管理环境的变化。

此外，英国在装备和设施建设标准上不强求一致，有的有严格的标准，如办公用品、办公车辆、信息系统建设；有的则没有统一的要求，如办公和业务用房。[①]

二、日本司法经费

（一）　日本司法经费体制

1. 国家制度和政权组成

日本是议会君主制政体，国会作为立法机关是国家最高权力机关，行政权属于内阁，司法权以法院为中心行使。

日本是单一制国家，实行地方自治制度。政权结构由中央、都道府县和市町村三级组成，全国有 47 个都道府县、3275 个市町村。

2. 财政预算层级

日本实行一级政府一级财政，具体分为中央、都道府县和市町村三级财政，各级财政对本级政府负责，上下级财政不存在行政或业务上的管理关系，但又属于中央集权型的国家。一方面，地方财政自治是由中央给予的，地方权限的大小由中央确定；另一方面，在全国财政总收入中，中央占 2/3 左右，地方仅占 1/3 左右，而中央财政支出中有一半是对地方的资金转移，即地方财政收入的一半来自中央财政的支持。[②]

---

① 贾新怡、唐虎梅：《借鉴有益经验 构建符合我国国情的司法经费保障机制》，载《财政研究》2006 年第 4 期。

② 日本财政预算及司法经费情况根据项怀诚、刘长琨主编：《日本财政制度》（中国财政经济出版社 1998 年版）部分内容归纳及相关资料研究整理。

日本将事权划分为中央事权、地方事权和中央与地方共同事权三类。对于共同事权的保障，采取两种方式：一种是将某项事务分成许多细项，然后明确规定中央与地方的责任范围；另一种是对于某项事务，确定中央与地方的经费负担比例。在这两种方式中，以第一种为多。

3. 司法经费体制——一级保障与二级保障并存

目前，日本司法体制的大体框架包括五部分，即法务省、审判机关、警察机关、检察机关和监狱机关，其经费实行一级保障与二级保障并存的模式。其中，法务省、审判机关、检察机关和监狱机关四部门的经费由中央政府一级保障，警察机关的经费由中央和都道府县政府二级保障。

（1）审判机关——中央一级保障。在日语中，法院称为裁判所，法官称为裁判官。裁判所体系在日本司法体制中处于核心地位。日本的裁判所是一个金字塔型的结构，最高裁判所处于金字塔的顶端，越往下，裁判所设置就越多。裁判所的管辖区域构成一个独立的司法区域，自上而下分为四个层级：最高裁判所、高等裁判所、地方裁判所和家庭裁判所、简易裁判所。全国共设有 8 个高等裁判所、50 个地方裁判所和 203 个地方裁判所支部、50 个与地方裁判所相同级别和设置的家庭裁判所、438 个简易裁判所。

在日本，裁判所事权是国家的司法权力，每一级裁判所的设立与经费来源均由最高裁判所制定，向国会提出，国会最终决定后由最高裁判所执行，与设立的地方没有任何关系。日本各级裁判所的经费由中央财政统一保障，单独预算拨付。

（2）检察机关——中央一级保障。日本现行的检察体系是在第二次世界大战后的司法体制改造基础上建立起来、从裁判所体系中独立出来的，根据与裁判所相对应的原则设立。包括最高检察厅、高等检察厅、地方检察厅和区检察厅四层结构。各级检察厅的数量与裁判所完全对应。

日本检察机关的经费由中央财政统一保障。

（3）警察机关——中央与地方二级保障。日本的警察机关由中央的国家警察机构和地方的都道府县警察机构构成。中央警察机构最高权力机关是在内阁总理大臣之下设置的国家公安委员会，下设警察厅，除警察本部外，在地方设立 7 个管区警察局、2 个警察通信部；地方警察机构由都道府县下设的地方公安委员会管理，下设警察本部（在东京设立警视厅）、警察署，在警察署之下设立派出所和驻在所等派出机构。

日本中央警察机构的经费由中央财政保障；地方警察机构的经费由各都道府县财政保障。

（4）司法行政机关——中央一级保障。日本的司法行政机关是法务省及其地方分支机构。其中，法务省全面负责全国的检察、监狱、公证、登记、律师、户/国籍、刑事执行、出入境管理等司法行政事务；地方的分支机构则在其辖区内具体负责其司法行政事务。

法务省的经费由中央财政统一保障，在中央财政支出项目中单独体现。

（5）监狱机关——中央一级保障。日本的监狱机关分为中央监狱机构和地方监狱机构，由法务省管理。其中，中央监狱机构为司法矫正局、矫正工作研修所、矫正保护审议会；地方监狱机构为司法矫正辖区局以及各地方监狱。

日本监狱机关的经费由中央财政统一保障。

（二）日本司法经费保障

从 2003～2007 年的情况整理分析，日本历年司法收入几乎稳定，没有逐年上升的趋势；司法支出占整体财政支出的比例每年都稳定在 1.4%～1.5% 之间。而且，法务省、裁判所和警察厅各司法部门支出所占比例也比较稳定。相比于收入而言，裁判所在支出中所占的比例显著增大，法务省支出的比例远小于收入在司法领域总收入中所占的比例，而警察厅每年都占据了司法总支出的 20% 左右。[①]

（三）日本司法经费管理

1. 经费管理部门

（1）审判机关的经费，由最高裁判所统一编制和管理；（2）检察机关和监狱机关的经费，由法务省编制和管理；（3）警察机关的经费，分别由日本内阁和各都道府县政府编制和管理；（4）司法行政机关的经费，由法务省编制和管理。

---

① 根据《平成 15 年度一般会计岁入岁出决算》《平成 16 年度一般会计岁入岁出决算》《平成 17 年度一般会计岁入岁出决算》《平成 18 年度一般会计预算》《平成 19 年度一般会计预算》整理。

2. 经费预决算管理

（1）司法部门经费预决算管理。

①预算编制。日本的预算年度为每年 4 月 1 日至次年 3 月 31 日。各司法部门经费与其他部门一样，都要按照规定首先编制预算。除法院外，各司法部门预算编制的具体程序是：先向财务省提交预算请求，在内阁通过的"预算请求指导"规定限额内，将不同种类的支出排出先后次序，提出自己的预算请求提交财务省审议，经过听证、协商后，形成预算草案经内阁批准，提交国会审议通过后执行。

②预算执行。各司法部门的预算经国会批准后，即按照财政部门的规定执行。日本财务省在全国主要区域均设有派出机构，共设置了 10 个财务支局和 40 个财务事务所，具体负责中央财政支出的管理、监督工作。

③决算管理。各司法部门的决算要经过既独立于政府又不由国会直接管理的日本会计检查院的审计监督，主要审计是否严格执行预算，防止财政支出挪用、流失和浪费。

（2）法院部门经费预算管理。

①对法院预算实行特殊编制程序。在日本，法院历来是唯一的司法机关，法院经费预算方案实行单独编列报送国会专项审议也是一直的传统。全国法院经费预算方案每年由最高裁判所单独编制形成，经内阁讨论后由财务省与国家机关总体预算方案同步分别提请国会进行审议。而日本的警察机关经费及检察机关、司法行政机关、监狱机关经费均由其所在的警察机关、法务省机关向内阁提出，再由内阁编入统一的国家机关总体预算方案提请国会审议。

②法院一般预算程序。

一是日本全国法院系统的经费预算编制、管理和拨付等事务由最高裁判所负责。最高裁判所在起草法院经费预算方案时，应当征求各级裁判所的意见。地方各级裁判所结合本裁判所的实际工作情况，提出该年度业务、人员、物质装备和基础设施建设等方面的经费需求，逐级向最高裁判所报送。最高裁判所根据全国各个裁判所的办案运行需要、人员薪金数额等经费需求，结合各地裁判所工作实情，编制全国法院系统的经费预算方案。

二是由最高裁判所长官将编制的全国法院系统经费预算方案，提交由全体大法官组成的法官会议讨论决定，通过后递交财务大臣。财务大臣将法院经费预算提请内阁会议讨论。内阁会议如果对最高裁判所提出的法院经费预算方案有不同意见，可以用附记的形式向国会提出意见，但不能直接否决或者更改。

三是全国法院经费预算方案先由众议院讨论，通过后交参议院讨论，两院分别审议通过后便成为正式法案。如果两院意见不一致，则由两院协商解决，若仍不能取得一致意见，则以众议院的意见为准。

四是全国法院经费预算方案经国会在年初的例会上审议批准后，由财务省将经费直接拨付至最高裁判所具体负责管理和分配工作。最高裁判所事务总局按照编制的全国法院预算书划分为最高裁判所经费和下级裁判所经费，最高裁判所经费按照法官会议决议管理和使用；下级裁判所经费按照经费项目规定的用途，拨付至各高等裁判所、地方裁判所等下级裁判所使用。经国会审批的全国法院经费预算书在最高裁判所网页上公布，便于接受社会监督。①

③法院特别预算程序。如果出现一般预算以外的情况，需要增加法院经费，最高裁判所另行制定增加经费的预算，报国会批准执行（特别预算）。如2011年"3·11"东部大地震，最高裁判所于2011年、2012年单独就地震地区裁判所制定了增加经费的预算书，报国会批准后由财务省拨付。

④法院预算内容。最高裁判所制作的法院经费预算书包括两人部分内容：一是最高裁判所的经费，包括审判费用、人员的各项经费（含各种补贴）、情报处理经费、各种办公用经费、设施费用、聘请的各种委员补贴等，最高裁判所法官官邸每年的维修费用都在预算书中详细载明；二是各下级裁判所经费，包括审判费用、人员的各项经费（含各种补贴）、情报处理经费、职员差旅费用、设施费用、土地租赁房屋建设等费用、法庭器具费用、公共设施维持与管理费用等。

⑤法院经费的管理部门。日本全国法院的经费、人事和其他司法行政事务，由最高裁判所设置的事务总局统一管理，在最高裁判所长官的监督下工作，下设秘书课、总务局、财务局等部门，分别管理经费等相关事务。高等裁判所内设"部"机构，由一名"总括裁判官"负责部内的事

---

① 根据陈春梅：《各国法院经费保障制度的通行规则》，载《人民法院司法行政管理研究与参考（第6辑）》（人民法院出版社2018年版）部分内容归纳整理。

务，负责司法行政事务的事务局，下设会计课、总务课等管理经费和物质装备建设等工作。地方裁判所和家庭裁判所设置管理司法行政事务的事务局，下设财务课、出纳课等管理经费工作。简易裁判所一般设在地方裁判所之下，其经费等司法行政事务由简易裁判所管理。①

（四）日本司法经费的特点

1. 从司法经费体制设计入手，使中央政府在司法经费保障中发挥主要作用

（1）司法经费保障层级少于政府层级且主要由中央一级政府保障。日本有三级政府，在5个司法部门中，4个由中央一级保障、1个由中央和都道府县二级保障，即中央政府直接保障绝大多数司法部门的经费，基层一级政府不负担司法经费。

（2）以完善的事权划分和转移支付制度保障各级司法部门经费。日本的司法经费保障，以明确的各级政府事权划分为基础，以中央政府转移支付为支撑，使得中央政府在司法经费保障中发挥主要作用。日本将司法权划分为中央事权，因而对法院、检察院、司法行政及监狱机关的经费实行由中央全部负担。即使将警察部门事权划分为中央与地方共同事权，实行由中央和地方二级保障，由于完善的中央转移支付制度，地方负担的警察机关经费有一半来自中央财政。

2. 以独特的法院经费体制和运行机制，保障司法不受干扰

为保障法院在司法体制中的核心地位和司法权行使，日本对法院经费采取了独特的制度，在单一制国家中具有一定的代表性。②

（1）实行统一的经费预算。集中性和统一性是日本法院经费制度的明显特点。无论是高等裁判所，还是地方裁判所、家庭裁判所和简易裁判所，其经费预算都由最高裁判所统一编制，提交国会审批。各个裁判所只向最高裁判所提出经费需求申请，不能自己编制本裁判所的经费预算，更不能各自向国会直接提出经费预算方案。这既与行政经费和警察机关经费预算分别由中央和地方负责编制，提交本级国会审批的做法有明显的不同，也与检察、司法行政及监狱机关经费统一纳入法务省预算方案向内阁提出，再由内阁

---

① 根据何家弘主编：《中外司法体制研究》（中国检察出版社2004年版）相关内容归纳整理。

② 根据陈春梅：《各国法院经费保障制度的通行规则》，载《人民法院司法行政管理研究与参考（第6辑）》（人民法院出版社2018年版）部分内容归纳整理。

提交国会审批的做法有很大的不同，以此保障司法权有效行使。

（2）建立独立的经费制度。日本对法院建立了独立的经费制度，并以法律形式明确规定，包括经费在内的法院司法行政事务由最高裁判所独立管理，不受行政机关的干预，也不以人员变化和政府更替而改变。主要表现在：一是法院经费预算独立于行政机关。日本法院经费预算由最高裁判所独立负责编制，不受其他国家机关的控制，内阁可以提出意见，但无权修改和变更法院经费预算方案。1947 年《日本裁判所法》对法院经费制度作出规定，裁判所的经费是独立的，应计入国家预算内。同时，《日本财政法》规定，法院财政实行独立预算制度，每年由最高裁判所长官提出概算报告书，送交内阁汇总编入国家预算。二是法院经费独立于地方财政。地方各级法院经费预算由最高裁判所统一编制，预算方案直接向内阁提交，由国会统一审议，与所在地方财政没有任何关系。三是法院经费实行独立管理。第二次世界大战之后，根据《日本宪法》规定，法院司法行政管理权从国家司法行政机关——法务省独立出来，交给最高裁判所行使。日本地方各级裁判所的经费由最高裁判所独立管理，按照经费预算法案，自行决定各裁判所的经费支出规模和数额。

（3）法官享有法院经费管理主导权。日本各级法院都设有专门的司法行政机构，负责处理包括法院经费在内的各项司法行政事务。但是，法院重大司法行政事务的决策权掌握在广大法官手中。日本最高裁判所、高等裁判所、地方裁判所和家庭裁判所都设有由全体法官组成的法官会议，各裁判所长官是法官会议的召集人。法官会议的职责是对本法院的重大行政事项和审判工作作出最终决定。法院经费预算编制规模和具体内容，以及经费的管理和使用等事项都是由法官会议作出最后决策，司法行政机构必须严格执行法官会议的决定。简易裁判所由于法官人数较少，没有设立法官会议，其包括经费管理在内的司法行政事务直接由法官管理。日本由法官主导法院经费管理事项符合"法官代表法院"的基本司法理念。

（4）法官身份保障在日本保障制度中较为坚固。一是以法律规定对法官的身份保障。日本的法官属于广义上的国家公务员，但不属于国家公务员法以及国家人事院所管辖，而是属于特别法上的公务员，实行严格的定员管理，法官数量极少，长期以来一直维持着精英型的法官队伍。依据《日本裁判所法》规定，所有的法官，除了经过宪法上的特殊程序被罢免的情况以外，不得违反其意愿，免除职务、改变职务、改变工作场所、停职以及减少薪酬。日本对行政公务员也规定了身份保障制度，但对法官的身份保障是其中较为坚固的。法律规定对法官的职务保障措施间接地保障了司法权。二是法官的报酬以法律形式予以规定。依据《日本宪法》规定，无论是最高裁判所法官，还是下级裁判所法官，都定期获得一定数量的保障，并且法官的报酬在任中不得减少，即必须支付在任职前约定的报酬数量，即使受到处分，也不得减少约定的数量，但是可以对受到处分的法官进行罚款。即使因为紧缩政策等原因对公务员采取减少俸禄的情况，也不得减少现职法官的薪俸。当法官结束任期（一任为 10 年，可以连任至退休），重新开始新的任职时，可以重新约定报酬数量，这时可以比前一任期的报酬数量少。日本还制定了《日本关于裁判官报酬的法律》，规定了法官报酬的支付基准和具体方式，其报酬的支付必须保障维系其生计所用；同时规定，为保障法官能够廉洁、公正地履行职务，要保障与其地位相适应的报酬。[①]

三、法国司法经费

（一）法国司法经费体制

1. 国家制度和政权组成

法国是典型的议会制总统共和制政体，也称作半总统制政体，议会行使立法权，政府行使行政权。司法权不仅归属于作为司法机关的法院，也归属于作为行政机关的行政法院，此外还设最高司法委员会，归总统领导。

法国是一个具有深厚的中央集权传统的单一制国家，政府机构分为中央、大区、省和市镇四级。全国共有 22 个大区、96 个省、3.69 万个市镇，还有 5 个海外领地和 5 个海外省。中央政府拥有广泛的权力，地方政府只相当于中央政府的下属机构。涉及全国特征或职权为法律所禁止的事务，由中央行政行使职能，地方行政只处理一般事务。

2. 财政预算层级

与四级政府相对应，法国的财政也由中央、大区、省和市镇四级组

---

① 根据何家弘主编：《中外司法体制研究》（中国检察出版社 2004 年版）相关内容归纳整理。

成，大区、省和市镇构成地方财政。法国地方政府的自主权十分有限，但各级预算是相对独立的，由各级议会决定，各级财政按照确定的事权安排支出，中央对地方的三级财政进行事后的法律监督。①

法国中央政府掌管内政、外交、军事、经济、文化等各个方面，集中了全国60%以上的财政收入。1982年开始，法国政府逐步将一些过去由中央负责的事务下放给地方管理，如1984年下放司法行政等权力，1985年下放警察等权力，司法行政、警察的经费也由各省和市镇预算支出。中央政府通过转移支付方式对地方予以支持，中央预算的转移支付每年约占地方总收入的25%。中央对地方的转移支付有两种形式：一种是一般性补助，即不附加任何条件的补助，地方政府可以统筹安排，一般按市镇人口的比例进行分配；另一种是专项补助金，对地方兴修的专项工程给予补助。

3. 司法经费体制——一级保障与三级保障并存

法国是当代西方两大法系之一——大陆法系的诞生地，其司法体系经历了近两个世纪的发展，形成了独具特色的制度模式和司法经费体制。

（1）审判机关——中央一级保障。法国审判机关包括普通法院、行政法院、权限争议法庭、宪法委员会和特别高等法院五个系统。其中，普通法院包括基层法院、上诉法院、国家安全法院、重罪法庭和最高法院；行政法院包括专门行政法院和普通行政法院，普通行政法院又包括行政争议法庭、行政法庭、上诉行政法院和最高行政法院。

法国各级审判机关的经费由中央财政统一保障。

（2）检察机关——中央一级保障。法国的检察机关由司法部领导，上下级的检察机关实行垂直领导，自成具有独立隶属关系的组织体系，实行审检合署，各级检察机关设置在各级法院内，并参照法院的级别相应设立最高法院检察院、上诉法院检察院、大审法院检察院和初审法院的检察机关四个层级。

法国各级检察机关的经费由中央财政统一保障。

---

① 法国财政预算及司法经费情况根据项怀诚、刘长琨主编：《法国财政制度》（中国财政经济出版社1999年版）部分内容归纳及相关资料研究整理。

（3）警察机关——中央与省、市三级保障。法国警察分为国家警察、城市警察、武装警察和司法警察四类，其中国家警察包括国家警察总署、地方警察组织和巴黎警察局。警察机关实行自上而下的"垂直领导、条条管理"体制，由内政部管理。

自 1982 年法国政府实行中央与地方分权改革以来，改变了高度集权的体制，警察机关的经费由中央与地方财政多级保障。如巴黎警察局的预算是专项预算，其经费主要源于国家、巴黎市和省拨给的预算。

（4）司法行政机关——中央与省、市三级保障。法国有全国统一的司法行政系统，中央司法部领导地方司法机关，还负责掌管法院系统的行政组织、人事调动和活动经费等方面的事务，领导全国检察机关、管理监狱等。地方司法机关在中央司法部领导下，负责各自地域范围内的司法行政事务，配合中央司法部做好相关工作。

法国司法行政机关的经费实行分级保障，其中，中央司法部的经费由中央财政保障，包括司法部自身的经费和司法教育的部分经费，如国立法官学院的经费 80% 由财政部拨给司法部，由司法部拨给学院并根据既定的预算进行管理；地方司法行政机关的经费由各地方财政保障，如在巴黎市预算支出中，"司法业务"作为"公用事业费"项目支出的范围。

（5）监狱机关——中央一级保障。法国的监狱实行层级管理和专门管理相结合的管理体制。中央司法部是最高管理机构，地方司法行政机关负责基本的管理工作，各级检察机关负责相应的汇报工作，监督委员会负责专门的监督活动，也对中央司法部负责。

法国监狱机关的经费由中央财政统一保障。

（二）法国司法经费保障

1. 统一预算保障

法国各司法机关的经费都要按照政府统一要求通过编制预算进行保障。预算按年编制，预算期为 1 月 1 日至 12 月 31 日。预算编制程序是：由各单位根据总理下达的支出控制数编制预算草案，报送经济和财政部汇总编制成国家预算草案，经议会讨论批准，以法令形式公布，各单位据以执行。各单位在编制预算时，要将全年所有收入和支出都列入预算，不准以收抵支；经批准的预算实行专款专用，项目之间不准任意调剂和挪用。

2. 分部门编制预算

（1）审判机关的经费，由司法部提出预算报议会批准，之后各级法院严格按照既定的预算进行开支。

（2）检察机关的经费，由司法部提出预算报议会批准后，按照既定的预算进行开支。检察院设在各级法院，检察机关的所有人员均属于政府公务员，由司法部管理。

（3）警察机关的经费，由内政部提出预算，报议会批准后统一拨付各地的国家警察部门，只要职责、任务相当，其内设机构、人员数量及经费、装备等物质条件都是基本相同的，不受当地经济发展水平的影响。

（4）司法行政机关和监狱机关的经费，由司法部提出预算，报议会批准后使用。

（三）法国司法经费管理

1. 法院、检察院预算由司法部管理

法国司法部作为司法预算管理的中枢机构，在法院、检察院管理中扮演重要角色。法国全国司法行政事务统一由中央政府的司法部管理，法院、检察院的经费由中央财政统一保障，所在地的司法行政机关没有人、财、物的管理权。中央政府的司法部长授权上诉法院院长和总检察长共同管理上诉法院、检察院及其司法管辖区内各基层法院、检察院的经费。各地区上诉法院、检察院核算自身及所属辖区初审法院、检察院每年的经费预算，上报给司法部审查，司法部统一核算后再交由议会审议。

2. 司法预算执行由财政部门派驻的官员随时监管

法国的司法经费预算由各级司法机关首脑负责执行，但具体的执行工作由财政部门或财务部门负责。法国财政部下属的机构和人员分布在全国各地，向各部门派驻财政监督官，审核各部门每一项财政经费的开支，主要对该各项支出是否合法、有无预算进行审核。各司法机关首脑作出的使用预算拨款命令，必须经派驻该机关的财政监督官同意签字后才能执行。年度终了，各司法机关要将一年的实际支出计算清楚，列表报财政部汇编成国家决算，经议会审批、总统签署。

（四）法国司法经费的特点

1. 以明确的事权划分差别化确定司法经费体制

法国是单一制国家，但对司法经费体制根据政府事权划分和不同司法部门的性质和特点确定。在各级政府的事权划分中明确规定，社会安全主要是中央政府的责任。以此为依据，对司法经费实行一级保障与三级保障并存的模式。其中，审判、检察、监狱机关经费由中央一级保障；警察和司法行政机关经费由中央与省、市三级保障。同时，由地方保障的警察、司法行政机关的经费中，中央政府也给予25%左右的转移支付资金支持。

2. 司法经费以外部管理为主

一是司法部门的经费管理，以司法部为主体。除警察机关经费由内政部管理外，法院、检察院、监狱及司法行政机关的经费均由司法部管理，具体包括编制经费预算方案、征求财政部同意成为正式国家公共财政议案、提交议会审议通过预算案、管理经费运行等。

二是财政部向各地方和各部门派驻财政监督官，对包括司法经费在内的各部门经费支出实施监督管理。司法经费由司法部或内政部根据议会审批的经费项目作出支出决策、开具拨款凭证后，要经过财政部派驻各部门的财政监督官核准签字，才能进行支付拨款。

3. 对司法经费管理实行严格性与灵活性相结合的方式

（1）对司法经费运行实行严格的管理监督。

①严格规定司法经费的使用和管理。法国司法部门所有经费全部纳入预算管理，不允许有国家预算之外的经费支出。司法部或内政部对司法经费的管理和分配要严格按照议会表决结果执行，不能进行任何更改和保留，实行专款专用，不得在项目之间挪用。不得随意增加人员支出，人员工资支出全部编入经费预算总额中，由财政部每月直接汇入个人的银行账户，既简化经费管理程序，又利于控制不同部门人员的薪金水平。根据业务性质和应达到的司法服务水平分别核定业务活动的公用经费支出标准，各项开支都要严格按照核定的标准安排。经费预算执行后，司法部或内政部应当每年至少向议会汇报一次经费预算的完成情况，并且详细列明经费实际分配的账目明细。

②建立了较为完善的保障司法经费安全运行的检查监督机制。法国司法经费在实际使用过程中，要经过议会的监督和国家审计部门的审计检

查。在编制预算时，要列明上一年度经费的开支情况。通过设置财政监督官对司法经费运行情况进行独立检查，每项经费支出都必须经过财政监督官的签字才能进行支付，实现对经费运行的全过程监督。同时，法国还在司法机关建立了内部监督机制，使各司法部门在经费安全运行方面承担更大的责任。如1997年法国上诉法院成立了司法经费监管机构，每一名法官都应当认真登记和报告其公共经费开支情况，并接受内部监管机构的检查。

（2）司法经费管理具有一定的灵活性。

按照规定，法国司法部或内政部在议会批准的经费预算项目内，在保障实现经费管理目标、提高经费使用效益，以及不得超过人员经费支出限额和资金使用授权上限的前提下，可以适当调节各项支出使用的预算额度，也可以根据情况在款项的不同科目之间进行适当微调。财政部门拨出的款项通常应当在当年度用完，不能延至下期使用，但对属于资本性支出的拨款结余可以延期至下一年度使用。在经费具体使用过程中，通常会根据经费的不同性质实行不同的管理办法。①

第二节　联邦制国家的司法经费制度

一、美国司法经费

（一）美国司法经费体制

1. 国家制度和政权组成

美国，全称为美利坚合众国，属于民主共和制国家，政权组织形式是总统制，实行立法、行政、司法相互制衡的政治体制。立法权属于由参议院和众议院组成的国会，行政权属于总统，司法权属于最高法院和下级法院。

美国是典型的联邦制国家，各州均有自己的议会、政府，并且与联邦机构是平行的，彼此不干涉。联邦和州的权力范围都在联邦宪法中明确规

---

① 根据陈春梅：《各国法院经费保障制度的通行规则》，载《人民法院司法行政管理研究与参考（第6辑）》（人民法院出版社2018年版）部分内容归纳整理。

定，两者在各自的权限范围内运作，中央不得超越权限干涉地方事务。政权结构由联邦、州、县、市镇四级组成，有1个联邦政府、50个州、3043个县、3.59万个市镇。

2. 财政预算层级

与四级政权相适应，美国的财政也分为联邦、州、县和市镇四级，每一级都有明确的财政支出责任和预算。通常来讲，联邦政府主要负责全国性公共产品方面的支出，主要包括：国防、国际事务、空间技术、大型公共工程、农业补贴、社会保障、联邦行政管理费用等；州和地方政府的财政支出责任主要是治安、消防、环卫、家庭和社区服务等。

联邦政府也向州和地方政府提供拨款、贷款和税收补贴。联邦政府财政支出中除直接支出由本级政府承担的经费外，有一部分拨付给州和地方政府，由后者具体负责落实。1994年，州和地方政府财政支出的23%来自联邦拨款。[①]

3. 司法经费体制——二级至四级保障

（1）审判机关——联邦、州二级保障为主，联邦、州、县三级保障为辅。美国有两套法院系统，分为联邦法院系统和州法院系统。联邦法院是美国联邦政府的司法机构，又可分为普通法院、特别法院和弹劾法院三类；联邦法院中的普通法院又可分为联邦最高法院、联邦巡回上诉法院和联邦地区法院三级。州法院是美国州政府的司法机构，从司法管辖权看，约有一半的州设立三级法院，即州最高法院（终审上诉法院）、上诉法院（中级上诉法院）、审判法院；另一半较小的州只设立两级法院，即最高法院和初审法院。[②]

美国法院的经费实行分系统保障，联邦法院系统由联邦政府保障，州法院系统由州政府和地方政府保障。

（2）检察机关——联邦、州、县、市镇四级保障。美国联邦检察院和司法部实际上是同一个部门，只是内部机构分工不同，联邦最高检察官是联邦检察长，兼任联邦司法部部长。联邦、州和县都设有检察官，但传统的检察职能主要由联邦检察系统和地方检察系统行使，二者互不干涉。此

---

① 美国财政预算及司法经费情况根据项怀诚、刘长琨主编：《美国财政制度》（中国财政经济出版社1998年版）部分内容归纳和笔者参加对美国的实地考察及相关资料研究整理。

② 本节各国司法机构情况根据何家弘主编：《中外司法体制研究》（中国检察出版社2004年版）部分内容归纳整理。

外，美国有许多市镇设有独立于州检察系统的市镇检察机关。

美国检察机关的经费由同级政府给予保障，即联邦政府保障联邦检察院的经费；由于地方检察官主要由地方选举产生，其经费由所属的州、县或市镇地方政府承担，即州政府保障州检察机关的经费，县和市镇政府保障各县和市镇检察机关的经费。

（3）警察机关——联邦、州、县、市镇四级保障。警察机关是美国最主要的执法机关，同时也是司法体系的重要一环，分别隶属于联邦、州、县和市镇的政府。联邦负有警察职能的机关一般被称为执法机关；州警察机关主要以巡警模式、执法模式和两元模式为主；在县警察机关层面则存在县司法局模式和县警察局模式两种；在县警察机关之下又设立了庞大的市镇警察机关，其警员约为美国警察总数的3/4。

美国警察机关的经费保障通过分级方式实现。联邦政府保障联邦执法机关的经费；地方警察主要由地方组建，其经费由所属的州、县或市镇地方政府承担，即州政府保障州警察机关的经费，县和市镇政府保障各县和市镇警察机关的经费。全美警察经费支出主要由州与县和市镇政府负担。如1992年，此项支出中联邦政府占16.3%，州与县和市镇政府占83.7%（州政府占11.8%、县和市镇政府占71.9%）。

（4）司法行政机关——联邦与州二级保障。美国设有联邦司法行政机关与州司法行政机关。联邦司法行政机关包括司法部、全国总务行政管理署、联邦司法委员会、巡回区司法委员会、联邦法院行政管理办公室、联邦司法中心等；州司法行政管理机构主要包括州法院行政官全国大会和审判法院行政官全国会议，主要集中于对州法院系统的监督和管理。司法部是美国联邦政府机构之一，它是美国司法系统中不可分割的一个组成部分，是美国最高检察机关和最高执法机关。司法部的主要职能包括管理和监督联邦检察系统和警察系统，指导美国地区检察官工作，管理和监督联邦所属的全国监狱及其他惩罚机构等。

与司法行政机关结构相对应，美国司法行政机关的经费不需县及市镇政府负责，而是由联邦政府和州政府保障，其中联邦政府和州政府分别只负责自身相对应司法行政机关的经费。

（5）监狱机关——联邦、州、县三级保障。美国的监狱系统分为联邦监狱、州监狱和市县监狱（有的称为看守所，有的称为矫正院），由司法部的监狱局负责管理。除了在押犯之外，美国还有更多的罪犯在社区服刑，各州和地区都设有专门的机构和人员对社区矫正对象进行管理和矫治。

美国监狱机关的经费保障通过分级方式实现。联邦政府保障联邦监狱的经费，州政府保障州监狱的经费，市县政府保障地方监狱的经费。全美监狱经费支出主要由州与市县政府负担。如1992年，此项支出中联邦政府占7.8%，州与市县政府占92.2%（州政府占59.0%、市县政府占33.2%）。

（二）美国司法经费保障

1. 司法经费投入状况

为了保证司法机关经费得到充足有效的保障，美国建立了比较健全的法制化财政保障制度，以立法的形式保证司法机关的经费来源。[①]

（1）各司法部门经费支出。从1982年到2005年的23年，美国司法经费支出有了大规模上升，从358.42亿美元上升到2041.36亿美元，增长469%。司法经费支出的各个部门都同样有大规模的增长，其中，警察机关支出增长496%，审判机关支出增长474%，监禁改造支出增长619%。在司法系统内部，警察机关支出一直是最大的支出项目，其所占司法总支出的比重一直稳定在44%~53%；监禁改造支出是第二大支出，其占司法总支出的比重大致稳定在25%~33%；审判支出所占司法总支出的比重最小，一直稳定在22%左右。

（2）各级司法经费支出。从1982年到2005年，美国各级政府的司法经费支出都有了大幅上升。联邦政府的司法经费从1982年的42.69亿美元上升到2005年的400.19亿美元，上升了837%；州政府的司法经费支出上升了554%；地方政府的司法经费支出上升了396%。在各级政府内部，联邦政府司法经费支出所占比重最小，但呈现缓慢上升的趋势，从1982年的11%上升到2005年的18%；州政府司法经费支出所占比重其次，在29%~34%；地方政府司法经费支出所占比重最大，最高的1982年达58%，最低的2005年是48%。综上可以看出，因为美国大部分警力分布在地方，地方警察承担的治安任务最重，所以警察支出在总司法经费支出中的比重最大，而县和市镇司法经费支出在各级政府司法经费支出中的比

---

① 本部分（1）和（2）数据根据美国司法部网：www.usdoj.gov研究整理。

重最大。

（3）司法经费支出占财政支出比例。在美国，除了在法律上对司法机关经费进行规定外，从实际的财政预算情况看，司法经费也一直是公共财政支出的重点之一。从1982年到2005年，美国司法支出在整个财政支出中的比重稳中有升，从5%稳步上升到了9%。可见，美国财政对司法的支持总体在增强，司法系统的资金需求有比较稳定的保障。如2005年美国联邦政府财政支出约2.1兆美元，其中司法部所属各类联邦警察与联邦检察官经费约250亿美元，占联邦政府财政预算的1.2%。"9·11"事件之后，反恐斗争成为美国政府面对的最重要的任务之一，为加强反恐力量建设，联邦政府不断加大对相关执法部门的经费投入，其中联邦调查局的经费从2001年的33亿美元增加到2005年的51亿美元，2006年更是增加到57亿美元，比2001年增长73%。各州在财政预算中也非常重视增加司法经费的投入，加利福尼亚州法院系统2004年预算达26亿美元，按2万人的编制，人均年经费达13万美元，远远高于其他机关。[①]

2. 法院经费保障机制

在美国司法经费制度中，对法院建立了一套独特的经费保障机制。

（1）联邦法院的经费保障机制。美国联邦法院系统经费预算早期是由行政部门负责的。随着法院运作规模和复杂性的增加，除了法官和职员的薪金外，公共司法经费支出逐步上升。在此情况下，法官职位的终身制和薪金的宪法保障已经不足以让联邦司法体系抗衡其他部门。为缓和联邦法官的忧虑，应他们的请求，美国国会在1939年成立了美国法院行政管理办公室，接管原属于司法部负责的联邦法院财政预算、法院人事管理和汇集法院事务数据统计的职责。该办公室现在由美国司法委员会领导，该委员会由26个上诉法院和地区法院的法官组成，最高法院首席大法官为会议主席。各州政府在1940年亦随国会之后，相继设立州的法院行政办公室，一般由州的最高法院负责监察。

1939年国会通过的《美国法院行政管理办公室法案》明确规定，联邦法院行政管理办公室主任要负责管理国会拨给联邦法院的用于维持其运转的资金，并负责法院设备和固定资产的购买、交换、转移和分配。办公室

---

① 唐虎梅、曹云、李海军：《美国加拿大司法行政装备管理制度概况及启示》，载《人民司法（应用）》2014年第15期（总第698期）。

主任每年要向预算局（当时是归属于总统执行办公室下的一个机构）准备和递交联邦法院系统的预算请求，要测算出维持联邦法院系统运转所需的支出。涉及巡回上诉法院、地区法院和领土、财产有关法院的预算测算，在递交给预算局前必须经过高级巡回法官会议（美国法院行政管理办公室当时的上级主管部门，现在则是美国司法委员会）的同意；而涉及关税与权利上诉法院、关税法院、权利法院的预算测算，在递交给预算局前，则必须经过这些法院的法官同意。法院行政管理办公室递交给预算局的关于联邦法院系统的预算请求，预算局没有权力进行任何修改，必须原封不动地放在整个总统预算中递交给国会审批，在总统预算末尾，行政部门可以用非正式的形式对联邦法院系统的预算请求作出评论。通过这项制度，美国总统要想改变联邦法院系统的预算请求，以与各行政部门的预算维持平衡便不可能了。

在当今的美国法院预算体制下，法院行政管理办公室拟好的联邦法院系统预算请求可以直接递交给国会审议，也可以直接向国会争辩所提出要求，都不需要通过总统管理与预算办公室（OMB）。当然，联邦法院的预算请求也要交给行政部门一份以纳入政府整体的财政预算中，从形式上维持政府预算的整体性，但行政部门的工作在这里只具有服务性质，而没有实质权力去改变法院预算。

（2）州法院系统的经费保障机制。美国州法院系统分上诉法院和审判法院两大部门。这两大部门的经费保障模式各州不尽相同。有的州两大部门的经费全由州政府负责；有的州主要经费由州政府负责，地方政府负责审判法院的一部分经费；而有的州审判法院的主要经费则由地方政府负责。各州州法院系统不同的经费保障模式，与各州的城市化程度、大城市的数目、州政府的财力有着密切的关系。总体看，由州政府完全负责州法院系统的经费，是当今美国州法院系统经费保障的主流趋势，多数采取由州财政统一保障的模式。

在经费保障程序上，与联邦法院经费保障模式不同的是，州法院系统的经费并不能单独列出来直接提交国会讨论，而是与行政部门的预算一起纳入政府整体预算中提交国会。因此，较之联邦法院系统，州法院系统的经费保障程度要弱一些。不过，美国许多州都有法院预算听证制度，国会议员或政府首长会与州法院系统的法官们面对面，听取法官们关于预算请求的详细理由，以决定是否完全满足法院系统的经费要求。

（三）美国司法经费管理

1. 司法经费管理部门

（1）审判机关。美国联邦法院经费每年由联邦法院行政管理办公室制定并向国会提出联邦法院系统预算，再由其负责向各个法院直接分配经费。

（2）检察机关。美国联邦检察院每年通过司法部检察办公室向司法部报送预算方案，从司法部获得经费后，由检察办公室统一向各联邦司法区检察官办事处进行拨付。

（3）警察机关。美国联邦警察经费分别从所属的司法部、财政部、内政部、国防部等部门获得，各联邦警察机构对其所属的各地区派出机构经费实行统一管理。

（4）司法行政机关。美国司法行政机关经费分别由联邦司法部和州司法行政机关管理。

（5）监狱机关。美国监狱机关经费分别由联邦司法部和各州、县司法机关管理。

2. 司法经费预算管理

预算是经费保障工作的中心环节。美国在开展司法经费保障工作中，非常重视通过完善预算管理来实现对司法经费的科学投入和管理，无论在预算的编报、执行，还是在监督方面都严格、规范。

（1）预算编制程序严格。美国的预算编报一般提前两年就开始，其间经历了严格、复杂的申报和审批过程。以 2006 年预算为例，从 2004 年 2 月份开始，各部门就着手启动预算编制工作，9 月份之前向总统预算办公室（OMB）递交本部门预算方案；预算办公室根据政府预算总额，对各部门预算进行汇总平衡后，由总统于 2005 年 2 月份第一个星期一之前，将统一的政府预算方案提交国会审查；2005 年 2 月份到 5 月份，国会内部经过各专门委员会讨论、预算委员会评估、参众两院协商等程序，制定出统一的预算拨款法案，9 月份交由总统签署生效，10 月 1 日新的财政年度开始至次年 9 月 30 日止。对于以上各阶段的期限，《美国预算法》都作出了明确规定，各部门必须严格执行。最终的预算方案必须在国会与总统之间达成一致，否则不能生效。1995 年，由于国会与总统未能就最终预算方案达成一致，造成当年预算无法执行，一些非主流政府部门不得不停止办公。

后来经过修改预算法，规定如果再出现类似情形，应当先按照上一年度预算方案执行。虽然这一问题已经得到解决，但可见美国预算程序的严格。

（2）预算分配具有较高的科学性。为了提高预算审批的水平，美国总统预算办公室设计了一套"预算项目评估分级体系"（PART），专门用于对联邦政府各部门过去一年的预算执行情况进行效益评估，从而为今后审查预算提供参考依据。这套体系共包括 4 类 35 项标准，要求各部门就其预算项目执行情况作出说明并提供客观论据。对于经过评估，证明没有取得应有效益的项目，在今后的预算中有可能会被取消。如在审查 2006 年司法部预算时，总统根据 PART 的评价结果，取消了被证明没有取得效益的项目共计 12.89 亿美元，包括雇用社区警员拨款、"布来尼项目"司法援助拨款 6.3 亿美元，刑事案件中的外国人司法援助项目 3 亿美元，青少年犯罪预防拨款 5400 万美元，执法部门技术装备专款 3.05 亿美元。此外，为了保证相关部门经费预算与总统政策相协调，在每年制定预算前，总统负责相关工作的部门还会给政府相关部门下发一个指导意见，说明下一年度的此项工作重点，指导各部门提高预算编制的针对性。

（3）重视对预算执行的约束力。与其他经费一样，司法经费预算一经国会批准，即成为具有强制约束力的法律，各部门必须严格执行。各部门开展工作完全取决于预算的项目有无和数额多少，预算执行中如果经费不足，追加的困难很大。遇有重大事件时，总统可以向国会进行专题报告，由国会就特别事项作出特别拨款法案。预算还是控制人员编制的手段，如果要增加人员，一般只能通过压缩别的开支来解决所需经费问题，或者在申报预算时，把增加的人员和经费一起报给国会，如果国会批准了预算，也就同意了增加人员编制。

（四）美国司法经费的特点

1. 将法官薪酬作为保护法官免遭报复的首要方式

在美国，保护法官免遭报复的首要方式是，不让外部势力触及法官的职位和薪酬。为了保证法官依法公正地履行职权，美国制定了保证法官获得充足经济收入和物质待遇的制度。依据《美国宪法》规定，最高法院和下级法院的法官如行为端正，得继续任职，并应在规定的时间得到服务报酬，此项报酬在他们继续任职期间不得减少。美国法官的收入居社会中上等水平，远高于一般政府公务员。

2. 将充足的经费保障作为实现司法核心精神目标的必要手段

在美国，司法系统预算制度的设计，是作为保障司法核心精神目标的一个基本手段而存在的。为此，美国对法官和检察官的报酬、法院独立预算等都通过法律规定的方式予以明确，为增加对司法部门的经费投入提供法律依据。同时，美国经济发达，财政实力雄厚，为保障司法部门经费提供了较好的物质基础，使得司法经费保障充足。

3. 司法经费体制特色明显

在历史渊源上，美国的司法体制源于英国，但由于经济基础、政治制度等方面的差别，美国形成了不同于英国且具有鲜明特色的司法体制及其经费保障体制。

（1）司法经费多级保障。司法经费多级保障模式的典型国家是美国。美国模式的形成具有非常独特的历史背景。美国国家的形成是一个自下而上的过程：首先是乡镇，在殖民地时期已经成为独立的政府；其次是在此基础上，各个乡镇又结合成更大的政府，即殖民地时期的 13 个邦；最后是 13 个邦结合成联邦政府。因此，每一级政府实际上都具有非常独立的地位。源于联邦制和分权与制衡原则，确立了美国联邦、州、地方三级司法体制基本框架。

与此相对应，美国的司法经费实行"多级保障"，而且是本书所研究的 7 个国外国家中，唯一一个对司法经费实行"四级保障"的国家。联邦政府保障联邦法院系统、联邦检察院、联邦警察机关、联邦监狱、国家安全机关和联邦司法部的经费；州政府保障州法院系统、州检察机关、州警察机关、州监狱和州司法行政机关的经费；县政府保障地方检察机关、地方警察机关、地方监狱的经费；市镇政府保障市镇检察机关和警察机关的经费。

值得注意的是，虽然美国原则上对联邦和各州司法经费实行严格划分，但根据实际需要，联邦政府也会对州以及地方司法部门的执法活动进行一定补助。

（2）对法院部门实行与其他部门不同的经费保障方式。在观察美国司法系统时，虽然将法院、检察院、警察、监狱、国家安全和司法行政机关都算作司法系统的组成部分，但只有法院属于司法部门，行使司法权；警察、监狱、国家安全和司法行政机关，都属于行政部门，统归美国总统和州、地方行政首长领导，这些部门的权力属于行政权力；而检察机关，没有独立和完整的组织系统，联邦检察院和司法部甚至可看作一个部门，因此也偏向于行政机关性质。在美国，各司法部门的预算经费保障机制，按照部门的性质不同有比较明显的差别。法院作为美国的司法部门，拥有一套单独的预算经费保障机制，期望通过预算的相对独立来实现司法权；而检察机关、警察、监狱、国家安全和司法行政机关的预算，则作为一般政府部门的预算，与其他政府部门一起纳入政府整体预算中，并没有独立的经费保障机制。

4. 注重司法经费投入效益

尽管美国经济很发达，但对司法经费仍然管理严格，在预算编制、分配、执行各环节，注重司法投入效益的同时，还通过司法制度改革、资源整合、专业化与社会化相结合的管理模式等提高司法经费使用效益。[①]

（1）通过资源整合、司法改革等途径努力节约司法成本。在资源整合方面，以美国巴尔的摩市警察局为例，为了加强刑事执法部门的合作，该市根据需要成立了市长刑事司法办公室，负责协调支持刑事司法部门、城市管理部门和社区组织在打击刑事犯罪方面的合作，使联邦与州原来拨付到不同部门的公共安全方面的经费，由刑事司法办公室统一协调管理，使用效益明显增强。同时，针对美国地方警察机关设置分散的状况，越来越多的专家呼吁加强执法机关之间的合作和提高执法活动的统一性，甚至建议合并警察机关。专家们指出，零散型的警察体制不利于犯罪侦查工作，其中一个很大的问题是，那些微型警察机关没有足够的人力物力有效地开展侦查破案工作，特别是在对付跨地区犯罪的问题上，侦查工作缺乏统一指挥，有时甚至还存在警察机关之间的消极竞争。

在司法制度改革方面，针对美国司法系统负担过重的情况，多数专家认为，既然社会中的犯罪行为已经超过了刑事司法系统的承受能力，就应该把某些犯罪截留在司法程序之外，这既是司法效率的体现，也可以保证被告人不被错误追究。至于哪些种类的犯罪、哪些犯罪人以及哪些犯罪行为应该截留，只能由检察官决定。为此，美国赋予了检察官决定起诉的权力和进行"辩诉交易"的权力，如果检察官决定不起诉，那么案件就不需要再进入后面的司法程序，法院、监狱等司法机构也就不再需要付出更多

---

① 贾新怡、唐虎梅：《借鉴有益经验 构建符合我国国情的司法经费保障机制》，载《财政研究》2006年第4期。

的司法成本。美国大约90%的刑事案件都是通过辩诉交易结案的。

（2）实行专业化与社会化相结合的司法经费管理模式。美国联邦政府的司法机构中包括几个管理其内部事务的行政组织。美国联邦司法委员会是联邦法院的最高管理决策机构，履行行政管理的协调职能，以保证法院行政管理的独立性、公平性和透明性。1939年，美国联邦法院行政管理办公室成立，作为联邦司法委员会的执行机构，具体负责联邦法院系统的行政管理职责，由它制定并向国会提出联邦法院的预算，审核并分配各联邦法院的经费。为了提高司法行政管理水平，1967年、1970年美国又先后建立了联邦司法中心和法院行政管理学院，分别负责开展司法行政管理方面的研究及对法院行政管理人员进行有关制定工作日程、管理业务和制定预算等方面的培训。

在实行专业化管理的同时，美国还在某些方面引进了社会化服务。加利福尼亚州法院系统大量工作由社会工作者完成，一些法院在办公家具、电脑硬件方面，与租赁公司签订了长期合同，按实际需要进行配备，设备的维护、保养、更换也由这些公司负责。巴尔的摩市警察局的业务用车，全部通过该市汽车维修中心进行维修保养，按月进行结算，有效降低了管理费用。

二、德国司法经费

（一）德国司法经费体制

1. 国家制度和政权组成

德国是联邦共和制国家，政府机构严格遵守立法、执法、司法的权力界限，以实现权力制衡。联邦政府的立法机构采取两院制，即代表全民的众议院和在更大程度上代表各州的参议院；执法机构采用二元首脑制度，即分立的联邦总统和联邦内阁；司法机构实行内部分权和多元化的司法组织体制。

德国由联邦、州、专区、市县和乡镇三至五级政府组成，有16个州级行政单位（13个州和3个州级市）、1.46万个市镇。联邦州既是联邦的下一级行政单位，又具有高度的独立性，各个州都有自己的宪法。

2. 财政预算层级

与德国行政管理三至五级层次不同的是，德国的财政仅由联邦、州和地方三级组成。《德国基本法》对联邦、州、地方三级政府的事权范围确立了一套具体的标准，包括各级政府的专属事权和政府间的委托事权及共同事权。在各级政府的专属事权中，国家安全和武装力量，联邦行政事务、财政管理等属于联邦政府的主要事权；本州的行政事务和财政管理、法律事务和司法管理等属于州政府的主要事权；地方行政事务及行政管理、地方性公共秩序管理等属于地方政府的主要事权。联邦和各州、各地方政府原则上可以根据其所承担的职责确定所需的财政支出。对政府间的委托事权及共同事权，上级政府则给予下级政府相应的拨款或补助，具体方式通过财政平衡制度进行纵向和横向的调整。①

3. 司法经费体制——二级保障

德国司法部门的经费实行由联邦和州两级保障的体制，即联邦政府负责联邦各法院、检察院、司法部、警察等司法机构的经费，所有监狱经费和州属司法部门、各级法院、检察院、警察等部门的经费均由各州负责。州以下政府不负担司法部门的经费，这是与同为联邦制国家的美国对司法经费实行多级保障模式的不同之处。

（1）审判机关。德国法院的体系结构可以从横向和纵向两个方向进行分类。横向划分一般根据《德国法院组织法》进行，组织法规定设立六类法院，即宪法法院、普通法院、行政法院、财政法院、劳动法院、社会法院。此外，德国还有单独存在的多个纪律法院。纵向划分表现在终审管辖权上，分为联邦各最高法院、州高等法院、地区法院和地方法院。

德国联邦各法院的经费由联邦政府保障，州以下法院的经费由各州政府保障。

（2）检察机关。德国的检察机关采取审检合署的设置，从联邦到各州的检察机关都分设在相应的法院内部。德国检察机关的设置分为联邦检察机关和州检察机关两部分，两者之间只存在诉讼程序上的关系，联邦检察机关不是州检察机关的领导机关。联邦检察院与联邦法院相对应，受联邦司法部管理监督；州检察院与州一级地区上诉法院对应，受各州司法部的管理监督；地方检察院与州一审法院和初审法院相对应，受各州检察院的领导和监督。

---

① 德国财政预算及司法经费情况根据项怀诚、刘长琨主编：《德国财政制度》（中国财政经济出版社 1999 年版）部分内容归纳和笔者参加对德国的实地考察及相关资料研究整理。

德国联邦各检察院的经费由联邦政府保障，州以下检察院的经费由各州政府保障。

（3）警察机关。德国的警察机关主要由两部分组成，即联邦警察机构和州警察机构，两者不存在领导关系，只有协调和指导关系。德国没有一个中央集权、上下统一的警察组织。

德国警察机关的经费由联邦政府和州政府分别保障。

（4）司法行政机关。德国的司法行政系统由联邦司法行政系统和州司法行政系统组成，每个州都有司法部。联邦和州司法部的职权划分是较为明确的，各自的职权范围也是相对独立的，彼此都不得相互侵犯。同时，联邦司法部还负责管理联邦法院及检察院的经费，各州司法部管理各法院、检察院及监狱经费。

德国司法行政机关的经费实行由联邦和州分级保障的体制。

（5）监狱机关。根据德国传统，刑罚是属于各州的内部事务。因此，德国联邦没有刑罚执行的管理机构，也没有自己的监狱，只在州设置监狱，自由性和保安监督处分等刑罚执行也在各州的监狱内执行。

在联邦司法职权范围内被判处徒刑的犯人，被监押在各州监狱内，其费用由联邦支付；在各州司法职权范围内被判处徒刑的犯人，其监押费用由各州承担。各州的司法部和城市州的有关机关根据各州议会批准的财政预算向各州监狱提供必要的经费。

（二）德国司法经费保障

德国高度重视对司法部门经费的投入。尽管在不断地采取措施，努力控制公共支出，但在整个公共支出中把司法支出作为重点予以保障。从总体看，司法支出不仅规模较大，而且占公共支出的比重也较高。根据德国联邦统计局公布的数据，德国司法领域的经费支出占整个公共财政支出的比例基本保持在2.5%左右。

由于实行分级负责，德国由联邦政府承担经费的司法部门少，规模也不大，联邦司法支出占整个公共支出的比例较低，如联邦法院的预算占联邦预算的比例不到1%。司法支出主要集中在州一级政府，如各州法院支出约占州预算的3.5%。从德国人口最多、经济最富裕的巴伐利亚州情况看，全州法院、检察、警察、监狱等司法支出占州公共支出的19.3%；从经济最穷、人口较少的柏林州情况看，全州司法支出占州公共支出的

11.6%。从司法经费支出的结构看，人员支出占了绝大部分，约占70%。[①]

（三）德国司法经费管理

1. 司法经费管理部门

（1）审判机关经费，分别由联邦司法部和各州司法部负责管理联邦法院和各州法院的经费。

由于德国法院体系设置的复杂性，除司法部外，还有一些其他部门负责专门法院的经费管理工作。如联邦劳工法院、联邦社会法院的经费管理，分别由联邦劳工部、联邦社会福利部负责，有些州，如巴伐利亚州，其行政法院、劳工法院分别由州内政部、州劳工部负责。这种管理体制是由专门法院受理案件的性质和范围所决定的。

每年年初，联邦法院和专门法院提出经费预算送联邦司法部，或联邦劳工部、联邦社会福利部；州高等法院提出州三级法院的经费预算方案报州司法部。预算经各自议会审核通过后交政府及法院执行（详见图1）。

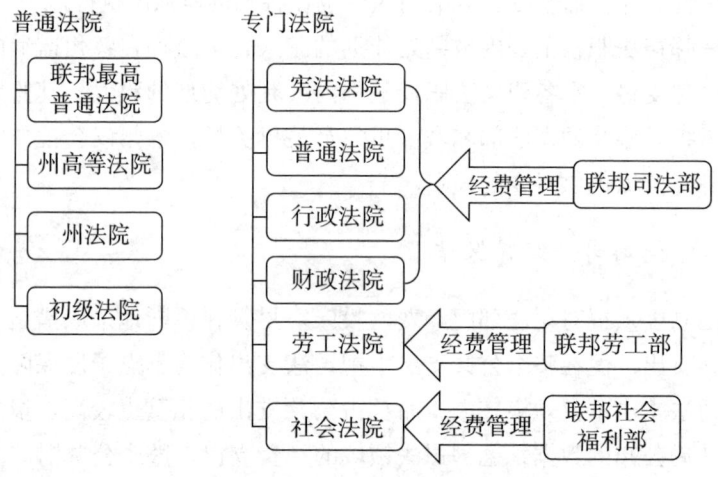

图1 德国法院系统分类和经费管理

（2）检察机关经费，分别由联邦司法部和各州司法部负责管理联邦检察院和各州检察院的经费。而且，联邦和州检察院的经费预算是分别由联邦法院和各州高等法院负责的，这很大程度上与德国在传统上检察机关对

---

① 贾新怡、唐虎梅：《借鉴有益经验 构建符合我国国情的司法经费保障机制》，载《财政研究》2006年第4期。

法院的附属地位有关。

（3）警察机关经费，分别由联邦和各州内政部负责管理联邦警察和州警察的经费。

（4）司法行政机关经费，分别由联邦司法部和各州司法部负责管理联邦司法部和各州司法部的经费。

（5）监狱机关经费，由各州司法部负责管理各州监狱机关的经费。

2. 预决算管理

（1）财政预算的基本原则。德国基本法和预算法规定了预算基本原则，包括：完整性和统一性原则，不允许任何预算外的支出；经济性和节约原则，以尽可能少的支出得到一定的效果；总体平衡原则，不存在对特定支出的优先考虑；毛收支原则，不允许以收抵支或以支抵收；真实性和透明度原则，要求各个预算项目尽可能准确地概算和清晰地分类等。各司法部门与其他部门一样，必须遵循这些原则。

（2）预算编制管理。德国预算制度由五年的财政计划和当年的财政预算构成，当年的财政预算必须以五年的财政计划为依据。联邦政府的年度预算由总预算和单项预算组成，每个联邦级的行政单位、联邦法院等都要编制各自的单项预算，对收入和支出逐项概算。

德国联邦预算草案提前一年编制。各司法部门经过内部协商后，将所属部门的预算草案提交财政部审核，经过财政部与各部门预算谈判、联邦审计院审议、提交政府讨论等环节后，公布下一个年度的联邦预算草案，预算草案提交议会审议通过后即产生法律效力。

（3）预算执行管理。各司法部门是预算的具体执行者，对自己所属部门的开支负责。在每个下属部门都有一名由主管部门委托的预算执行专员，具体负责预算执行。预算执行专员的总管，由部长任命，有时也可以由部长的个人代表承担，同时对联邦最高机构本身的预算执行负责。

德国政府建立了一套联邦预算、结算和记账自动系统，在预算的执行过程中，所有的收入和支出都按照一定的处理程序加入了系统，联邦统计局每个季度公布实际发生的收支数据。年终，自动系统根据所存储的数据，提出年终结算报告，作为财政部的年终结算数据，同时提交联邦审计院。各司法部门的预算执行要接受联邦审计院的账目审查和联邦议会预算委员会下属的审计委员会的政策审查。

(四) 德国司法经费的特点

1. 司法保障体系以明确事权和严格预算为重要特征

德国联邦基本法明确划分了中央政府与地方政府的事权与财权，并通过法律明确规定不同层级司法部门的事权。在费用支出和实际工作效果之间建立财政平衡表制度，甚至通过单个案件的成本测算来推算各部门的经费，并严格执行预算。

2. 司法经费体制与政府体制和财政体制均不相一致

德国有联邦、州、专区、市县和乡镇三至五级政府，有联邦、州和市镇三级财政并要求必须相对独立、自求平衡，但对司法部门的经费实行由联邦和州两级保障的体制。《德国基本法》规定，联邦政府负责联邦司法等部门的经费，只要没有明文规定由联邦完成的国家任务，州政府都有义务完成。因此，各州都将维护本州范围的社会安全作为州政府的主要任务之一，将本州司法部门的经费由州一级保障。各州除了通过统一的财政平衡政策得到联邦给予州财政的转移支付资金外，为充分体现各州司法的独立性，联邦各司法部门不能给州司法部门补助任何经费。

3. 财政预算管理过程严谨、监控严格

一是德国政府对于占整个公共财政支出比例基本保持在 2.5% 左右的司法经费这一重要财政支出项目，从预算编制、预算执行到预算监督建立了一套完备有效的体制。司法经费保障十分重视预算分配的成本效益，通过目标管理控制司法经费的支出总量，整个预算编制体现出极强的计划性和严密性。

二是在预算执行过程中，强调对预算执行的有效控制和约束。司法经费预算一经议会批准通过即成为法律，各部门的日常支出必须严格遵循预算的规定。预算执行中如果经费不足，一般只能通过自己内部调剂解决。

三是司法经费支出具有完整的内部控制机制，司法部门的每一项支出都应经过过程控制、会计控制、现金控制、采购控制和内部审计五个基本环节；在各部门实行预算执行专员制度，加强对预算执行具体事项的管理；对司法经费有严格的外部监督机制，经费预算及支出情况与联邦各部委一样要送联邦审计院，由审计院抽样审查，对发生超支的单位则直接派人进行审计；通过建立预算、结算和记账自动系统，保证各部门预算执行数据准确、真实。

4. 注重司法资源整合与成本效益分析

德国政府非常重视司法资源整合与成本效益的分析，并以此作为经费安排和考核的依据。为了尽量提高司法经费保障的效率，德国政府将企业机制引入公共管理的过程之中。在司法资源的合理配置方面，首先明晰各部门的职权范围，尽量避免职权交叉现象发生，在此基础上通过强化各司法部门之间的业务合作，实现资源共建、共享；在司法经费的使用方面，不仅考虑本部门利益，同时兼顾整个司法领域的资源结构，最大化实现整体资源的优化配置；在设施建设方面，注重实用、节约等方式，提高司法经费的使用效率。此外，在费用支出和实际工作效果之间还建立财政平衡表制度，对具体的司法工作进行成本和效益分析已成为实践中提高经费保障效率的重要手段。由于有了单个案件的成本测算，一些司法行政主管部门就以一个案件核定一笔经费的形式来分配各单位的预算。为了降低成本，一些司法部门还招募了一定数量的临时雇员，譬如柏林州的法院以前都设有翻译部，目前都已取消，原因是从市场雇用翻译的成本更低。[①]

5. 节约、精简的经费支出理念深入人心

在德国司法领域经费预算和支出的整个过程都体现着节约和精简的理念，不仅如此，财政和司法部门还在宏观和微观层面采取了各种积极、有效的措施。一是要求各部门制定提高效率的计划，并且建立完善的绩效考评机制，对于效率明显提高的部门给予适当奖励。二是对与经费开支有关的工作都严格控制。德国司法部门对人员经费控制非常严格，规定单位增加一个人必须同时减少一个人，并大量削减财政供养人员；对办公设备及有关装备的配备制定了严格的标准，不准突破。德国最为富裕的巴伐利亚州规定，一个法院只能有一辆公务用车，价格不得超过 3.2 万欧元，购置时还需要州高等法院批准；每个公务员或法官办公设备的配置也有严格的规定。

---

① 贾新怡、唐虎梅：《国外司法资源整合共享的做法及启示》，载《中国财政》2006 年第 5 期。

三、俄罗斯司法经费

（一）俄罗斯司法经费体制

1. 国家制度和政权组成

俄罗斯联邦 1993 年通过的新宪法规定，俄罗斯是一个具有共和国政体的民主制、联邦制国家，立法权由议会行使，行政权由总统行使，司法权由法院行使。

俄罗斯联邦由联邦政权机关和 89 个联邦主体政权机关组成。此外，有 2.9 万个不列入国家政权机关的地方自治机关。

2. 财政预算层级

俄罗斯财政分为联邦财政、地区和地方财政，预算体系分为联邦预算、联邦主体预算或地区预算、地方预算三级。每一级预算都具有独立性，同时，建立预算调节制度，上级预算对下级预算进行收入调节和财政援助（主要是转移支付）。地区预算支出资金的不足主要靠来自中央预算划拨的收入补充。[①]

俄罗斯司法机关的经费在九大类国家预算支出之一的"护法机关和国家政权及管理机关经费"类列支，主要由联邦预算承担。1992 年联邦预算与地区预算承担的比例为 80：20。从 1992 年起联邦预算的部分职能逐渐转给下级政权机关，此比例到 1996 年下降为 60：40。

3. 司法经费体制——一级保障与二级保障并存

（1）审判机关——中央一级保障。俄联邦现行法院体系依据 1993 年俄罗斯宪法和《俄罗斯联邦司法体系法》确立，包括联邦法院和联邦主体法院两部分，具体涵括宪法法院、普通法院、仲裁法院和军事法院四大系统。在普通法院体系内，一般分为联邦最高法院、联邦主体法院、区法院和治安法院四个等级。

依据《俄罗斯联邦司法体系法》规定，司法权只由以法官以及依据法律规定的程序参加的陪审团、人民陪审团和仲裁陪审团组成的法院行使。目前，俄罗斯共有 296 个法院预算主体，俄罗斯各级法院经费全部由联邦

---

① 俄罗斯财政预算及司法经费情况根据项怀诚、刘长琨主编：《俄罗斯联邦财政制度》（中国财政经济出版社 1998 年版）部分内容归纳及其他相关资料研究整理。

预算一级保障。

（2）检察机关——中央一级保障。依照 1993 年《俄罗斯联邦宪法》和 1995 年《俄罗斯联邦检察院法》，检察机关是"统一的、下级检察长服从上级检察长和俄罗斯联邦总检察长的集中体系"，是俄罗斯联邦重要的护法机关之一。俄检察机关由三级组成：俄罗斯联邦总检察院；各联邦主体检察院，以及相当于该级别的军事检察院和其他专门检察院；区（市）检察院，其他的区域性检察院、军事检察院和专门检察院。

俄罗斯各级检察机关的经费由联邦预算一级保障。

（3）警察机关——中央与地方二级保障。俄罗斯享有侦查权的机构较多，分设在不同部门，且大多数刑事案件由警察机关侦查。享有侦查权的机关有调查机关和侦查机关。调查机关包括警察机关、国家安全机关、国家消防监督机关、边防保卫机关以及劳动改造场所的首长，部队、联队的指挥员和军事机关的首长、海上船舶的船长等。侦查机关包括检察机关、内务机关、联邦安全机关。

根据承担侦查权机关的性质和隶属关系，检察机关、联邦安全机关的经费由联邦政府一级保障。内务机关中属于联邦部门的经费由联邦政府一级保障；属于地方部门（如地方警察局）的经费由地区一级政府保障。

（4）司法行政机关——中央与地方二级保障。俄罗斯司法行政机关分为联邦司法部和专区司法局两级，其经费分别由联邦政府和各联邦主体政府保障。

（5）监狱机关——中央与地方二级保障。俄罗斯监狱机关的经费分别由联邦政府和各联邦主体政府保障，由联邦司法部和专区司法局管理。

（二）俄罗斯司法经费保障

1. 对法院经费立法单独保障

依据《俄罗斯联邦司法体系法》规定，法院经费由联邦预算统一调拨，俄罗斯联邦政府在制定联邦预算方案时，有关法院经费部分应该与俄罗斯联邦宪法法院、最高法院、最高仲裁法院院长及俄罗斯联邦最高法院司法总局局长、全俄法官代表大会产生的俄联邦法官理事会的理事长共同商定。法官的薪水在任职期间不得减少；国家提供与法官崇高地位相符的物质保障和社会生活保障。

在俄罗斯联邦预算支出中，法院系统的经费按"联邦司法系统"项目，与"护法活动和国家安全保障""国防"等项目并列报议会批准。

2. 对检察官特殊待遇保障

俄罗斯检察官属于国家公务员，因其履行职务的特别需要，对其保护也相对特殊。在经济待遇上，享有国家提供的人身保险，保险金由国家预算支付等权利；检察机关工作人员的工资包括特种工作补贴在内的各种福利，工资待遇相当高；每年享受一次在俄罗斯境内连续 30 天的带薪休假；有权免费乘坐除出租车外的交通工具；获得固定的住房或房租；房租、水电、电话费等享受减半优惠；等等。①

（三）俄罗斯司法经费管理

1. 经费预算管理

俄罗斯司法机关的经费预算，要按照统一的规定，经历预算编制、审核、批复和执行程序，预算期为每年 1 月 1 日至 12 月 31 日。

俄罗斯联邦预算的一般程序是，各机关编制预算草案，汇入联邦政府预算，由总统向联邦会议作预算咨文报告，并在报刊上发表，联邦会议审核批准后形成联邦预算法，提交联邦总统签署并颁布。经批准的预算由联邦财政部组织执行，各部门具体使用，接受联邦会议簿记局对预算项目的及时执行情况、资金支出的有效性和合理性等监督。

2. 法院经费的管理

（1）法院经费预算独立编制、单独列入联邦预算。② 俄罗斯联邦法院经费预算与政府部门预算分别编制，由联邦政府财政部门负责汇编，在联邦预算中单独列支。主要程序如下：

一是在编制每年的法院经费预算时，地方各级法院首先提出本级法院的经费需求申请，逐级呈报上级法院。联邦主体法院的经费预算方案由联邦主体法官代表大会讨论确定。联邦最高法院司法总局根据地方法院报送的经费需求计划，按照规定的经费科目，提出当年度全国法院经费预算的初步方案，由联邦最高法院院长和联邦宪法法院院长提交法官委员会讨论审议后，报送联邦政府。

---

① 根据何家弘主编：《中外司法体制研究》（中国检察出版社 2004 年版）相关内容归纳整理。

② 本条（1）~（3）根据陈春梅：《各国法院经费保障制度的通行规则》，载《人民法院司法行政管理研究与参考（第 6 辑）》（人民法院出版社 2018 年版）部分内容归纳整理。

二是联邦政府对提交的法院经费预算方案进行研究审核，编制法院经费预算草案，一般会充分尊重联邦最高法院提出的经费预算要求，通常要与联邦宪法法院、最高法院、最高仲裁法院的院长，联邦最高法院司法总局局长和法官委员会负责人共同商定。如出现不同意见，联邦政府应将相关法院、联邦最高法院司法总局和法官委员会的建议，连同政府提出的审核意见，作为法院经费预算草案的附件一并上报联邦议会。按照俄罗斯联邦法律的规定，如果财政预算要减少法院经费预算，应当征得全俄法官代表大会或法官委员会的同意。联邦政府编制完成法院经费预算草案后，将其纳入联邦财政总体预算，一并提请联邦议会审议。

三是法院经费预算提交国家杜马（下院）审议通过后形成预算法案，再提交联邦委员会（上院）审议批准，政府财政部门代表要在全体会议上就法院经费预算编制的主要内容和合理性进行解释说明，并回答委员们提出的询问。如果政府和法院在法院经费预算方案上持有不同意见，在议会审议时，联邦宪法法院、联邦最高法院、联邦最高仲裁法院和法官委员会的代表，以及联邦最高法院司法总局局长，有权参加议会上下两院关于法院经费预算草案的讨论，并向其解释和说明提出的合理性。法院经费预算案经过议会上下两院通过后，需提交总统签署才具有正式法律效力。

（2）法院经费管理高度自治。2002年通过的俄罗斯司法机构组织法，确立了司法机关高度自治的原则。全俄法官代表大会是俄罗斯全国法官的最高自治机构，享有对包括法院经费预算在内的全国法院重大事项作出最后决定的权力，由联邦最高法院院长和联邦宪法法院院长，以及一定数量的法官代表组成。该大会选举产生法官委员会作为其执行机构，每半年召开一次会议。全俄法官代表大会和法官委员会对全国法院经费预算进行总体规划。

1998年经俄罗斯联邦会议批准，成立俄罗斯联邦最高法院司法总局，作为联邦最高法院的直属机构，也是负责法官委员会日常工作的机构。除最高仲裁法院负责本系统的保障工作外，俄最高法院司法总局及其下属机构统一承担各级法院和法官协会的财务、装备、后勤、行政等保障工作。该系统共有近7万名国家工作人员，参照政府公务员进行管理。其中，设在莫斯科的俄罗斯联邦最高法院司法总局总部共有人员550人，是独立法人单位，其局长由最高法院院长商法官委员会后任免。①

（3）各级法院预算由最高法院统一组织执行。俄联邦法院的行政事务以前由司法部负责，成立联邦最高法院司法总局后，为法院提供经费管理和服务的职能转由其行使，具体负责联邦法院的经费分配和管理。法院经费预算经议会批准和总统签署后，联邦政府财政部门直接拨付至联邦最高法院司法总局，再由其拨付给各级法院使用。司法总局内设财经委员会、审计官办公室、建筑及设施使用办公室等机构，具体承担法院经费管理和运行职责。联邦最高法院司法总局负责法院预算开支、执行效果的监督检查，并向法官委员会报告有关情况。俄联邦中央财政监察部门也有权对法院经费预算执行情况进行监督。此外，其他机构和个人无权监督法院经费支出情况。财政年度结束时，联邦最高法院司法总局制作法院经费预算执行情况报告，通过政府财政部门提交议会依照法定程序进行审议，审议通过后法院经费预算执行完结。

（四）俄罗斯司法经费的特点

1. 差别化设置各司法部门经费保障体制

俄罗斯虽然属于联邦制国家，但对司法经费的保障层级很高，而且根据不同司法部门的特点，差别化设置经费保障体制。对警察机关、司法行政机关和监狱机关实行中央和地方二级保障，对审判机关和检察机关的经费，从1999年开始改变了过去分级保障的做法，实行由中央一级保障。而且，在法院内部设置规模庞大的具有独立法人资格的专门机构，对全国各级法院的经费实行自上而下一体化管理。

2. 司法经费制度设计以充分保障司法为目标

建立独立的司法经费制度几乎是所有法治国家的共同原则。俄罗斯联邦司法经费制度包括以法律形式对司法经费保障原则、法官检察官待遇进行明确，使司法经费和司法人员保障法制化。如《俄罗斯联邦法院体系法》明确规定，根据联邦法律，法院的经费必须保障法院充分和独立地行使审判权；联邦宪法法院、联邦最高法院的经费，根据联邦法律的规定在财政预算中单独建立；联邦政府制定有关法院经费预算草案时，要与联邦

---

① 参见2015年9月《最高人民法院司法行政管理代表团赴俄罗斯、蒙古国法院访问情况报告》。

宪法法院和联邦最高法院院长、联邦最高法院司法总局负责人、联邦法官委员会负责人相互协商，他们有权参与俄罗斯联邦议会审议其预算的讨论。俄罗斯还以法律形式明确规定，法院经费预算原则上不得减少。如计划削减5%，需由俄罗斯联邦法官委员会批准；如计划削减10%，需召开全俄法官代表大会紧急会议批准。

3. 法院经费管理权与审判权相互分离

俄罗斯联邦法院经费管理事务原来由司法行政部门——司法部负责，从1999年开始由法院独立行使。同时，联邦最高法院成立司法总局，具体处理联邦法院系统的经费管理等司法行政事宜。因此，俄罗斯联邦法院经费管理同审判业务是两个相互分离的体系：一是外部分离，即法院经费管理职能从国家司法行政机关中分离出来；二是内部分离，即法院经费管理职能与司法审判职能相互分离。从世界其他国家情况看，法院经费管理权与司法审判权相互分离的制度安排，能够最大限度地保障法院独立公正履行司法审判职能，是一种较为科学合理的制度设计。[①]

四、印度司法经费

（一）印度司法经费体制

1. 国家制度和政权组成

印度为民主联邦制共和国。联邦议会是最高立法机关，部长会议是最高行政机关，法院行使司法权。

印度虽然是联邦制国家，但更多地呈现中央集权的特点，权力的重心在中央政府，各邦只享有有限的自治权。这一点明显地反映在中央政府和各邦的关系上。一是在立法权上，与美国和瑞士等联邦制国家不同，印度联邦只有一部宪法，各邦无权制定宪法，也无权提出修改宪法建议。二是在财权上，中央对各邦实施直接的控制，中央政府还可以通过实施全国性计划，影响各邦的经济发展水平。三是在行政权上，邦长作为中央政府代表由总统任命；实行统一的公务员制度，在各邦行使行政权的公务员接受中央政府部门的控制。四是在司法权上，实行单一司法体制，无论是邦一

[①] 根据陈春梅：《各国法院经费保障制度的通行规则》，载《人民法院司法行政管理研究与参考（第6辑）》（人民法院出版社2018年版）部分内容归纳整理。

级的高级法院，还是下级法院，都由最高法院管辖。联邦最高法院拥有初审管辖权，受理联邦与邦之间、各邦之间的争议；上诉管辖权，接受高等法院涉及解释宪法的判决的上诉，发布法令、命令的权力等。可见，印度虽然名义上是联邦制国家，实际上与典型的中央集权制国家或单一制国家有更多的相似之处，其司法权力也呈现中央集权的特点。

印度政府机构由中央政府和地方政府构成，地方政府由邦或直辖区以下的县、市和村组成。全国设有 25 个邦和 8 个中央直辖区。

2. 财政预算层级

印度预算分为联邦预算、邦预算和地方预算三级，联邦预算在整个预算体系中占有支配地位。印度联邦和邦之间实行税收分享和税收调拨，还对邦政府给予补助和贷款以平衡邦预算；邦以下的地方政府不能作为独立的实体获取其自身的资源，而是由邦政府将根据宪法规定属于邦政府税源收入作统一的调配，对地方政府给予补助。①

3. 司法经费体制——二级保障

印度的司法制度是英国人建立的。虽然实行联邦制，但司法制度类似中央集权制，其最高法院是宪法的解释者和保卫者，且宪法对法官的任职和薪金都作了详细规定。这样的司法体系对维护民族宗教种姓复杂多样的印度国家统一是至关重要的。

印度是司法经费二级保障模式的典型国家。除国家安全部门以外，其司法领域都实行联邦和邦两级财政保障体制，邦以下的地方政府基本不对司法领域的经费保障负责，既有效地避免了司法的地方化问题，也避免了由于地方财政收入不足导致司法部门经费保障不足的问题。

（1）审判机关。印度法院分为两大类：按照行政区划设立的普通法院和跨地区的专门法院。普通法院分为三级：最低一级为下级法院，包括治安法院、民事法院、地区法院三种；其次是高等法院，设在各邦和中央直辖区；在联邦设立最高法院。专门法院主要有劳动法院、税收法院、商业法院、军事法院等。印度还设有行政法院以及多个行政法庭。

印度法院经费主要源于联邦和邦政府的统一基金拨款，其诉讼费收入也纳入统一基金管理（政府所有经常收入、借款及其偿还等均构成统一基

---

① 印度财政预算及司法经费情况根据项怀诚、刘长琨主编：《印度财政制度》（中国财政经济出版社 1999 年版）部分内容归纳及其他相关资料研究整理。

金，在中央财政为印度统一基金、在各邦财政为某邦统一基金）。印度最高法院的经费由联邦财政保障；高等法院的经费由邦一级财政保障。高等法院直接负责县及以下法院的管理，也负责对下级法院的经费管理。

①联邦法院。1949 年《印度宪法》第 146 条规定，最高法院的行政费用，包括一切职役人员之薪俸、津贴及年金等，应由印度统一基金开支。该法院收取的费用与其他款项均纳入该项基金。即印度最高法院的一切收费作为联邦财政收入的一部分纳入联邦统一基金，印度最高法院经费也主要由联邦统一基金拨款保障。

②邦法院。1949 年《印度宪法》第 290 条规定，高等法院的行政经费，包括该院职役人员的一切薪俸、津贴及年金，应由邦统一基金开支。该法院收取的一切费用及其他款项亦应纳入该项基金。即印度高等法院的一切收费作为邦财政收入的一部分纳入邦统一基金，印度高等法院经费也主要由邦统一基金拨款保障。

③县及其下级法院。印度审判系统在邦及邦以下实行垂直管理，县法院及其下级法院的管辖权直接属于本邦高等法院，地区法院的经费保障也由邦财政直接负责。1949 年《印度宪法》第 235 条规定，对县法院及其下级法院的管理，包括邦内司法部门县法官以下司法人员的委派、提升、休假等事宜的管理权属高等法院。

（2）检察机关。印度没有检察机关，只有检察官。检察官附属丁法院，由政府任命，为政府工作人员。在联邦一级设有总检察长，在各邦一级设邦检察长，但总检察长对邦检察长无领导权；各邦高等法院、邦内各地区法院内设检察官。

印度检察官的经费保障包含在法院中，实行由联邦预算和邦预算两级保障。其中，联邦总检察长的任职时间和薪酬由总统确定，总检察长、副检察长和辅助检察长的收入源于联邦财政拨款；各邦检察长、邦高等法院、各地区法院内设的检察官的收入源于邦财政拨款。

（3）警察机关。印度警察组织十分复杂，可以分为常规警察和专辖警察两大类。常规警察包括全国警察总部、邦警察局、区市警察局等；专辖警察是准军事性质的警察部队，由内政部和国防部双重管辖，内政部内设全国警察总部，负责指挥和管理各个专辖警察组织。专辖警察组织包括中央后备警察部队、边防保安部队等。此外，印度还有很多名称、职能各异的警察组织。

印度的警察系统实行联邦和邦两级经费保障体制。常规警察中的中央警察（全国警察总部）、各专辖警察的经常性经费、建设性经费主要由印度联邦财政负担；常规警察中的地方警察系统（邦警察局、区市警察局、最基层的警察所）的经费主要由邦一级财政保障。

（4）司法行政机关。印度在中央设有法律与司法部，负责印度的部分司法行政工作，在各邦也有相应的司法行政机关。印度的法律与司法部的职能，与西方的司法行政部门有比较大的区别。印度宪法规定，最高法院和高等法院的法官由总统任命，但是总统在任命前会听取和充分考虑法律与司法部的意见，法律与司法部的意见往往决定对最高法院和高等法院法官的任命。这样，具体的行政机关对于司法权具有了相当强的制衡作用。

印度中央法律与司法部的经费由联邦预算拨款保障，邦司法行政机关的经费由各邦预算拨款保障。

（5）监狱机关。印度监狱系统由各邦的内政署负责，分别管理各自属下的监狱或其他监管机构；联邦政府内政部负责全国监狱事务的协调和管理，直接管理中央监狱。

印度的监狱经费实行联邦和邦两级保障体制。中央监狱的经费由联邦财政保障；各邦监狱（地区监狱、简易监狱、特种监狱、开放式监狱）的经费，由邦一级财政保障。

（二）印度司法经费保障

1. 司法事权与财权

（1）司法事权。根据1949年《印度宪法》，印度为联邦制国家，设立中央政府、邦政府及地方政府，并明确规定中央政府及各邦政府的行政职责。在司法领域，各部门中央与地方的事权划分各不相同。从支出数目而言，地方财政在司法领域的支出总和大于中央财政，1990~2007年此比例为67:33（详见表1）。可见，从事权与支出责任看，印度地方财政对司法领域经费保障的责任重于中央财政。

（2）财权。印度中央政府分得的税种较少，各邦政府分得的税种较多，但中央政府所获税种税额较大且富有弹性，中央和各邦获得税额的比例大体为2:1。中央转让给邦的税收占中央名义税收的1/4，占邦实际税收的1/3。因此，邦政府在财政方面必须依靠中央政府的支持和帮助，这就为中央干预邦的事务创造了条件。与此相关，印度建立起了强大的转移支付系统。

表1 印度司法系统各部门经费支出

单位：1000 万印度卢比

项目	1990~1991年	1997~1998年	1998~1999年	1999~2000年	2000~2001年	2001~2002年	2002~2003年	2003~2004年	2004~2005年	2005~2006年	2006~2007年	平均
合计	6423	17 529	20 586	24 427	25 056	27 601	28 937	31 591	34 494	39 996	43 244	27 269
①中央小计	1842	5440	6301	7178	8068	8541	9209	10 318	11 739	14 063	15 271	8913
占比/%	28.68	31.04	30.61	29.39	32.20	30.94	31.82	32.66	34.03	35.16	35.31	32.69
审判与司法行政	30	52	75	94	81	97	88	92	101	289	390	126
警察	1812	5379	6216	7077	7980	8437	9114	10 075	11 445	13 594	14 701	8712
监狱	–	10	10	7	7	7	6	150	192	180	180	75
②地方小计	4581	12 089	14 286	17 249	16 989	19 061	19 728	21 273	22 755	25 933	27 973	18 356
占比/%	71.32	68.96	69.39	70.61	67.80	69.06	68.18	67.34	65.97	64.84	64.69	67.31
审判与司法行政	481	1265	1632	1914	1843	2047	2152	2465	2694	3238	3433	2106
警察	3897	10 304	11 971	14 661	14 468	16 278	16 768	17 883	19 069	21 580	23 395	15 479
监狱	204	520	682	674	677	736	808	924	993	1115	1145	771

根据 India Public Finance Statistics 2006－07 与 Union Budget 数据翻译计算，载印度财政部官方网：www. finmin. nic. in（中央监狱数据未单独列出，从历年 Union Budget 内务部其他支出中的监狱支出摘出替代。）

对于司法领域而言，由于印度地方政府承担的支出责任比中央要重，且地方的经费保障主要来自邦财政拨款，而邦的财政实力远逊于中央，实际上在很大程度上依赖于中央的转移支付。因此，印度司法领域的经费保障在总体上呈现地方依赖中央的状况。

2. 司法经费保障状况

（1）司法支出总体增长且中央增幅高于地方。印度财政部历年财政预算显示，1997～2007年，不管是中央还是地方，各司法部门的支出数量都呈现上升的趋势，而且，中央司法部门经费支出增幅高于地方，其中，中央司法部门总支出增长1.81倍，地方司法部门总支出增长1.31倍。中央司法部门中，各部门支出增长差异较大，其中，审判与司法行政部门支出增长6.50倍，警察部门支出增长1.73倍，监狱部门支出增长17倍；地方司法部门中，各部门支出增长差异很小，其中，审判与司法行政部门支出增长1.71倍，警察部门支出增长1.27倍，监狱部门支出增长1.20倍（详见表1）。

（2）法官待遇高。印度对法官待遇非常重视。1949年《印度宪法》规定，印度最高法院院长之薪金及退休金，与总统一样作为全国四类人员之一，直接从印度统一基金中支出，而且不需议会批准。同时该法规定，最高法院、高级法院法官就任后，其所享有之特权、津贴以及休假与年金方面的权利，不得作对其不利的变更。印度的法官每年享受2次带薪休假，免费食宿和旅行，免费使用公宅1处，配1辆轿车、1名司机和每月150公升汽油。

（三）印度司法经费管理

1. 经费预算管理

印度各司法部门经费均要通过编制预算取得。预算年度为当年的4月1日至次年的3月31日。各司法部门需从每年10月开始，按照财政部确定各部门的支出上限，由财政部派驻各部的财政顾问具体与财政部协商安排预算，形成年度预算草案提交内阁讨论、总统批准后提交议会审议；次年2月28日经批准形成法案并向社会公布，从4月1日起执行。

各司法部门预算需接受议会、政府、社会三个层次的监督。其中财政部派驻各部的财政顾问负责经常性监督，检查各部的支出情况，发现问题向财政部汇报。社会监督由总统任命审计长和审计员，负责审查联邦政府和邦政府的预算执行情况及有关账目。各部门预算草案一经议会通过，便具有法律效力，未经议会批准，在执行过程中不得调整；预算年度结束后，各司法部门需按统一规定程序编制决算，报财政部汇总形成国家决算，提交议会批准。

2. 各司法部门经费支出的主要用途

（1）审判机关经费支出主要用途为办案经费，法官和其他职役人员的薪酬、退休金，基础设施建设支出，现代化装备支出等。

（2）检察机关经费支出主要用途为提起公诉、办理政府法律事务、进行法律监督所需的费用，检察长（检察官）和其他职役人员的薪酬、退休金，基础设施建设支出等。

（3）警察机关经费支出主要用途为办案经费，各级警察的薪酬、退休金，基础设施建设、道路桥梁建设费用等。

（4）司法行政机关经费支出主要用途为工作经费，司法行政人员的薪酬、退休金，基础设施建设支出，现代化装备支出等。

（5）监狱机关经费支出主要用途为工作人员的薪酬、退休金，犯人的生活费、医疗费、教育费等，基础设施建设费用等。

（四）印度司法经费的特点

1. "强干弱枝"的司法领域经费保障模式

印度社会政治经济多元化的特征，在其发展中存在错综复杂的矛盾，如司法问题、犯罪问题等。为缓和矛盾冲突，在财政上实行联邦分税制，集中财权于中央，长期以来，中央和各邦财政收入之比大体为2:1，从而使各邦在财政上依赖于中央。在司法领域，印度中央也根据各地区法院、警察、监狱所需费用的不同，确定对各邦援助数额。对于那些经济落后、治安混乱、司法领域所需经费较大或积极支持中央的地区，则给予较多的财政援助以资鼓励；而对那些司法领域支出缺口较小、或拒不执行中央政策的邦，则减少财政援助。这既保障了各地司法领域的经费开支，使得印度政府建国后在较短的时间内集中财力改善了审判、警察等系统的装备设施，又在一定程度上限制了地方民族主义的发展，从而加强了中央对全国的统治，巩固了印度多元化国家的统一。

2. 司法经费二级保障模式

如上所述，印度司法领域除安全部门外，都实行联邦和邦两级财政保障体制。邦以下的地方政府基本不负责司法领域的经费保障，这有效地避免了司法的地方化问题，也避免了由于地方财政收入不足导致司法部门经费保障不足的问题。这一模式对于同为发展中人口大国的我国，改革完善司法经费保障体制具有较好的借鉴意义。

3. 法律规定及统一基金拨款模式

印度各级法院的经费保障原则都在宪法中作了明确规定，实现了司法经费保障的法制化。同时，法院经费直接由统一基金拨款，而不受行政部门的预算约束。

4. 司法预算管理严格

在保障司法经费的同时，印度政府对司法预算管理较为严格。例如，在预算编制时，规定各部门预算上限；财政部派驻各部门财政顾问，与财政部协调编制预算；各部门预算在经议会批准后、预算年度开始前，即向社会公布，接受社会监督；各部门在预算执行中，未经议会批准不得调整预算等。

第三节　国外司法经费制度的主要特点与借鉴意义

一、国外司法经费制度的主要特点

由于时空条件的不同，各国的司法经费制度都有其自身的特点。但研究总结上述 7 个国家的司法经费制度实践可以看出一些共性特点。

（一）司法经费保障模式与国家结构形式关系非常密切

从国外司法经费保障模式看，同一类型政权结构的国家司法经费保障有某些共性，即单一制国家以中央一级保障为主，联邦制国家以中央与州（邦）二级保障为主。

1. 单一制国家的司法经费保障模式

单一制的实质在于中央集权，无论在事权的划分上，还是财力的配置上，都最终要服从中央的统一领导，地方的自主性较小。单一制国家出于维护国家的统一性、提高机构运作效率等方面的考虑，强调中央对地方的有效控制。

　　反映在司法经费的保障模式上，单一制国家大都实行一级保障，少部分实行二级保障，很少实行三级保障。如上述英国、日本、法国3个典型单一制国家的5个司法部门中，实行一级保障的有9个，占60%；实行二级保障的有4个，占27%；实行三级保障的有2个，占13%（详见表2）。这是由于层级越多，上级对下级的控制就越间接，价值选择和政治决策就越容易导向多元化，而不是单一制所追求的一元化；而且，多级保障带来更多的制度环节，这套制度的运作成本也更高。同时，在单一制国家中，即使是二级或三级保障，中央所提供的经费也是占据主导地位的，以保证中央对地方的控制。如英国审判、警察和司法行政系统实行中央与地方二级保障，中央与地方的负担比例分别为95∶5、62∶38、65∶35。对于地方司法经费保障不足的情况，单一制国家往往通过转移支付制度来解决这一问题。因为，在单一制国家中，地方的司法事权没有充分的独立性，而是要服从中央的统一领导；而中央制约地方的重要手段之一就是经费供给的制约，如实行转移支付制度。因此，单一制国家的转移支付制度一般比较发达。

表2　单一制国家司法经费保障体制

国家 部门　保障体制	英国	日本	法国	总体
	一级保障与 二级保障并存	一级保障 为主	一级保障与 三级保障并存	共15个部门中： 一级保障9个，占60%； 二级保障4个，占27%； 三级保障2个，占13%
审判机关	二级保障	一级保障	一级保障	一级保障2个，占67%； 二级保障1个，占33%
检察机关	一级保障	一级保障	一级保障	一级保障3个，占100%
警察机关	二级保障	二级保障	三级保障	二级保障2个，占67%； 三级保障1个，占33%
司法行政机关	二级保障	一级保障	三级保障	一级保障1个，占33%； 二级保障1个，占33%； 三级保障1个，占33%
监狱机关	一级保障	一级保障	一级保障	一级保障3个，占100%

2. 联邦制国家的司法经费保障模式

联邦制的实质在于纵向分权，无论在事权的划分，还是在财权的划分上，都区分中央和地方两级或多级，并且明确它们之间的界限。由于各地政治经济文化状况的不同，从而对制度供给的需求也不同，因此，在联邦制国家中，地方在制度设计和安排上有较大的自由度和自主性。

反映在司法经费的保障模式上，联邦制国家很少有一级保障，大都是二级保障，少部分实行三级或四级保障。如上述美国、德国、俄罗斯、印度 4 个具有代表性的联邦制国家的 5 个司法部门中，实行一级保障的仅 2 个，占 10%；实行二级保障的有 14 个，占 70%；实行三级保障的有 2 个，占 10%；实行四级保障的有 2 个，占 10%（详见表 3）。

表 3　联邦制国家司法经费保障体制

部门 \ 国家	美国	德国	俄罗斯	印度	总体
保障体制	二级至四级保障	二级保障	一级保障与二级保障并存	二级保障	共 20 个部门中： 一级保障 2 个，占 10%； 二级保障 14 个，占 70%； 三级保障 2 个，占 10%； 四级保障 2 个，占 10%
审判机关	二级保障为主三级保障为辅	二级保障	一级保障	二级保障	一级保障 1 个，占 25%； 二级保障 2 个，占 50%； 三级保障 1 个，占 25%
检察机关	四级保障	二级保障	一级保障	二级保障	一级保障 1 个，占 25%； 二级保障 2 个，占 50%； 四级保障 1 个，占 25%
警察机关	四级保障	二级保障	二级保障	二级保障	二级保障 3 个，占 75%； 四级保障 1 个，占 25%
司法行政机关	二级保障	二级保障	二级保障	二级保障	二级保障 4 个，占 100%
监狱机关	三级保障	二级保障	二级保障	二级保障	二级保障 3 个，占 75%； 三级保障 1 个，占 25%

联邦制国家一般是大国，各地的实际情况差异很大，中央很难充分了解地方的信息，而地方更容易了解本地的特殊性，从而利于因地制宜作出有针对性的制度安排。如果由中央保障地方的司法经费需求，中央也很难对地方的经费使用情况进行有效的监督。因为政府层级较多，事务也较复杂，由各地对自己的司法经费需求进行保障，并由本级代议机关进行监督反而是更为有效的。因此，在联邦制国家中，司法事权和财权的划分比较

明确，并且是对应的，中央负责保障全国性的司法事务，而州（邦）一级保障本行政区域内的司法事务；有些国家，县一级政府保障县内的司法事务。各级保障体制之间不能相互干预，尤其是上级政府不能随意干涉下级政府，各级都有独立的法律地位，本级的司法经费一般由本级自己负担。因此，联邦制国家的转移支付制度一般不很发达。

（二）司法经费保障层级大都与政府层级及财政层级不对应

上述 7 国基本法或宪法都明确划分了本国中央政府与地方政府的事权与财权，并规定一级政府一级财政，但对司法经费保障级次除 1 个国家（美国）部分对应外，有 6 个国家都与政府及财政级次不对应，即都普遍少于政府和财政级次。如英国、日本、俄罗斯、印度 4 国，有三级政府和财政，司法经费都实行一级（占 40%）或二级保障（占 60%）的体制，没有实行三级保障的体制；德国有三至五级政府和三级财政，司法经费都实行二级保障的体制；法国、美国有四级政府和四级财政，有一半的司法部门经费实行一级和二级保障，有 30% 的司法部门经费实行三级保障，只有 20% 的司法部门经费实行四级保障（详见表 4）。

表4　不同国家司法经费保障级次与政府及财政级次关系

级次／国家	政府级次	财政级次	司法经费保障级次（5 个部门）	司法经费体制与政府及财政体制的对应关系
英国	三级	三级	一级与二级并存。一级 2 个，二级 3 个	不对应
日本	三级	三级	一级为主。一级 4 个，二级 1 个	不对应
法国	四级	四级	一级与三级并存。一级 3 个，三级 2 个	不对应
美国	四级	四级	二级与三级、四级并存。二级 2 个，三级 1 个，四级 2 个	部分对应
德国	三至五级	三级	均为二级	不对应
俄罗斯	三级	三级	一级与二级并存。一级 2 个，二级 3 个	不对应
印度	三级	三级	均为二级	不对应

（三）司法经费保障体制充分体现不同司法部门的职能特性

观察国外各国司法经费保障体制设置，充分体现和反映了不同司法部门的职能特性。如安全机关经费，各国都由中央一级保障，充分体现国家安全事务的高度统一性和中央事权属性。审判机关和检察机关经费，有一半国家是中央一级保障，有约40%为二级保障，个别国家实行三级或四级保障。警察机关经费，大都是二级保障（占72%），有2个国家实行三级甚至四级保障的体制，没有实行一级保障的体制，充分体现了警察事务的地方性、突发性特色。司法行政机关经费，大都实行二级保障（72%），实行一级保障和三级保障的各有1个国家。监狱机关经费，主要由一级和二级保障，反映了这些国家对刑罚执行属于国家主权及保障公正统一的理念，个别国家实行三级保障的体制（详见表5）。

（四）司法经费管理部门实行一体管理与分离管理并存

从上述7个国家司法经费管理部门分析，大部分是该部门所在的上级行政管理部门或部门自身一体化管理其经费，少部分是该部门之外的部门实行分离管理。其中，警察机关、司法行政机关、监狱机关均为一体化管理；检察机关以分离管理为主（5个国家）；审判机关以一体化管理为主（4个国家）。从经费管理部门看，警察机关经费主要由内政部门管理，少部分国家的监狱机关经费也由内政部门管理；司法行政机关及大部分国家监狱机关的经费基本由司法部管理；检察机关经费有一半国家由司法部管理，有2个国家由检察机关管理，还有1个国家由最高法院管理；审判机关经费除2个国家由司法部管理、1个国家由法院之外的专门部门管理外，有4个国家由最高法院自身管理，且其中有3个国家最高法院管理各级法院的经费（详见表6）。

表5 国外不同司法部门的经费保障体制

保障体制\部门	英国	日本	法国	美国	德国	俄罗斯	印度	总体
	一级保障 2 个，占 40%；二级保障 3 个，占 60%	一级保障 4 个，占 80%；二级保障 1 个，占 20%	一级保障 3 个，占 60%；三级保障 2 个，占 40%	二级/三级保障 1 个，占 20%；三级保障 1 个，占 20%；三级保障 1 个，占 20%；四级保障 2 个，占 40%	二级保障 5 个，占 100%	一级保障 2 个，占 40%；二级保障 3 个，占 60%	二级保障 5 个，占 100%	共 7 个国家 35 个部门中，一级保障 11 个，占 32%；二级保障 18 个，占 51%；三级保障 4 个，占 11%；四级保障 2 个，占 6%
审判机关	二级保障	一级保障	一级保障	二级保障为主，三级保障为辅	二级保障	一级保障	二级保障	一级保障 3 个，占 43%；二级保障 3 个，占 43%；二级保障 1 个，占 14%
检察机关	一级保障	一级保障	一级保障	四级保障	二级保障	一级保障	二级保障	一级保障 4 个，占 57%；二级保障 2 个，占 29%；四级保障 1 个，占 14%
警察机关	二级保障	二级保障	三级保障	四级保障	二级保障	二级保障	二级保障	二级保障 5 个，占 72%；三级保障 1 个，占 14%；四级保障 1 个，占 14%
司法行政机关	二级保障	二级保障	三级保障	二级保障	二级保障	二级保障	二级保障	一级保障 1 个，占 14%；二级保障 5 个，占 72%；四级保障 1 个，占 14%
监狱机关	一级保障	一级保障	一级保障	三级保障	二级保障	二级保障	二级保障	一级保障 3 个，占 43%；二级保障 3 个，占 43%；三级保障 1 个，占 14%

表6 国外司法经费管理部门及模式

部门＼国家		英国	日本	法国	美国	德国	俄罗斯	印度	总体(7个国家)
审判机关	管理部门	宪法事务部	最高法院	司法部	联邦法院/州法院	司法部	联邦最高法院	最高法院/高等法院	
	管理模式	分离模式	一体化模式	分离模式	一体化模式	分离模式	一体化模式	一体化模式	分离3国；一体4国
检察机关	管理部门	总检察长办公室	法务省	司法部	司法部	司法部	联邦总检察院	最高法院/高等法院	
	管理模式	一体化模式	分离模式	分离模式	分离模式	分离模式	一体化模式	分离模式	分离5国；一体2国
警察机关	管理部门	内政部	内阁	内政部	司法、内政、财政、国防部	内政部	内务部	内政部	
	管理模式	一体化模式	一体化模式	一体化模式	一体化模式	一体化模式	一体化模式	一体化模式	一体7国
司法行政机关	管理部门	司法部	法务省	司法部	司法部	司法部	司法部	司法部	
	管理模式	一体化模式	一体化模式	一体化模式	一体化模式	一体化模式	一体化模式	一体化模式	一体7国
监狱机关	管理部门	内政部	法务省	司法部	司法部	司法部	司法部	内政部	
	管理模式	一体化模式	一体化模式	一体化模式	一体化模式	一体化模式	一体化模式	一体化模式	一体7国

（五）对司法经费充分保障与严格管理并重

国外各国都将司法经费保障作为政府的重要事权和财政支出的重要内容予以充分保障，而且大都以法律形式对司法部门的保障责任、保障水平、经费管理、法官检察官待遇、独立编制预算等作出明确规定。特别是对法院经费，采取更为特殊的保障方式，如日本、俄罗斯、美国等采取独立预算、法院上下一体化管理等保障模式。与此同时，对司法经费的管理也十分严格，除遵循与其他公共部门一样严密的预算编制、执行、监督制度外，对司法效率、司法资源整合等也提出明确要求，以提高司法经费投入效益。如《英国公共服务协议指标》制度及"案卷公助系统"、德国的单个案件成本测算制度、美国的"辩诉交易"制度及专业化与社会化相结合为司法部门提供服务保障的模式等。

二、国外司法经费制度的借鉴意义

国外国家的司法经费制度植根于各国的传统和国家制度。我国虽然历史文化传统及国情与各国不同，对其具体制度不能完全照搬，但他山之石可以攻玉。深化司法体制改革、完善司法经费制度、加强司法经费保障，是我国多年来一直十分重视并不断推动的工作，国外司法经费制度的实践经验对我们具有一定的借鉴意义。

（一）研究构建符合司法规律和我国国情的司法经费保障体制

1. 研究确立我国司法经费保障体制的总体原则

国外司法经费制度的实践说明，无论是单一制国家，还是联邦制国家，都没有完全一致的司法经费保障体制。单一制国家既有一级保障（为主），也有二级保障（为辅），还有三级保障（少量）；联邦制国家既有二级保障（为主），也有一级保障（为辅），还有三级与四级保障（少量）。但总体看，无论司法管理体制级次如何、政府及财政层级多少，司法经费基本由较高级次的政府保障，且以州（邦、省）级政府保障为主，中央一级政府承担很大的保障责任，基层一级政府基本不承担保障责任。如上述7国中，除少量由三级保障（占11%）和四级保障（占6%）外，以二级保障为主（占51%）、一级保障为辅（占32%）（详见表7）。

表7　中国与国外7国司法经费体制比较

国别	单一制3国	联邦制4国	国外7国	中国
保障体制 部门	共15个部门中： 一级保障9个， 占60%； 二级保障4个， 占27%； 三级保障2个， 占13%	共20个部门中： 一级保障2个， 占10%； 二级保障14个， 占70%； 三级保障3个， 占15%； 四级保障1个， 占5%	共35个部门中： 一级保障11个， 占32%； 二级保障18个， 占51%； 三级保障4个， 占11%； 四级保障2个， 占6%	共5个部门中： 三级保障1个， 占20%； 四级保障4个， 占80%
审判机关	一级保障2个， 占67%； 二级保障1个， 占33%	一级保障1个， 占25%； 二级保障2个， 占50%； 三级保障1个， 占25%	一级保障3个， 占43%； 二级保障3个， 占43%； 二级/三级保 障1个，占14%	四级保障
检察机关	一级保障3个， 占100%	一级保障1个， 占25%； 二级保障2个， 占50%； 四级保障1个， 占25%	一级保障4个， 占57%； 二级保障2个， 占29%； 四级保障1个， 占14%	四级保障
警察机关	二级保障2个， 占67%； 三级保障1个， 占33%	二级保障3个， 占75%； 四级保障1个， 占25%	二级保障5个， 占72%； 三级保障1个， 占14%； 四级保障1个， 占14%	四级保障
司法行政机关	一级保障1个， 占33%； 二级保障1个， 占33%； 三级保障1个， 占33%	二级保障4个， 占100%	一级保障1个， 占14%； 二级保障5个， 占72%； 三级保障1个， 占14%	四级保障
监狱机关	一级保障3个， 占100%	二级保障3个， 占75%； 四级保障1个， 占25%	一级保障3个， 占43%； 二级保障3个， 占43%； 三级保障1个， 占14%	三级保障

我国是单一制国家，对司法经费主要实行四级保障的体制。按照单一制国家强调中央集权的特性及国外单一制国家司法经费大都实行中央一级保障的实际，我国对司法经费似可改革为实行中央一级保障为主的体制。然而，由于我国地域广，各地自然状况、经济、文化、民族等因素都有较大差异，在国家治理上既强调中央的统一领导，又强调地方的主动性和积极性。同时，实行"一国两制"制度、经济特区制度、民族区域自治制度以及各类试验区制度等都给予了地方较大的自主性。可见，我国又具有联邦制国家强调纵向分权的一部分特性，对司法经费似可改革为实行中央二级保障为主的体制。因此，我国的司法经费保障体制究竟应该如何确定，不能简单采用某一类型国家的做法，需要在借鉴国外有益经验的基础上，结合我国实际，科学研究设计。总体原则，首先应考虑我国是单一制国家的特性，有利于加强中央集中统一领导；其次应考虑我国人口众多、地域广大、各地经济社会发展不平衡的基本国情，有利于调动地方的积极性；最后应考虑各司法部门的不同职能和特性，遵循司法工作规律，有利于司法权公正有效运行、维护国家法制统一。

2. 研究建立适应司法规律的我国司法经费保障体制

我国司法经费长期实行四级保障为主的体制，在特定的历史阶段对司法工作的发展起到了促进作用。随着我国经济社会的发展和对司法规律的认识，应在学习借鉴国外有益经验的基础上对我国的司法经费体制作合理调整完善。以法院经费为例，长期以来我国地方各级法院的经费由同级政府负担，不少地方把法院视同一般行政部门，没有考虑法院的特殊性质和特殊需要。由于法院的管辖范围并不限于其所在的行政区域，随着市场经济的发展，当事人跨地区的案件已日益增多，这种由同级政府保障同级法院经费的体制，极易导致在案件受理、案件审理以及案件执行上存在地方保护主义现象，难以排除地方的干扰和制约。这也是2013年11月中央提出推动省以下地方法院财物省级统一管理改革的重要原因所在。

司法权的全国统一性、社会安全产品的公共性，要求中央在司法经费保障中承担更多的责任。因此，从总体看，应改变我国原来一级政府财政保障一级司法经费的体制原则，适当减少司法经费保障级次、提高保障层级，加强中央对司法经费的保障作用。具体而言，除国家安全机关仍实行中央一级保障的经费体制外，应根据司法部门特性、事权性质确定不同司法部门的经费体制。一是人民法院和人民检察院依照法律规定分别依法独立行使审判权和检察权，更多体现全国统一性，经费体制设置的终极目标应是中央统一保障、统一管理，奠定司法公正的经济基础。具体做法可以是：各级法院检察院的经费都由中央财政负担，其收取的罚没收入、诉讼费用等直接缴入中央财政。最高人民法院、最高人民检察院协同财政部共同编制法院、检察院系统经费预算，报全国人大审批。财政部根据全国人大批准的法院、检察院系统经费预算，按时足额拨付到最高人民法院、最高人民检察院，由最高人民法院、最高人民检察院逐级下拨，直至基层人民法院、人民检察院。同时，为了有效使用、科学管理法院检察院经费，应健全完善经费财务管理制度，下发全国法院检察院统一执行；最高人民法院、最高人民检察院应建立专业化经费管理机构、配备高素质专业管理队伍。鉴于我国长期以来司法系统分级保障的基本国情，结合我国地域大、管辖范围广、经济社会发展差异性大的特点，全国统一的司法财政系统也一时难以建立，在短期内，可先实行中央和省两级保障的体制，但中央应通过加大对地方法院检察院的转移支付，发挥经费保障的主体作用。在此基础上，再逐步探讨由中央一级保障法院检察院经费的可行性。二是因监狱工作涉及司法执行的统一性及对人权的基本保障，应提高经费保障层级，实行中央和省两级保障的经费体制，中央通过转移支付资金适当加大对监狱的保障责任。三是公安机关、司法行政机关地域和行政特色明显，可以仍实行中央、省、市、县四级保障的经费体制，中央通过转移支付资金适当加大对公安机关和司法行政机关的保障责任。

（二）研究建立科学合理的司法经费保障模式

经费保障模式关乎对司法部门的经费依何保障、怎么保障及保障到何种程度，需要深入细致研究、科学合理建立。借鉴国际经验，应尽快解决三个问题。

1. 明晰司法事权，确定保障责任

事权明确划分是建立有效的经费保障制度的前提条件，国外各国都以明确的司法事权划分作为中央和地方政府提供经费保障的依据。我国目前的司法事权分配体系，纵向上中央与地方事权划分缺乏明确的法律界定，横向上部门之间的事权分配也存在一些模糊和交叉的地带，这给财政资源的合理和均衡配置带来较大障碍。为完善我国司法经费保障，应将事权法定作为我国司法经费保障体制的基本原则，加快我国司法事权分配模式的立法进程，对

各级司法系统的事权进行清晰合理的划分。在司法事权划分上，应将涉及全国利益的司法事权划归中央管理，将局限于地方利益范围的司法事权划归地方管理，同时明确中央和地方共同管理的司法事权范围以及中央委托地方办理的司法事项。在此基础上，明确中央与地方对司法部门的经费保障责任，使司法事权与经费保障能够统一，从而保证司法事权的有效实施。同时，通过中央财政转移支付制度加大对地方司法部门的资金支持，逐步实现全国司法经费支出中以中央投入为主体，以平衡因各地经济发展水平差异较大对司法经费保障造成的困难，实现全国范围内司法产品供应的基本公共服务均等。

2. 制定法律依据，实行独立预算

一直以来，我国司法经费主要依据党政部门政策规定和地方各级政府的财政状况确定，经费拨付约束力不强，缺乏有效的监督机制。为推进司法经费保障和管理法制化，做到有法可依、于法有据，应将司法经费问题上升到我国司法制度的组成部分予以考虑。为此，可以借鉴国外不少国家以立法形式规定将司法部门经费独立出来，单独列入国家预算的经验，建立独立的司法财政预算制度，通过经费独立为司法权的依法独立公正行使提供充足、高效的经费和服务保障。这是以经费确保司法公正的基础。

由于法院工作的特殊性和目前我国正在进行以审判为中心的司法体制改革，应加快推行法院经费保障和管理法制化，确保法院依法独立行使审判权。一是应在国家预算中将法院预算单独编列，在法院预算级次设置、预算编制、预算科目、预算标准等方面区别于一般行政部门，建立适应审判规律的法院经费预算体系。二是应在我国《人民法院组织法》中对"法院经费制度"作专章规定，为法院经费保障和管理提供法律支持。重点明确：法院经费应当充分保障法院履行审判职能，确保人民法院依法独立行使审判权；法院经费纳入国家预算，单独编列、全额保障；各级法院应实行经费独立统一管理，自成体系，严格内部控制，充分发挥资金使用效益；最高人民法院和高级人民法院负责统一管理下级法院经费工作，政府有关部门依职能积极支持配合并加强监管；各级法院经费管理机构的数量、职权、人员配置原则及条件等。三是可以借鉴俄罗斯"减少法院经费预算应征得全俄法官代表大会或法官委员会同意"等制度，在将我国司法系统的预算提交人大讨论以及需要减少法院经费预算时，实行法官听证制度，让法官和人大负责预算的部门面对面，详细讨论和阐述法院预算需求的理由，增加人大对法院预算的了解，也促使法院系统认真准备预算需求，保证预算的准确性及保障的充分性，使司法公正不因经费不足而受制约。

3. 提高法官待遇，增强履职保障

在我国，2019 年新修订的《法官法》规定了"法官实行与其职责相适应的工资制度，按照法官等级享有国家规定的工资待遇，并建立与公务员工资同步调整机制……法官的工资制度，根据审判工作特点，由国家另行规定"等内容，并根据司法责任制改革要求，实行绩效奖金制度。但总体看，法官工资水平基本与公务员平均水平相当。

法官是社会公正的化身，也是社会正义的最终维护者。法官职业对从事这一职业的法官个体提出了很高的素质要求：丰富的社会经验、全面的法律知识、较强的思辨能力、较高的语言表达能力以及高尚的职业道德等。提高法官待遇是法官职业化的内在要求。1985 年第七届联合国预防犯罪和罪犯待遇大会通过的关于司法机关的基本原则第 7 条规定，"向司法机关提供充足的资源，以使之得以适当地履行职责，是每一会员国的义务。"在该原则的有效执行程序解释中，"向司法机关履行职能提供充足的资源"包括根据承办案件数量任免足够人数的法官，为法院配备必要的支助人员和设备，以及向法官提供适当的人身安全、报酬和津贴。根据联合国决议，借鉴国外经验，为吸引、留住高素质人员从事法官职业，并使法官自觉抵制贿赂，保持清廉，保障独立审判、公正司法，我国应对法官实行高薪制，并建立独立的保障渠道，保证法官的收入稳定。

（三）研究确定规范高效的司法经费管理模式

2014 年 10 月，《中共中央关于全面推进依法治国若干重大问题的决定》提出，"改革司法机关人财物管理体制，探索实行法院、检察院司法行政事务管理权和审判权、检察权相分离"。究竟如何分离，是需要研究破解的问题。

从对上述 7 国的研究可以看出，国外司法各部门的经费管理模式有很大差别，警察机关、司法行政机关、监狱机关经费都是由内政、司法部门一体化管理。检察机关的经费大都实行分离模式，由司法行政部门管理；而审判机关的经费实行由内部一体化管理为主，且自上而下由最高法院实行统一管理，预算独立编制报议会审议，政府不能否决或修改，不像其他部门必须经政府同意，其目的是保障审判权独立行使。

借鉴国外司法经费管理模式的经验和各司法部门的特点，我国公安机关、司法行政机关、监狱机关因更多体现行政化特点，其经费应仍实行自身一体化管理模式更为有效。鉴于我国检察机关设置与国外有所不同，基本与法院一样独立设置，共同行使司法权的特点，其经费可实行自身一体化管理并内部分离的模式。

我国审判机关依照法律规定独立行使审判权的特性，要求包括经费在内的司法行政事务管理权，应着眼于内部分离建立制度。总体目标是，从推动省以下地方法院财物由省级统一管理逐步过渡到由中央级统一管理的机制出发，着力提升法院经费管理的权威性，加强顶层设计、提高管理规格、集中统筹规划改革事项，促进形成上下统一的法院经费集中管理机制。具体方式，一是全国法院经费管理部门自成体系、自上而下实行内部独立管理，在法院内部实行经费保障和管理权本级与系统相分离、管钱与花钱相分离、行政与审判相分离的机制，既充分发挥法院自身财务服务保障作用，又严格执行内部分离和控制制度。二是体现法院的预算主体地位，在加强内部控制和外部监督的前提下，尊重法院意见，赋予最高人民法院和省级法院部分财政职能，在涉及全国法院及全省法院经费支出、管理、调配方面给予更多的自主权，充分满足审判执行等各项工作实际需要，保障法制统一性。三是强化和明确高级以上法院对系统财务管理的职责，提高法院财务工作地位和管理层级以及规格，发挥法院的主观能动性，争取社会各界对法院经费保障和管理需求的认同。四是按照改革主体责任和预算主体责任的要求，各级法院财务工作实行院长负责制，加强对财务工作的领导和决策。院长作为第一责任人，分管院领导和财务部门可在院长授权下，代为履行日常财务管理职责，直接对院长负责。五是在建立司法经费管理模式的同时，建立一支专业化、职业化、高素质的内部一体化经费管理队伍，着重解决法院内部经费管理非专业化较为严重的问题，切实提高法院系统经费管理能力水平。

（四）充分认识司法经费充分保障与严格管理之间的关系

从国外不同国家司法经费制度实践看出，对司法部门的经费首先是从法律、体制、模式等方面采取有效措施，予以充分保障。同时，又从预算管理、司法业务改革、资源配置整合等方面，对司法经费投入、使用等实行严格的管理。借鉴国际经验，可以说对司法经费充分保障是必须，严格管理是必然，保障与管理并重是趋势。一方面，我国正处于全面推进依法治国、全面建设社会主义现代化国家的重要时期，司法部门在社会治理体系和治理能力现代化、更高水平的平安中国建设等工作中具有重要的作用，其履行职能的经费应予以充分保障。另一方面，当今世界正经历百年未有之大变局，经济发展困难、财政紧张的状况依然存在，经费供求矛盾依然很大，对各项经费的投入和使用必然要讲效益、受约束。

司法机关作为国家的重要执法司法部门，分布广、规模大，占有的各方面资源也多。同时，由于司法机关面临的新形势和新任务，对增加国家各项资源方面的需求较为旺盛。国际上发达国家都十分重视提高资金使用效益，这也是公共资金管理的重要原则。我国作为发展中国家，在司法部门经费保障还有困难的情况下，更要讲效益。目前我国对各项资金实行绩效预算管理，各项资金管理制度也日益健全严格。为此，一方面，资金分配和管理部门应通过建立严密的预算编制、分配、执行、监督体系，加强对司法经费投入的管理；另一方面，在加大经费投入的同时，司法各部门应将节约、效益理念贯穿司法工作的全过程。各司法部门内部及不同司法部门之间，在经费的投入和使用上都有较大的提升空间，特别是在司法改革制度设计中，既要注重社会效益，也要注重经济效益，推动司法资源共建、信息共享，高效使用司法经费。各级司法部门应充分认识对司法经费实行严格管理是必然趋势和工作常态，在涉及经费各项工作中应自觉接受管理和监督，切实提高资金使用的规范性、安全性和有效性，通过提高效益替代一定的对资金增量需要，努力降低司法成本，实现司法工作高效发展。

第四节　我国港澳台地区的法院经费制度[*]

一、我国香港特别行政区法院经费

（一）香港特别行政区法院管理体系

香港特别行政区法院按照审级划分三级：最高级为终审法院，上诉级

---

[*] 本节第一、二部分及第四部分（一）的内容参见唐虎梅、郭丰、李军2015年9月撰写《港澳法院经费保障与管理情况之借鉴》，载《人民法院司法行政管理研究与参考》（第7辑），人民法院出版社2019年版，第297~303页。第三部分内容参见唐虎梅、杨阳、郭丰：《台湾地区法院经费保障与管理》，载《人民司法（应用）》2015年第3期（总第710期）、第5期（总第712期）。

为高等法院（设有上诉法庭和原讼法庭），基层级为区域法院、裁判法院、死因裁判法庭及少年法庭。

香港特别行政区司法工作由终审法院首席法官领导，司法行政管理实行一元化管理体制，即所有法院、审裁处和裁判法庭的司法行政事务均由香港司法机构政务处负责。司法机构政务处由政务长领导，政务长直接对终审法院首席法官负责。

（二）香港特别行政区法院经费体制

香港特别行政区三级法院的经费全部由特区政府统一保障，通过申报预算取得。

（三）香港特别行政区法院经费保障

1. 统一编制预算

香港特别行政区各级法院财政预算收入包括本身收入、管理结余及特区政府拨款。其中，本身收入主要包括司法费方面的收益及非司法费方面的收益，政府拨款以年度预算为基础。香港法院的年度预算通常由上年度的常规经费需要和本年度的新增项目需求两部分组成。司法机构政务长与高等法院、区域法院、裁判处的首席法官或裁判长经协商沟通，掌握需求，制定出下一年度的经费需求，报终审法院首席法官，由其对新增项目或计划进行取舍。然后将司法机构确定的下一年度的需求项目送行政机关，由行政机关根据需求计算确定司法机构的年度预算，最终报送立法会，由立法会的财务委员会对司法机构的年度预算进行审议。立法会审议通过后，行政机关据此向司法机构拨款。法院经费预算的执行，统一由司法机构政务处负责。

2. 法院预算独立

香港特别行政区法院与政府、财政签订经费保障协议，规定法院独立提出经费需求和预算，政府和财政部门以此为依据，安排经费拨款，立法会审议通过法院经费预算后正式实施。香港法院经常性经费预算，政府承诺尽可能予以保障拨款，而对于工程、信息化建设等非经常性项目，将由政府有关专业部门配合提出特别申请，立法会审议后安排拨款。政府对法院预算单独考虑，不与其他政府部门混同。

3. 法院经费保障水平较高

香港特别行政区政府对法院经费保障非常支持，每年预算请求都全部予以通过，经费开支水平高于一般行政机关。预算于每年 1 月 1 日起公布执行，如果预算执行过程中需要修改，法院主动报请财政部门调整执行。

（四）香港特别行政区法院经费管理

1. 经费管理机构

香港特别行政区在终审法院设置司法机构政务处，是具有独立职能、行政及财政自治的机构，各级法院的开支皆由其管理，财务工作对终审法院首席法官负责。政务处由相当于政府首长级的司法机构政务长负责，财务工作由政务处五部之一的支援部具体负责实施。

香港特别行政区法院财务实行集中统一管理，由香港司法机构政务处设置的支援部管理，各级法院不再设财务机构，只安排会计或诉讼收费员。法院财务岗位按照会计、司库、采购、审计、资产等岗位进行设置。

2. 财务部门主要职责

香港特别行政区法院财务部门的主要职责是：协助编制各级法院预算并负责预算的执行；负责将法院预算向立法会、特首、财政部门申报；处理与财务、年度账目、会计有关之事务；处理各级法院人员的报酬及其他津贴；执行有关储备、总务及关于取得资产及劳务的文书处理工作；负责设施及设备的保存、安全及保养；制作财产及设备清册。

3. 财务人员

香港特别行政区政府要求法院财务岗位，由具有财会学历和通过公务员考试的人员担任。香港司法机构政务处支援部负责财务统管的人员有 30 多名，下级每个法院平均办理财务事项的人员 3~4 人；财务负责人由政府部门或其他单位财务人员定期（一般 5 年）交流任职，保证财务领导专业化和忠实执行财务制度。

为了保障法院财务人员依法履职，香港特别行政区政府为法院财务人员提供了较好的职业保障。法院财务人员作为高级技术人员或专业技术人员管理，薪酬待遇高于普通公务员；财务人员根据业务工作需要，可以自主申请参加香港或内地高校的财务业务培训，且可以是长期脱产培训。培训申请经审批后，费用由法院或政府出资负担；财务人员可以在政府职能部门的同类人员、政府单位的财务部门中交流、晋升、轮岗，以确保专业化。此外，财务人员享有休假和加班薪酬等待遇。

二、我国澳门特别行政区法院经费

（一）澳门特别行政区法院管理体系

澳门特别行政区设三级法院，即初级法院、中级法院、终审法院。初级法院为初审法院，可根据需要设若干专门法庭，如刑事、民事、经济审判庭等，同时设置了行政法院，系受理行政诉讼、税务诉讼和海关诉讼的专门法院；中级法院行使回归前高等法院的部分职权；终审法院行使特别行政区的终审权，由终审法院首席法官领导。

（二）澳门特别行政区法院经费体制

澳门特别行政区三级法院的经费由特区政府统一保障，通过申报预算取得。

（三）澳门特别行政区法院经费保障

1. 经费预算保障

澳门特别行政区法院的预算作为特别行政区政府预算的组成部分，每年由终审法院院长办公室下设的行政暨财政厅负责组织编制预算草案，报由终审法院、中级法院以及初级法院院长组成，终审法院院长任主席的管理委员会审批通过后，呈院长办公室监督实体即澳门特首审核，送交特别行政区政府财政局。财政局就认同法院预算草案中的总金额作出通知，不认同部分需征求法院意见，由法院修改后报送核定，纳入政府全面预算，送立法会审议。

2. 经费保障充足

澳门特别行政区政府对法院经费保障非常支持，每年预算请求都全部予以通过，按照经立法会审议批准的预算足额拨付经费。预算于每年1月1日起公布执行，如果预算执行过程中需要修改，终审法院院长办公室主动编制预算修改，报立法会审批后进行调整。澳门特别行政区法院经费开支水平高于一般行政机关。

（四）澳门特别行政区法院经费管理

1. 经费管理机构

澳门特别行政区终审法院设置院长办公室，负责向各级法院提供技术、行政及财政辅助，由终审法院院长领导，办公室主任负责统筹办公室一切日常事务，是一个具有独立职能、行政和财权自治的机构。终审法院院长办公室下设行政暨财政厅等三个厅，行政暨财政厅下设人力资源处、财政财产处及总务处，负责统筹及确保终审法院院长办公室和各级法院的行政及财政事务管理。

2. 经费管理体制

澳门特别行政区法院实行财物集中统一管理。终审法院院长办公室设有行政暨财政厅财政财产处，各级法院不再设财务机构，只安排会计或诉讼收费员。法院财务岗位按照会计、司库、采购、审计、资产等岗位进行设置。财务人员根据岗位职责要求，由具有财会学历和通过公务员考试的人员担任。澳门终审法院院长办公室行政暨财政厅负责财务统管的人员有10多名，下级每个法院平均办理财务事项的人员约为4名。

3. 经费执行管理

澳门特别行政区法院所有财务活动遵循公共会计法规的要求，严格执行预算，实行分级审批。澳门法院按照支付金额不同，确定审批限额，实行办公室主任、终审法院院长、管理委员会和行政长官四级审批制度。办公室主任有权核准支出的上限为5万元澳门币，终审法院院长有权核准支出的上限为50万元澳门币，管理委员会授权终审法院院长核准支出的上限为100万元澳门币，超出上述金额的开支属行政长官的权限。法院人员都会自觉严格按照财经法律法规办理财务事项，主动配合财务人员的审核等工作。财务人员对于不符合规定的事项，有权拒绝支付或要求纠正，拒付原因会主动通知有关人员。

三、我国台湾地区法院经费

（一）我国台湾地区司法体系

我国台湾地区司法体系由台湾地区司法主管机构和法院两部分组成。

1. 台湾地区司法主管机构

我国台湾地区司法主管机构本部不直接审理民事、刑事、行政诉讼案件，更多是作为司法权完整性的象征，以表示区别于其他权利而有必要存在。台湾地区司法主管机构设院长、副院长各一人，法官若干人，负责解释宪法、法律及命令，主要还负责各级各类法院的司法行政事项管理。

2. 法院

我国台湾地区法院主要分普通法院、行政法院和专门法院三类。普通法院，设台湾地区审判主管机构、高等法院及其分院、地方法院，原则采取三级三审；行政法院，设台湾地区行政审判主管机构、高等行政法院，采取二级二审制；专门法院，包括智慧财产法院、少年及家事法院。此外，还设有公务员惩戒委员会，惩戒案件一审终结制。

（二）我国台湾地区法院经费体制

自 20 世纪 40 年代以来，我国台湾地区法院的经费保障体制经历了三个阶段的演变历程：一是 1941 年起，法院经费由各省负担改为台湾方面统一负担；二是 1960 年规定、1980 年落实，法院体制及经费从台湾地区行政管理机构管理改由台湾地区司法主管机构管理、台湾地区行政管理机构审批；三是 1997 年后，法院预算独立并由台湾地区司法主管机构编制管理。

1997 年，台湾地区规定新增了司法预算独立的条款，由台湾地区司法主管机构提出的年度司法预算，台湾地区行政管理机构不得删减，只能加注意见编入台湾方面总预算案，送台湾地区立法机构审议。这种经费保障体制使法院的经费保障不仅从经费来源，而且从管理体制上摆脱了行政的干扰，体现了法院自治的理念，为保障法院的独立审判提供了有力支撑。2000 年，台湾地区"预算法"第 93 条进一步规定，台湾地区司法主管机构独立编列司法概算；台湾地区行政管理机构就台湾地区司法主管机构所提年度司法概算，加注意见，编入台湾方面总预算案，送台湾地区立法机构审议；台湾地区司法主管机构院长认为必要时，请求列席台湾地区立法机构司法及法制委员会会议。

目前，台湾地区各级法院的所有经费全部由台湾地区司法主管机构提出、台湾地区立法机构审议确定，由台湾方面统一保障，按法定比例供给，不受行政部门限制，在法院经费保障上实现了相对独立。

（三）我国台湾地区法院经费保障

1. 法院经费保障方式

我国台湾地区各个法院的经费按照"两个统一"原则进行保障，即全部由台湾方面统一保障、由台湾地区司法主管机构实施统一管理。具体方式为：一是每年按台湾方面预算规模的一定比例（1%）保障法院经费。二是经费预算由台湾地区司法主管机构组织各个法院独立编制，具体有五个步骤：第一步，由各法院负责编制经费概算，提出经费需求；第二步，台湾地区司法主管机构负责审核各法院概算，形成法院总概算；第三步，台湾地区行政管理机构负责审查法院概算，加注意见，编入总预算案；第四步，台湾地区立法机构审议法院预算和台湾地区行政管理机构意见后，批复预算；第五步，法院预算批复后，台湾地区行政管理机构财政部门据此安排经费，纳入集中支付。

2. 法院预算编制程序

我国台湾地区法院的经费全部通过预算进行保障，预算年度从每年1月1日至12月31日，预算编制时间从1月至12月15日近一年时间。按照司法预算独立的精神，法院的预算编制分为三个步骤：

第一步是提编概算。每年1月开始，台湾地区司法主管机构所属各审级法院内部单位针对新年度施政计划书及工作重点，编制本院单位下年度概算需求表送台湾地区司法主管机构审查。

第二步是编制概算案。7月，根据台湾地区行政管理机构下发的概算额度，各法院编制概算案送台湾地区司法主管机构审查修正后呈台湾地区行政管理机构加注意见，并编入台湾方面总预算案。

第三步是审议颁布预算。9月至11月，台湾地区立法机构进行审议三读预算，各法院根据审议结果，修编年度法定预算书于新的预算年度开始15日前由台湾当局领导人公布。同时还规定，以4个会计年度为一期，编制中程计划预算，并与年度预算相配合。

3. 法院经费分类与编制标准

为统一法院预算编制，我国台湾地区采取了三方面措施：

一是将经费按两种方式进行分类。第一种是按年度业务计划书所列项目将经费划分为一般行政、审判业务、刑事补偿、司法机关扩迁建计划、一般建筑及设备——营建工程、一般建筑及设备——其他设备、第一预备金七大类；第二种是按各项费用用途将法院经费划分为人事费、业务费、设备及投资、奖补助费及预备金五大类。

二是根据案件数量，将法院分为六类，不同类别法院的人员、装备规模不同，预算编制及经费保障数量存在差异。台湾地区司法主管机构每年度制定颁发《台湾地区司法主管机构暨属机关××年度编制作业手册》（包括全部政府规定要求），对法院预算编制进行具体指导，预算编制以审判业务为优先考量。

三是建立了一套较完善的法院经费预算标准体系，根据各项支出的特点，给出了不同类型的预算标准，实际可操作性强。同时，由于台湾地域不大，对于各审级法院，经费保障的标准是基本统一的。

4. 法院经费保障水平

根据司法预算法定的原则，目前我国台湾地区法院每年的预算总体规模在当年度台湾方面总预算规模的1%左右。与1997年改革前相比，司法预算实际总规模从每年的80~90亿元（新台币，下同），增加到2013年的222亿元；法院经费年增长率从7%提升到21%，占当年度台湾方面总预算比例从0.7%~0.8%提高到1.28%。2013年人均经费163.23万元（相当于人民币36.27万元），其中，人均人事费（主管级）111.8万元，较台湾地区行政管理机构人均少38万元，较台湾地区立法机构人均少113.8万元；案均业务费951元，其他机关没有该项支出。在台湾地区高等法院的预算中，人事费所占比重很高，达83.51%；而业务费所占比重只有10.44%。

5. 法院诉讼费用与经费保障关系

我国台湾地区法院收取的诉讼费主要包括依据台湾地区"民事诉讼法""家事事件法""规费法"等相关规定所收的规费收入，如民事诉讼费、非诉事件费、资料使用费等。法院的各项收入，采取统一缴库的管理模式，包括诉讼费、罚金罚款、没入金、赔偿求价收入、租金收入、废旧物资售价、其他杂项收入等均作为法定收入款依法缴库，甚至连民事强制执行案款、刑事保证金等法院代保管款，也需缴库。由于法院可依法办理退库，因此诉讼退费直接以退库方式办理，不需单独申请或经财政部门审批，退费较为方便；代管款也可及时依判决情况将款项退还当事人。法院经费全部依靠预算保障，法院收取的诉讼费等各项收入与其经费支出没有任何关系。

（四）我国台湾地区法院经费管理

1. 预算执行管理

（1）法院经费的管理原则。我国台湾地区法院经费管理主要遵循以下原则：一是公款法用原则。经费支用必须依照法定的用途和程序，遵循台湾地区"预算法""会计法""审计法""内部审核处理准则"等法律规定。二是严格执行预算原则。经费必须按照核定的预算项目用途和进度支用，预算的调整和追加必须依据法定情形和程序进行。三是行政支援审判原则。优先保障审判经费的需求，允许行政经费调用为审判业务经费，反之则不行。

（2）法院预算执行程序。我国台湾地区各法院概算经立法程序并公布后成为法定预算，随即进入预算执行程序。执行程序主要包含分配预算制定、分配预算执行、分配预算管控、分配预算追加四个环节，每个环节都有具体严格的规定，必须按规定执行。否则，各法院经费不能开支。其中，分配预算制定，是指各法院在法定预算范围内，按照台湾方面主计（包括岁计、会计、统计）机关（台湾地区行政管理机构主计总处）的相关规定，按月（日常预算）或按期（工程、装备预算）制定分配实施计划。

（3）法院经费拨付方式。我国台湾地区法院经费拨付与其他政府机关经费一样，采取集中支付方式。各机关支出由财政事务主管部门设置的地区支付机构集中办理，由台湾方面银行实行电子化操作；各机关支出应按照各月或各期计划进度提前提出，按照各支出机关提出、支付机构审核、审计机关核签的程序支付；支付结果要按期报送上级管理机关，并在单位内部公告。

（4）法院经费内部审核。我国台湾地区对政府及所属机关的内部审核十分重视，自1976年开始由台湾地区行政管理机构制定专门的台湾地区"内部审核处理准则"，之后经过了4次修正完善，对实施内部审核的部门人员、权利义务、原则方式、范围内容等作了非常详细的规定，要求包括法院在内的各机关严格执行，以协助各机关发挥内部控制的功能。

（5）法院经费的监管。我国台湾地区对包括法院在内的各政府机关经费，建立了严密的、多方位、全过程、经常性的监管网络体系，确保经费使用依法、合规、有效。一是监管工作贯穿于预算编制、执行、决算工作的各个阶段；二是主管机关和上级法院、主计机关、财政机关、审计机关等相关部门各有侧重、相互配合、共同对单位经费实施监管；三是在严密的外部监管同时，还实行了严格的内部监管，使得内外监管相结合，从制度、机制上确保各机关"公款法用"；四是审计部门对各机关各项经费实行实时监管，其监管的日常化、广泛性和深入性特色鲜明。

2. 法院财务管理

（1）法院财务制度建设。由于我国台湾地区对政府机关的经费管理制度十分健全、完善、细致，台湾地区司法主管机构除了每年度制定颁发《台湾地区司法主管机构暨属机关××年度编制作业手册》对法院预算编制进行具体指导及制定了相关管理、审核、评估要点对台湾地区司法主管机构暨所属各机关办公处所管理、法庭建设布局进行规范外，没有单独制定法院的财务制度，基本是按照政府机关的统一制度执行。此类法规制度包括：规范预算编制、预算执行及决算、经费支出、财务及会计、审计及与财务相关的其他法规制度等方面，共100多项。

（2）法院财务机构设置。我国台湾地区法院财务机构设置，按照台湾地区"主计机构人员设置管理条例"进行。根据条例规定，主计机构及员额编制标准，依各该机关的层级、组织形态、附属机关（构）多寡及主计业务繁简等因素，由台湾方面主计机关确定；根据业务繁简，处内应分室办事，室内应分科或分组或分课或分股办事；各机关主计机构名称，订入各该机关组织法规。根据上述原则，台湾地区司法主管机构设置了会计处，设处长1人、副处长1人；高等法院设置了会计室，与各庭级次平行，设主任1人；高等法院分院及地方法院也设置会计室，设主任1人。

（3）法院财务人员配置。为保证有效管理经费，我国台湾地区对包括法院在内的政府机构会计人员配备高度重视，无论是数量、素质，还是管理，都采取了独特的方式。

一是法院会计人员依照台湾地区"主计员额设置原则""法院组织法"的规定配备，具体员额按照预决算及会计事务种类、年度经常性预算金额、最近5年度资本性预算金额平均数、附属机关（构）数、所在机关（构）总员额5项因素，配置其积分，并按积分总和设定各级法院会计员额与所在法院总员额的比率。在这5项因素中，第1项"预决算及会计事务种类"为主要因素，包括12项具体内容，即编制总预决算、编制单位预决算、编制分预决算、审核附属单位预决算、审核分预决算、办理总会计或统制记录、主管机关办理所属机关会计事务审核及监督、办理岁入类单位会计、办理岁出类单位会计、办理单位会计之分会计、办理附属单位会计、办理非会计事务。

二是会计人员实行"一条鞭"管理，所有的人事调派、升迁直属台湾地区行政管理机构主计总处管理；各级主办人员应出席各该级政府或所在单位有关其业务的各项会议，并应与各单位联系协调，协助作适法或适当的经费动支，提供决策有用咨询，增进管理效能；一级会计机构主办人员的任免迁调，由台湾方面主计机构办理。

三是法院会计人员均需经台湾地区考试主管机构办理考试及格人员资格后分配，再由台湾地区司法主管机构指派给各法院；台湾方面主计机关的主计官，应由曾任主计官、相当职等的主办人员、经会计或审计相关职系高等考试及格等人员担任；担任上一官等、职等的会计主办人员，应由下一官等、职等经历及一定的任职时间，或经会计、审计高等考试及格。

（4）上下级法院之间的财务管理关系与职责。依我国台湾地区"预算法"规定，第一、二、三审法院的财务管理均为独立行使，各负职责。台湾地区司法主管机构和高等法院对下级法院财务有管理和监督的职责。具体体现在：预算编制方式上，各级法院根据台湾地区行政管理机构及台湾地区司法主管机构的相关规定，独立编制年度概算，在规定的时间内送台湾地区司法主管机构审查；台湾地区司法主管机构审查后制成年度预算案书，移请台湾地区行政管理机构编入台湾方面总预算案送台湾地区立法机构审议。预算执行过程中，台湾地区司法主管机构和高等法院对下级法院经费有监管的权力，下级法院在财务管理中遇到问题和困难，可直接向台湾地区司法主管机构请示报告。年中发生紧急事项时，各级法院可直接向高等法院或台湾地区司法主管机构提出申请；在高等法院的预算中，编列一部分经费，用于应急支付款及弥补各级法院人事经费的不足。

四、我国港澳台地区法院经费制度的特点

（一）香港、澳门特别行政区法院经费保障管理的特点

香港法律属于英美法系，澳门法律属于大陆法系。虽然港澳法律有较大差异，经费保障和管理制度也有所不同，但均以实现法院经费保障和管理法制化和保障法院依法独立行使审判权为目标追求，因此在经费制度上

呈现明显的共性特征。具体表现在四个方面。

1. 独立性

香港、澳门特别行政区法院具有财政自治权，经费保障和管理独立性强。一是法院预算经费安排独立和优先于一般行政部门，给予了充分保障。法院独立编制预算，财政部门充分尊重法院预算草案，一般对法院预算不加以修改和限制。而且，对于工程等重大经费的合理诉求，政府有关部门积极支持和配合。二是法院经费使用高度自治。财政部门根据法院申请将经费拨付给法院账户，法院有权根据正常工作开展需要，通过内部审批程序依法决定收支，所有开支事项全程不受干涉。三是法院经费等司法行政事务管理权主要由内设部门独立行使，为审判部门服务，不与审判业务相关，自上而下做到了既与审判权有效分离，又保障支撑了审判权行使的需要，有效排除了内外干扰。尤其是各级法院财务管理自成一体，独立履行职责，全部财务事项实现归口和高度统一管理。

2. 权威性

香港、澳门特别行政区各级法院的经费保障和管理具有高度的权威性。一是香港、澳门特别行政区各级法院财务工作分别统一由香港特别行政区司法机构政务处和澳门特别行政区终审法院院长办公室具体负责，整体提高了法院经费保障和管理的层级，也促使各级法院司法行政事务管理权与审判权相分离。二是终审法院通过顶层制度设计、统筹资金安排，实行统一集中管理，保证了各级法院经费保障和管理无差别执行财经法律法规，实现标准化保障和管理，增强了法院经费保障和管理的公信力。三是香港、澳门特别行政区经费保障和管理等司法政务工作由终审法院院长领导和负责，尤其是预算草案要求通过特别行政区行政长官监督并与其他行政部门分开审核，进一步提升了法院经费保障和管理的规格。因此，香港、澳门特别行政区法院经费保障和管理运作时，能够得到政府部门、法官及法院其他工作人员以及社会民众的广泛尊重和支持。

3. 法制化

香港、澳门特别行政区法院依法理财，法制化程度较高。一是法院所有的经费支出项目和预算均要经过立法机构单独审议通过后，方可颁布实施。经费保障和管理的制度，包括财务工作职责、预算管理方式、经费开支办法、内部监控措施等方面均通过立法的形式予以确定，具有法律约束力。二是法院预算支出科目法定，实行高度精细化管理。这既保证了预算编报准确，又有利于预算严格高效执行。以澳门法院为例，收入预算被分成了6大类和15个经济分类，而支出预算被分成了4大类和77个经济分类，上述分类完整准确反映了法院全部经费需求和开支范围，而且实现了预算口径统一，法院所有经费都能够实行预算安排。三是法院资金执行程序和资金支付方式都以法律规定明确，人员开支、资产及劳务开支、其他经常开支及投资开支均制定了开支办法，减少中间流程，避免不合理开支。比如，香港特别行政区法院法官出差，总务部门根据行程安排，提前预订机票和酒店，财务部门直接支付机票和住宿费用，法官不需经手和报销有关费用。在加强经费开支内部控制同时，香港、澳门特别行政区法院主动接受外部监督，收支报表定期报送财政部门审核，年度管理账目送交审计部门监管。

4. 专业化

香港、澳门特别行政区法院经费保障和管理中，严格按照专业化的要求部署有关工作。一是从财务管理层级上看，财务机构设置和财务人员配备，严格按照职责要求和专业分工予以安排。负责财务统管工作的财务人员数量充足，业务素质高标准要求；负责日常事务的财务人员，由于工作单一、易于掌握，则要求专注履行岗位职责，以此保证顶层设计和日常管理的专业化衔接。在香港特别行政区，司法辅助人员和司法行政人员是法官人数的8.3倍，其中财务人员占司法辅助人员和司法行政人员的6%；在澳门特别行政区，司法辅助人员和司法行政人员是法官人数的10.4倍，其中财务人员占司法辅助人员和司法行政人员的6.7%。二是从司法政务机构职责分工上看，具体经办经费开支使用手续由非财务部门负责，而财务管理部门则负责经费保障和财务管理等专业化事项，实现了经费管理和经费开支使用相互独立、相互分离、相互监督。三是从财务人员专业化配备上看，香港、澳门特别行政区法院一方面根据法院财务岗位和职务不同，设定任用条件。对于担任处长以上的高层级财务管理人员，在财会学历、财务工作经历以及职业操守上单独提出任职要求。另一方面将法院财务人员作为专业技术人员进行归类管理。法院财务人员可以在各政府单位的财务部门、政府职能部门的同类人员或法院同类岗位中交流、晋升、轮岗，但不能在法院内部财务专业部门与非专业部门间交流，保障了财务人员职业的稳定性和专业性。

（二）我国台湾地区法院经费保障管理的特点

台湾地区在法院经费体制改革、经费保障和管理等方面起步早、法规制度健全，积累了不少经验，也具有较为明显的特点。①

1. 以独特的法院经费体制充分保障法院独立行使审判权

我国台湾地区对经费管理的法制化程度很高，且注重管理的统一性，对各机关经费管理都是由台湾方面实行"一条鞭"法，在会计人员派遣、资金运行、收支管理等方面对各个法院的要求与政府机关基本一致。但为了充分保证法院独立行使审判权，对法院在要求预算编制和经费管理上遵从统一规定的同时，作了一些独特的规定，包括台湾方面统一保障、预算编制独立、经费保障法定、单位预算完整、系统监管紧密等。

2. 法院预算独立经历了长期艰难的改革博弈过程

我国台湾地区法院的预算独立遇到了很多困难和问题，历时近60年，经历了不断改革、不断争取的艰难过程。一是历时长久、改革渐进。台湾地区法院经费体制改革，从1941年开始，经历了近60年，直到1997年才真正实现预算独立，而且改革经历了由地方负担到台湾方面负担、由行政部门管理到司法部门直接管理的渐进过程。二是司法主导、多方推动。台湾地区法院预算独立经历了由行政主导到司法主导、官方主导与民间推动相结合的过程。三是目标明确、法律保障。台湾地区在推进法院经费体制改革的漫长进程中，始终坚持以保障法院独立行使审判权为原则，将法院独立预算作为改革的重要目标和着力点，而且司法预算独立是经过修改增加相关法律条文加以明确的。

3. 法院经费管理规范严格

我国台湾地区对包括法院在内的各政府机关的经费管理，法规制度健全完善，管理规定规范严格，监督制衡机制完整具体。

一是管理制度涵盖经费支出的每个角落。无论是预算还是决算、公务支出还是人员经费管理，都有严格、完善、具体的法律、法规和操作办法据以执行，"公款法用"意识深入人心。

二是经费使用充分体现保障业务需要。在严格预算编制和预算执行的

① 参见唐虎梅：《台湾地区法院经费体制与管理的特点》，载《人民法院报》2014年11月7日。

基础上，允许各单位年度预算执行中在不超过该科目预算 20% 以内，可将行政运行经费调用于办案业务，但办案业务经费不可调用于行政运行。

三是经费管理的严格性与灵活性相结合。对经费实行严格管理的同时，在预算编制环节，允许各法院及上级法院与司法行政主管机关按预算的一定比例编制一定数额的预备金，用于各单位及下级法院紧急或意外事项、弥补人员经费不足等；同时，对已签订合同的年底剩余资金由各单位继续留用。

四是经费监督制约体系严密扎实。对经费的监督制约贯穿于单位预算、执行全过程，既有外部监督，也有内部监督，并对经费管理有一整套十分严密、相互制约的部门来实施，每个管理部门、管理环节的结果都与单位的预算紧密相连。

4. 经费管理机构健全，人员专业充足

一是经费管理机构独立设置。各法院都设有与各业务庭平行的独立的经费管理机构，配备足够数量的会计人员，法院会计主管由台湾方面主计机关任命、台湾地区司法主管机构直接派遣。

二是会计人员配备实行与业务量紧密联系的员额制。法院会计人员配备充分承认会计工作与法院业务工作时刻存在的正相关关系，通过及时配备填补会计人员，保障会计工作顺利、高质量完成。

三是会计人员地位较高。在法院强调以法官为中心且法官平均月工资是其他机关公务人员两倍的情况下，法院会计人员的工资收入居中等偏上水平；会计主管人员与所在法院业务部门庭长地位一致，必须参加法院的主要业务会议，涉及经费事项都要征求会计部门意见、所有支付事项都要会计部门审核签注意见；行政机关专门制定台湾地区所谓的"主计人员奖惩办法"，对会计日常工作中做出一项事迹的人员给予嘉奖、记功奖励等，会计人员职业荣誉感强；台湾方面主计机关定有专门对会计人员的培训办法和计划，会计人员培训有保障。

四是经费管理人员专业化。所有会计人员都要经过会计资格考试，取得及格以上才能担任；会计主管必须是从事会计工作一定年限以上的人员才能担任，充分保障对会计工作领导的专业化；涉及经费管理工作吸收相关人员参加。

第三章　司法经费体制

　　司法经费体制，是国家组织、管理用于司法机关依照法定职权和程序，具体应用法律处理案件专门活动所需经费的制度、方式、方法。它体现了司法机关与政府机关之间、为司法机关提供经费的各级政府机关之间的关系。

　　中华人民共和国成立以来，我国的司法经费体制经历了四个阶段改革，实行过"统收统支""分级管理、分级负担""明确责任、分类负担、收支脱钩、全额保障"及"省以下地方法院检察院财物由省级统一管理"四种体制。

　　此外，我国自 20 世纪 50 年代初到 2020 年，还实行过由有关部门、企业和事业单位管理并保障公安机关、检察机关和法院机关经费的行业司法经费体制。

第一节　司法经费体制的具体情况

一、"统收统支"司法经费体制

（一）"统收统支"经费体制概况

　　1950～1979 年，我国司法经费实行"统收统支"的中央一级保障体制，即各级司法机关各项收入统归中央财政，所需经费均需编制收支预算和财务收支计划，逐级上报中央财政，经由中央统一审核批准后，逐级拨付至各司法机关使用。

（二）"统收统支"经费体制的成因及特点

实行"统收统支"的司法经费体制，是与这个时期我国实行高度集中的计划经济体制和"统收统支"的财政体制（财政管理的一切权限集中在中央、一切财力集中在中央、一切支出统由中央核拨）相适应的。

"统收统支"司法经费体制的特点：一是地方各级司法机关的经费，统一由中央财政核定；二是地方司法机关的经费，由中央司法主管机关按照中央财政部门确定的支出计划，直接拨付至各级司法机关。[①]

（三）"统收统支"经费体制的利弊

"统收统支"司法经费体制，有利于中央在特殊情况下集中财力、统筹安排，实现财政收支平衡。但在这种体制下，财权过于集中，不利于调动地方积极性及时有效保障司法机关的经费需要。随着改革开放后"统收统支"财政体制的调整，也不再实行这种司法经费体制。

二、"分级管理、分级负担"司法经费体制

（一）"分级管理、分级负担"经费体制概况

1980～2008年的28年，我国司法经费逐步建立和实行了"分级管理、分级负担"的四级保障体制，即中央、省级、市级、县级司法机关的经费，按照其不同级次的行政隶属关系分别由中央、省、市和县级政府负担。

（二）"分级管理、分级负担"经费体制的成因及特点

实行"分级管理、分级负担"的司法经费体制，是与改革开放后我国财政体制改革为"分灶吃饭"（中央和地方"划分收支、分级包干"）的体制和司法机关实行中央、省、市、县四级管理的行政体制相一致的。

"分级管理、分级负担"司法经费体制的特点如下：一是各级司法机关的各项经费由同级财政保障；二是在这一总体制下，司法机关经费保障

---

① 唐虎梅：《人民法院财务工作40年》（一）、（二），载《人民司法（应用）》2019年第22期（总第861期）、第25期（总第864期）。

方式发生过不同的变化。主要可分为两个阶段：第一阶段，1980～1997 年（17 年），各级司法机关的经费保障与其他党政机关基本相同，由同级财政保障。第二阶段，1998～2008 年（11 年），以中共中央办公厅、国务院办公厅转发《财政部关于政法机关不再从事经商活动和实行"收支两条线"管理后财政经费保障的若干意见》（中办发〔1998〕30 号）为标志，在司法机关人员经费、公用经费、专项经费的安排上，实行了有别于一般党政机关的特殊政策，形成了以同级负担为主、中央和省级补助为辅的司法经费保障新格局，司法机关经费保障困难状况得到了较大缓解。[①]

（三）"分级管理、分级负担"经费体制的利弊

与"统收统支"司法经费体制相比，"分级管理、分级负担"的体制，一是打破了依靠中央单一渠道提供经费的格局，调动了地方各级党委、政府做好司法经费保障工作的积极性；二是司法机关经费保障水平不断提高，与我国经济发展水平基本适应；三是建立了与"分级管理、分级负担"相关的政策制度，司法经费保障机制建设取得了明显效果；四是司法经费管理不断加强，司法机关支出行为进一步规范；五是司法业务装备和基础设施标准建设有了一定基础，司法机关的执法办案条件得到很大改善。

进入 21 世纪后，随着我国经济和社会事业的快速发展、各项改革的不断深化，司法工作面临着前所未有的新情况、新问题，对司法经费保障提出了新要求，"分级管理、分级负担"的司法经费保障体制也暴露出一些深层次的问题，主要表现在：司法经费供需矛盾逐渐突出、部分基层司法机关经费保障水平低、装备和基础设施建设不够规范、"收支两条线"规定执行不到位等问题依然存在，对司法机关的正常工作和全面提高保障能力任务的顺利完成产生了一定的影响。

通过多年广泛深入的调研分析，造成司法经费保障困难的原因，既有管理和政策方面的问题，又有体制和机制方面的问题。主要是：随着司法机关承担工作任务的增加，经费需求和供给之间不断出现新的矛盾；"上级出政策、基层出资金"现象，加剧了基层司法机关经费保障的困难；基本建设项目审批与投资安排脱节，影响司法机关正常运转；司法经费使用

[①] 唐虎梅：《法院经费保障与管理》，载《人民法院司法行政工作通讯》2011 年第 4 期（总第 35 期）。

效益尚待提高，"政法专款"的机制性作用有待发挥。特别是受司法事权与财力分布的双重影响，基层司法机关经费保障困难问题较为突出。一方面，司法系统的组织、人员结构和工作分布呈金字塔型，越往基层人越多，业务量越大，经费需求也越大；另一方面，财力分布是倒金字塔型，越往上财力越充足，越往基层财政越困难。虽然中央逐年加大转移支付力度，但县级司法经费需求增长与财力困难的矛盾依然存在。在1994年开始实行分税制改革后财权和财力向中央和地方高一级政府集中的财政体制、司法事务向基层下移的司法管理体制下，基层司法机关经费保障困难问题更加突出，绝大部分市、县地方财政必须依靠上级财政的转移支付来满足其实现司法公共服务的资金需要。因此，改革已经实行了近30年的"分级管理、分级负担"司法经费体制成了必然要求。

三、"明确责任、分类负担、收支脱钩、全额保障"司法经费体制

（一）"明确责任、分类负担、收支脱钩、全额保障"经费体制概况

2009～2013年的5年，实行"明确责任、分类负担、收支脱钩、全额保障"的司法经费体制。主要内容包括：一是将司法经费改革为本级管理、上级分担部分下级司法经费的体制；二是将司法经费划分为七类分级负担，人员经费、日常运行公用经费、办公基础设施建设经费及各类基础设施维修经费四类由同级财政负担，办案业务经费、业务装备经费及业务基础设施建设经费三类由中央、省级和同级财政分区域按责任负担；三是制定和完善业务装备配备与基础设施建设标准；四是建立公用经费正常增长机制；五是严格实行收支脱钩。[①]

（二）"明确责任、分类负担、收支脱钩、全额保障"经费体制的成因及特点

实行"明确责任、分类负担、收支脱钩、全额保障"的经费体制，是

① 唐虎梅：《人民法院财务工作40年》（一）、（二），载《人民司法（应用）》2019年第22期（总第861期）、第25期（总第864期）。

为落实 2007 年党的十七大提出要"深化司法体制改革，优化司法职权配置，规范司法行为，建设公正高效权威的社会主义司法制度"，解决"分级管理、分级负担"的经费保障体制运行多年积累的一些突出矛盾和问题，以适应新时期司法事业发展的需要。对此，从中央到地方相关部门都有共识，中央也明确提出要改革司法经费保障体制。是实行"中央"或"中央和省两级"的司法经费保障体制，还是以现行四级保障体制为基础进行改革完善？成了 2008 年各级党委、政府以及财政、司法部门关注和讨论的焦点。

按照部门职责，此项改革工作由财政部牵头，与国家发展改革委、中央司法部门联合组成"深化司法保障体制改革专题组"，开展了全方位、多层次的系统调研。财政部在牵头研究拟定改革方案期间，根据对司法体制改革的几个突出问题进行深入研究，结合前几年对国际上不同类型国家司法体制及其经费保障体制特征的深度研究，经过 2008 年近一年时间的深入实地调研、广泛征求意见、反复研究论证，对当时提出较多的实行"中央"或"中央和省两级"司法经费保障体制的意见和观点进行了系统研究，对其利弊进行了客观分析。研究认为，从理论上说，通过将司法经费统一由中央财政负担或由中央及省两级财政负担，看似可以解决贫困地区基层司法部门经费保障不足的问题，但是，在当时的司法管理体制、财政体制及各项相关政策制度下，这一做法会出现一些难以解决的问题：一是事权、财权与责任不统一；二是削弱地方促进经济发展、维护社会稳定的能力；三是人员经费实行统一保障与现行国家政策不符，也容易产生新的矛盾；四是无论是中央还是省级都难以制定统一的司法经费保障标准；五是大大增加经费保障和管理难度。

经过比较分析，财政部提出了改革司法经费保障体制的基本原则、阶段性目标、具体思路、主要内容，形成了改革方案，作为中央确定的深化司法体制和工作机制改革的四项重要内容之一，并作为指导今后一个时期全国司法经费保障工作的重大政策。2009 年 7 月，中共中央办公厅、国务院办公厅出台《关于加强政法经费保障工作的意见》，将司法机关的经费保障体制从"分级管理、分级负担"改革为"明确责任、分类负担、收支脱钩、全额保障"；财政部也于 2009 年 7 月相应制定了《政法经费分类保障办法（试行）》。新的司法经费保障体制在全国范围内全面实施。

"明确责任、分类负担、收支脱钩、全额保障"司法经费体制的特点主要包括：一是以解决突出问题为导向，以实行分类负担为原则，促进司法机关实现收支脱钩、经费由财政全额保障。二是以明确各级政府的保障责任为前提，以加大中央和省级财政转移支付力度为保障，拓宽贫困地区和基层司法机关经费保障渠道，快速提高经费保障水平。三是以建立分类保障、按标准保障、公用经费正常增长以及收支脱钩管理等机制为手段，确保新的经费体制有效实施，经费保障目标全面实现。

（三）"明确责任、分类负担、收支脱钩、全额保障"经费体制在人民法院的实施

最高人民法院高度重视司法经费保障体制改革。一是及时部署落实。2009 年 9 月 18 日，在中央司法经费保障体制改革的有关文件出台后不到两个月，最高人民法院即在山东省济南市召开了全国法院经费保障体制改革工作会议，提出了推进法院经费保障体制改革的政策思路和具体措施，要求全国法院狠抓各项改革政策和措施的落实，大力推进经费保障体制改革，及时有力地指导和推动全国法院经费保障体制改革工作。二是争取转移支付资金和政策支持。2009 年司法经费保障体制改革后，最高人民法院争取财政部下达全国法院"中央政法转移支付资金"79.8 亿元、比上年增长了 53.46%，2020 年增加到 100 亿元，对全国法院经费保障水平的提高起到了关键作用。[①] 三是不断推动指导全国法院体制改革。最高人民法院每年都将经费体制改革作为重要工作常抓不懈。2010 年和 2012 年集中力量对法院系统经费体制改革情况进行全面调研，总结成绩和经验，发现分析问题，提出工作建议，形成调研报告，[②] 作为完善政策、推进工作的重要依据。

（四）"明确责任、分类负担、收支脱钩、全额保障"经费体制的利弊

"明确责任、分类负担、收支脱钩、全额保障"司法经费保障体制改

[①] 唐虎梅：《法院经费保障与管理》，载《人民法院司法行政工作通讯》2011 年第 4 期（总第 35 期）。

[②] 唐虎梅、郭丰、李军：《全国法院经费保障体制改革情况调研报告》，载《人民司法（应用）》2011 年第 17 期（总第 628 期）。唐虎梅、李学华、杨阳、郭丰：《人民法院经费保障体制改革情况调研报告》，载《人民司法（应用）》2013 年第 21 期（总第 680 期）。

革，取得了令人瞩目的成绩。就人民法院而言，一是经费保障水平明显提高，实施改革三年后调研的 10 省份法院经费，2012 年与 2007 年相比，人均支出总额增长了 51.67%，人均办案业务经费和业务装备经费增长了 60.15%；二是执法办案条件明显改善；三是办案质量效率明显提升，调研的 10 省份法院 2012 年与 2007 年相比，审结案件增长 27.14%，民事一审调撤率提高 13.3 个百分点；四是便民为民设施明显完善；五是司法公信权威明显增强。[①]

"明确责任、分类负担、收支脱钩、全额保障"司法经费体制在实施中也存在一些亟待解决的问题。一是部分地方不同程度地出现对司法经费投入"中央进、地方退"的"挤出效应"；二是转移支付资金管理上存在资金分配科学性有待进一步加强，办案业务经费与业务装备经费比例确定过死，转移支付资金下达至基层司法机关的时间普遍较晚，资金下达过程不够透明等问题；三是公用经费正常增长机制尚未建立；四是业务装备经费使用中存在没有紧密结合业务装备配备规划使用，业务装备采购管理机制僵硬，办案业务用车受到限制给司法机关办案带来新的困难等问题；五是"收支脱钩"尚未真正贯彻落实到位；六是聘用人员缺乏正常经费保障机制；七是经费管理制度和方式达不到经费保障体制改革要求。

针对"明确责任、分类负担、收支脱钩、全额保障"司法经费体制存在的弊端，最高人民法院相关部门积极研究探索，努力寻求完善法院经费保障体制的新途径。

【实例三】

完善法院经费保障体制的新探索

为探索建立法院经费保障长效机制，2012 年，以中央提出的"深化财税体制改革、完善财政预算制度"要求为契机，最高人民法院相关部门开展前瞻性研究，注重借鉴国际经验，从理论与实践的结合上，围绕我国人民法院事权划分与经费保障的若干重大问题进行了深入系统的研究分析，于 2013 年 8 月提出了完善法院经费保障体制，实行中央审判专项转移支付制度的研究报告，为有关部门研究制定完善法院经费保障政策提供依据。

---

① 唐虎梅、李学华、杨阳、郭丰：《人民法院经费保障体制改革情况调研报告》，载《人民司法（应用）》2013 年第 21 期（总第 680 期）。

该研究报告的主要思路和意见如下：

一是人民法院的审判权为中央事权，按照事权与财权相匹配原则健全完善财政体制的要求，应实行中央审判专项转移支付制度，保障各级人民法院履行审判职责所需经费，完善法院经费保障体制。

二是完善法院经费保障体制的总体要求是积极适应国家财政体制和人民法院司法管理改革发展的需要，从我国国情出发，坚持以提高司法审判能力和司法公信力为目标，统筹兼顾，加快经费保障长效机制建设，提高审判事权经费保障的法制化、规范化水平。

三是完善法院经费保障体制改革的终极目标是实现单一制政体下由中央层面统管法院经费预算。考虑到目前"统一领导、分级管理"的司法管理体制还难以发生根本性转变，上述改革目标很难一蹴而就，依照渐进式改革的实施路径，现阶段应继续通过中央专项转移支付保障地方各级法院审判业务经费，同时将地方法院的人员经费和日常运行经费上划至省级保障，实现两级分类保障体制。

四是研究制定以下完善法院经费保障体制的具体措施：

1. 合理选择审判权为中央事权的经费保障形式：明确审判权为中央事权，委托地方执行，各级法院的审判经费保障由中央专项转移支付安排。

2. 进一步改革和完善法院经费保障体制，实行两级分类保障：地方各级人民法院和专门人民法院的人员经费、日常运行公用经费、办公基础设施建设经费和各类基础设施维修费由省级财政负担；办案业务经费、业务装备经费和业务基础设施建设经费由中央财政统一负担，具体通过中央专项转移支付方式实现。

3. 按照事权与财权相匹配原则，将诉讼费、罚没收入等法院非税收入上划中央和省级财政，上划比例按照 3:7 确定。

4. 将"中央政法专项转移支付"变更为"中央审判专项转移支付"并加以完善：根据审判事权特性，将原用于法院的"中央政法专项转移支付资金"变更为"中央审判专项转移支付资金"，用于建立完善法院经费保障体制；进一步加大中央审判专项转移支付的规模，分步骤、分区域力争通过专项转移支付对全国法院审判业务经费实现基本全覆盖；加大中央审判专项转移支付资金对中西部地区基层法院的倾斜性支持力度；严格限定中央审判专项转移支付的支出范围，确保专项使用，严禁在转移支付经费中开支人员性经费支出，严禁业务经费与一般性、日常性公用经费混用。

5. 加强审判经费使用管理，提高经费使用绩效：强化综合绩效管理，提高审判工作经费使用效率和效益；在法院信息化建设项目、装备采购项目、重点业务费项目上推行绩效管理，深入探索试点，在总结经验的基础上积极扩大预算绩效管理覆盖面；加强经费管理的基础工作，加快法院经费保障和管理长效工作机制建设；强化制度规范和监督约束，杜绝人头费、行政运行费挤占专项业务经费。

四、"省以下地方法院检察院财物由省级统一管理"司法经费体制

（一）"省以下地方法院检察院财物由省级统一管理"经费体制概况

2013 年，中央作出改革司法经费体制的决定，具体要求是："推动省以下地方法院、检察院人财物统一管理……研究建立省以下地方法院、检察院经费由省级政府财政部门统一管理机制。地方各级法院收取的诉讼费、罚金和没收的财产，以及地方法院、检察院追缴的赃款赃物等，统一上缴省级国库""地方各级人民法院、人民检察院和专门人民法院、人民检察院的经费由省级财政统筹，中央财政保障部分经费"。①

（二）"省以下地方法院检察院财物由省级统一管理"经费体制的成因及特点

实行"省以下地方法院检察院财物由省级统一管理"的经费体制，是为了贯彻落实 2013 年 11 月党的十八届三中全会通过的《中共中央关于全面深化改革若干重大问题的决定》，解决影响司法公正、制约司法能力的体制性、机制性、保障性障碍，解决司法机关的人财物受制于地方，司法活动易受地方保护主义的干扰，影响法制统一，损害司法权威的问题，确

---

① 《〈中共中央关于全面深化改革若干重大问题的决定〉辅导读本》（人民出版社 2013 年版）等中央相关文件。

保依法独立公正行使审判权检察权，破除司法地方化。①

"省以下地方法院检察院财物由省级统一管理"经费体制的特点主要包括：一是保障级次，从市县同级上收至省级，责任主体发生了重大变化；二是管理方式，市县级法院、检察院都作为省财政的一级预算单位，与省级法院、检察院的预算地位平行，省级法院、检察院对下级法院、检察院经费事务无直接管理权；三是改革对象，与以往不同，此次司法经费体制改革，仅以法院、检察院为改革的对象，建立单独的法院检察院司法经费保障体制，不像以往将公安、司法行政部门一起作为"政法机关"而改革"政法经费保障体制"；四是管理要求，省级财政直接管理全省范围内的市县级数百家法院、检察院一级预算单位，对财政、法院和检察院的管理能力水平、政策制度、规范运行、资金安全等提出了前所未有的挑战和要求。②

（三）"省以下地方法院检察院财物由省级统一管理"经费体制的实施

1. "省以下地方法院检察院财物由省级统一管理"经费体制的实施状况

为实施省以下法院和检察院财物统管改革，2014年3月，中央相关部门提出采取顶层设计和各地探索相结合的方式，实行三批试点的推进步骤，2014年有7个省份进行第一批试点，2015年扩大11个省份进行第二批试点，2016年内其余13个省份要全部作为第三批进行改革试点。主要实施情况包括三个方面。

（1）改革进展。截至2020年，经过从局部试点到扩大试点，全国31个省、自治区、直辖市，5个计划单列市及新疆生产建设兵团共37个主体单位，已经全面推开省级统管改革的有21个，实行市级统管的有2个，进行部分试点改革的有4个，尚未开展改革的有10个。

（2）改革模式。全国法院和检察院财物统管的模式既有省级统管又有市级统管。在已全面推开省级统管的21个省份中，保障和管理模式也形式多样。一是保障模式有两种，一种是省、市、县三级法院和检察院经费全

---

① 《〈中共中央关于全面深化改革若干重大问题的决定〉辅导读本》（人民出版社2013年版）等中央相关文件。
② 唐虎梅：《人民法院财务工作40年》（一）、（二），载《人民司法（应用）》2019年第22期（总第861期）、第25期（总第864期）。

部由省级财政保障，没有要求市县级财政承担保障责任；另一种是省、市、县三级法院和检察院经费由省级财政保障为主，市县级财政保障为辅（主要保障地方性津补贴和聘用人员工资）。二是管理模式有三种，第一种是省级财政直接管理（"直管"模式），第二种是省级财政直接管理、省级法院和检察院协助管理（"协管"模式），第三种是省级财政直接管理、委托省级法院和检察院进行管理（"托管"模式）。

（3）改革成效。由于各地不断探索实践、努力攻坚克难，各级领导高度重视、建立畅通高效的工作机制、制定和完善配套制度、强化组织保障，统筹规范、纵深有效推进改革，省以下法院和检察院财物统管改革取得了一定的成效。一是促进了司法体制改革稳步推进，贯彻落实了党中央关于深化司法体制改革的重要决定，有效降低了市、县法院和检察院受地方政府的干预度，支持、保障了司法体制其他各项改革的稳步推进；二是初步建立了省级统一管理的法院和检察院经费体制，有利于三级法院和检察院财物管理事项的统筹研究部署，促进了法院和检察院各项经费、装备配备及设施建设的标准化，及时有力地保障了法院和检察院系统重点工作的开展；三是基本实现了法院和检察院经费的精细化、科学化保障，法院和检察院的资金年初预算到位率达到近100%，经费收支彻底脱钩，经费保障水平都得到了不同程度提升；四是有效促进了法院和检察院各项经济活动的规范化、制度化，提高了司法公信力，有效约束了法院和检察院领导在经济活动中对权力的错用行为，强化了法院和检察院各部门及干警的预算意识和廉政意识，倒逼了法院和检察院必须提高自身财物管理水平以适应改革要求。

2."省以下地方法院检察院财物由省级统一管理"经费体制实施存在的问题

按照中央倡导的对改革情况要对标对表检查落实的精神，结合几年来的实地调研，省以下法院检察院财物由省级统一管理经费体制改革，在实施中存在两大问题。[①]

（1）改革进展缓慢对经费保障工作产生了不利影响。"省以下地方法院检察院财物由省级统一管理"改革，从2013年提出至今已8年有余，截至

① 唐虎梅：《省以下法院财物统管改革的现状与展望》，载《法律适用》2018年11月1日第21期（总第414期）。

2020年，全国已经全面推开省级统管改革的地方仅占56.76%，实行市级统管的地方占5.41%，进行部分试点改革的地方占10.81%，尚未开展改革的地方占27.03%。可见，未改革及未全面推开改革的地方比例很高，超过了40%，与中央提出的2017年在全国全面推开改革的要求差距较大。①

改革进展缓慢导致全国法院检察院经费体制不统一，相关保障和管理政策难以出台、出台难以落实，在改革进展不同的地区出现了不同的困难和问题：一是在已经全面推开统管改革的地区，面临着省级无法逾越需要中央层面制定统一的政策措施、完善省级层面财物统管政策制度和工作协同机制、省级财政对法院检察院的经费和投资如何持续保障等急需解决的深层次问题；二是在开展财物统管改革部分试点的地区，出现了试而不推、停滞不前，"一省两制"、保障不平衡矛盾突出，相关部门对改革准备不足、等待观望等改革还要不要推进的问题；三是在尚未推进财物统管改革的地区，经费增长乏力，"两庭""两房"建设工作停顿，经费保障力度受到一定影响。

（2）改革模式多样化与既定要求有偏差。一是统管方式出现了变异走形，既有省级统管，也有市级统管，与2014年中央有关文件明确提出"地方各级法院、检察院经费上收省级统一管理"不一致；二是保障方式出现了责任下移，有省级财政全额保障、省级财政和地方财政共同保障、市级财政保障3种模式，与中央提出的地方各级人民法院和检察院、专门人民法院和检察院经费"由省级财政统筹，中央财政保障部分经费"要求不一致；三是经费管理模式未能发挥改革主体的作用，各地改革中实行省级财政直接管理，省级财政直接管理、省级法院和检察院协助管理，省级财政直接管理、委托省级法院和检察院进行管理三种模式，都充分体现了财政管理特点，但未能很好地发挥作为改革主体的省级法院和检察院的作用，与中央提出法院、检察院是司法改革的责任主体要求不一致。

（四）"省以下地方法院检察院财物由省级统一管理"经费体制的改革趋势

从中华人民共和国成立以来至2013年前司法经费体制的三次改革变化实践可以看出，为了维护国家法制统一、确保司法机关有效履行职责，我

① 数据来源于最高人民法院相关部门对各地的情况统计。

国的司法经费保障体制都是全国统一的，即制定全国统一的经费保障体制改革政策、按照同一个时间在全国贯彻实施。在全面实施依法治国、建设更高水平法治中国新的历史时期，为确保司法机关更好地履行职责，应尽快改变目前各地保障体制不一、模式多样对司法经费保障工作造成的困难，制定全国统一的"省以下地方法院检察院财物统一管理"经费体制改革政策，在全国范围内统一部署实施，形成全国统一的司法经费保障体制。至于统一管理的具体模式，可以有三种选择：

第一种模式，中央维持现状，仍通过现行"中央政法纪检监察转移支付资金"及其分配管理方式对省以下地方法院检察院实施经费补助，市县级法院检察院财物上收到省级统一管理。这种模式的好处在于，简便易行、便于操作，既落实了中央要求，又不涉及部门之间管理责权的调整和中央财政管理方式的变化，影响面小。但是，若采取这种模式，一方面，法院检察院经费保障和管理中存在的突出问题仍然难以从根本上解决；另一方面，没有很好地体现改革精神，从体制、机制、制度上解决法院检察院经费保障问题。这是不宜实行的模式。

第二种模式，设置中央审判（检察）专项资金，加大中央负担责任，并通过列入最高人民法院、最高人民检察院部门预算的方式对省以下地方法院检察院实施经费保障，市县级法院检察院财物上收到省级以上统一管理。这种模式的好处在于：一是通过将中央审判（检察）专项资金列入最高人民法院、最高人民检察院部门预算，并根据保障责任提高保障比例，中央对市县法院检察院的保障渠道稳定可靠，形成制度化安排，既不会因财政改革随时可能调整、取消中央专项转移支付而影响司法经费新体制的落实和降低对地方法院检察院的经费保障水平；又适应地方法院检察院案件量每年增加、办案成本不断加大对经费需求的实际增长需要。二是通过设置中央审判（检察）专项资金对地方法院检察院审判检察业务性经费予以保障，可以充分体现法院检察院特色和中央事权，便于破除司法地方化。三是中央审判（检察）专项资金通过最高人民法院、最高人民检察院分别与财政部共同分配下达，分清责任、各负其责，由最高和省级法院检察院负责本系统预算经费的申报和具体管理，中央和省级财政部门负责部门预算审批和监管。这样，既可以发挥最高和省级法院检察院更熟悉法院检察院情况的优势，更能针对法院检察院的问题、困难提高保障效率和管理效益；又能相互监督、相互制约，形成齐抓共管，符合中央提出的"把权力关进制度的笼子""阳光行政"等要求。但这种模式的最大问题在于，中央财政对地方法院检察院经费还是一种专项补助制度，不是按责任进行保障制度。

第三种模式，划分中央与省级保障类别，按承担责任分别编制列入最高人民法院、最高人民检察院与省级法院检察院部门预算对省以下地方法院检察院实施经费保障，市县级法院检察院财物上收到省级以上统一管理。即实行"统一管理、两级保障"的司法经费体制。主要做法是：省以下地方法院检察院的财物由省级统一管理，经费由中央和省两级保障；中央对承担省以下地方法院检察院的经费制定管理政策，通过省级一并实施管理。

通过对上述三种改革模式比较分析认为，一是应将推动省以下地方法院检察院财物统一管理改革的模式确定为第三种，即"统一管理、两级保障"的司法经费新体制；二是应从统一预算管理、调整国库收付方式、完善经费保障办法、规范基建投资、集中资产管理、加强财物监管、健全管理职责七个方面建立科学严密、规范专业的运行监管体系，确保"统一管理、两级保障"新体制的实现；三是从理论与实践、司法体制与财政体制、司法部门实际与其他部门经验、国内与国外等多种角度进行论证分析，应以"预算制"为核心实现"统一管理、两级保障"目标，以强化法院检察院系统管理为基础实行"统一管理"，以加大中央保障为支撑实行"两级保障"。[①] 同时，针对此项改革进展缓慢对司法经费保障及以司法责任制为核心的司法体制改革造成的不利影响，应尽快出台全国统一的法院检察院经费保障体制、研究确定科学正确的财物统管改革模式、健全完善财物统管改革相关的配套制度、采取准确有效的财物统管改革推进方式、夯实筑牢财物统管改革基础能力，坚定不移全面推进财物统管改革，尽快建立健全新的省以下法院检察院经费体制。[②]

---

① 唐虎梅：《推动省以下地方法院财物统一管理改革研究》，载《中国法学会审判理论研究会 2014 年年会暨全面深化司法改革促进司法公正理论研讨会论文集》；《人民法院司法行政管理研究与参考》（第 5 辑），人民法院出版社 2017 年版，第 79~81 页。

② 唐虎梅：《省以下法院财物统管改革的现状与展望》，载《法律适用》2018 年 11 月 1 日第 21 期（总第 414 期）。

五、行业司法经费体制

我国曾在有关部门、企业和事业单位设置了公安、检察院、法院三个行业司法机关。根据不同行业和"公检法"机关类型,其经费体制经历了由部门、企业和事业单位保障管理逐步改革为由政府财政保障管理的过程。

(一) 行业司法经费体制概况

1. 行业司法经费体制总体情况

(1) 行业司法机关管理体制。中华人民共和国成立初期,为适应当时的经济建设和社会稳定发展需要,从20世纪50年代开始,我国主要借鉴苏联模式,陆续在铁路、交通等系统设立了公安机关、检察机关、法院机关,行使所辖行业和区域内的司法执法权。设置行业司法机关的主要包括铁路运输、交通、民航、林业、农垦、矿区、油田、大学等8个部门、企业和事业单位,其中,具有完整公安、检察院、法院建制的有铁路运输、林业、农垦、矿区、油田5个部门,交通部门仅有公安机关和法院机关没有检察机关,民航部门和大学仅有公安机关没有检察和法院机关。这些司法机关属于所设置部门、企业和事业单位的内设机构,人事由同级部门、企业和事业单位的组织人事部门管理,入职的人员虽然要求有法律知识背景并行使执法司法权,但只是企业或事业职工。

(2) 行业司法机关经费体制。与行业司法机关管理体制相对应,铁路运输、交通、民航等8个部门、企业和事业单位的公安、检察院和法院三个行业司法机关的人员工资、福利待遇按照企业或事业职工对待,所需人员、行政运行、装备及基础设施建设等各项经费全部由所在的各级行业部门、企业和事业单位负担。

2. 行业公安机关经费体制情况

(1) 行业公安机关管理体制。行业公安机关自中华人民共和国成立初期陆续设立,包括铁路运输、交通、民航、林业、农垦、矿区、油田、大学等8个行业公安机关,在所在行业和区域内行使治安和刑事执法权。行业公安机构属于各行业的内设单位,人事由同级各部门或企业和事业单位的组织人事部门管理,人员身份属于企业或事业职工,是分布最广、人员最多的行业司法机关。到2010年改革之前,仅铁路公安机关就有民警7万多人。

（2）行业公安机关经费体制。与行业公安机关管理体制相对应，铁路运输、交通、民航等8个部门、企业和事业单位的行业公安机关，人员工资、福利待遇按照所在企业和事业职工对待，所需人员、行政运行、装备及基础设施建设等各项经费全部由所在的各级行业部门、企业和事业单位负担。

3. 行业检察机关经费体制情况

（1）行业检察机关管理体制。自20世纪50年代初期开始，我国陆续设立铁路运输、林业、农垦、矿区、油田5个行业检察机关，在铁路运输、林业和农垦、矿区、油田5个行业管辖范围内行使法律监督职能。其中，在1982年自上而下设立有铁路运输高级检察院、铁路运输检察院分院和基层铁路运输检察院三级，1987年铁路运输高级检察院被撤销，到2012年6月改革之前，共有76个铁路检察院，包括17个铁路运输检察分院、59个基层铁路运输检察院。铁路运输、林业、农垦、矿区、油田5个行业检察院机构属于各行业的内设单位；人事由同级各部门或企业单位的组织人事部门管理，人员身份属于企业职工。

（2）行业检察机关经费体制。与行业检察机关管理体制相对应，铁路运输、林业、农垦、矿区、油田5个行业检察机关的人员工资、福利待遇按照所在行业的企业职工对待，所需人员、行政运行、装备及基础设施建设等各项经费全部由所在的各级铁路运输、林业、农垦、矿区、油田管理部门负担。

4. 行业法院机关经费体制情况

（1）行业法院机关管理体制。自20世纪50年代初期开始，我国在铁路运输、港口、林业、农垦、矿区、油田6个行业陆续设立了铁路运输、海事、林业等6个行业法院机关，在所在行业和区域内行使审判权。具体管理体制如下。

①海事法院。1984~2019年，我国在沿海沿江港口城市陆续设立海事法院，专门审理海事和海商案件。目前全国共有11个海事法院。其中，1984年6月1日首批设立上海、天津、青岛、大连、广州、武汉6个海事法院，1990年设立海口、厦门2个海事法院，1992年设立宁波海事法院，1999年设立北海海事法院，2019年12月设立南京海事法院，同时，还陆续设立了39个派出法庭。海事法院管辖区域分布全国15个省（自治区、

直辖市），1999 年前，由交通部所属的港务局、海运局等港航部门按照事业单位代管；人事由同级各部门或企业单位的组织人事部门管理，人员身份属于事业职工。

②铁路运输法院。铁路运输法院自 1954 年开始设立，到 1987 年，经历了设立、撤销、再设立的反复过程。其中，在 1982 年自上而下设立有铁路运输高级法院、铁路运输中级法院和铁路运输基层法院三级，1987 年铁路运输高级法院与铁路运输高级检察院一并被撤销。到 2008 年，全国共有 75 个铁路运输法院，包括 17 个铁路运输中级法院、58 个铁路运输基层法院，不以行政区域划分为依据，而是与我国铁路系统存在的 17 个铁路局相对应，主要受理涉及铁路运输、铁路安全、铁路财产的民事诉讼和刑事诉讼。铁路运输法院属于企业管理的专门法院，工作人员属于铁路系统的内部职工，由同级铁路局的组织人事部门管理。

③其他行业法院。除海事法院和铁路运输法院外，我国在国营大型林场、农场、矿区、油田还设立了林区法院、农垦法院、矿区法院和油田法院，法院层级既有中级法院，也有基层法院。

1980 年 12 月，最高人民法院、最高人民检察院、林业部等六部门决定，在国家重点林区、国营大型林场和农场设立检察院和法院司法机构，负责行使司法权。据此，林区法院从 1982 年开始在国有林区陆续设立，包括林区中级法院和基层法院两级，共有近 150 个，专门审理林区所辖范围内的各类案件。林区法院机构属于林业部门管理，人员编制及人事由同级林区的组织人事部门管理，人员身份属于林业系统职工。

农垦法院是从 1982 年开始在大型国有农场设立的，包括农垦中级法院和基层法院两级，专门审理农场管辖范围内的各类案件。农垦法院机构属于农垦部门管理，人员编制及人事由农垦的组织人事部门管理，人员身份属于农垦系统职工。

矿区法院是从 20 世纪 60 年代开始陆续在大型国有矿区设立的，包括矿区中级法院和基层法院两级，专门审理矿区所辖范围内的各类案件。矿区法院机构属于矿区管理，人员编制及人事由矿区的组织人事部门管理，人员身份属于矿区职工。

油田法院是从 1984 年开始陆续在国有大型油田设立的，专门审理油田管辖范围内的各类案件，包括油田中级法院和基层法院两级。油田法院机构属于各油田管理局管理，人员编制及人事由油田管理局的组织人事部门管理，人员身份属于企业职工。

（2）行业法院机关经费体制。与行业法院的管理体制相对应，铁路运输、海事、林业、农垦、矿区、油田6个行业法院机关的人员工资福利待遇按照各行业的职工对待；所需人员、行政运行、物质装备、办公办案设施等各项经费全部由同级各行业部门负担，其中，海事法院的各项经费由各海事部门负担，铁路运输法院的各项经费由各铁路运输部门负担，林区法院的各项经费由各林业部门负担，农垦法院的各项经费由各农垦部门负担，矿区法院的各项经费由各矿区负担，油田法院的各项经费由各油田管理部门负担。

（二）行业司法经费体制改革

1. 行业司法机关经费体制改革总体情况

（1）行业司法机关经费体制改革原因。部门、企业和事业单位设置管理公安机关、检察机关和法院机关的体制，是计划经济时代的产物，也是在我国特定历史条件下逐步形成的，曾为维护治安秩序、预防和打击犯罪活动、保障生产建设顺利进行和社会稳定发展发挥过重要作用。

随着我国市场经济的发展，特别是法制建设的推进，其问题与弊端愈发凸显。一是司法机关是保障公平正义的最后一道防线，必须保持独立公正性，只能为国家和整个社会服务，不能向任何部门或企业倾斜。部门、企业和事业单位设置管理的公安机关、检察机关和法院机关，人财物均由部门、企业和事业单位负担，与行业本身的利益关系复杂，使得司法的公正性受到质疑。二是随着经济体制改革的不断深化，国有企业实行政企分开、政事分开，要求减轻企业负担，使企业轻装上阵，公平参与市场竞争。而部门、企业和事业单位管理和保障公安机关、检察机关和法院机关，无疑加重了这些单位的负担，使国有企业在市场竞争中处于不利的地位。

为此，国家从确保依法公正行使司法权，健全现代企业制度、促进企业可持续发展，建立一支高素质的司法队伍、优化司法职权配置，维护社会主义法治的统一和尊严等角度，提出改革行业司法机关体制，将司法机关从部门、企业中剥离出来，纳入国家司法管理体系，经费由政府财政保障，从源头上消除对这些司法机关的不信任，进一步提高司法公信力。

（2）行业司法机关经费体制改革情况。行业司法机关管理和经费体制改革，于 1994 年首先从行业公安体制改革开始，对企业事业单位公安机构撤销或调整理顺关系，将行业公安机构调整为地方政府管理，经费也由各级政府财政保障；从 1995 年开始，随着政企分开改革的推进，油田法院陆续进行了改制，撤销或与地方法院合并，纳入国家司法管理体系；1999 年海事法院实行体制改革，经费从由交通部负担改由所在省、市级财政负担；2002 年长江港航公安机关管理体制及经费体制进行改革，经费从由交通部负担改为由中央财政负担；2004 年 12 月，中央关于司法体制和工作机制改革的意见提出，改革现行铁路、交通、民航、林业、石油、农垦、矿区等部门、企业管理公安机关、人民检察院、人民法院的体制，纳入国家司法管理体系。此后，行业司法机关体制改革陆续全面推行。2007 年林业公安机关、检察机关、法院机关体制改革启动，2009 年铁路运输公安机关、检察机关、法院机关体制改革正式开始。截至 2012 年，铁路运输公安机关、检察机关、法院机关体制改革改制工作已全部完成，其他行业司法机关也按照司法体制改革精神，陆续由部门、企业管理模式向地方进行移交，逐步纳入国家司法管理体系。

部门、企业和事业司法机关体制改革后，机构列入地方序列管理，编制由中央编办统一核定、下达政法专项编制，人员纳入公务员队伍管理，地方党委按照管理权限决定人事任免，工资、福利、各项经费等由政府财政保障，人财物等各方面均与部门、企业和事业脱钩。改革后，行业司法机关经费困难、基础设施滞后的状况大为改观，提升了司法执法能力水平，进一步提高了司法公信力，维护了我国法治的尊严和统一。

2. 行业公安机关经费体制改革情况

（1）企业事业单位公安机关经费体制改革。1994 年 4 月，《国务院批转〈公安部关于企业事业单位公安机构体制改革的意见〉的通知》（国发〔1994〕19 号）提出，公安机关是国家政权的组成部分，是武装性质的治安行政力量和刑事执法力量，企业事业不应设立公安机关，已设立的应按照政企、政事分开的原则，分别予以撤销或调整理顺关系，并对改革企业事业单位公安机构的方针、原则等作了明确，拉开了行业司法机关体制改革的序幕。

这项改革的具体要求是，对企业事业单位设立的公安机关，原则上应予以撤销。对少数情况特殊的企业事业单位（位于偏远地区，治安情况复杂的大型厂矿区、油气田作业区和重要国防工业、科研基地以及大型水利工程枢纽、防洪险段；大型国营农场和农场集中的垦区代管乡镇居民，已形成等同于乡镇行政区划的；以大型企业为依托兴建起来的城市或单独的城区，至今仍实行政企合一体制的；从事客运运营的城市地铁、地方铁路、地方港口、地方机场以及客运量大的大型公共汽车站等）设立的公安机构，从管理体制上进行改革、调整理顺关系。对重点大学已设立的公安派出机构，先维持现状，暂予保留。

按照上述改革要求撤销或调整理顺关系后的企业事业公安机关，根据不同情况划归所在省、市、县级公安厅局建制，列入地方公安机关序列，编制由国家下达公安行政编制解决，经费、装备、工作和生活设施、后勤保障等，原则上由地方政府解决，逐步纳入财政预算。

（2）长江港航公安机关经费体制改革。2002 年 1 月，《国务院关于长江港航公安管理体制改革有关问题的批复》提出，长江航运公安局由交通部公安局领导，其所属公安机构由长江航运公安局统一垂直管理，公安业务工作实行由航运公安局和所在地公安局双重领导，以前者为主。公安机构为行政机构，民警纳入国家行政编制，由中央编办核批，经费由中央财政负担，由财政部根据经批准后的定编人员和相关规定核定，列入交通部部门预算。改革时预算内外经费及现有资金一并划转，罚没收入及其他收费，按照罚缴分离原则，就地上缴中央国库，基本建设投资纳入交通部计划渠道解决。

（3）铁路、林业、交通公安机关经费体制改革。2018 年 12 月，中共中央、国务院印发《行业公安机关管理体制调整工作方案》提出，按照"警是警、政是政、企是企"的要求，将铁路、林业、交通公安由双重领导调整为公安部领导，民航公安实行双重领导以公安部为主，铁路公安实行垂直领导，除长江航运公安局和首都机场公安局直接归属公安部领导外，其余公安、民航公安队伍交由省级公安厅局管理领导。2019 年 9 月，中共中央办公厅、国务院办公厅印发《铁路、交通、港航、森林、民航公安机关和海关缉私部门管理体制调整工作实施方案的通知》，推动落实行业公安机关管理体制改革。

与上述行业公安机关体制改革相对应，自 2020 年起，铁路公安局及其垂直管理的 18 个属地铁路公安局、长江航运公安局及其垂直管理的 17 个属地公安局、南京森林警察学院划由公安部统一管理，经费纳入公安部预算管理，由中央财政统一保障。首都机场公安局实行由中央财政统一保障的经费体制，其余航运公安、民航公安、林业公安机关实行由省级财政保障的经费体制。

3. 行业检察机关经费体制改革

2009 年和 2010 年，中央有关部门对行业检察院和法院机关体制改革作了统一部署，明确了总体改革方案。一是 2009 年 7 月，中央编办印发的《关于铁路公检法管理体制改革和核定政法机关编制的通知》明确：铁路检察院、法院与企业分离，一次性整体纳入国家司法管理体系，一次性移交给驻在地的省、自治区、直辖市党委和省高级人民法院、省级人民检察院，实行属地管理。二是 2010 年 12 月，中央编办、最高人民法院、最高人民检察院、财政部、人力资源与社会保障部、铁道部等部门联合印发《关于铁路法院检察院管理体制改革若干问题的意见》，对铁路法院检察院管理体制改革后的干部管理、法律职务任免、业务管辖、资产移交、经费保障等作出了具体规定，要求 2012 年 6 月底前，铁路法院检察院全部划归地方管理。

根据中央要求和中央有关部门文件规定，2010 年 12 月，最高人民检察院与最高人民法院联合召开"全国铁路法院检察院管理体制改革工作会议"，要求按照中央司法体制和工作机制改革总体部署，加快铁路法院检察院体制改革。2010 年年底至 2011 年年初，最高人民检察院对加快铁路检察院体制改革作了具体部署，确定移交后铁路两级检察院均作为省级检察院派出机构，由所在省级有关机构直接管理，省级检察院领导设置在本省（自治区、直辖市）区域内的铁路检察院分院或基层铁路检察院的人财物等管理工作。移交完成后，人财物纳入了所在省（自治区、直辖市）党委政府管理，最终纳入国家司法管理体系。到 2012 年 7 月，全国 76 个铁路检察院已全部分别移交所在省（自治区、直辖市）人民检察院。

4. 行业法院机关经费体制改革情况

（1）海事法院经费体制改革。随着代管海事法院的港口和航运部门在经济体制改革中走向企业化成为经营实体，为解决企业代管法院出现的弊端，1999 年 6 月，中央编办、最高人民法院、交通部、财政部联合下发《关于理顺大连等六个海事法院管理体制若干问题的意见》，上海等首批设立的 6 个海事法院被移交所在省、直辖市党委和高级人民法院共同管理，与交通部门及其所属企业脱钩，正式纳入国家司法管理体系；其余 4 个海事法院管理体制也随后按此政策进行了改革。

海事法院体制改革后，全国 11 个海事法院经费保障体制全部纳入地方管理，其中，上海、天津、青岛、大连、广州、武汉、海口、北海 8 个海事法院及 2019 年设立的南京海事法院均作为高级法院的二级预算单位，由省级财政部门保障；宁波、厦门 2 个海事法院由当地市级财政部门保障。

（2）铁路运输法院经费体制改革。根据 2004 年 12 月中央关于"改革有关部门、企业管理公检法的体制"要求和 2009 年、2010 年中央有关部门政策规定，最高人民法院对铁路运输法院体制改革进行了部署和推动。一是 2010 年 12 月，最高人民法院与最高人民检察院联合召开"全国铁路法院检察院管理体制改革工作会议"，对加快铁路法院体制改革进行总体部署。二是 2011 年 8 月，最高人民法院印发《关于推进铁路法院管理体制改革工作的意见》提出了具体改革要求：铁路法院与铁路运输企业分离，一次性整体纳入国家司法管理体系后，由铁路法院驻在地的省一级党委和高级人民法院，实行属地管理；铁路法院经费和财务管理应与干部人事管理、法律职务任免等相一致；"三定"方案由高级人民法院提出，商省级机构编制部门批准；2009 年 7 月 8 日前已办理了离退休手续的离退休人员，待遇由铁路局解决，日常管理由铁路公安机关代管。改革后铁路运输法院的办公用房、审判用房和人民法庭用房建设标准按照 2010 年国家发布的《人民法院法庭建设标准》上限执行，面积不达标的，可由铁路运输部门采取货币补偿方式解决；土地随房产一并移交；车辆和信息技术装备等办案业务装备，参考基层人民法院基本配备标准执行，用货币补偿方式解决；经费纳入所在高级人民法院部门预算。三是 2012 年 2 月，最高人民法院印发有关通知提出，铁路检法管理体制改革是中央关于司法体制改革的重大决策，必须按中央要求抓紧完成这项改革任务，确保 2012 年上半年全面完成移交工作，并对铁路运输法院提出了资产移交标准指导意见和移交工作推进要求。

经过三年的研究协商，至 2012 年 6 月底，全国各铁路法院机关向地方人财物的移交工作按协议全部交接完毕，整体纳入国家司法管理体系。与铁路运输法院管理体制相对应，2012 年 6 月后，全国 17 个铁路运输中级法院、58 个铁路运输基层法院经费全部纳入地方财政保障和管理，除杭州铁路运输法院由杭州市级财政保障外，其余铁路运输法院均作为高级法院的二级预算单位由省级财政保障。

同时，根据中央司法改革精神，2009 年开始进一步探索将铁路运输法院改造为跨行政区划法院的改革。目前，北京、上海铁路运输中级法院已经改造为跨行政区划法院，即北京市第四中级人民法院、上海市第三中级人民法院；2017 年 8 月 18 日，杭州铁路运输法院改设为杭州互联网法院。

（3）其他行业法院经费体制改革。随着经济体制和司法体制改革的不断深化，林业法院、矿区法院、农垦法院、油田法院等其他行业法院也陆续进行改革，有的已经完成改革，有的正在按照司法体制改革精神，陆续由部门、企业管理模式向地方进行移交，逐步纳入国家司法管理体系，经费也随之从企业保障改革为由政府财政保障。如油田法院从 1995 年陆续进行了改制，有的被撤销，有的与地方法院合并重建，纳入国家司法管理体系，经费也由企业负担改革为由地方政府财政负担；矿区法院从 2009 年开始陆续实行纳入国家司法管理体系改革，改制时间，有的于 2012 年完成、有的于 2017 年完成，改制方式，有的纳入省级高级法院垂直管理、有的撤销原矿区法院建立中级或基层人民法院纳入国家司法管理体系，经费也由矿区负担改革为同级政府财政负担；林区法院、农垦法院体制改革采取与地方法院合并、调整管理关系等方式，逐步从企业管理移交至地方党委和有关部门管理，纳入国家司法管理体系，经费也由企业负担改革为地方政府财政负担。

改革后的行业公安机关、检察机关和法院机关，全部纳入国家司法管理体系，经费分别由中央和地方同级财政保障。其中，公安机关的经费实行"明确责任、分类负担、收支脱钩、全额保障"的经费体制，由中央、省、市、县级财政保障；检察院和法院机关的经费，将随着"省以下地方法院检察院财物由省级统一管理"改革的进一步推进，实行"由省级财政统筹、中央财政保障部分经费"的经费体制。

第二节　司法经费体制的总体特点

一、我国司法经费体制具有明显的多级化和一致性

从对不同国家司法经费制度研究可见，国外主要国家的司法经费体制，一是司法经费保障级次基本都少于政府及财政级次，保障的责任主要集中在中央和州（邦、省）两级政府，基层一级政府基本不负担司法部门

经费（详见表4、表7）；二是在司法经费管理模式上，区分司法部门不同性质，既有分离管理又有一体化管理，既有分级管理又有中央司法部门自上而下统一管理全国司法经费的不同模式，其中，警察、司法行政、监狱机关均为一体化管理，审判机关分离管理与一体化管理模式并行，检察机关分离管理模式为主、一体化管理模式为辅（详见表6）。

综观我国司法经费体制，有两个显著特点：一是司法经费保障层级多，基本与政府及财政级次相一致，即一级政府保障一级司法机关的经费，分别由中央、省、市、县四级保障，而且主要责任在基层一级政府，中央政府承担的责任很少，直至2014年实行"省以下地方法院检察院财物由省级统一管理"之后，这一格局才有所改变；二是司法经费管理不分部门性质，审判机关、检察机关、公安机关、司法行政机关及监狱机关5个部门，都是由本部门一体化分级管理（详见表8）。可见，我国的司法经费体制具有明显的保障多级化和管理一致性特点。

表8　中国司法经费体制及管理模式

部门 ＼ 体制及模式	经费保障级次 四级为主，三级为辅	经费管理部门 本部门管理	经费管理模式 一体化模式
审判机关	四级保障	各级法院	一体化模式
检察机关	四级保障	各级检察院	一体化模式
公安机关	四级保障	各级公安机关	一体化模式
司法行政机关	四级保障	各级司法行政机关	一体化模式
监狱机关	三级保障	各级监狱机关	一体化模式

二、司法经费体制以司法体制和财政体制为基础

（一）司法体制是我国司法经费体制确定的根本

中华人民共和国成立后，1949年4月制定的《中央人民政府组织法》规定，在中央设立最高人民法院、最高人民检察署、公安部和司法部，分别行使国家的审判、检察、侦查和司法行政的职权。经过几十年的发展，目前我国已建立了人民法院、人民检察院、公安机关和司法行政机关等部门齐全的司法机构。各司法机构的组织体系和行政管理体制为：审判机关

由最高人民法院、地方各级（高级、中级、基层）人民法院、专门人民法院（军事、海事、知识产权、金融等）组成，分别由中央、省、市和县级管理；① 检察机关由最高人民检察院、地方各级（省级、市级、基层）人民检察院、军事检察院等专门人民检察院组成，分别由中央、省、市和县级管理；② 警察机关由公安部和地方公安机关（主要有省级公安厅局、市级公安局处、县级公安局）组成，分别由中央、省、市、县政府管理；司法行政机关由司法部、省级司法厅局、市及县司法局组成，分别由中央、省、市、县政府管理；监狱机关分别隶属于中央、省和市级政府，由同级司法行政部门具体管理。

中华人民共和国成立 70 多年来，我国实行的四种司法经费体制，除 1979 年之前实行"统收统支"体制外，改革开放以来的 40 多年中，无论是实行"分级管理、分级负担"体制，还是实行"明确责任、分类负担、收支脱钩、全额保障"的体制，都是与我国司法机关实行中央、省、市、县四级管理的行政体制相对应的。即使到 2013 年提出实行"省以下地方法院检察院财物统一管理"，也仅指人民法院和人民检察院，而占司法机关规模最大的公安机关及司法行政机关，仍实行四级管理的经费体制。可见，我国司法经费体制始终以司法体制为根本。

（二）财政体制是我国司法经费体制确定的核心

中华人民共和国成立以来，我国的司法经费体制基本与财政体制相一致。如 1979 年前实行"统收统支"的司法经费体制，是与我国当时一直实行统收统支、高度集中的财政体制相一致的。1980 ~ 1993 年，实行了"分灶吃饭"的"包干"财政体制，改变了财权高度集中的状况，财力分配由"条条"为主改为"块块"为主，司法经费体制也随之实行"分级管理、分级负担"。1994 年实行分税制财政体制，对中央与地方的事权与支出进行了划分，也仅将"中央本级负担的公检法支出"作为中央财政承担的经费，③ 对地方各级司法机关，虽然将经费体制改为"明确责任、分类负担、收支脱钩、全额保障"，但经费仍主要由地方各级财政承担。

---

① 参见《人民法院组织法》（2018 年修订）。

② 参见《人民检察院组织法》（2018 年修订）。

③ 参见项怀诚编著：《中国财政管理》，中国财政经济出版社 2001 年版，第 52 ~ 53 页。

三、司法经费体制改革以经济社会发展及行政管理规律为原则

（一）遵循经济社会发展规律是 2009 年司法经费体制改革取得成功的关键

2009 年实行的司法经费体制改革是司法经费保障历史上意义重大、影响深远的一次变革。之所以将原"分级管理、分级负担"的体制改革为"明确责任、分类负担、收支脱钩、全额保障"体制，主要基于以下两方面的原因：

一是"分级管理、分级负担"司法经费保障体制与当时财政体制的特征不一致，已难以适应健全公共财政体制的要求。突出体现在：地方各级司法机关不断增加的经费支出由地方分级负担，与 1994 年分税制财政体制改革后地方财力不断向中央集中的矛盾加大，地方财政困难，难以满足司法部门经费增加的需要。

二是"分级管理、分级负担"司法经费保障体制的支出责任与事权不相匹配，已难以适应司法工作的需要。突出体现在：司法支出责任在地方，而为国家法制统一，中央交办地方的司法事项、提出的要求越来越多，权责不匹配的矛盾越来越突出，客观上要求对于中央统一部署、地方办理的司法事项，中央要加大投入。因此，提出了"明确责任、分类负担、收支脱钩、全额保障"的司法经费保障新体制，规定地方各司法机关的人员经费、日常运行公用经费以及办公基础设施建设经费、各类基础设施维修经费由同级财政负担；办案业务经费、业务装备经费以及业务基础设施建设经费由中央、省级和同级财政分区域、按比例负担，中西部地区中央和省级负担比例平均达到50%以上，最高可达90%以上。这一体制有效地解决了司法部门经费保障问题，充分遵循了经济社会发展规律。

（二）推动"省以下地方法院检察院财物由省级统一管理"改革必须坚持遵循经济社会发展规律和行政管理规律

2013 年中央提出省以下法院检察院财物统管改革，为新一轮司法经费体制改革指明了方向。但如何统管，目前仍处于各地试点的阶段，全国尚未形成统一的模式。在试点中各地对市县法院检察院的经费保障出现了多

种模式。从保障级次看，有的作为省级财政的一级预算单位，有的作为省级财政的二级预算单位，有的由市级财政保障；从管理部门看，有的由省财政部门直接管理，有的由省级财政部门为主管理、省级法院检察院协助管理，有的委托市级财政部门管理；从改革进程看，有的已在全省范围内全面推开，有的仍在部分市县进行试行，有的已经全面改革为省级统一管理，但实行一年后又恢复到原来的四级管理模式，有的已经实行了省级统管，但两年后又改为市级统管。

为有效推动"省以下地方法院检察院财物由省级统一管理"改革，应研究确定全国统一的法院检察院财物统管模式和经费体制，确定的原则还是应吸收我国40年改革开放以来成功的改革经验，遵循经济社会发展规律和行政管理规律，特别是要科学合理设置经费保障级次和管理部门。经费保障级次过低，如实行市级统管，不利于法制的全国统一性、司法权的去地方化及人民法院依法独立行使审判权等改革初衷和目标的实现；如实行由省级财政一个部门实际上具体到一个经办人员，直接管理全省（自治区、直辖市）100至400多个法院检察院的经费事项，容易鞭长莫及、顾此失彼，影响保障和管理效率，最终导致工作运行不畅。近年来，不少地方在财物统管改革实践中，不断出现上与下、改与退等问题，就是不遵循管理规律的结果，值得我们深思。

四、通过政策调整可完善司法经费体制不足，解决特定时期司法经费保障的突出问题

体制具有相对稳定性，一经确定不宜经常调整。同时经费体制与国家政策密切相关。改革开放40年发展历程表明，在司法经费体制不变的情况下，可以通过政策调整，解决特定时期司法经费保障的突出问题，体现党和国家的意志、导向。例如，1998～2008年的11年，司法经费保障虽然还是以"分级管理、分级负担"体制为基础，但通过1998年中共中央办公厅、国务院办公厅转发《财政部关于政法机关不再从事经商活动和实行"收支两条线"管理后财政经费保障的若干意见》的制定和实施，对司法部门的经费保障实行了有别于一般党政机关的特殊政策，包括中央财政大幅度增加"中央政法补助专款"、扩大专款使用的覆盖面、加大"政法基础设施建设投资"及设立"中央补助人民法院办案专款"等，使全国司法（法院）经费支出中，中央补助所占比例从1998年的0.33%提高到2008

年的 12.92%，形成了以同级负担为主、中央和省级补助为辅的司法（法院）经费保障新格局。① 这是在司法经费体制不变的情况下，突出问题导向，重点解决了当时基层司法机关经费保障困难的问题。目前，在省以下地方法院、检察院财物统管改革中，实际存在的改革进展缓慢、体制不统一、要求不明确等给司法经费保障造成新的困难问题，也必然要依靠强有力的政策推动，尽快加以解决。

第三节　司法经费体制改革的主要启示

一、司法经费体制要适应不同时期国家治理体制的变化

纵观中华人民共和国成立以来司法经费体制每一次改革都有其特定的政治、经济背景，适应了不同时期国家治理体制的变化。如市、县级司法经费体制，1979 年前由中央统一保障，是基于当时计划经济体制的高度统一性和"统收统支"的财政体制；1980 年后由市县同级财政保障，是基于当时"分灶吃饭"的财政体制及财政经济困难、经济社会发展不平衡、调动地方本级的积极性；2009 年后实行由市县同级 + 中央、省级保障，是基于相关司法事务属于中央事权的理论及财力向中央和省集中的状况，提出加大中央和省级的责任；2013 年后实行省级 + 中央保障，是基于破除司法地方化、确保人民法院和人民检察院独立行使审判权检察权、推进法治中国建设的大背景，要求上收财物保障层级、减少地方干扰。

特别值得一提的是，与以往不同，2013 年司法经费体制改革，不是以解决经费保障困难为出发点，而是以破除司法地方化、确保依法独立公正行使审判权、检察权为目的。由此分析，此次经费保障体制改革方案设计的关键是，保障级次应当放在省级，以利于减少地方的干扰。至于因各地法院、检察院数量多都由省级管理难度大，以及因担心省级统管后司法干警不能享受当地市县政府的年终考核奖金等问题，只是管理制度、工作机制问题，完全可以通过具体政策措施加以解决。因此，应按照党的十八届

①　唐虎梅：《法院经费保障与管理》，载《人民法院司法行政工作通讯》2011 年第 4 期（总第 35 期）。

三中全会通过的《中共中央关于全面深化改革若干重大问题的决定》要求，坚定不移、不折不扣加快推进省以下地方法院检察院财物省级统管改革，适应新时代国家治理体制变化对司法经费体制改革的新要求。

二、司法经费体制改革应加强统一组织领导

（一）经费体制改革应自上而下统一研究设计

对于经费体制这一根本制度应科学组织领导，集中专业力量，自上而下，统一设计、统一部署、统一实施。2009 年司法经费体制改革方案的形成，第一是行动迅速、工作有力，顶层设计、政策统一，自上而下、一步到位，从提出改革到新体制统一实施，总共仅用了一年半时间；经历的政策研究、文件制定、发布实施三个阶段，紧锣密鼓、环环相扣、扎实有效；从文件发布的当年，中央财政承诺的资金即安排到位，新体制即在全国统一实施。第二是方式得当、力量集中、推动有力，专业职能部门牵头，充分调研论证，相关部门协同，专业、专项研究，共同推动实施，特别是中央政法委极力支持推动，帮助各司法部门向财政、发展改革部门争取增加资金和有利的投入政策。第三是关系顺、工作细、措施实、效果大。"关系顺"，是指上下同心、齐步做，部门同力、协同做；"工作细"，即全面调研、详细测算，找准问题、一一对应解决；"措施实"，即各类负担方法、负担比例，经费、装备、建设标准，配套措施等同步或随后出台，环环相扣，专业、科学、合理；"效果大"，即改革政策实施后，全国各级各类司法机关，特别是贫困地区及基层司法机关经费保障水平大幅度提高。

反观这次的财物统管改革，2013 年中央决定提出，至今仍无统一的政策落实，导致了四种体制并存的局面。因此，加强组织领导，实行自上而下统一研究设计，是推动正在开展的省以下法院检察院财物统管改革的必然要求。

（二）经费体制改革应步调一致统一推动实施

经费体制作为经费保障最根本的制度基础，对司法经费保障水平影响重大。体制改革方案应科学合理，体制改革工作应步调一致、统一实施。2009 年经费体制改革，政策科学合理、责任明确规范、工作推动有力、经费增长快速，是历史上司法经费保障最好的时期。从 2015 年后人民法院实

施财物统管改革后的实际看，已统管的省份经费增长水平最高；反之，则低。[①] 因此，关注经费保障工作，就要关注经费体制改革工作，不能就经费论经费。为破解目前地方法院检察院经费保障中出现的新困局、全面提高全国法院检察院的经费保障水平，应尽快统一设计、统一部署、统一实施，坚定不移将财物统管改革进行到底。

三、司法经费体制改革工作应坚持统筹兼顾

（一）经费体制改革应与司法体制改革统筹

司法体制改革离不开经费支持、保障。正因如此，每次实行重大司法改革时都将经费体制、机制作为重要内容提出。党的十八大提出深化司法体制改革时，更是将财物统管改革作为先行一步的四项基础性改革之一明确提出。党的十九大提出深化司法体制综合配套改革，也把财物统管改革作为与完善司法责任制依存度高、耦合性强的改革举措及相互关联的有机整体，提出需要同步推进。各级司法部门特别是中央级司法机关应高度重视，狠下功夫，做好经费体制改革的统筹规划、部署和实施。

（二）经费体制工作应与经费保障工作统筹

我国司法经费保障实践证明，经费体制对经费投入力度和经费保障工作影响重大。科学、合理、顺畅的经费体制，会有效、有力提升保障水平。如2009年的分类保障办法，实现了司法经费的体制、制度保障，保障效果明显。不合时宜的经费体制，会极大降低保障能力，如分级负担与分税制的矛盾时期，司法机关经费保障出现的极度困难和问题。2015年以来，没有实行财物统管改革和实行部分改革的不少市县法院检察院，经费保障中出现的经费增长乏力、"两庭""两房"建设工作停顿及保障不平衡矛盾较为突出等困难和问题，从根本上看，是由于体制不顺、改革不力造成的，必须通过尽快改革理顺经费体制才能解决。[②]

---

①② 唐虎梅：《人民法院财务工作40年》（一）、（二），载《人民司法（应用）》2019年第22期（总第861期）、第25期（总第864期）。

第四章　司法经费保障

司法经费保障反映司法机关取得经费的依据、方式及状况，是司法机关履行法定职责和实现自身发展的重要物质基础，也是司法机关各项工作顺利进行的必备物质条件。

第一节　司法经费保障原则

根据司法经费属于维持性支出且支出具有稳定性的特点，司法经费保障应坚持四项原则。

一、首要保障原则

从理论上讲，司法经费应来自国家财政，且在财政支出中应首先保障司法经费的需要。主要有两个原因。

（一）国家机器运转的需要

按照马克思主义政治经济学原理，财政是随着国家产生而产生的，财政的收入分配及其支出都源于国家职能，并且是国家全面履行其职能的一个工具。我国的司法经费是保障各级司法机关行使国家职能、巩固人民民主专政、保证社会经济活动健康运行的物质基础。我国改革开放以后建立的公共预算支出范围界定的四个领域（政权建设、事业发展、公共投资、收入分配调节）中的第一个领域即为政权建设，也是司法经费所要保障的范围。

（二）公共财政的首要部分

经过多年的努力，我国的公共财政制度已经建立。根据马克思关于社会再生产的共同需要对社会总产品进行六项扣除的理论、西方公共财政学理论及有关财政职能理论，可将公共财政的供给范围分为三大类："和生产没有直接关系的一般管理费用"，即社会管理费用；"用来满足公共需要的部分"，即社会发展所需要的公共产品；"为丧失劳动能力的人等设立的基金"，即社会保障性公共产品。其中第一类就是"和生产没有直接关系的一般管理费用"，即社会管理费用，具体包括：满足公共权力有效运作的分配，主要是国家机器部分；满足公共权力运用失误所需要的分配，如行政诉讼中的政府赔偿性支出等。上述分配从性质上说属于司法经费的范围，也是财政支出中首先要保证的。①

二、足额保障原则

司法经费在司法工作中的地位作用及司法工作在国家治理中的地位作用，决定了司法经费应足额保障。司法机关担负着维护社会大局稳定、促进社会公平正义、保障人民安居乐业、巩固共产党执政地位的重大使命，既有大量的执法办案工作，又有广泛的社会管理工作；既有各类经常性业务工作，又要处置突发性事件案件等。为完成上述任务，司法机关需要配备足够的人员、业务技术装备及执法办案场所等，才能"拉得出、冲得上、打得赢"。这些人员、物质条件的提供都必须有足够的经费保障。

三、财政保障原则

司法经费应由财政保障，首先是由司法机关是国家机器重要组成部分的特性和公共财政的基本职能所决定的。其次是由于司法经费属于维持性支出的特点决定只能由政府财政提供，不似财政支出中的经济性支出和社会性支出另外两大类，可以通过市场和社会筹集资金的方式替代一部分财政支出。同时，由于司法机关权力的强制性和具有的自由裁量权，一旦被利益驱动，对社会和国家造成的损害是巨大的。如在改革开放最初的20年中，由于国家财政困难、难以满足各司法机关事业快速发展对经费的需求，实行了由各司法部门创收自筹经费保障人员福利、办案业务经费以及办公业务场所建设等政策，出现了司法机关利用职权经商办企业、"钓鱼

---

① 唐虎梅：《国家行政经费与国家财政支出关系研究》（上）、（下），载《财政研究》2002年第11期、第12期。

执法""选择性办案"等现象，严重损害了司法公信力和国家形象。为此，中央下大决心，于1998年专门出台《财政部关于政法机关不再从事经商活动和实行"收支两条线"管理后财政经费保障的若干意见》，明确提出国家财政对政法机关履行职能所必须的经费要给予保证。

四、效益保障原则

（一）司法经费属于消耗性支出，不直接创造物质财富

虽然司法经费是每个国家财政支出中必须首先安排的支出，但从本质上说，司法经费又属于消耗性的支出，使用其支出的部门并不直接创造物质财富。相反，由于开支司法经费的部门自身不是经济实体，没有独立的自我经济支持，其支出必须从社会上获得，即通过税收来提供。在一国经济资源一定的条件下，开支的司法经费过多，纳税人的税收负担就会因此而过重，相应地会降低微观经济主体的投资能力或消费能力，这样的资源分配会扭曲公共品与私人品的合理配置结构，影响全社会物质财富的创造和社会经济的发展。

（二）讲求管理成本效益要求对司法经费实行效益保障

根据成本效益理论，司法经费是司法机关为社会提供司法服务所付出的成本，这类成本相当于管理会计中的固定成本。在一定范围内，成本总额的变动与服务或产出总量的变化无关。换言之，服务总量的增加，包括服务质量的改进，并不要求成本的相应成正比例增加。因此，在有效率的前提下，既定服务的提高只需要投入较少的固定成本，高于某个临界值的成本增量对于服务数量的增加和质量的改进可能毫无帮助，相反，会导致经济上的低效率。一旦某个水平的司法经费足以提供必要数量和质量的服务，超出这个水平的支出就会成为纯粹的多余（浪费），因为它对服务数量和质量毫无助益，甚至产生效益负值。

（三）司法经费支出弹性大，效益难以考核

就司法与社会的关系而言，司法规模是指拥有工作人员的绝对数量，即人员多寡的问题。究竟司法部门拥有的工作人员多少才是合理的，可以有各种各样的判别标准：根据工作量标准，司法部门工作人员数量的合理

标准应该是，有多大工作量就配置使用多少人员；根据财政支出数量的标准，司法部门工作人员规模的标准应该是，有多少财政收入就配置使用多少工作人员；根据人口数量的标准，一个国家的人口数量可以与司法工作人员的数量成正比例关系。因司法部门规模的合理标准难以判别，与之相应的司法经费也难以确定一个固定的规模。

由于上述原因，司法经费如果不加控制会造成财政支出效益下降；而且，讲求绩效已经作为国家预算管理的一个普遍要求。因此，应将坚持效益保障作为司法经费保障的一项重要原则。

第二节　司法经费保障模式

一、司法经费保障依据

从总体看，司法机关经费依据国家法律法规、财政经济政策、司法经费体制及财经制度取得。在具体依据上，随着国家财政经济状况的变化、财政改革和司法改革的深化以及对司法经费保障工作的认识发生变化，我国的司法经费保障经历了从依据政策保障，到依据预算保障，直至依据法律保障的过程。

（一）依据政策保障

2000 年前，司法机关的经费依据党和政府的政策文件规定保障。其中，1979 年之前，在"统收统支"财政体制和司法经费体制下，各级司法机关经费保障依据中央统一政策保障；1980 年后，在"分级管理、分级负担"司法经费体制下，各级司法机关经费依据中央制定的统一政策与各省制定的地方性政策保障。

在这一时期，司法机关的经期保障基本上靠"一事一报告"的方式取得。由于当时财政经济困难，对司法经费保障规律认识不足以及司法机关突发事项多等原因，使得司法经费保障依据不明确，保障水平不稳定，制约了司法机关执法办案工作的及时有效开展。

（二）依据预算保障

2000 年后，随着财政预算制度改革的逐步推进，各级司法机关的经费依据《预算法》和各级财政预算编制规程要求，通过编制、上报、获批部门预算保障。

在这一时期，各司法机关要将全年所需经费汇编成一本预算，按照经费保障政策规定、"两上两下"预算编制程序等要求报送同级财政部门审核、同级人大批准。各司法机关的经费收支要按批准的预算严格执行、不得追加，各财政部门要按批复的预算及时、足额拨付经费，增强了司法经费保障的规范性和常态化，为司法机关执法办案工作提供了稳定的经费来源。

在此情况下，为使司法经费取得更好的预算保障，各司法机关逐步重视预算工作。不少司法部门全面部署安排预算编制工作，推动部门本级将预算编制工作从财务部门代编，逐步改变为各内设部门自编、财务部门综合汇编，并以召开预算编制动员会为契机，要求各部门进一步增强预算编制的科学性、预算执行的严肃性、经费开支的合理性、财务管理的规范性，既提高了预算编制水平，又提升了对财务工作的重视程度，将财务工作从局部工作上升到全局工作。[1] 在 2014 年 8 月修改实施《预算法》后，有的司法部门组织举办预算财务知识培训班，要求全系统进一步组织学习《预算法》、重视预算编制、严肃预算执行、严格执行财经制度、加强财务队伍建设，确保经费保障有力、管理有效。[2] 同时，为提高预算编制工作的专业化，各司法部门重视加强组织机构建设，如最高人民法院于 2015 年增设了预算处，专门负责组织本院预算编制、申报、批复，综合平衡年度部门预算，办理预算调整和预算追加等事宜。

（三）依据法律保障

1. 依据法律保障的基本情况

司法经费是确保司法机关依法公正行使司法权及司法各项工作协同有

---

[1]　苏泽林：《认真编制部门预算 切实提高预算管理水平》，载《人民法院司法行政工作通讯》2011 年第 3 期。

[2]　贺荣：《在全国法院系统预算财务知识视频培训班上的主持讲话》，载《人民法院司法行政管理研究与参考》（第 3 辑），人民法院出版社 2016 年版，第 2 ~ 3 页。

序发展的重要基础。党的十八届三中、四中全会确定的司法改革任务，将司法经费工作提到了突出的地位，明确将司法经费保障体制改革作为解决影响司法公正的体制、机制性问题先行一步的四项重大改革任务之一。随着司法体制改革的不断深化，特别是中央提出"推动省以下地方法院检察院人财物统一管理"后，按照中央关于"重大改革必须于法有据"的要求和全国人大计划修改《人民法院组织法》《人民检察院组织法》的契机，自 2014 年开始，司法机关研究借鉴了国内外大量资料，拟定并多次修改关于经费的条款，积极推动将司法经费保障内容入法。2018 年 10 月 26 日，第十三届全国人大常委会第六次会议修订通过的《人民法院组织法》第五章第 57 条规定："人民法院的经费按照事权划分的原则列入财政预算，保障审判工作需要"；《人民检察院组织法》第六章第 51 条规定："人民检察院的经费按照事权划分的原则列入财政预算，保障检察工作需要"。这是首次将司法经费内容列入法律之中，标志着司法经费要依据法律保障，使司法经费保障在规范化的基础上步入了法制化轨道。

2. 依据法律保障应研究制定的配套政策

法律的有效实施需要相应的政策作保障。为使司法经费依据法律保障落到实处，应根据我国经济社会发展状况、司法改革和发展实际，参考借鉴不同国家和地区司法经费保障及国内其他行业经费保障的成功经验，尽快制定细化司法经费保障的配套政策。研究制定司法经费依据法律保障的配套政策制度应明确以下核心内容。

（1）明确司法经费保障目标。经费保障是司法机关履行法定职责和实现自身发展的重要物质基础，也是依法独立公正行使审判权检察权的重要保障条件。1985 年第七届联合国预防犯罪和罪犯待遇大会所确定的关于司法机关的基本原则第 7 条规定："向司法机关提供充足的资源，以使之得以适当地履行职责，是每一会员国的义务。"

2013 年 11 月，党的十八届三中全会通过的《中共中央关于全面深化改革若干重大问题的决定》（以下简称《决定》）明确提出："确保依法独立公正行使审判权检察权。改革司法管理体制，推动省以下地方法院检察院人财物统一管理，探索建立与行政区划适当分离的司法管辖制度，保证国家法律统一正确实施。"因此，应将"司法经费必须充分保障依法独立公正行使审判权检察权"，作为司法经费保障目标首先予以明确。

（2）明确司法经费保障原则。从我国司法机关经费保障情况看，近年来，尽管中央不断推出改革措施强化经费保障，有效解决了困扰司法机关的各种保障性难题，但是由于没有系统构建独立预算体系作为支撑，司法机关在预算工作中参与程度较低，缺乏话语权，而且容易被其他行政部门攀比，致使司法预算难以符合司法规律的要求。

司法权是中央事权。根据党的十八届三中全会《决定》关于"建立事权和支出责任相适应的制度"和我国 2015 年 1 月 1 日起施行的《预算法》关于"政府的全部收入和支出都应当纳入预算"的规定，借鉴国外经验，为建立符合司法规律的预算体系，同时进一步明确司法机关的预算经费由国家全额保障的责任，应将司法经费全部纳入预算保障，按照支出责任与事权相适应的原则实行"独立预算"作为我国司法机关经费的保障原则。

（3）明确司法经费预算管理。政府收支分类，是按照一定的原则、方法对政府收入和支出项目进行类别和层次划分，以便客观、全面、准确地反映政府各项活动，对科学合理地编制预算、组织预算执行，以及宏观决策、人大和社会各界有效实施监督等都具有十分重要的意义。目前，法院检察院的收支在政府收支分类科目中的"公共安全"类下设的"法院""检察院"款进行反映。这样的预算管理模式，一是法院检察院预算不独立，将法院检察院作为政府的一个部门进行管理；二是法院检察院预算体现不直观，而是与公安、国家安全、司法行政、监狱、劳教、保密、缉私等政府工作一同反映。

结合我国司法经费依据法律保障及确保依法独立公正行使审判权检察权的实际，将法院检察院预算在国家《政府收支分类科目》中单独设置类级科目反映管理，更有利于法院检察院预算的管理，展示国家对法院检察院投入的重视及对法院检察院经费预算投入绩效的考核。

（4）明确司法经费保障方式。我国现行法院检察院预算申报程序与各部门一样，即法院检察院编制预算草案——报送财政部门审核同意——财政部门上报人大审批。这种编报程序的突出问题是，财政部门在审核法院检察院预算草案过程中，有权对法院检察院预算进行平衡与修改，法院检察院即便对结果有异议，也缺乏有效的救济途径，更难言预算独立了。

根据我国全面推进依法治国、确保法院检察院依法独立公正行使审判权检察权的要求，借鉴国外的做法，对我国法院检察院经费从预算方式上进行调整，是从源头上解决审判权检察权依法独立公正行使的根本措施之一。具体办法是：法院检察院根据业务工作需求独立科学完整编制预算草案，单独上报人大审议，同时报送政府财政部门备案。政府财政部门可对法院检察院预算草案予以审核，但对预算草案的平衡与修改，需同法院检察院协商；在出现双方意见不一致的情况时，政府财政部门只能加注意见，不能删减修改，随同法院检察院预算草案一并报送人大审议。

（5）明确司法经费保障程度。目前司法经费保障和管理长效机制尚未建立，经费保障水平处于不稳定状态，极易受经济、社会、政策等因素影响而出现波动，不利于审判检察事业发展的稳定保障。从当前及未来一个时期司法机关面临的内外部形势看，司法经费保障面临的形势极其严峻。一是从宏观经济因素看，受我国经济发展进入新常态和全球新冠肺炎疫情的影响，我国经济增长速度面临较大的经济下行压力，国家财政收入难以保持高速增长；二是从司法工作任务看，随着社会主义市场经济的建立和发展、社会主义法治国家的建设以及人民群众权益意识的加强，司法工作任务日益增加，如全国法院近五年来平均每年案件数量增长约10%，司法机关日益增长的工作任务与有限经费保障之间的矛盾突出；三是从司法体制改革进展看，目前正在推行省以下地方法院检察院财物统一管理改革，地方政府不再承担保障责任，在新旧经费保障体制转换期间，容易造成经费保障不稳定。

为确保法院检察院经费保障水平基本稳定，应通过制度设定经费保障水平底线，明确规定司法经费保障水平应随着审判检察事业发展逐步提高，并确保支出预算不低于上一财政年度。

（6）明确司法经费保障监督。在我国司法预算工作实践中，尤其在预算审查过程中，法院检察院缺乏话语权、解释权，参与程度较低。借鉴俄罗斯、美国等国家的做法，在我国应建立法院检察院与人大、财政等机关相互监督、相互制约的预算审查机制，规定法院院长、检察院检察长及其财务负责人，有权参与人民代表大会及其常务委员会对法院检察院预算审议的讨论。

（7）明确司法经费保障组织构建和人员配备。党的十八届四中全会通过的《中共中央关于全面推进依法治国若干重大问题的决定》提出："改革司法机关人财物管理体制，探索实行法院、检察院司法行政事务管理权和审判权、检察权相分离。"法院检察院系统的经费管理属于司法行政事务，管理机构独立、自上而下健全体系，符合中央改革精神，是做好法院检察院经费保障的必然要求。2014年11月，中央司法改革文件要求，省以下地方法院检察院人财物统一管理改革，要充分发挥法院检察院熟悉系统的优势；省级法院检察院要与省级财政部门共同开展对省以下地方法院检察院预算执行监督、专项检查考核等工作。我国大部分省级法院检察院所辖市县级法院检察院数量都超过 200 个，最多的达 400 多个；财物省级统管后经费数量从原来的几百万元、上千万元，猛增到几亿元、几十亿元、几百亿元。因此，法院检察院系统的经费管理不能仅依靠财政等部门的单独管理，而应充分发挥最高和省级法院检察院的职能作用，加强对法院检察院系统经费保障政策及财务制度的研究制定和组织实施，承担系统预算计划编制、预算执行控制、决算编报任务，配合财政、发展改革等部门对法院检察院系统的资金和项目的规划、计划以及预算的下达工作，组织系统财务人员业务培训等工作，才能保证省以下地方法院检察院财物统一管理后经费保障水平不降低、经费管理工作规范有序，审判检察业务工作所需的经费保障有力、工作顺利。这就需要最高和省级法院检察院建立一套独立的专门经费管理机构，才能承担起上述任务。

特别需要注意的是，中央在推动省以下地方法院检察院财物统一管理改革中，已明确提出将各市县的法院检察院直接作为省财政的一级预算单位，这必然要求各市县法院检察院从预算编制，到经费日常使用管理、核算、决算编报等一整套工作都由各法院检察院自行管理。而改革前，不少市县法院检察院经费实行由市县级财政集中核算，法院检察院只设一个报账员，其余工作均由当地财政部门负责。为了适应改革后各市县法院检察院作为省级财政一级预算单位并自行管理所有经费事项的新体制变化，各市县法院检察院应当设置独立的经费管理机构，否则，各法院检察院的审判检察业务工作会因为经费管理工作无力、无序而陷入混乱。

同时，根据我国 2017 年《会计法》关于各单位应当根据会计业务的需要，设置会计机构，或者在有关机构中设置会计人员并指定会计主管人员，"会计人员应当具备从事会计工作所需的专业能力。担任单位会计机构负责人（会计主管人员）的，应当具备会计师以上专业技术职务资格或者从事会计工作三年以上经历"等规定，为有效落实司法经费依据法律保障，应明确规定法院检察院经费保障人员配备，并规定各级法院检察院根据财务工作量配备相应数量的财务人员，财务人员必须具有财务专业知识和从业资格。

二、司法经费保障来源

(一) 按保障渠道划分

中华人民共和国成立以来，我国司法经费保障渠道经历了由财政拨款保障的单一渠道来源，到以部门各项预算外收入与财政拨款共同保障的多渠道来源，再逐步过渡到以财政拨款保障为主与将部门预算外收入纳入财政专户返还相结合的双渠道来源，最后发展到由财政全额保障的单一渠道来源过程。

1. 中央财政单一渠道来源

1979 年前，司法经费全部由"财政拨款保障"，而且因实行的是"统收统支"经费体制，各级司法机关的经费均由中央财政统一保障。因此，在中华人民共和国成立以后至改革开放前的 30 年中，我国司法经费实行"中央财政单一渠道来源"保障。

2. 多渠道来源

1980～1993 年，司法经费实行"以部门各项预算外收入与财政拨款共同保障"的多渠道来源方式。主要原因是，改革开放初期"百废待兴"，国家经济社会建设各项事业发展对资金的需求都很迫切，尤其是受"文化大革命"期间的影响，司法机关办公办案各项基础十分薄弱，而国家财政十分困难，无法满足司法机关对经费的需求。为此，国家采取鼓励各部门创收解决经费的政策。具体到司法机关而言，根据执法工作的需要，国家赋予司法部门在执法过程中收取必要的费用或进行罚款、没收财物等处罚的权限，从而取得一部分收费收入和罚没收入。在 1993 年前，司法部门的收费收入留归单位使用，罚没收入虽然也要求上缴国库，但执行不严格，罚缴没有分离，而且罚没收入基本上与单位直接挂钩，有的全额返还、有的部分返还，用于司法机关办公办案、基础设施建设及职工的奖金福利。同时，还通过摊派、拉赞助、经商办企业等方式取得预算外收入，进行多渠道保障。

3. 双渠道来源

1993～2010 年，司法经费实行"以财政拨款保障为主与将部门预算外收入纳入财政专户返还相结合"的双渠道来源保障方式。主要原因是，1993 年开始，中央陆续下发文件，要求司法机关取得的行政性收费和罚没收入必须全部上缴国库，逐步纳入预算管理；作出罚款决定的司法机关与收缴罚款的机构分离，罚款必须全部上缴国库（即"罚缴分离"）；加强对行政性收费和罚没收入"收支两条线"管理，实行收支脱钩。同时，对行政性收费采取纳入专户通过预算返还、统筹编制综合预算、全部纳入预算上缴国库等方式，并加大财政对司法机关经费保障力度，逐步实行司法机关从"吃杂粮"到"吃皇粮"，使司法经费保障逐步过渡到以财政拨款保障为主与将部门预算外收入纳入财政专户返还相结合的双渠道来源方式。例如，1996 年和 2004 年全国司法经费支出中财政拨款分别占 78.25% 和 85.83%，其中，2004 年全国法院经费支出中财政拨款占 82.35%。

4. 各级财政单一渠道来源

2011 年后，司法经费实行"财政全额保障"的单一来源渠道方式。主要原因是，经过 10 多年"收支两条线"政策的落实和预算管理工作的加强，以及财政保障能力的提高，司法机关经费全部纳入年度预算进行保障。与 1979 年前由中央财政统一保障方式不同的是，在此阶段，各级司法机关的经费由各级财政全额保障。

（二）按保障层级划分

按照司法机关的管理体制、经费特点和政策变化，司法经费保障的层级有三种。

1. 上级保障

司法经费在 1979 年前实行"统收统支"体制的时期，地方各级司法机关的各项经费均由中央财政统一保障。因工作性质的特殊性，一直以来，国家安全业务费和部分公安业务费基本由上级财政保障。

2. 同级保障

司法经费在 1980～2008 年实行"分级管理、分级负担"的体制时期，各级司法机关的经费按照其行政隶属关系，由同级财政保障，即中央、省、市、县级司法机关的经费，分别由中央、省级、市级和县级财政保障。2009 年后，省以下地方司法机关经费改变了完全由同级财政保障的方式，而中央和省级司法机关的经费仍分别由中央和省同级财政保障。

3. 同级保障＋上级补助

司法经费在 2009 年实行"明确责任、分类负担、收支脱钩、全额保障"体制和 2013 年实行"省以下地方法院检察院财物由省级统一管理"

体制后，省以下地方司法机关的经费实行由同级财政保障与上级财政补助相结合的方式。其中，2009～2013年期间，按照司法机关经费的不同类别，分别由同级财政保障、上级财政补助，上级财政补助的经费比例根据不同区域从30%～100%不等；2013年后，省以下地方司法机关的经费由上级财政保障，即由省级财政统筹保障为主、中央保障部分经费。到2020年，因各省财物统管改革进程和模式不同，在实际工作中，各地省以下司法机关经费保障层级略有差异，在仍由中央和省级财政补助一定经费的情况下，有的全部由省级财政统筹保障，有的由市县同级财政保障部分经费。

（三）按保障部门划分

财政部门是司法机关经费的基本和主要保障部门。司法机关经费从根本上看都源于国家财政，但由于政府部门职能分工需要，财政资金的具体分配和管理又由不同的部门行使。就司法机关而言，根据经费性质和用途不同，分别由政府财政部门、发展改革部门和机关事务管理部门保障。

1. 财政部门保障的经费

司法机关由财政部门保障的经费一般包括：人员经费、日常运行公用经费、办案业务经费、业务装备经费、日常维修经费等。有的省财政部门还负责保障司法机关基础设施建设经费。

2. 发展改革部门保障的经费

司法机关由发展改革部门保障的经费一般包括：基础设施建设经费和大型基础设施维修经费。2017年后，信息化项目建设经费也由财政部门调整到发展改革部门保障。

3. 机关事务管理部门保障的经费

司法机关由机关事务管理部门保障的经费一般包括：离退休经费、办公基础设施维修经费、公务车辆配置经费等。

三、司法经费保障方式

司法经费从总体上可划分为维持司法机关日常工作所需的经费（以下简称日常经费）和为司法机关办公办案等场所建设所需的经费（以下简称建设经费），其保障方式因不同性质而不同，并随着财政预算管理改革和投资体制改革的逐步推进及司法机关工作的实际需要，逐步改革完善。

（一）日常经费保障方式

司法机关日常经费实行了从"基数法"，到"定额、定项法"（零基预算），直至目前"部门预算法"保障的方式。

1. "基数法"保障方式

在很长一段时期，与其他部门一样，司法机关的日常经费基本上按照"基数法"保障，即司法机关每年的经费数量以上年的实际支出为基数，适当考虑当年度各项支出的增长因素，核定作为本年度预算经费予以保障。

"基数法"保障方式的特点是，承认既成事实，不考虑影响支出的因素变化是否合理，预算单位基数大的，经费的开支就相对宽松，基数小的，经费开支就相应紧张。"基数法"保障方式的弊端是：一方面导致部门之间在经费保障上的"苦乐不均"；另一方面固化了财政资金分配格局，造成财政支出的刚性增长和财政负担日益沉重以及财政资金使用效益低下等诸多问题。

2. "定额、定项法"保障方式

为解决"基数法"存在的问题，从20世纪90年代初开始，在一些地区和部门推行定员定额管理、试行零基预算。1998年开始，随着《行政单位财务规则》的颁布实施，司法机关的日常经费按照"定额、定项法"（零基预算）保障，即不考虑各司法机关过去的预算项目和收支水平，以零为基点编制预算；人员经费和公用经费由财政部门按标准定额核定，项目经费由财政部门按具体用途、实际需要及财力状况逐项核定。

在这一时期，为贯彻落实2004年中央关于司法体制和工作机制改革文件中提出的"改革和完善政法机关经费保障机制"要求，解决基层司法机关经费保障问题，实现司法机关经费保障的制度化、规范化，财政部于2004年、2005年和2006年分别与公安部、最高人民法院、最高人民检察院和司法部联合，向省级财政和司法部门印发了关于制定县级各司法机关公用经费保障标准的意见，对各部门标准制定的主要原则、标准的开支范围、制定方法和工作要求进行了规定和部署，指导各省级财政和司法部门制定县级各司法机关公用经费保障标准。此后，各地县级司法机关的经费，除按照本级财政确定的方式保障外，还必须根据省级制定的分类定额标准进行保障。

3. "部门预算法"保障方式

随着我国建立社会主义市场经济的要求和预算管理改革的日益深化，从 2000 年开始，司法机关的日常经费实行按"部门预算法"保障的方式，即在坚持零基预算和定员定额管理等原则基础上，将司法机关的所有收入和支出按照规定的程序和要求，全部编入部门的年度预算，实行"一个部门一本预算"予以保障的方式。

"部门预算法"保障方式的特点包括：一是规范了部门预算编制范围，将部门符合规定的各项资金全部纳入部门预算管理；二是将部门的预算划分为基本支出和项目支出两部分，其中，基本支出包括人员经费和公用经费，人员经费按照定员定额方式核定预算，公用经费按照人员定额和实物定额相结合的方式核定预算；三是项目支出预算实行项目库管理和中期规划管理，即所有年度预算安排项目要从项目库中优先选取、进行项目评审，年度预算安排不得突破对应年度部门中期财政规划；四是实行部门预算公开和预算绩效管理，中央各部门预算集中在部门网站、财政部门户网站建立的专门平台和中国政府网站设置的专门栏目上公开，实行预算编制、执行、监督全过程的绩效管理工作机制，将绩效自评结果和重点绩效评价报告提交全国人大常委会，绩效信息向社会公开。①

（二）建设经费保障方式

一直以来，司法机关的建设经费实行按"项目法"保障的方式，即司法机关提出项目建设需求，报发展改革部门审批；发展改革部门根据审批的建设项目规模、建设造价标准、项目建设进度，安排基本建设经费。这一时期，司法机关的建设项目实行"一项目一申报一审批"的方式，建设经费也实行"一项目一拨付"的保障方式。2004 年发布的《国务院关于投资体制改革的决定》，要求编制政府投资中长期规划和年度计划。此后，司法机关的建设项目经批准确定后要首先纳入政府投资中长期规划，发展改革部门才能按规划批复的资金规模和分年度投资计划安排建设经费予以保障。

---

① 根据财政部预算司编：《中央部门预算编制指南（2020 年）》（中国财政经济出版社 2019 年版）部分内容归纳整理。

第三节　司法经费保障政策

一、司法经费保障政策概述

司法经费保障政策是司法机关取得经费的基本依据。随着国家政治、经济和社会变革的不断推进，以及对司法保障规律的不断认识掌握，司法保障政策也得到不断完善。主要有两个特点。

（一）从零星、应急政策发展到系统、完整保障政策

2009 年前，主要从解决突出问题入手制定司法经费保障政策。如 1985 年，财政部分别与中央司法部门共同下发业务经费开支范围的规定，重点解决司法机关突出的业务经费短缺问题；2004～2006 年期间，以制定公用经费保障标准的方式，解决当时基层司法机关面临的公用经费保障突出困难问题。

2009 年，中共中央办公厅和国务院办公厅印发《关于加强政法经费保障工作的意见》、财政部印发《政法经费分类保障办法（试行）》，2011 年中共中央办公厅、国务院办公厅转发《国家发展和改革委员会关于进一步加强地方政法基础设施建设规范投资保障机制的意见》，对司法机关包括人员经费、公用经费和基础设施建设经费在内的各项经费政策作了系统、完整的规定，为司法机关统筹安排各项工作，促进司法事业科学发展提供了重要依据。

（二）从未体现司法工作特色发展到采取有别于一般党政机关的特殊保障政策

1980～1997 年期间，司法经费保障与一般党政机关一样，实行"统一政策、分级管理"，即同级财政保障人员经费到位，防止拖欠工资；按照定额核定公用经费，维持机关运转和一般性支出需求；业务经费缺口由司法各部门的行政性收费收入、罚没收入等预算外收入补充。

1998 年后，以中共中央办公厅、国务院办公厅转发《财政部关于政法

机关不再从事经商活动和实行"收支两条线"管理后财政经费保障的若干意见》（中办发〔1998〕30 号）为标志，对司法机关的人员经费、公用经费、专项经费的安排，采取了有别于一般党政机关的特殊政策。例如，人员经费按照"从优待警"的原则建立工资发放责任制，行政经费按照高于当地一般行政机关一倍以上的标准安排，中央财政增加用于贫困地区司法机关的装备、办案和基础设施维修专项经费等，增强了司法经费保障政策的有效性，为司法机关执法办案主体职责任务的完成提供了有力支撑。[①]

二、司法经费保障政策类型

从总体看，司法经费保障政策可划分为公务保障政策和人员保障政策两类。

（一）公务保障政策

公务保障政策是为保障司法机关执法办案工作开展所必需的公务性经费而制定的政策，包括业务经费、公用经费、建设经费政策等。政策制定的主体从中央层面看，有党中央国务院制定、财政部单独或与相关司法机关共同制定、国家发展改革委制定等。改革开放以来制定的主要公务保障政策有两种。

1. 各司法部门共有的保障政策

（1）2003 年前的保障政策。从 1985 年重点解决司法机关业务经费开始，财政部与中央司法机关分别制定下发关于业务经费开支范围的规定，强调保障要求、明确开支范围，作为各级财政安排司法经费的重要依据；1998 年中办发〔1998〕30 号文件，对司法机关不再从事经商活动和实行"收支两条线"管理后财政经费保障作出了规定，提出：国家财政要对司法机关履行职能所必需的经费给予保证，中央和省级财政要增加对贫困地区司法机关专项补助经费，并对司法机关的人员经费、行政经费、办案业务经费、装备经费、基础设施经费提出了分项具体保障要求，为实现司法机关经费由"收支挂钩"的单位预算外收入与财政拨款共同保障向"收支脱钩"的财政全额保障迈出了关键一步。

---

① 唐虎梅：《法院经费保障与管理》，载《人民法院司法行政工作通讯》2011 年第 4 期（总第 35 期）。

（2）2004 年后的保障政策。2004～2006 年间，财政部与中央各司法机关分别印发了制定县级司法机关公用经费保障标准的通知，对各司法机关制定公用经费保障标准的原则、范围和方法等作了明确规定，要求各省级财政和司法机关抓紧研究制定辖区内基层司法机关公用经费保障标准，并制定切实可行的保障措施，确保标准落实，为建立和完善基层司法机关经费保障机制、解决当时基层司法机关经费保障的突出困难问题发挥了重要作用；2009 年和 2011 年，中共中央办公厅、国务院办公厅印发《关于加强政法经费保障工作的意见》、转发《国家发展和改革委员会关于进一步加强地方政法基础设施建设规范投资保障机制的意见》，财政部印发《政法经费分类保障办法（试行）》，确定对市县级司法机关经费实行分类、分级保障，为全国司法机关全面实现全额保障、收支脱钩发挥了决定性作用；2014 年和 2015 年，财政部与中央司法机关共同制定政策，建立完善国家司法救助制度并建立中央司法机关交办案件办案经费保障制度。

2. 不同司法部门特有的保障政策

除制定各司法部门共有的保障政策外，财政部还根据司法机关的不同业务特点，与相关司法机关制定不同的经费保障政策。

（1）公安部门的保障政策。1986 年，财政部与公安部、国家计委共同制定相关通知明确：居民身份证集中发证期间及日常发证工作所需的证件成本费和办公经费由财政列支予以保证，极大地支持了居民身份证在全国的颁发和施行。1999 年 10 月，财政部印发了关于切实做好公安部门办案经费保障工作的通知，要求各级财政部门明确职责，确保公安办案经费落实到位，积极探索与社会主义市场经济相适应的公安部门经费保障制度，确保公安部门各项办案任务的顺利完成。2005 年 8 月，财政部印发了关于进一步做好公安派出所经费保障工作的通知，要求"公安派出所经费一律由县（市、区）财政列入预算"，改变原来由乡镇保障的做法；要求"各级财政部门要切实负起责任，积极筹集资金，统筹安排，保证公安派出所履行职能所需的人员经费、公用经费和各项业务经费安排到位"。

（2）法院部门的保障政策。2005 年 4 月，财政部与最高人民法院联合印发《关于人民陪审员经费管理有关问题的通知》，明确人民陪审员经费的范围，在人民法院业务费用中增加"人民陪审员费用"科目，要求各级财政部门要将人民法院实施陪审员制度所必需的开支，列入人民法院业务费预算予以保障。这项保障政策，对贯彻落实全国人大常委会《关于完善人民陪审员制度的决定》,① 保障人民陪审员依法参与审判活动发挥了重要作用。

（3）司法行政部门的保障政策。2004 年 9 月，财政部与司法部等九部门联合印发《关于贯彻落实〈法律援助条例〉切实解决困难群众打官司难问题的意见》，要求"增加财政投入，保障法律援助事业与经济、社会协调发展"。2007 年 7 月，财政部与司法部联合印发《关于进一步加强人民调解工作经费保障的意见》，明确人民调解工作经费的开支范围和保障办法，将司法行政机关指导人民调解工作经费列入同级财政预算，地方财政可适当安排人民调解委员会的补助经费和人民调解员补贴经费等。这项保障政策，对确保人民调解工作正常开展，调动广大人民调解员积极性，充分发挥人民调解在化解矛盾纠纷、维护社会稳定中的独特作用提供了有力的支持。

（二）人员保障政策

人员保障政策是为保障司法机关工作人员所必需的经费而制定的政策，包括工资、津贴、补贴、优抚政策等。政策制定的主体从中央层面看，有人力资源与社会保障部和财政部联合制定，或与相关司法机关共同制定等。

为落实"从优待警"政策，改革开放以来，国家对司法机关人员除实行统一的对公务人员保障政策外，还制定实行了有别于一般公务员的保障政策。主要包括：司法机关警察警衔津贴、干警岗位津贴、办案人员岗位津贴、因公牺牲警察和法官检察官特别补助金和特别慰问金、法官检察官审判津贴和检察津贴、对司法机关工作人员法定工作日之外加班发放补贴、实行法官检察官员额工资制度等。

三、司法经费保障主要政策

随着经济社会发展和司法工作需要，司法经费保障政策经历了不断地调整，但每一次调整并非完全推翻之前的政策，而是在继承和发扬原有政策优势基础上的不断完善。几十年来，有四项政策对当时及以后的司法经费保障工作产生了重大影响，具有深远的意义。

---

① 本决定已于 2018 年 4 月 27 日废止，《人民陪审员法》同日起施行。

（一）1998 年制定的"政法机关不再从事经商活动和实行收支
两条线管理后财政经费保障"政策

1998 年，发生了对司法部门经费保障工作具有重大影响的两件大事，
一是加强"收支两条线"管理工作，二是"政法机关不再从事经商活动"。
这是党中央从源头上预防和治理腐败、促进依法行政和公正执法、规范社
会主义市场经济秩序采取的重大决策部署。为贯彻落实中央的决定，保证
司法机关履行职能的经费需要，1998 年 12 月 18 日，中共中央办公厅、国
务院办公厅以中办发〔1998〕30 号文件转发了《财政部关于政法机关不
再从事经商活动和实行"收支两条线"管理后财政经费保障的若干意
见》，第一次以中央文件的形式专门对司法机关的经费保障工作提出了
全面、明确的要求和具体措施，既是指导司法经费保障工作的重要政策
依据，也是衡量各地司法经费保障状况的重要标准。主要政策内容为两
个方面。

1. 提出了对司法机关经费保障的基本原则和具体要求

司法机关经费保障应遵循"五项原则"：分级管理、分级负担，确保
基本需要，保证重点支出，支持贫困地区，讲求资金效益。具体要求：一
是按照事权划分和现行财政管理体制规定，司法机关所需经费由中央和地
方财政分级管理、分级负担；二是司法机关的人员经费、行政经费等维持
机关正常运转所需基本经费要坚决予以保证；三是司法机关的办案经费、
基本装备经费及主要基础设施的维护等重点支出项目应尽力予以保证；四
是中央和省级财政应通过一般性补助与专项补助相结合的方式，对贫困地
区司法机关所需经费予以必要的支持。

2. 明确了对司法机关经费保障的具体措施

一是司法机关与所办经营性企业彻底脱钩后，原上缴主管部门的利润
和管理费中用于补充经费的部分，分别由各级财政部门核实后予以补贴。

二是各级人民政府要在"分级管理、分级负担"的原则下，积极做好
本级司法机关的经费保障工作。司法机关履行职能所必需的经费要由本级
政府给予保障，并随着经济发展和财政收入的增长，逐步加大对司法机关
的经费投入；省级人民政府在中央财政对地方的一般性转移支付资金中，
要安排必要的经费，用于补充司法机关的经费支出。同时，提出了将司法
机关经费分成 5 类实行分类保障的具体要求：人员经费，要按照"从优待

警"的原则，建立工资发放责任制；行政经费，要按照高于当地一般行政机关一倍以上的标准予以安排，经济条件好的地区，也可高于该标准予以安排；业务办案经费，要根据工作任务予以安排，对大案、要案所需办案经费实行专项报批，专项安排；装备经费，要根据工作需要和财力可能制定装备标准，逐步配备到位；基础设施建设经费，要纳入社会发展计划，实行统一规划和管理。

三是中央和省级财政要根据需要和有关政策，增加对贫困地区司法机关专项补助经费。中央财政加大对贫困地区的补助力度，同时，要进一步规范和强化对专项补助经费的管理，确保中央专款的使用效益；省级财政部门要认真做好贫困地区司法机关的经费保障工作，在现有经费保障体制下，要结合本地区的实际情况，逐步建立起有效的司法机关经费保障机制，对贫困地区司法机关枪支弹药费、特别业务费、专线电话租金、编制内人员在国家规定的着装范围内所需的服装及标志四项经费，实行省级财政统一安排、统一管理；省级财政部门要在中央对地方的一般性转移支付资金中安排必要的经费，用于补助贫困地区司法经费的不足，中央财政安排的专项补助经费，省级财政部门要安排相应的配套资金，并实行专款专用。

中办发〔1998〕30号文件的下发，对司法部门的经费保障工作起了十分重要的作用，各级财政部门按照文件的要求，制定积极的经费保障政策。许多省以省委、省政府的名义下发了对司法机关经费保障的文件；大部分省对司法机关的公用经费能够按照高于一般行政机关一倍以上的标准予以安排；不少地方财政部门在安排经费时优先保证司法机关干警的工资；一些省对司法机关的枪支弹药费、特别业务费、专线电话租金、编制内人员的服装及标志经费，实行省级财政部门统一安排管理。① 随着中办发〔1998〕30号文件的实施，地方司法机关的经费保障从原来的基本由地方同级负担，发展成了以地方同级负担为主、中央和省级补助为辅的司法经费保障新格局。

---

① 唐虎梅：《政法财务管理与改革》，载财政部行政政法司编：《行政政法财务管理讲座》，中国财政经济出版社2001年版，第93~95页。

（二）2007 年制定的"解决因诉讼费用交纳办法调整造成法院经费保障困难"政策

2006 年 12 月，国务院以第 481 号令发布了新的《诉讼费用交纳办法》自 2007 年 4 月 1 日起施行。由于该办法以"让老百姓打得起官司"为出发点且改革力度较大，实施后各级法院诉讼费收入急剧减少，业务工作量和办案成本大幅度增加，在当时主要依靠诉讼费保障法院办案业务经费甚至办公、建设经费的情况下，加剧了地方法院经费保障困难，社会各界反响强烈，地方政府和法院都在期待政策，迫切需要采取有效措施解决这一问题。对此，财政部认真研究并及时实施了有力的政策和措施。

1. 紧急安排专款

经过广泛调研、详细测算，中央财政决定从 2007 年开始，每年安排专项经费 40 亿元，用于解决全国地方法院因《诉讼费用交纳办法》实施而造成的经费困难及帮助地方建立法院经费保障长效机制，起到了"雪中送炭"的作用。

2. 规范专款管理

为使此项专款分配规范、公正，使用更加有效，经过与最高人民法院反复研究，财政部于 2007 年 10 月制定印发了《中央补助人民法院办案专款管理办法》①（财行〔2007〕352 号），对专款的分配原则、方法、用途、开支范围、绩效考核以及各级财政和法院部门的专款管理责任和经费保障责任等作了全面明确的规定。

3. 及时下达专款

经过认真研究，财政部于 2007 年 10 月下达了 2007 年中央补助人民法院办案专款。在分配专款时，经反复分析比较，对补助政策进行了合理的定位，选择了对法院办案支出水平影响较大的两个方面 6 项因素，分别作为计算基本补助专款和以奖代补专款的依据，既体现了政策导向，使专款更多地向财力保障水平较弱的地区倾斜，又考虑了专款设立的目的，对东部省份和计划单列市给予了适当安排，使东中西部地区普遍满意。

---

① 本办法已被 2016 年 8 月 18 日《财政部关于公布废止和失效的财政规章和规范性文件目录（第十二批）的决定》废止。

4. 督促落实专款

2007 年 11 月中旬，财政部向各省下发了《关于尽快落实中央补助人民法院办案专款的通知》，要求各省尽快将中央补助专款和省级专项资金分配下达到中基层法院，并立即将中央对法院经费保障工作的关心和中央财政制定的重视支持诉讼收费制度改革后法院经费保障政策传达到各级财政和法院部门。

新的《诉讼费用交纳办法》的实施，虽然出发点是从降低诉讼费的角度解决"打不起官司"问题，但客观上引发了法院经费保障政策的变革。在保障方式上，法院的经费由原来在很大程度上依赖诉讼费，改变为主要依靠财政拨款，特别是"收支挂钩"明显的中西部地区，由于中央和省级财政部门的补助，财政拨款占法院经费比重大幅上升，诉讼费收入的比重已微乎其微。在保障渠道上，由于中央财政的补助力度较大，中基层法院特别是中西部地区中基层法院的经费已在相当程度上由中央财政负担，既有利于经费保障水平的稳步提高，也在一定程度上有利于司法公正的实现。

（三）2009 年制定的"明确责任、分类负担、收支脱钩、全额保障"政策

2007 年党的十七大强调，要"深化司法体制改革，优化司法职权配置，规范司法行为，建设公正高效权威的社会主义司法制度"。为适应新时期司法事业发展的需要，财政部与国家发改委及中央司法部门联合组成"深化司法保障体制改革专题组"，在开展全方位、多层次系统调研的基础上，提出了改革方案。2009 年 7 月，中共中央办公厅、国务院办公厅印发《关于加强政法经费保障工作的意见》，确定了对司法机关经费实行"明确责任、分类负担、收支脱钩、全额保障"的政策。2009 年 2 月财政部相应制定了《政法经费分类保障办法（试行）》，2011 年 2 月中共中央办公厅、国务院办公厅转发了《国家发展和改革委员会关于进一步加强地方政法基础设施建设规范投资保障机制的意见》予以具体落实。此项经费保障政策的核心要义和主要内容有六项。

1. 明确经费保障责任

将司法经费保障的责任从"分级管理、分级负担"改革为本级管理、上级分担部分下级经费。各级政府对司法经费的保障责任如下：

（1）中央和省级保障责任。中央和省级政府在做好本级司法经费保障工作的同时，要继续通过安排财政转移支付资金，加大对经济困难县级司法机关的经费投入，促进基层司法机关经费保障水平明显提高；要根据不同地区和各司法机关的特点，确定各级政府的负担责任，建立司法经费分类保障机制，实现司法经费保障的科学化和规范化。

（2）市县级保障责任。市（地）、县级政府要认真做好本级司法机关的经费保障工作，司法经费保障体制改革后，市（地）、县级政府本级预算安排的经常性司法支出不得低于改革前水平，并应根据司法机关工作实际需要和财力可能予以增加；不得以中央和省级政府安排的经费抵顶本级政府应安排的支出，严格按要求安排使用上级政府的转移支付资金和项目补助资金。

2. 实行分类保障政策

将司法机关经费分成四大类六小类，实行分区域按比例保障。具体政策如下：

（1）划分司法经费类别。将司法经费划分为人员经费、公用经费、业务装备经费和基础设施建设经费四大类，其中，公用经费划分为日常运行公用经费和办案业务经费两部分，基础设施建设经费划分为办公基础设施建设经费和业务基础设施建设经费两部分。

（2）分区域按比例保障。司法机关的人员经费和日常运行公用经费以及办公基础设施建设经费、各类基础设施维修经费由同级财政负担；办案业务经费和业务装备经费以及业务基础设施建设经费由中央、省级和同级财政分区域按责任负担。

在司法经费分区域保障比例上，中西部地区司法机关的办案业务经费、业务装备经费及业务基础设施建设经费，由中央和省级政府通过增加转移支付资金和基本建设投资予以补助，承担比例平均达到50%以上，最高可达90%以上；东部地区司法机关的办案业务经费和业务装备经费，原则上由同级政府负担，省级政府应对行政区域内相对困难的基层司法机关经费予以支持，中央政府对东部地区予以奖励性补助。

3. 制定和完善业务装备配备与基础设施建设两个标准

（1）业务装备配备标准。由中央财政会同中央司法机关研究制定分部门分类别的业务装备配备指导标准。省级财政可会同省级司法机关根据中央制定的指导标准，结合本地实际，制定本地区司法机关业务装备配备实施标准，并按照业务装备配备实施标准、中央和省级转移支付资金的规模以及司法业务工作重点，制定本地区司法机关业务装备配备规划和年度实施计划，各级财政要据此将所需经费纳入财政年度预算予以全额保障。各级司法机关要严格执行年度预算，切实保证专款专用。

（2）基础设施建设标准。由国家发展改革委、住房和城乡建设部会同中央司法机关制定下发司法机关基础设施建设标准。例如，为加强和规范人民法院审判法庭和人民法庭建设，保障审判活动顺利进行，2010 年，住房和城乡建设部与国家发改委联合制定颁发了《人民法院法庭建设标准》（建标138 – 2010），对人民法庭的建设内容和项目构成、建设规模和面积指标、选址和规划布局、建筑标准和建筑设备都作了明确规定，作为地方各级人民法院法庭新建、改建和扩建工程项目及各级发展改革、财政部门安排建设资金的基本依据。

4. 建立公用经费正常增长机制

将司法经费划分两类支出范围，采取不同的调整标准方式和经费负担方式，以建立司法机关公用经费正常增长机制。具体要求为：

一是省级财政部门要会同省级司法机关，根据财政部会同中央各司法机关已经下发的制定县级司法机关公用经费保障标准指导意见中确定的原则，制定、完善和调整本地区县级公用经费保障标准，对公用经费保障标准中的日常运行公用经费和办案业务经费划分各自支出范围。

二是日常运行公用经费标准，参照当地党政机关调整，需增加经费由同级财政负担；办案业务经费标准按案件量和办案成本调整，所需经费按照各级财政分类保障的规定予以解决。各级财政部门要按照标准，将公用经费足额列入预算，按标准及时、足额安排到基层单位，不得截留。

5. 严格实行收支脱钩

一是各级政府要将司法机关履行职能所需经费纳入财政预算按标准予以保障；各地区各部门不得向司法机关下达或变相下达罚没收入指标，不得将司法机关的经费支出与其行政性收费和罚没收入挂钩。

二是各级司法机关的行政性收费和罚没收入应按预算级次全部上缴国库；各级司法机关应建立内控机制，制定切实可行的制约措施和监督考核办法，防止出现因收支脱钩可能产生的执法不严、应收不收、应罚不罚等问题，造成行政性收费和罚没收入的非正常减少。

三是各级立法和执法机关要通过制定和完善有关行政性收费和罚没收

入的法律、规章，规范执收执罚人员在收费、罚没过程中的自由裁量权，既防止滥收滥罚，也避免少收少罚。

6. 建立地方司法基础设施建设投资保障机制

明确规定了对地方司法基础设施建设投资保障的机制、基本原则、建设重点及落实措施。

（1）地方司法基础设施建设投资保障的新机制是：明确各级责任、坚持建设标准、区分地区类别、规范建设程序、全额投资保障。

（2）地方司法基础设施建设的基本原则是：远近结合、立足长远；统筹规划、合理布局；坚持标准、资源共享；分类指导、有序推进；突出重点、基层优先。要求坚持在充分利用现有设施的基础上，科学论证、统筹规划、坚持标准、合理布局，杜绝铺张浪费，不搞重复建设，优先解决基层司法基础设施建设问题，特别是要优先解决无房、危房和面积严重不足的问题。

（3）从2011年开始的今后一个时期，中央支持地方司法基础设施建设的重点是：县级及县以上司法机关业务场所、中西部地区乡镇基层庭所。

（4）落实地方司法基础设施建设投资保障机制的主要措施。

①落实建设条件。地方司法基础设施建设项目所需建设用地，应依法办理建设用地审批手续，市、县级政府应当按照土地管理法律法规和划拨用地目录的规定以划拨方式供地，并按规定减免相关规费、负责安排土地和地上物的拆迁补偿费用，落实配套条件。

②坚持建设标准。地方司法基础设施建设要严格执行国家建设标准，严格履行建设项目审批程序，充分发挥政府投资效益，严禁超规模超标准搞建设，鼓励具备条件的地方积极推行项目代建制。

③明确分担比例。根据各地经济社会发展水平，自2011年起，区分地区类别，结合各地工程综合造价参考标准，由各级政府分区域按比例负担地方司法基础设施建设项目工程建设投资。

一是将地区类别划分为5类：一类地区，西藏自治区、新疆维吾尔自治区困难地区和新疆生产建设兵团。新疆维吾尔自治区困难地区包括新疆维吾尔自治区三地州、国家扶贫开发工作重点县和边境县市。二类地区，维稳任务重及经济困难地区，包括四川、云南、甘肃、青海四省藏区，新疆维吾尔自治区困难地区之外的其他地区，国家扶贫开发重点工作县。三类地区，西部和中东部除国家扶贫开发工作重点县以外的享受西部政策的县（市）。四类地区，中部和东部享受中部地区政策的县（市），包括福建省32个县（市）。五类地区，其他东部地区。

二是确定各级政府负担工程建设投资比例为：一类地区，中央100%；二类地区，中央85%、省级15%；三类地区，中央70%、省级25%、同级5%；四类地区，中央50%、省级25%、同级25%；五类地区，中央30%、省级30%、同级40%。其中，中央对三、四、五类地区的投入不高于上述负担比例；三、四、五类地区省级政府在保证省级投入总量不变并有所增加的基础上，可根据本省（自治区、直辖市）实际情况，适当调整各地建设项目的省、市、县负担比例，但调整幅度不得超过50%。

三是各地司法基础设施建设项目工程综合造价参考标准，由国家发改委同住建部结合各地建设工程实际造价，适时调整发布。2010年标准按5类地区确定，市地级每平方米2600～3000元、县级2100～2500元；中西部地区乡镇基层人民法庭等司法机关造价按每平方米1000元核算，造价上浮比例仍按2006年确定的比例执行；市级司法机关所在地基层司法机关的建设项目，按市级司法机关工程造价参考标准执行。

④切实落实资金。从2011年开始的今后一个时期，中央和地方各级政府都要切实加大对地方司法基础设施建设的投入力度。地方各级政府要把地方司法基础设施建设所需资金列入地方年度财政预算，确保建设资金按时足额到位，不得违法违规举借债务、承诺担保，避免形成新的债务。国家发展改革委安排的中央补助投资，将与各地加大投入和化解债务情况挂钩，适当向地方政府投入力度大、化解债务好的经济不发达地区倾斜。

"明确责任、分类负担、收支脱钩、全额保障"司法经费政策，通过明确各级政府的保障责任，加大中央和省级财政对贫困地区和基层司法机关的投入力度，建立公用经费正常增长机制，以中央投入带动省级和市县自身投入，有力促进了全国司法机关，特别是贫困地区和基层司法机关快速提高经费保障的总体水平，缩小上下之间和区域之间经费保障水平的差距，逐步缩小因经济发展水平和经费保障层级不同而导致的差异化问题，在全国司法机关全面实现全额保障、收支脱钩，为深化司法体制改革、推动建立公正高效权威的社会主义司法制度发挥了重要的作用。

（四）2014年制定的"省以下地方法院检察院财物由省级统一管理"政策

为解决影响司法公正的体制机制性问题，中央决定将省以下地方法院检察院财物统管改革与司法责任制改革、法院检察院人员分类管理改革、法官检察官职业保障改革一起列入司法体制四项基础性改革任务之一先行一步。2013 年 11 月，十八届三中全会作出的《中共中央关于全面深化改革若干重大问题的决定》明确提出"改革司法管理体制，推动省以下地方法院、检察院人财物统一管理"的要求。之后，在中央层面于 2014 年陆续下发关于深化司法体制改革的三个文件中对财物统管改革提出了原则要求：一是研究建立省以下地方法院、检察院经费由省级政府财政部门统一管理机制；二是地方各级法院、检察院经费上收省级统一管理，保证办公经费、办案经费和人员收入不低于现有水平；三是省以下地方法院、检察院经费统一管理，要体现财政管理特点，发挥高级法院、省检察院了解下级院情况的优势。

根据上述规定，今后，市县以下法院检察院经费从同级保障调整为省级统一保障；经费保障的来源是省级财政统筹 + 中央保障部分经费。"省以下地方法院检察院财物由省级统一管理"改革至 2020 年尚处于试点阶段，中央尚未形成全面系统的统一政策文件，需待今后继续研究推动。

第四节　司法经费保障状况

随着司法经费保障政策的完善和国家财力的增强，司法经费收支规模不断扩大、保障水平不断提高、执法办案条件大为改善，为司法机关有效履行各项职能提供了坚实的物质基础，为打击犯罪、维护稳定、推动国家经济社会发展和平安中国法治中国建设作出了重要的贡献。现以 1978 年改革开放以来全国司法经费支出总量和 2008～2018 年十年间全国法院的经费收支为主要对象分析研究，以窥司法经费保障总体状况之一斑。

一、司法经费收入情况[①]

（一）司法经费收入总量

司法（法院）经费收入总量，2018 年比 2008 年增长 243.2%，年均增长 13.12%。

---

① 本部分的数据根据全国法院财务统计资料分析整理。

1. 从分阶段看

2008～2013 年，是上一轮司法经费保障体制，即"明确责任、分类负担、收支脱钩、全额保障"体制建立发展期的 5 年，司法（法院）经费收入 2013 年比 2008 年，总量增长 77.5%，年均增长 12.16%；2013～2018 年，是司法经费保障新旧体制，即"明确责任、分类负担、收支脱钩、全额保障"体制向"省以下地方法院检察院财物由省级统一管理"体制转换期的 5 年，司法（法院）经费收入 2018 年比 2013 年总量增长 93.36%，年均增长 14.1%。

2. 从分改革进展看

从实行"省以下地方法院检察院财物由省级统一管理"改革进展看，2018 年与 2015 年相比，司法（法院）经费收入已统管省份，总量增长 57.67%，年均增长 16.39%；未统管省份，总量增长 50.35%，年均增长 14.56%；部分统管省份，总量增长 45.15%，年均增长 13.22%。

（二）司法经费收入结构

1. 从财政拨款收入与预算外收入的关系看

1998 年前，由于国家财政困难和当时从政策上鼓励各部门、各单位创收，司法机关经费收入，特别是办案和基础设施建设经费在很大程度上来自司法机关的行政性收费（法院为诉讼费）和罚没收入；1998 年，中央关于司法机关停止经商办企业政策实行后，财政保障力度不断加大，行政性收费和罚没收入逐步纳入预算管理，司法机关经费收入主要来自财政拨款（2006 年占 81.86%，其中，法院占 69.58%）；2008 年后，国家对落实"收支两条线"规定要求更加严格，2008～2010 年三年中每年预算外收入仅占司法机关（法院）收入的 2% 左右；自 2011 年开始，严格实行"收支两条线"管理，司法经费科目中不再有预算外收入的内容，经费全部来自财政拨款。

2. 从基本建设投入与司法经费收入的关系看

在司法（法院）经费总收入中，基本建设收入所占比重，2008 年为 7.24%，2010 年为 12.34%，2017 年为 4.67%。

3. 从中央、省级与市县各级投入的关系看

在司法（法院）经费收入中，中央、省级和市县同级所占比例，2008 年分别为 12.92%、2.84% 和 84.24%，2009 年分别为 17.06%、5.83% 和

77.11%，2018 年分别为 7.21%、39.42% 和 53.37%。

（三）司法经费收入水平

司法（法院）经费收入，无论是总量还是年均增长，都比财政收入高。2018 年与 2008 年相比，国家财政收入总量增长 198.96%，年均增长 11.57%；司法（法院）经费收入总量增长 243.2%，年均增长 13.12%；司法（法院）经费收入较国家财政收入总量增长高 44.24 个百分点，年均增长高 1.55 个百分点。

二、司法经费支出情况

（一）司法经费支出总量[①]

改革开放以来，全国司法经费支出从 1978 年的 18.82 亿元，增加到 2018 年的 10143.46 亿元和 2020 年的 10 980.68 亿元，占全国财政支出的比重平均为 4.23%。2020 年与 1978 年相比，司法经费支出总量增长 582 倍、年均增长 16.37%，2018 年与 1978 年相比，司法经费支出总量增长 538 倍、年均增长 17.03%。主要原因包括：一是司法事业快速发展对经费保障不断提出新的需求；二是在司法工作发展的重要阶段，中央及时制定出台了加强司法经费保障的政策并加大了对地方的支持力度；三是国家经济发展和财政收入的增长为司法经费保障提供了坚实的基础；四是按照公共财政及部门预算改革的要求，各级财政将司法机关经费保障作为重点支出内容，在预算安排上予以倾斜。

1. 从分年度情况看

1992～2020 年的 29 年中，除 2008 年和 2020 年司法经费支出较上年下降外，其余 27 年都保持了增长的态势。其中，增长最高的年份为 2010 年高达 52.41%，增长较高的后 4 个年份依次为 1994 年 47.66%、2007 年 33.42%、1996 年 28.05% 和 1998 年 27.82%。

2. 从分阶段情况看

1978～2018 年的 40 年间，以每 10 年为一个阶段，司法经费支出增长

---

① 本部分的数据根据《中国财政年鉴》（中国财政杂志社）、《中国统计年鉴》（中国统计出版社）分析整理。

最高的是 1998 年比 1988 年的 10 年，总量增长 5.54 倍，年均增长 20.66%；其次是 2018 年比 2008 年的 10 年，总量增长 3.92 倍，年均增长 17.3%；再次是 1988 年比 1978 年的 10 年，总量增长 3.5 倍，年均增长 16.23%；增长最低的是 2008 年比 1998 年的 10 年，总量增长 2.71 倍，年均增长 14.02%。

司法经费支出的这种增长态势，充分体现了司法经费保障政策的极大作用。例如，1998 年中共中央办公厅、国务院办公厅转发《财政部关于政法机关不再从事经商活动和实行"收支两条线"管理后财政经费保障的若干意见》，第一次以中央文件形式专门对司法机关的经费保障工作提出了全面、明确的要求和具体措施，各级党委、政府大力增加对司法机关的经费投入，同时，中央财政加大对贫困地区一般性转移支付及"政法专项转移支付"力度，直接提高了基层司法机关的经费保障水平，使这一阶段成为改革开放 40 年中司法经费支出增长最高的 10 年；居于司法经费支出增长第二位的 2018 年比 2008 年的 10 年，同样是由于 2009 年中共中央办公厅、国务院办公厅印发了《关于加强政法经费保障工作的意见》，确定了对司法机关经费实行"明确责任、分类负担、收支脱钩、全额保障"的政策，有力促进了司法经费保障水平的提高。

3. 从分部门情况看

2012~2020 年司法经费支出总额从 5098.32 亿元增加到 10 980.68 亿元，2020 年与 2012 年相比，总量增长 115.38%，年均增长 10.07%。其中，公安支出从 3610.45 亿元增加到 8055.80 亿元，检察支出从 464.29 亿元增加到 704.09 亿元，法院支出从 667.55 亿元增加到 1382.99 亿元，司法行政支出从 211.77 亿元增加到 470.6 亿元，其他司法支出从 144.26 亿元增加到 367.2 亿元。

（1）公安支出增速最高、检察支出增速最低。从 2020 年比 2012 年司法各部门支出增长情况看，首先是公安支出最高，总量增长 123.12%、年均增长 10.55%；其次是司法行政支出，总量增长 122.22%、年均增长 10.5%；再次是法院支出，总量增长 107.17%、年均增长 9.53%；最后是检察支出，总量增长 51.65%、年均增长 5.34%。增速最高的公安部门与最低的检察部门之间的差异很大，总量增长差异为 1.38 倍、年均增长差异近 1 倍。

（2）公安支出占比最大、司法行政支出占比最小。在司法经费支出总额中，公安支出不仅增速最高，而且占比最大，2012~2020 年平均占

72.4%；占比第二位的是法院支出，为12.88%；占比第三位的是检察支出，为7.87%；占比第四位的是司法行政支出，为4.11%；其他司法支出占比为2.75%。

在上述4个部门支出所占比重中，公安支出和检察支出占比在年度之间变化差异较大，法院支出和司法行政支出占比变化差异很小。公安支出占比最高的年份为2016年占74.34%，最低的年份为2013年占70.5%，最高年份与最低年份之间的差异为3.84个百分点；检察支出占比最高的年份为2013年占9.19%，最低的年份为2020年占6.41%，最高年份与最低年份之间的差异为2.78个百分点；法院支出占比最高的年份为2014年占13.5%，最低的年份为2019年占12.39%，最高年份与最低年份之间的差异为1.11个百分点；司法行政支出占比最高的年份为2015年占4.31%，最低的年份为2017年占3.87%，最高年份与最低年份之间的差异为0.44个百分点。

各司法机关所占司法经费支出的这种份额结构，与其机构规模、业务工作量及对经费的需求密切相关。例如，公安机关的规模和业务工作量最大，其在司法经费支出中所占比重一致保持在70%以上；检察机关由于2018年国家监察委员会成立而调减了部分职能，致使从2018年开始在司法经费支出中所占比重出现了下降。

4. 从占财政支出比重情况看

1978年和1988年及1992～2020年31个年度全国司法经费支出占财政支出的比重，有17个年度在4%以上，其中，2005～2007年3个年度在5%以上，分别为5.46%、5.38%和5.83%。占比最低的是1978年，仅为1.68%，次低的是1992年，为2.83%，其他年度均在3%以上。

（二）司法经费支出结构①

改革开放以来，全国司法经费支出结构发生了根本性变化，从长期主要用于公用经费支出转变为主要用于人员经费支出（详见图2、图3、图4）。主要原因包括：一是随着国家法治建设的加强，司法机关从"文化大革命"时期被砸烂到逐步恢复并快速发展，各项办案业务工作开展及物质装备建设需要大量经费投入，在改革开放后的30多年中，司法经费主要用于

---

① 本部分的数据根据全国法院财务统计资料分析整理。

公用经费支出；二是随着司法改革的深入，司法职业保障政策的落实，人员经费保障需要加大投入，同时，司法机关各项物质条件经过多年支持得到改善后对经费的需求趋于稳定并相应减少，使司法经费中用于人员经费支出的比重逐步上升，2014 年开始突破 50%，到 2018 年达到 57.59%。

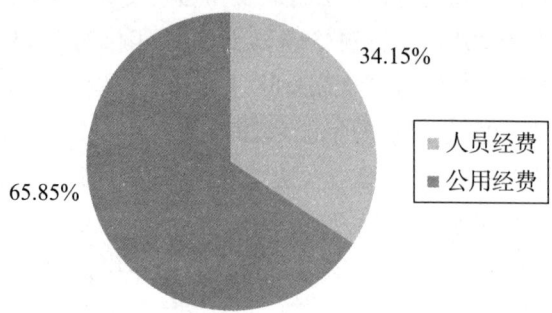

图 2　1998 年全国司法（法院）经费支出结构

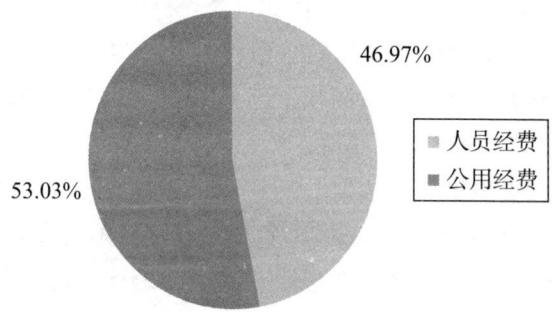

图 3　2008 年全国司法（法院）经费支出结构

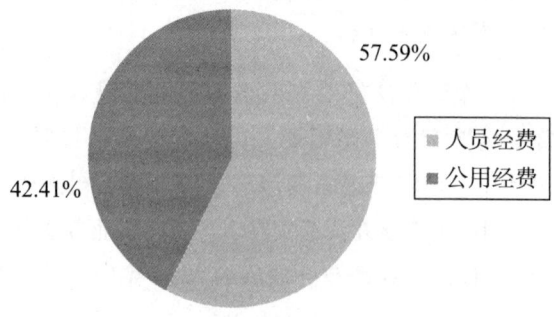

图 4　2018 年全国司法（法院）经费支出结构

1. 从人员经费与公用经费支出结构看

在 1996～2006 年全国司法经费支出中，人员经费与公用经费占比，1996 年分别为 42.01% 和 58.52%，2006 年分别为 44.11% 和 56.54%。其中，在全国法院经费支出中人员经费与公用经费占比，1996 年分别为 41.45% 和 58.55%，2006 年分别为 42.09% 和 57.91%。可见，这 10 年，全国司法经费支出中人员经费与公用经费占比变化不大，为 2 个百分点，其中，法院经费支出中人员经费与公用经费占比变化更小，仅为 0.64 个百分点。[①]

在 2008～2018 年全国司法（法院）经费支出中，人员经费与公用经费占比，2008 年分别为 46.97% 和 53.03%，2018 年分别为 57.59% 和 42.41%。可见，这 10 年，全国司法（法院）经费中人员经费与公用经费占比变化较大，相差 10.62 个百分点，由此也使司法（法院）经费支出结构发生了从长期以公用经费为主到以人员经费为主的根本性变化。

2. 从公用经费支出内部结构看

在全国司法（法院）公用经费支出的三个项目中，日常运行公用经费、办案业务经费和业务装备经费占比，2008 年分别为 41.7%、22.76% 和 35.53%，2018 年分别为 36.77%、45.12% 和 18.11%。可见，这 10 年，全国司法（法院）公用经费支出中日常运行公用经费、办案业务经费和业务装备经费占比变化较大，2018 年较 2008 年分别相差 -4.93 个百分点、22.36 个百分点和 -17.42 个百分点。

（三）司法经费支出水平

全国司法经费支出在总量增长的同时，支出水平也得到了不断提高。

1. 从经费与案件增长情况看

以 2017 年比 1998 年的 20 年间、2008 年比 1998 年的 10 年间及 2017 年比 2008 年的 10 年间三个阶段比较，全国司法（法院）受理案件量分别增长 129.72%、8.86% 和 111.02%；经费支出量分别增长 1131.58%、315.82% 和 196.19%（详见图 5）。

2. 从人均支出看

全国司法（法院）人均支出经费总额从 1998 年的 3.08 万元增加到

---

① 根据财政部统计数据分析整理。

2008 年的 12.78 万元、2017 年的 33.46 万元，2017 年比 1998 年增长 9.86 倍，其中，2008 比 1998 年的前 10 年增长 314.79%，2017 年比 2008 年的后 10 年增长 161.86%；从人均支出人员经费看，1998 年为 1.05 万元、2008 年为 6 万元、2017 年为 19.12 万元，2017 比 1998 年增长 17.21 倍，其中，2008 年比 1998 年的前 10 年增长 470.6%、2017 年比 2008 年的后 10 年增长 218.6%（详见图 6）。

图 5　全国司法（法院）经费支出与受理案件总量增长情况

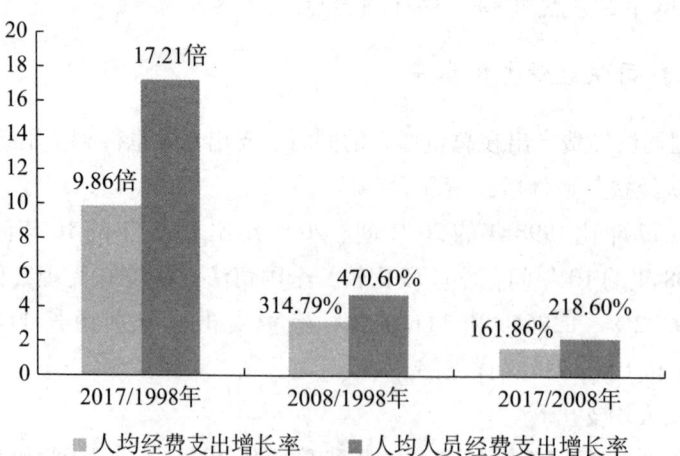

图 6　全国司法（法院）人均支出增长情况

3. 从案均支出看

全国司法（法院）案均支出经费总额 1998 年为 0.1 万元、2008 年为 0.38 万元、2017 年为 0.53 万元，2017 年比 1998 年增长 4.3 倍，其中，2008 年比 1998 年的前 10 年增长 281.97%，2017 年比 2008 年的后 10 年增长 40.36%；案均支出办案业务经费，2008 年为 0.05 万元、2017 年为 0.1 万元，2017 年比 2008 年增长 122.16%（详见图 7）。

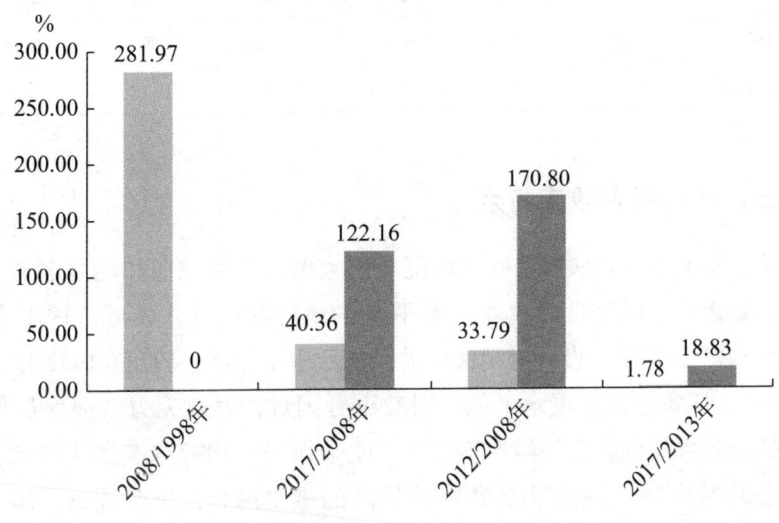

图 7 全国司法（法院）案均支出增长情况

4. 从经费改革对经费支出的影响看

党的十八届三中全会作出推动省以下地方法院检察院财物统一管理改革的决定后，对司法（法院）经费支出产生了新的影响。2015～2018 年，全国司法（法院）经费支出年均增长 16.02%，其中，已统管地区为 16.73%，未统管地区为 15.29%，部分统管地区为 14.28%。特别值得注意的是，业务装备经费，部分统管地区（1.88%）和未统管地区（7.36%），远远低于已统管地区 12.81% 的水平。即无论是总量还是年均经费增长，已统管省份最高，未统管省份次之，部分统管省份最低。特别是未统管地区，除了人员经费因落实法官工资改革政策必须兑现而增长了 18.16% 与全国平均 19.27% 的增长水平接近外，办案业务经费（10.72%）及业务装备经费（7.36%）远低于已统管地区 13.98% 及 12.81% 的水平。可见，推动改革是提高经费保障水平的有效途径（详见表 9）。

表9　全国司法（法院）改革进展不同地区经费支出增长情况

（2015～2018 年，年均增长%）

项目	经费总量	人员经费	公用经费			
			小计	日常运行公用经费	办案业务经费	业务装备经费
总支出	16.02	19.27	12.13	13.06	12.25	10.06
已统管地区	16.73	20.18	12.80	11.33	13.98	12.81
部分统管地区	14.28	18.37	9.15	16.22	4.51	1.88
未统管地区	15.29	18.16	11.61	15.21	10.72	7.36

三、司法经费收支特点

从根本上看，司法经费收支状况与国家财政政策取向和能力水平密切相关，要适应不同阶段财政收入水平及各司法部门工作实际。1978 年前"建设财政"，先保建设，对司法机关只能低水平保障；1978～1992 年"吃饭财政"，国家经济发展水平低，财政十分困难，财政无力"应保尽保"，只能鼓励各单位创收弥补经费不足（"吃杂粮"）；1992 年党的十四大后建立"公共财政"，司法作为公共财政保障的重要内容，出台政策、加大投入；1998 年司法机关停止经商活动后，不断加大中央、省级投入，带动市县级投入，提高保障水平。21 世纪的"现代财政"，是民生、效益财政，财政支出结构不断调整，压缩一般性、行政性开支，保重点、保民生，对包括司法在内的政府性开支都要讲效益，实行绩效预算，分事权、定责任。财政保障的趋势是，效益保障、法定保障、规范保障，必然要求各级司法机关要学会理财、编好预算、讲求绩效，统筹合理安排经费收支，做好保障与改革、发展各项工作。

（一）司法经费收入特点①

1. 对司法机关的投入状况，与国家对法治的认识、要求密切相关

1978 年前，司法机关不受重视，是经费保障最困难的时期；1998 年，从整顿国家市场经济秩序、规范执法行为出发，司法机关不经商后，加大

① 本部分的数据根据全国法院财务统计资料分析整理。

财政投入政策出台，财政保障程度明显提高；2009年，从深化司法体制改革、建立公正高效权威的社会主义司法制度考虑，改革司法经费保障体制，加大中央、省级财政保障责任及经费投入；2013年，从破除地方保护主义、确保人民法院和人民检察院依法独立公正行使审判权和检察权考虑，推动省以下地方法院检察院财物统管改革，市县级司法机关（法院检察院）经费实行省级统管、中央保障部分经费。

2. 司法经费收入总量增长较高，明显高于财政收入增长

近10年来，国家财政对司法机关支持保障十分有力，司法（法院）经费收入增长很高，无论是总量还是年均增长，后5年都高于前5年。主要原因是，2009年以来，随着司法经费体制改革深入，经费保障政策逐步稳定，保障措施落实逐步到位。同时，国家财政对司法工作极其重视，对落实中央关于经费保障政策的力度也前所未有，即使在国家经济下行压力加大、财政收入增长缓慢的情况下也是如此。近10年来，无论是总量还是年均增长，司法（法院）经费收入都远比财政收入高。特别是后4年，即2017/2013年与2012/2008年比较，在财政收入增幅大大降低（总量增长-57.63%，年均增长-10.09%）的情况下，国家财政对司法（法院）的经费投入仍高于前4年，总量增长高11.99%、年均增长高2.05%（详见图8、图9）。

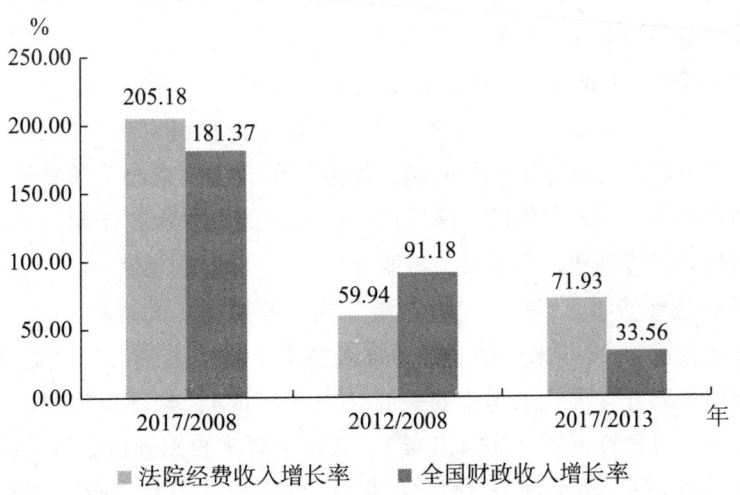

图8 全国司法（法院）经费收入与财政收入总量增长情况

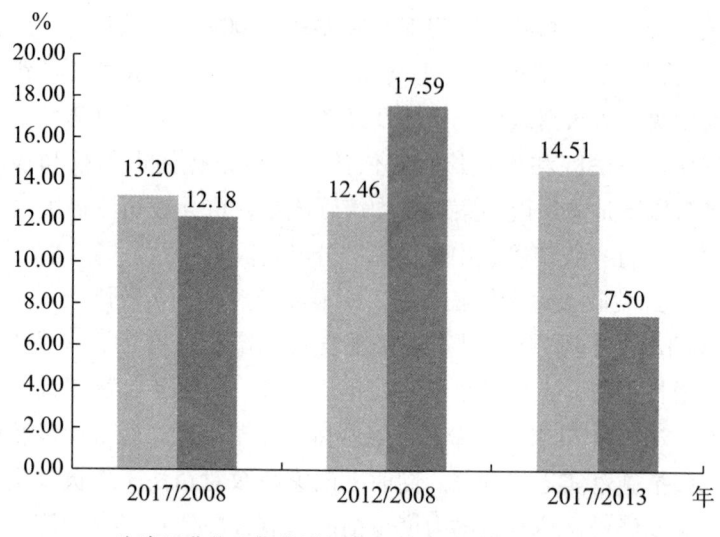

图 9 全国司法（法院）经费收入与财政收入年均增长情况

3. 司法改革和财物统管改革对司法经费收入影响较大

一方面，随着司法改革的深入、司法业务的发展，经费增长显著，保障更加有力。改革后 3 年（2018 年比 2015 年）与前 3 年（2014 年比 2012 年）相比，司法（法院）经费总量增长高 14.77 个百分点，年均高 3.81 个百分点。另一方面，财物统管体制改革对经费收入有重要的促进作用。2018 年与 2015 年相比，无论是总量还是年均司法（法院）经费增长，已统管省份最高，未统管省份次之，部分统管省份最低（详见表 9）。原因是，已改革后的省份保障责任明确，保障规范有力；未改革的省份，责任仍明确在市县，对基本保障，该投仍投；部分试点省份，体制不确定，责任不明确，等待观望，不愿投、不敢投。

4. 司法经费收入经历了"吃杂粮"到"吃皇粮"的过程

改革开放 40 多年来，司法经费收入经历了多渠道创收（"吃杂粮"）并以部门预算外各项收入为重要来源（1998 年前），到逐步将预算外收入纳入专户通过预算返还（2004 年前），直至主要来自财政拨款（占 90% 以上，2010 年前），到全部来自财政拨款（"吃皇粮"，2011 年后）的变化过程。主要原因是，国家对预算外收入管理政策的调整和"收支两条线"政策的落实。同时，在司法（法院）经费总收入中，基建收入所占比例很小，大部分年份占 10% 以下，最高年份占 12.34%（2010 年）。因此，各级司法机关要高度重视预算工作，做好日常各项预算基础，才能得到更好的预算经费支持，为司法机关提供有力的经费保障。

5. 司法经费收入中各级政府占比随着国家政策调整、财务改革等工作力度不同而变化

以 2008～2018 年全国司法（法院）经费收入为例，中央、省级和市县同级占经费收入总量的比例变化，呈现以下状态（详见图 10）。

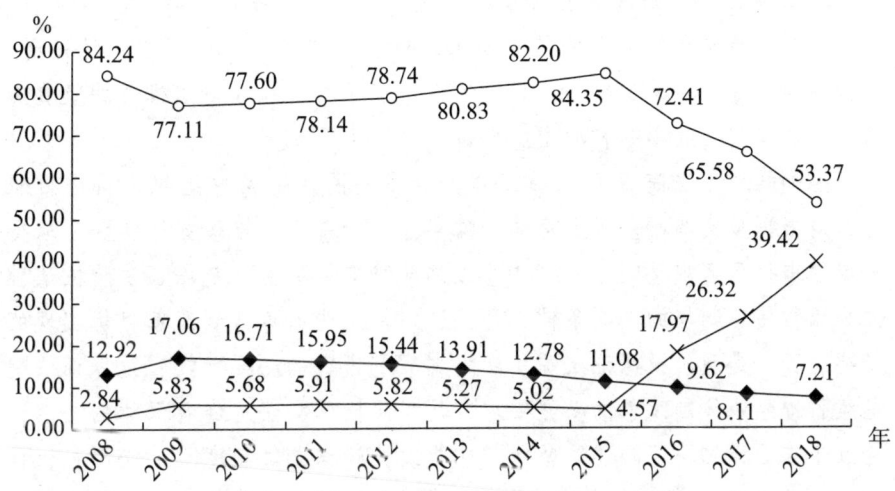

图 10　全国司法（法院）经费中中央省级与市县级投入比重

（1）中央级收入占比呈现低——高——低状态。2009 年开始，最高人民法院财务部门抓住改革契机，努力协调争取财政部用于司法（法院）的"中央政法转移支付资金"增加了 40 亿元，使司法（法院）经费收入中，中央占比从 2008 年的 12.92%，提高到 2009 年的 17.06%（最高值），到 2012 年最高达到 99.36 亿元。之后，由于深化财政体制改革统一要求减少整合中央专项转移支付资金，在最高人民法院积极研究探索和努力工作下，用于地方司法（法院）机关的"中央政法转移支付资金"得以保留，但总规模基本固定，致使中央收入占比逐年降低，到 2018 年降到 7.21%，从而出现中央收入占比呈现低——高——低的状态（详见图 10）。

【实例四】

对加强地方法院经费保障政策的研究探索

2009 年司法经费分类保障政策的实施，为地方各级司法机关提供了坚强有力的经费保障，大力支持和推动了司法机关执法办案能力和水平。这一保障政策实施的基础是中央财政大幅度增加"中央政法转移支付资金"，支持并带动省级和地方各级财政加大对司法机关的经费投入。

2012 年，根据财政体制改革关于减少、整合中央财政专项转移支付、扩大一般性转移支付资金的趋势要求，对包括"中央政法转移支付资金"在内的资金都面临减少整合，将给包括法院在内的地方司法机关的经费保障工作造成较大的影响和冲击。

为加强地方法院经费保障工作，最高人民法院紧急组织人员进行研究，对根据多次调研基础上总结出的实行"中央政法转移支付制度"取得的成效进行了客观反映，从"中央政法转移支付制度"是保证法院依法独立公正行使审判权的必要条件、是保证司法经费保障体制改革目标实现的必要途径、是现阶段保证法院执法办案顺利进行的必要前提、是保证法院继续推进经费体制改革的必然要求、是现阶段落实法院经费保障的必然选择五个方面详细论证阐述了坚持"中央政法转移支付制度"的必要性，提出了加强完善"中央政法转移支付制度"的三项具体意见，即继续实行"中央政法转移支付资金"制度并进一步加大投入力度、完善细化司法经费保障体制改革的相关配套办法、协调各方共同努力落实司法经费保障体制改革各项政策措施。研究情况和意见形成了《关于继续实行中央政法转移支付资金制度保障地方法院经费的报告》，于 2013 年 4 月以最高人民法院名义正式报告财政部，使此项转移支付资金得以保留，既定的司法经费保障政策得以延续。

（2）省级收入占比呈低——高——低——高状态。由于 2009 年后中央要求省级财政安排配套资金政策的落实，省级财政占比相对稳定，从 2008 年的 2.84%，缓慢上升，自 2009 年至 2014 年连续 6 年占 5% 多；2015 年降到 4.57%（最低值）。2016 年后省以下地方法院检察院财物统管改革，司法（法院）经费保障体制调整，实行统管改革后的省份司法（法院）经费由省级财政直接保障，所占比例激增至 2016 年的 17.97%、2018

年的 39.42%（最高值），从而出现省级占比由低——高——低——高的状态（详见图 10）。

（3）市县同级收入占比呈高——低状态。2009 年实行司法经费保障新体制后，中央、省加大对中基层司法（法院）机关的经费支持力度，使得同级占比下降（2008 年最高，占 84.24%；2009 年开始降低，2009~2015 年占 77%~84%）。2016 年后，统管改革省份扩大，省级财政直接保障，市县经费占比再次下降，从 2016 年开始降低 10 个百分点以上，到 2018 年降到占 53.37%（最低），从而出现同级占比由高——低的状态（详见图 10）。

（二）司法经费支出特点

1. 司法经费支出总量增长很高，且高于财政支出和案件增长速度

（1）司法经费支出高于财政支出增速。1978~2020 年，司法经费支出不仅自身增长速度高，而且高于财政支出的增长速度，年均增长高出 2.58 个百分点。其中，1978~1988 年的 10 年间，司法经费支出比财政支出增速高出近一倍，为 7.93 个百分点。[①] 主要原因是，随着国家法治建设的加强，司法机关在国家治理中的作用越来越大、任务越来越重，机构快速恢复设置、人员不断增加、基础设施建设及业务技术装备不断加强、办案业务工作不断增多，都对经费投入不断提出新需求。各级财政对司法机关采取了有别于一般党政机关的经费保障政策，大力支持司法机关各项建设和事业发展，重点保障司法机关的经费需要，不断提高司法经费保障水平。

（2）司法经费支出高于案件和人员增速。20 年来，全国司法（法院）经费支出增长远高于案件增长，前 20 年（2017 年比 1998 年）高 1001.86 个百分点。近 10 年来，尽管随着司法改革深入司法（法院）案件量猛增，经过司法（法院）部门大力争取各方支持，使经费支出水平保持很高增长，且高于案件量增长，切实保障了司法（法院）审判执行等各项经费需求。2018 年与 2008 年相比，司法（法院）经费支出总量增长 235.28%、年均增长 12.86%，分别比同期案件总量增长高 100.13%、年均增长高 3.93%。其中，办案业务经费支出比司法（法院）经费支出总量增长高 2.96 倍，年均增长高 9.25 个百分点，为司法（法院）机关执法办案第一

---

① 根据《中国财政年鉴》（中国财政杂志社）、《中国统计年鉴》（中国统计出版社）分析整理。

要务的完成提供了有力的经费保障；人员经费总量增长比人员总量增长高2.97倍，年均增长高13.94%，以有力的人员经费保障司法（法院）人员数量增加、待遇提高，以及司法人员职业保障制度改革政策切实落实到位。①

（3）司法经费支出增长与经费体制改革密切相关。司法经费支出增长水平与司法经费政策完善，特别是经费体制改革密切相关。例如，2009～2013年司法经费支出总量增长137.24%、年均增长24.11%，比2004～2008年总量增长高出3.17倍、年均增长高出2.27倍，而且这种增长是在同期财政支出负增长（总量增长为-4.38%、年均增长为-0.69%）的情况下实现的。② 主要原因是，2009年中央实行"分类保障"的司法经费保障体制改革，采取了一系列切实有效的改革措施，各级党委、政府及财政部门积极落实中央改革要求，对司法机关经费安排予以大力倾斜，使司法机关经费支出实现了高速增长。

2. 司法经费支出水平不断提高，人员及办案经费得到了实质性增长

（1）人均支出增长较高，人员经费得到了有力保障。1998年以来的前10年，即2008年比1998年，全国司法（法院）人均支出增长314.79%；后10年，即2017年比2008年，人均支出增长161.86%，司法（法院）经费得到了实际的增长。其中，人均支出人员经费增长，高于人均支出总额增长，2008年比1998年高155.81%、2017年比2008年高56.74%。

（2）案均支出水平增幅很高，办案经费得到了切实保障。随着司法（法院）案件量快速增长，全国司法（法院）案均支出总量仍有很大增长，2017年比2008年增长40.36%。其中，案均支出办案业务经费增长更高，达122.16%，对执法办案经费保障十分有力。

3. 司法经费支出优先保障人员和办案需要，与司法改革的方向和重点相一致

（1）人员经费支出占比逐渐上升。随着司法机关各项物质条件的不断完善和司法改革的深入，特别是2015年后落实司法责任制改革要求增加法官员额工资等法官职业保障政策，全国司法（法院）人员经费占比，从1998的34.15%，上升到2008年的46.97%和2018年的57.59%。由此，

---

① 根据全国法院财务统计资料分析整理。

② 根据《中国财政年鉴》（中国财政杂志社）、《中国统计年鉴》（中国统计出版社）分析整理。

也使司法（法院）经费支出从主要用于日常运行、办案业务等公用经费，转变为主要用于维持人员开支需要。

（2）办案业务经费支出占比急速提高。由于 2009 年后"中央政法转移支付资金"支持，重点保障了办案业务需要，在全国司法（法院）公用经费支出中，办案业务经费从 2008 年占 22.76%，急速提高到 2018 年占 45.12%。

（3）业务装备经费支出占比猛降。受财物统管改革政策不确定及公车改革政策影响，全国司法（法院）装备投入特别是车辆装备经费投入减少，业务装备经费占公用经费支出的比例，从 2008 年的 35.53%，猛降到 2011 年（最低）的 15.85% 和 2018 年的 18.11%。

4. 司法经费支出日常经费效率高，基建支出不稳定

2008 年以来，全国司法（法院）每年的日常经费支出占收入的比重都在 95% 以上，经费使用效率很高。基建项目，有的年份安排了资金，但工程进度慢，资金未使用；有的年份工程进度快，使用了以前年度的资金，这与工程项目的规律和工作力度都有关系。因此，司法各部门应树立绩效意识，不仅要会要钱，还要会花钱、花好钱。[①]

第五节 司法经费保障改革

司法经费保障的原则、模式、政策制度及保障状况，与国家财政制度、经济发展状况及司法工作实际密切相关，特别是国家财政制度对司法经费保障起着关键的作用。党的十八大以来，随着全面深化改革的推进，国家财政制度改革不断深入，司法经费保障也面临着重大改革。[②]

一、司法经费保障改革背景

（一）建立现代财政制度对司法经费保障改革提出了新要求

党的十八届三中全会决定提出"建立事权与支出责任相适应的制度"，

---

① 第 2~4 三部分的数据根据全国法院财务统计资料分析整理。
② 本节参见唐虎梅与刘尚希组织并执笔课题研究报告《我国审判领域财政事权与支出责任划分改革研究》，载《财政研究》2021 年第 5 期（总第 459 期）。

一方面强调科学有效设定和细化多级政府间事权责任，另一方面明确政府间交叉事权的支出责任划分，进一步强化中央事权和支出责任。党的十九大报告进一步提出，"加快建立现代财政制度，建立权责清晰、财力协调、区域均衡的中央和地方财政关系"。十八届三中全会以来，围绕建立事权和支出责任相适应的制度，国家进行了四个方面的改革。

1. 出台改革指导意见，为中央与地方事权和支出责任改革的分步实施勾画具体时间表和路线图

2016 年 8 月，国务院发布了《关于推进中央与地方财政事权和支出责任划分改革的指导意见》，不仅对中央、地方财政事权和支出责任如何划分提出了原则性的指导意见，如明确了"谁的财政事权谁承担支出责任""适度加强中央的财政事权""减少并规范中央与地方共同财政事权"等重要原则，还对中央财政事权、地方财政事权、中央地方共同事权进行了明确划分。在此基础上，为中央与地方事权和支出责任改革的分步实施勾画了具体的时间表和路线图，即 2016 年先从国防、国家安全等领域着手，2017～2018 年深入到教育、医疗、环保、交通等领域，2019～2020 年基本完成主要领域改革，形成中央与地方事权和支出责任划分的清晰框架。

2. 将部分领域的事权划分改革与该领域的深化改革同步推进

党的十八届三中、四中全会提出"探索建立与行政区划适当分离的司法管辖制度""优化司法职权配置"的改革任务和重要措施。此后，最高人民法院设立巡回法庭，成为推进司法体制改革的重要平台。巡回法庭是最高人民法院的派出机构，其人财物由最高人民法院统一管理，与地方政府没有直接利益关系，司法权运行不易受到地方干扰，极大地促进了司法公正。此外，实施环保监察省以下垂直管理、环境监测全覆盖和环境督察制度，建立国家公园体制等，都是为了配合环保监察等领域的事权划分改革而推出的配套改革事项。即将中央和地方财政关系改革，与中央和地方其他关系改革一起谋划，并注重发挥财政的基础和支柱作用。

3. 国家基本公共服务清单已明，支出责任分担方式正在探索

2017 年 3 月，我国出台了《"十三五"推进基本公共服务均等化规划》，首次推出国家基本公共服务清单，依据现行法律法规和相关政策，确定了公共教育、劳动就业创业、社会保险、医疗卫生、社会服务、住房保障、公共文化体育、残疾人服务等八个领域的 81 个服务项目，以及每个项目的具体服务对象、服务指导标准、支出责任、牵头负责单位等，要求

在规划期内落实到位，并结合经济社会发展状况，按程序进行动态调整，以此作为政府履行职责和公民享有相应权利的依据。随后多省跟进，出台了各省"十三五"基本公共服务清单。与具体服务相对应的是支出责任，已公布的支出责任表述，包括"市、县（市）政府负责，中央和省级财政适当补助""中央、省和市政府共同负责""中央和地方政府分级负责"等，在一定程度上对支出责任主体予以界定，相关部门正在探索针对不同的基本公共服务，采取差异化分担机制。

4. 将界定和划分政府间财政支出责任的直接依据划定为财政事权，降低了改革难度

2018 年 1 月，国务院印发《基本公共服务领域中央与地方共同财政事权和支出责任划分改革方案》（国办发〔2018〕6 号），通过明确与人直接相关的最基本公共服务事项的共同财政事权范围，明确相关基本公共服务事项保障标准，规范支出责任分担方式，调整完善转移支付制度等，明确了基本公共服务事项财政事权和支出责任划分的具体规则，直接划分了部分最基本公共服务事项的财政事权和支出责任，既实现了财政事权和支出责任划分改革的重点突破，又为后续推动分领域财政事权和支出责任划分改革提供了引领和支撑。该方案的出台标志着财政事权和支出责任划分取得了新的重大进展，对进一步完善分税制财政体制，加快建立现代财政制度，推进国家治理体系和治理能力现代化将产生积极的推动作用。此后，国务院于 2019 年和 2020 年相继印发医疗卫生、科技、教育、交通运输、生态环境、自然资源、应急救援等领域中央与地方财政事权和支出责任划分改革方案。

改革开放以来，我国的司法经费保障基本是建立在"分灶吃饭"及分税制财政体制基础上的。随着上述中央关于加快建立现代财政制度要求的推进落实，在司法领域建立司法事权与支出责任相适应的制度，成了改革司法经费保障制度的重要而紧迫的任务。本节以法院和检察院为例，分析研究在建立司法领域事权与支出责任相适应制度中司法经费保障改革的主要构想。

（二）司法事权与支出责任不适应造成了司法经费保障的新问题

1. 司法领域财政事权与支出责任划分的现状

（1）司法领域财政事权与支出责任划分改革的进程。改革开放以前，

我国是中央高度集权的计划经济体制，司法系统的事权与支出责任实质上也是中央统一负责的，可以视为都是中央事权和支出责任。1980年适应法院和检察院设置以及经济社会发展的需要，司法系统实行"分级管理、分级负担"的体制，其经费主要是由同级政府负责保障和管理的，其事权与支出责任实质上可视为以市县同级为主。随着各地经济发展差异和基层经费保障困难问题的突出，2009年将司法经费体制改革为"明确责任、分类负担、收支脱钩、全额保障"，中央加大了对地方司法部门的经费投入力度，但仍然是地方为主负责保障和管理，即事权与支出责任仍主要在地方。党的十八大以来省以下地方法院检察院财物省级统管改革开始推开试点，形成了新的司法领域事权与支出责任划分的新格局。

（2）司法领域财政事权与支出责任清单。司法领域财政事权与支出责任划分，首先需要厘清事权及支出责任清单。按照司法领域业务运行需要，将其事权与支出责任范围列举如下：人员经费、公用经费（日常运行公用经费和办案业务经费）、业务装备经费、基础设施建设经费（办公基础设施建设经费和业务基础设施建设经费）。其中，日常运行公用经费是人民法院和人民检察院用于保障正常运转所发生的经费支出，包括正常办公的水电、物业、差旅等相关费用；办案业务经费是人民法院和人民检察院用于履行审判和监督职责，完成日常和特定的办理案件及开展业务工作任务所发生的经费支出，包括办案、会议、培训、司法救助及国家赔偿经费等；业务装备经费是人民法院和人民检察院用于各类业务装备购置和安装调试的经费支出，包括办案所需各类法庭标志性装备、信息化装备、功能用房设备、执法执勤用车、安全检查装备、警务装备等；基础设施建设经费是人民法院和人民检察院用于办公和业务基础设施建设以及大型修缮的经费支出，包括办公基础设施建设、审判法庭建设、人民法庭建设、检察业务用房建设、业务技术用房建设等经费支出。

根据对司法领域事权与支出责任改革进展的描述，我国目前司法领域事权与支出责任的清单如下表（详见表10）。

党的十八届三中全会以后实行了地方法院检察院人财物省级统管改革，就事权与支出责任划分状况而言，由于地方改革到位情况不一，划分状况也不一样，改革到位后的情况就是表10中的事权和支出责任清单内容省以下事权与支出责任统归为省级承担了。

表10 省级统管改革前司法领域事权与支出责任划分清单

项目		中央	省级	市级	县级
人员经费		本级	本级	本级	本级
公用经费	日常运行公用经费	本级	本级	本级	本级
	办案业务经费	本级	本级	原则本级；维稳任务重的地区及中西部困难市中央、省、市分担	中、西部：中央、省、县分担 东部：原则本级，省级补助困难县；中央奖补
业务装备经费		本级	本级	原则本级；维稳任务重的地区及中西部困难市中央、省、市分担	中、西部：中央、省、县分担 东部：原则本级，省级补助困难县；中央奖补
基础设施建设经费	办公基础设施建设经费	本级	本级	本级	本级
	业务基础设施建设经费	本级	本级	中央、省、市按比例分担	中央、省、县按比例分担

2. 司法领域事权与支出责任划分存在的问题

（1）司法事权划分与我国两级治理结构不相适应，制约了我国的治理能力。我国1994年的分税制改革，实际上是确立了中央和省级两级治理机制，省级包括省以下层级政府的管理。但是，我国的司法事权和支出责任划分，仍然是在中央承担一定补助责任情况下的逐级保障体制，与我国的两级治理体制不相适应，更与司法权作为中央事权的属性要求不相适应。从长远看，司法机关的经费垂直管理体制是司法权的性质和属性的必然要求，是维护国家法制统一的必要保证，也是理顺司法管理体制的前提和关键。现行的与我国两级治理体制不相适应的司法领域事权和支出责任划分的格局，制约了我国的治理能力。

（2）司法事权与支出责任划分不够清晰匹配，降低了效率和工作质量。财政事权和支出责任划分是财政改革的重点和难点，成为制约财政改革的重要方面。而司法领域的事权和支出责任划分，又是处在立法、执法、司法大体系中与政府并行的地位，长期以来我国又把司法事权混同于政府行政事权管理。上述诸多原因，导致司法领域事权与支出责任划分不够清晰、不够匹配，也导致局部因为事权不清晰、保障责任不明确而出现可能影响司法公正的诸多问题，轻的影响或降低司法工作效率和工作质量，严重的则会因变通方式"获取"收入保障等而扭曲司法的公正性。

（3）现行经费供给和财务管理模式不利于司法公正。我国司法领域长期以来实际的管理体制是以地方管理为主、以上级司法机关管理为辅的模式。地方司法机关人、财、物主要都由地方负责，同时，上下级司法机关之间存在业务指导关系，司法领域事权与支出责任划分，从形式上看存在明显的地方化、行政化色彩，会对司法的公正性带来一定影响。

（4）财物统管改革中出现了一些新问题，增加了管理风险。建立健全省以下地方法院检察院经费由省级财政部门统一管理的体制机制，有利于推动司法管理体制的深层次改革，有利于实现省以下地方法院检察院"去行政化、去地方化"的改革目标，避免法院检察院工作受地方干预，促进公正司法，维护司法权威。综合分析，有些地方在实践中探索尝试的模式，由于改革难以到位而存在管理不到位、操作难题等问题。

①管理不到位。财物省级统管改革中，无论是改革一步到位的省级统管，还是委托法院检察院系统或下级财政系统代管，都面临管理不到位问题。省级统管到位的，由于省级财政部门管理司法经费的人员有限，一次性增加数百个一级预算单位，省级财政部门人员能力严重不足，管理缺位；委托省级法院检察院或下级财政部门管理的，存在管理责任缺失的问题，容易出现省级财政人员不足管理难以到位，而委托代为管理的部门又不得不请示省级财政，导致管理的责任又落到省级财政部门，但实际上省级财政还是没有能力管到位。比如，如何配置省级财政部门与省级法院检察院间的职责权限，既实现经费预算管理由省级财政部门统一管理，又有效发挥省级法院检察院熟悉业务工作的优势，两者如何结合，都面临挑战。所有这些，都有管理不到位的问题。

②存在操作难题。实行省级统管，如果辖区范围过大，且信息化水平滞后，省以下地方法院检察院在预算申报、政府采购等方面需要频繁往返于省城、市县之间，既浪费时间，也不利于节约成本。政府采购等行为发生频繁，时效性强，偏远地区法院检察院都到省级财政部门办理相关业务较为烦琐，成本也高。同时，还存在需要同步改革的问题，法院检察院系

统财物省级统管了，但是其他职能部门配套改革或联动改革不到位，导致一些业务管理存在困难，如人员管理、信息化建设等，都存在操作难题。

代为管理模式便于相关职能部门沿用原渠道管理，调整幅度相对小，但需要处理好管理责任匹配的问题。首先，省级法院和检察院与省级财政部门间的责权关系如何处理。省级财政部门委托省级法院检察院承担省以下地方法院检察院经费预算管理相关工作时，需要加强对省级法院检察院的监督指导，促使其切实履行职责，防止出现委托代理问题。其次，省级财政部门与市县财政部门在权责上的边界应该如何进行划分。要避免出现"两头都管"或者"两头都不管"的情况，防止双方在事权与支出责任上的推诿和扯皮。

3. 党的十八大以来司法领域事权与支出责任划分改革的机遇与挑战

党的十八大报告从全局和战略的高度，强调要全面深化经济体制改革，并对当前及今后一个时期加快改革财税体制、完善公共财政体系提出了明确要求。按照党的十八大报告要求，今后一个时期健全财政体制的主要目标是围绕科学发展主题，按照健全中央和地方财力与事权相匹配体制的总体要求，进一步理顺各级政府间财政分配关系。合理界定中央与地方的事权和支出责任，优化收入划分和财力配置。健全统一规范透明的财政转移支付制度，优化转移支付结构，提高转移支付资金使用效益。建立完善县级基本财力保障机制，加强县级政府提供基本公共服务财力保障。当前，我国正值新一轮财政体制改革和简政放权改革，司法经费保障体制机制建设面临着新的机遇和挑战。

司法领域事权与支出责任划分，不仅要以本国的财政体制为基础，而且应当符合其司法体制的要求和司法工作的客观规律。从我国目前情况看，司法管理体制与行政管理体制基本一致，还存在一些司法权的地方化或受地方干预的情况。如何通过司法领域的事权与支出责任划分，完善司法领域经费保障，党的十八届三中全会和四中全会后，我国积极开展的法院检察院人财物省级统管的改革，各地进行了不同模式的探索，也为研究制定科学合理的司法经费保障改革政策提供了有益的经验和值得注意的问题。

二、司法经费保障改革原则

（一）按事权与支出责任划分确定经费保障制度的一般原则

1. 事权、财政事权和支出责任

事权是指一级政府在公共事务和服务中应承担的职权和职责，即政府应该做什么事。逻辑上，事权可以分为财政事权和行政事权及其他事权。财政事权由财政部门负责，是一级政府应承担的运用财政资金提供基本公共服务的任务和职责；行政及其他事权由行政部门及其他部门负责。支出责任则是基于事权划分，政府在履职时支出的义务和保障。

2. 事权划分的原则

在政府职能划分上，如有可能，将全部政府职能划分为中央政府的职能是最简便的，可以避免各级政府的利益冲突。但对大的经济体而言，因为信息的相对复杂性，实际上中央政府难以解决所有问题，并且地方政府更接近当地居民，更了解其愿望和需求，由地方政府提供部分公共服务，可以提升供给效率。总体而言，事权划分需要遵循以下原则。

（1）体现基本公共服务受益范围。受益范围，即外部性问题。外部性是指经济主体（包括厂商或个人）的经济活动对他人和社会造成了影响，而该经济主体却并不为此承担责任。政府提供公共服务的过程中也会产生外部性。例如，地方政府本着为辖区内居民改善公共医疗服务的初衷，投资建立了设备先进的医院，而毗邻辖区的居民也可以享受该医院提供的医疗服务，那么医院的建立就对邻近地区的居民产生了正外部性——辖区外的居民不需要为建立医院分担成本，却享受到了医院的服务。正是由于政府提供公共服务也会产生外部性，在决定政府职责的划分过程中，要看公共服务的外部性由哪一级政府来承担，如果外部性主要发生在当地，即这项活动的外部性只是使一个地方得益，或者只是使一个地方受损害，这个事情就应该交给这个地方来管理；如果其外部性是跨区域的，应该由更高的区域级别政府管理。各项公共服务的提供，应该由控制着这一服务提供的效益与成本内部化的最小地理区域的辖区来进行。在中央授权范围内，合理确定各级财政事权，使基本公共服务受益范围与政府管辖区域保持一致。维护全省统一市场以及受益范围覆盖全省的基本公共服务由省级负责，市县辖区内的基本公共服务由市县负责，跨设区市的基本公共服务由省与市县共同负责。

（2）兼顾政府职能和行政效率。考察不同的政府职责如何在中央政府与地方政府之间划分，需要考虑信息处理的复杂性。地方政府最重要的比较优势在于它搜集和加工差异性信息的能力明显比中央政府强。因为地方政府熟悉基层事务，比中央政府容易识别信息不对称，因此，信息处理越复杂，越可能造成信息不对称的事项，越应让地方管理。如果按照信息的复杂程度，应该由地方政府来管理的事务，但同时又具有跨地区的外部性，那么可以由地方政府管理，中央政府提供帮助。考虑我国的情况，在中央授权范围内，结合现有省和市县政府职能配置和机构设置，更多更好发挥市县政府尤其是县级政府组织能力强、贴近基层、获取信息便利的优势，将所需信息量大、信息复杂且获取困难的基本公共服务优先作为市县财政事权。将信息比较容易获取和甄别的全省性基本公共服务确定或上划为省级财政事权。具有全局性的问题，或者外部性具有全局性的问题，就需要中央政府来解决。

（3）激励相容原则。如果在某种制度安排下，各级政府都按划定的职能尽力做好自己的事情，就可以使全局利益最大化，那么这种制度安排就是激励相容的。激励不相容，局部利益可能损害整体利益。如果支出责任的划分不符合激励相容的原则，那么就可能引起许多问题，如某些企业排污把邻近的其他地区污染了，或者发生跨地区的司法纠纷问题，这类跨区域纠纷如果由某一区域地方政府处理，就可能会出现不公正的结果。不按照激励相容的原则适当地划分政府间职能，会造成经济社会运行的低效率。考虑到我国的现实，激励相容原则要实现权、责、利相统一。在中央统一领导下，适宜由省级承担的财政事权上划省级，加强省级财政事权执行能力；适宜由市县承担的财政事权下放，减少省级部门代市县决策事项，保证市县有效管理区域内事务。明确共同财政事权省与市县各自承担的职责，促进财政事权履行涉及的战略规划、政策决定、执行实施、监督评价等各环节在省与市县之间合理安排和有效衔接，做到财政事权履行权责明确和全过程覆盖。同时，通过有效授权，合理确定地方财政事权，激励地方政府尽力做好辖区范围内的基本公共服务提供和保障，避免出现不作为或因追求局部利益而损害其他地区利益或整体利益的行为。

3. 财政事权划分的内容

（1）政府与市场的事权范围界定。如何确定政府职能的界限是一国经济健康发展的关键因素，对我国的市场经济也不例外。理论和实践告诉我们，市场机制是资源配置的有效方式。但是，市场配置资源的作用范围仅限于与市场有关的领域，它无法覆盖社会的所有领域。自发运行的市场经济在许多情况下难以达到社会资源的有效配置。"看不见的手"会出现市场失灵的问题。在这种情况下，政府必须插足其中，运用一定的手段来规范市场力，对市场参与者加以制约和引导。这样，才会使资源配置向帕累托效率状态逼近。政府最基本的职能是制定和实施有效率的产权，为社会经济的有效运作和公平竞争确立起一套合适的规则，使市场机制的有效运作成为可能。市场失灵提出了公共产品的概念，即具有消费或使用上的非竞争性和收益上的非排他性，政府重要的职责就是提供公共产品，所以，从经济角度讲，政府的职能边界，就是弥补市场失灵，市场能做的交给市场，市场不能做或不愿意做的，就由政府来做。

（2）中央与地方事权与支出责任划分。在界定清楚政府的职能边界以后，就是政府的职能在不同层级的政府之间划分了。包括中央和地方之间的财政关系，以及省以下政府间的财政关系。这涉及税收返还和转移支付制度等。此外，还需在中央与地方事权与支出责任划分的基础上，考虑省以下事权与支出责任划分。

（二）按司法事权与支出责任划分确定司法经费保障制度的原则

1. 司法领域的主要事权及相关关系

司法权的性质和特点是研究司法领域财政事权与支出责任划分和确定司法经费保障制度的前提和基础。2013年中央重申"司法权从根本上讲属于中央事权"的论断。我国司法领域财政事权与支出责任划分的特殊性和复杂性，需要在遵循事权与支出责任划分一般原则的基础上，既要正确认识司法权的属性，理解其中央事权的属性，明确中央事权不等于中央政府的事权，又要注意到"地方特质"，并明确司法权与其他事权的关系。

司法领域的事权，有广义和狭义之分。广义上的司法领域的事权，客观上为地方政府承担司法领域一定的支出责任提供了理论依据。狭义上的司法领域的事权，重点在于界定司法权和行政管理权。

（1）广义上的司法领域事权。从广义上而言，司法领域的事权，不仅包括司法权、法院和检察院系统内部的行政管理权，还包括党（委）、人大及政府等部门的领导和管理等权力。广义上的司法领域的事权，客观上要求地方政府承担司法领域一定的支出责任。

①司法权。司法权是国家权力的重要组成部分，是指依据法律规定的范围、程序，由人民法院和人民检察院调查认定事实、适用法律和对案件作出审理裁判的公权力。司法权是法院和检察院所专有的一种排他性的基本权力，除法院和检察院之外其他任何机关不享有这种权力。司法权的范围与限度主要体现在两个方面的内容：一是法律的解释权；二是裁量权。

②党（委）、人大及政府等部门的领导和管理等权力。根据我国的政治制度，党是国家领导的核心，人民代表大会制度是中国的根本政治制度，全国人民代表大会是我国的最高权力机关，各地方人民代表大会是地方的权力机关。各级法院的院长和检察院的检察长由相应的各级人民代表大会任命，并向人大及其常委会报告工作，接受其监督。因此，要根据我国的政治制度，明确司法领域事权与党（委）、人大及政府等部门的权力关系，既要坚持党对司法工作的领导，发挥党（委）、人大及政府等部门的领导、管理和监督等权力，又要保证公正司法，避免党（委）、人大、政府及相关人员等对司法的直接干涉。

③司法系统内部的行政管理权。法院和检察院系统内部的行政管理权，亦即法院和检察院系统拥有的司法行政管理权。通常认为，法院和检察院系统内部的行政管理权是指人民法院和人民检察院根据其职能、性质和特点，利用行政管理的理论、手段和方法，对法院和检察院自身的行政事务进行计划、组织、指挥、协调和保障等管理的权力。它具体包括审判和检察管理权、司法政务管理权、司法人事管理权、司法财物管理权等。法院和检察院系统内部的行政管理权，其基本和首要功能在于为审判权和检察权提供良好的运行环境，服务和保障审判权和检察权的运行。行政管理权的行使通过准确认识和把握审判和检察活动规律，对审判和检察过程中的事务性工作进行安排，对审判权和检察权及审判和检察行为进行组织、动员、控制，对审判和检察资源进行合理协调，从而保障审判和检察活动的有序高效运行。

（2）狭义上的司法领域事权。从狭义上而言，司法领域的事权是指审判权、检察权和法院、检察院系统内部行使的行政管理权，即权力行使的主体是各级人民法院和人民检察院。可以说，司法领域事权就是指狭义的审判和检察领域事权，就是人民法院和人民检察院依照法律规定独立行使审判权和检察权所开展的审判、检察、执行、非诉、管理、保障等各类活动。

行政管理权是辅助法院和检察院行使审判权和检察权的行政事务管理权，它虽然是审判权和检察权的延伸，对于审判权和检察权的运行，既有服务、保障功能，也有监督、制约功能，还有评价、导向功能，但其本质上仍属于行政权范畴，应从属于审判权和检察权。

审判权和检察权不是管理权，而是直接针对具体案件的管辖、审理、监督、判决、执行的权力，行政管理权的行使对审判权和检察权的公正、高效运行具有直接意义。实践中，需要正确处理好两者的关系。从国际上看，审判权和检察权与行政管理权的关系大致可分为两种模式。一种是法院和检察院自行管理模式，也称为自治型管理模式，即由法院和检察院主导的机构对法院和检察院内部行政事务进行管理，美、日、韩、俄罗斯等国家采取这种模式；另一种是行政型管理模式，即由独立于法院和检察院的专门行政机构进行管理，英、法、德、加拿大等国家采取这种模式。

从我国看，一个比较现实的选择是实现审判权和检察权与司法行政事务管理权在法院和检察院内部适度分离，明晰行政管理权的具体内容及行使部门的权力和责任。在明确审判权和检察权与其他事权关系的基础上，结合我国政治制度和治理结构，划分司法领域中央与地方的事权，做到权责清晰、约束有力、激励相容、运转高效。但需要强调的是，审判权和检察权与法院和检察院系统内部的行政管理权，其行使都是以"审判""检察"为中心，其最终目的具有一致性，都属于法院和检察院系统密不可分的权力。二者的区分，对于保证审判和检察活动的内部独立、客观公正，以及提升审判和检察工作的效率具有重要意义，但并不等于说在支出责任上也必然泾渭分明，需要根据政治制度和治理特点进行合理的设计和选择。

2. 司法权的性质

司法权从根本上说是中央事权。各地法院和检察院不是地方的法院和检察院，而是国家设在地方代表国家行使审判权和检察权的法院和检察院。这一论述，厘清了司法权属于中央事权的属性。

（1）司法权属于中央事权。司法权之所以属于中央事权，主要由于三个原因。

①基于单一制国家，维护中央权威和国家统一的需要。司法权是国家主权的重要体现。我国《宪法》序言明确规定：中华人民共和国是全国各

族人民共同缔造的统一的多民族国家。这就表明我国是一个完整的、统一的、单一制国家，原则上国家的所有权力都应当由中央政府行使，中央政府是中国所有权力的最高权力机构。为了维护中央权威和国家统一，克服地方保护主义和地方分离主义倾向给国家统一所带来的消极影响，必然要求司法权属于中央权力，而不是地方性的自治权。司法权属中央事权，可为维护中央权威和国家统一提供制度保障。因此，尽管基于单一制大国内地区差异等因素，中央将部分事务的立法权赋予地方，但司法权作为中央事权，必须统一执行法律，确保法制统一和司法统一。

②各地法院和检察院不是地方的法院和检察院，而是国家设在地方代表国家行使审判权和检察权的法院和检察院。我国《宪法》第 128 条和第 134 条明确规定："中华人民共和国人民法院是国家的审判机关""中华人民共和国人民检察院是国家的法律监督机关。"同时规定，人民法院、人民检察院依照法律规定独立行使审判权、检察权。作为一项独立的国家权力，审判权和检察权只能由法律赋予的人民法院和人民检察院统一行使。从作为一项中央事权的角度而言，审判权和检察权属于中央事权，不存在事权划分问题。尽管全国各级法院和检察院在级别、层次上不同，但法院和检察院系统只有一套，根据统一的宪法、法律规定设立，所有法院和检察院及法官和检察官都代表国家，其执行的意志是相同的，都是以国家的名义作出，并在全国范围内具有相同的法律效力。

③审判权和检察权的行使范围、判断标准和行使的结果（判决结果）具有"全国性公共事务"的属性。

首先，法官和检察官都是以国家的名义并代表国家，依据全国性的统一法律对各类矛盾纠纷进行裁决，裁判结果都在全国范围内产生法律效力，并且应当做到同案同诉、同案同判，确保法律在全国范围内统一适用。审判权和检察权完全具备这种全国性公共事务的属性，这就决定了审判权和检察权只能是中央事权，而不应该受地方控制。其次，司法权是一国对内主权的一部分，审判权和检察权的行使意味着国家意志在审判和检察实践中的贯彻，国家意志在司法领域表现为国家法律。人民法院和人民检察院是代表国家行使审判权和检察权，司法审判和监督的依据是国家法律，法律的实施必须在全国范围内统一，这是公正司法的要求，也是司法权作为中央事权的一种表现。最后，审判权和检察权的行使结果由裁判产生。正是因为审判权和检察权是中央事权，所以无论是最高人民法院的判决还是县级法院的判决，对于当事人都同样有效，且无论当事人是否在本辖区内，只要是法院作出的裁判，当事人都必须遵守。若裁判得不到遵守与执行，就会有国家强制力加以保障。裁判的效力只与其经历的诉讼程序有关，而与哪一级哪一地法院作出判决无关。这就是说，无论哪个法院作出的判决，其法律效力都涵盖全国，在全国范围内必须得到执行。

（2）中央事权并不等于"中央政府的事权"，司法权带有"地方特质"。正确认识司法权属于中央事权，还必须合理区分职权与职责、事权和财政事权、中央事权与中央政府的事权等关系。同时，司法权还带有一些"地方特质"。

①事权有职权与职责之分，并且事权不等于财政事权。事权，通常是指各级地方政权以及相应的职能机构处理社会事务的权力，也就是说一级政府在公共事务和服务中应承担的职权和职责，即政府应该做什么事。事权，可以从职权和职责两个层面理解。一个层面是职权，即指职务范围以内的权力，是权力拥有者（部门和个人）发布命令和希望命令得到执行的一种权力。另一个层面是职责，即部门或个人承担的工作使命、任务，以及完成这些工作任务所需承担的相应责任。从职权层面而言，司法权属于中央事权，中央享有最高的权威，地方服从中央的命令。但从职责层面来讲，地方法院和检察院拥有审判和监督的权力及其相应的职责。另外，事权不等于财政事权，财政事权是事权的一部分，由财政部门负责。除了财政事权，事权还包括行政事权和其他事权，由行政及其他部门负责。

②"中央事权"不等于"中央政府及其部门的事权"。需要注意的是"中央事权"与"中央政府的事权"是两个不同的概念。司法权是中央事权，强调的是司法权是国家权力的组成部分，但并不是说是"中央政府及其部门的事权"。司法权属于国家权力，是一级政权的组成部分。

③司法权带有"地方特质"。正确认识司法权的属性，不仅要理解其中央事权的属性，还要注意到"地方特质"，即从本质上而言，司法权属于中央事权，是基于国家权力的视角而言的，但并不是说是"中央政府的事权"，司法权是各级政权的组成部分。司法机关审理的绝大多数案件具有地方性，并且可能依据地方性法规和地方规章，同时还要考虑到地方的文化及其他情况。无论是认识司法权的属性，还是行使司法权，都要顾及到这两个层面。

3. 司法领域事权与支出责任划分的特殊性和复杂性

我国司法领域事权与支出责任划分，不同于其他领域事权与支出责任，例如，国防属于国家安全，事权属性相对清晰，因此事权与支出责任划分相对简单一些。但我国司法领域事权与支出责任划分，则相对特殊和复杂。主要原因在四个方面。

（1）司法领域事权的复杂性。虽然我国明确了司法权是中央事权，并且明确各地法院和检察院不是地方的法院和检察院，而是国家设在地方代表国家行使审判权和检察权的法院和检察院，但法院和检察院的设立和运行带有明显的"地方"特征。例如，依据行政区划设立法院和检察院、法院和检察院的经费由地方财政保障、基础设施建设也由地方负责，等等。由于我国幅员辽阔、人口众多、发展不平衡的国情，以及财政分权的现实状况，司法领域事权与支出责任有其自有特性，在表现方式上可以适当分离。尽管我国明确了"省以下地方法院检察院财物由省级统一管理"的阶段性改革思路和目标，但中央事权与省级统管如何有效结合起来，有许多困难需要克服。

（2）我国政治制度的性质。我国是由中国共产党领导的单一制国家，全国人民代表大会和地方各级人民代表大会是我国的权力机关。在实践中形成了向人大负责的"一府两院"（地方各级人民法院院长和人民检察院检察长由地方各级人民代表大会选举，副院长和副检察长、庭长、副庭长、审判员和检察员由地方各级人民代表大会常务委员会任免），法院和检察院应不受行政部门的领导，但在一些行政性事务，以及经费保障与相应的财务管理上，却受相关政府部门的管理。例如，法院和检察院经费在国家预算中列入"公共安全支出"类下的款级项目。法院和检察院与政府及其相关部门的关系并没有理顺，这也成为司法地方化和行政化的一个重要原因。因此，如何构建与我国政治体制和司法制度相适应的法院和检察院经费管理体制，以及如何协调和理顺法院和检察院与行政机关、权力机关及其他司法部门的事权和财权关系，成为亟待解决的一个重要问题。

（3）我国事实上的"两级"治理结构。尽管我国《宪法》规定，我国政府分为中央、省（自治区、直辖市）、县（市、市辖区）、乡（民族乡、镇）四级，但在实际治理中，体现出了明显的"两级"治理结构特征。即两级分权、两级治理：

一为中央层面，是指以中央政府为核心的对国家整体层面的治理，也可称为整个国家的治理或中央治理。

一为地方层面，是指以省级为单位的地方治理。目前，全国共有34个省级行政区（其中，4个直辖市、23个省、5个自治区、2个特别行政区），我国地方行政区划进行了多次演变和调整。我国《宪法》规定，我国的行政区划基本上划分为三级，即省（自治区、直辖市）、县（自治县、市）、乡（民族乡、镇）。改革开放之后，随着城市化和工业化的发展，我国出现了"地区改市""撤地建市"和"县改市""撤县建市"，原来作为省级政府派出机构的地区行署演变为"地级市政府"。这样除直辖市、特别行政区和我国台湾地区外，每个省、自治区的行政区划的管理无一例外地按地级行政区（含副省级城市）、县级行政区（含副地级行政区域）和乡镇（含副县级行政区域）三级管理。

在这一两级架构下，司法领域事权与支出责任划分，除了明确中央的事权和支出责任之外，应突出"省级"的作用，明确省级法院和检察院的事权和支出责任。

（4）我国区域发展的不平衡性。我国东部、中部、西部三大地区之间，由于自然条件、人文、政策等方面的因素，经济社会发展水平不平衡。我国区域发展的不平衡性，给我国的司法经费保障体制改革也带来了新问题。实行两级保障、省级统筹，需要解决好两个问题：一是如何形成合理的司法经费增长机制；二是如何合理确定与我国区域发展不平衡相适应的司法保障水平。

上述四个方面的特殊性，以及由此在实践中产生的种种问题，决定了我国司法事权与支出责任划分的复杂性。这就意味着我们既不能简单照搬其他国家的经验和做法，也不能在原有的财物管理模式中"打转转"，必须探索出符合我国政治制度、适合国情的司法事权与支出责任划分模式，对司法经费保障制度进行改革。

三、司法经费保障改革设想

（一）司法经费保障改革的总体思路

为适应全面深化改革的要求，进一步加强司法经费工作，司法经费保障改革的总体思路是：根据我国的政治制度和两级治理结构的特点，健全充分发挥中央和地方两个积极性体制机制，明确司法领域的财政事权与支出责任划分，加快推动省以下地方法院和检察院财物统一管理改革，建立权责清晰、财力协调、标准合理、保障有力的经费供给和财物管理模式，协调和理顺法院和检察院与行政机关、权力机关及其他司法部门的财权关系，推动司法体制综合配套改革，确保司法公正高效权威，进一步提升我国司法领域的治理能力。

（二）司法经费保障改革的基本框架

1. 根据我国制度特点，明晰司法领域中央与地方财政事权、基础标准及支出责任

由于我国司法权属于中央事权，并且从国际上看，法院和检察院的经费保障基本上主要由中央承担，因此，未来我国司法领域的支出责任和经费保障改革方向应由中央全额保障法院和检察院经费。但由于受制于现有的财力水平，以及相关改革并不到位，当前暂不能实行中央统一保障法院和检察院经费。

基于上述考虑，首先按照性质和使用方向，将人民法院和人民检察院各类支出划分为以下类别：人员经费、日常运行公用经费、办案业务经费、业务装备经费、办公基础设施建设经费、办案基础设施建设经费、各类基础设施维修经费。为健全充分发挥中央和地方两个积极性体制机制，根据司法领域财政事权的特点，可按以下方案划分司法领域的财政事权和支出责任（详见表11）。

（1）中央财政事权和支出责任。最高人民法院和最高人民检察院及其派驻部门的审判和监督、行政事务管理和服务、事业发展，以及特殊案件的审判和监督，属于中央财政事权。主要包括五个方面：一是最高人民法院和最高人民检察院及其派驻部门的案件审判和监督、行政事务管理和服务、审判和检察事业发展和能力建设；二是地方法院和检察院配合最高人民法院开展死刑核准案件；三是省部级以上干部重大刑事案件审判和监督；四是跨省级区划影响重大的民商事案件审判、执行和监督；五是省内影响重大、社会关注度高的案件审判和监督。以上五类事项应确认为中央财政事权，由中央承担支出责任。

（2）地方财政事权和支出责任。地方法院和检察院的一般行政管理及服务、审判和检察事业发展和能力建设属于地方财政事权，由地方承担支出责任。具体包括：一是地方各级人民法院和人民检察院的人员经费支

出；二是地方各级人民法院和人民检察院的日常运行公用经费支出；三是地方各级人民法院和人民检察院的办公基础设施建设经费及各类基础设施维修经费支出。

（3）中央与地方共同财政事权和支出责任。地方各类案件审判和监督属于中央和地方的共同财政事权，地方各级人民法院和人民检察院的办案业务经费和业务装备经费支出、办案基础设施建设经费支出，应由中央和地方共同承担支出责任。

表 11　司法领域中央与地方财政事权和支出责任划分情况

财政事权	事权内容	支出责任及分担方式
中央财政事权	最高人民法院和最高人民检察院及其派驻部门的审判和监督、行政事务管理和服务、事业发展，以及特殊案件的审判和监督，属于中央财政事权。具体包括五项：①最高人民法院和最高人民检察院及其派驻部门的案件审判和监督、行政事务管理和服务、审判和检察事业发展和能力建设；②地方法院和检察院配合最高人民法院开展死刑核准案件；③省部级以上干部重大刑事案件审判和监督；④跨省级区划影响重大的民商事案件审判、执行和监督；⑤省内影响重大、社会关注度高的案件审判和监督	五类事项应确认为中央财政事权，由中央承担支出责任
中央和地方共同财政事权	地方案件审判和监督，属于中央和地方的共同财政事权。具体包括三项：①地方各级人民法院和人民检察院的办案业务经费支出；②地方各级人民法院和人民检察院的业务装备经费支出；③地方各级人民法院和人民检察院的办案基础设施建设经费支出	三类事项应确认为中央和地方共同财政事权，由中央和地方共同承担支出责任，其分担比例可分区域按比例共同承担
地方财政事权	地方法院和检察院的一般行政管理及服务、审判和检察事业发展和能力建设，属于地方财政事权。具体包括四项：①地方各级人民法院和人民检察院的人员经费支出；②地方各级人民法院和人民检察院的日常运行公用经费支出；③地方各级人民法院和人民检察院的办公基础设施建设经费支出；④地方各级人民法院和人民检察院的各类基础设施建设维修经费支出	四类事项应确认为地方财政事权，由地方承担支出责任

司法领域中央和地方共同财政事权的分担比例确定原则：一是在对目前中央政法纪检监察转移支付资金和法院、检察院系统经费支出等情况进行综合分析的基础上，根据"司法权是中央事权"的属性，加大中央支出

责任；二是参照国务院制定的基本公共服务领域中央和地方共同财政事权的支出责任分担方式，分区域确定中央与地方分担比例。

按照上述原则，根据各地经济社会发展水平和司法工作状况，将中央财政对司法领域承担支出责任的具体比例区分为五个档次确定（详见表12）。

表 12　司法领域中央财政承担的支出责任比例

档次	地区	中央承担比例
第一档	西藏、新疆 2 个自治区	100%
第二档	内蒙古、广西、重庆、四川、贵州、云南、陕西、甘肃、青海、宁夏 10 个省（自治区、直辖市）	85%
第三档	河北、山西、吉林、黑龙江、安徽、江西、河南、湖北、湖南、海南 10 个省	70%
第四档	辽宁、福建、山东 3 个省	50%
第五档	北京、天津、上海、江苏、浙江、广东 6 个省（直辖市）和大连、宁波、厦门、青岛、深圳 5 个计划单列市	30%

2. 完善财物保障管理机制，明确省级法院检察院在地方保障管理中的主导地位

党的十八届三中全会通过的《中共中央关于全面深化改革若干重大问题的决定》，将推动省以下地方法院检察院财物统一管理改革，作为确保司法机关依法独立公正行使审判权检察权的重要举措之一。从实践看，当前实行的省级以下地方法院检察院财物统管改革，取得了积极成效，但也存在管理和监督缺位、操作难题等诸多问题，不仅影响了改革的效果，而且容易产生管理风险。解决实践中遇到的这些问题，需要完善这一新体制，需要确立省级法院和检察院在地方保障中的主导地位，由省级法院和检察院会同有关部门，根据本省（自治区、直辖市）实际情况，制定本地的经费保障标准，统筹省以下法院和检察院的经费保障水平。同时，由省级法院和检察院主导或协调解决财物统管改革中遇到的一些难题，保证财物统管改革顺利推进，例如，协调解决人员的津贴、社保等问题，解决法院和检察院工作人员生活实际问题和后顾之忧。

3. 完善司法经费增长机制和转移支付制度，统筹区域差异，满足司法需求

从实践看，在司法经费保障方面存在两个突出问题：一为保障标准不

能完全满足保障需要；二为区域差异较大，造成区域保障能力失衡。解决这两个突出问题，需要统筹区域差异，完善司法经费增长机制和转移支付制度。在推进财政事权与支出责任改革时，由中央制定司法领域人员、办公及装备水平的国家基础标准，制定办案业务成本开支和成本核算办法，并根据经济社会发展的状况和通货膨胀指数，完善司法经费增长机制，逐步提高司法经费保障标准。同时，结合国家转移支付制度改革的趋势，考虑全国各地经济条件的差异、各地的办案数量等，进一步完善司法领域的转移支付制度，使财政资金适当向经济欠发达地区的法院和检察院合理倾斜，满足司法需求，防止保障差异过大。

4. 改革司法领域的预算管理，协调和理顺法院检察院与其他部门的财权关系

为了提升司法领域预算管理和基础设施投资管理水平，需要改革相关管理办法。在条件成熟的情况下，中央财政对于地方法院和检察院的各项补助以及基本建设投资，都应由最高人民法院和最高人民检察院统筹安排、合理使用，以符合各地审判和检察事业发展的实际需要，从整体上提升财政资源的配置效率。在省一级，则由省级法院和检察院统筹安排财政资源的使用。与之相适应，政府收支分类科目的设置及预算编制方式，最高人民法院、最高人民检察院和各省级法院、检察院经费管理机构设置与人员配备等，都要随之改革。同时，为了防范预算管理改革之后，最高人民法院、最高人民检察院和省级法院、检察院对下级法院和检察院的审判和监督工作干预，应通过明确权责、规范预算编制、强化预算执行、建立规范的财务管理制度等措施，建立法院和检察院系统内部的制衡机制，并通过理顺法院和检察院与财政等其他部门的财权关系，完善绩效评价机制，打造法院和检察院系统外部的监督制衡机制，预防改革后出现影响独立公正行使审判权检察权的新问题。

5. 优化经费和财物管理的制度和流程，建立适应"两级保障"的新监管机制

实施经费"两级保障"机制，不仅需要对经费和财物管理的制度和流程加以改进，而且还需要建立适应"两级保障"的新监管机制。在对省级财物统管试点改革情况的调研中发现，一些地区在实行财物统管后，出现了"监管真空"问题。有的地方由于财政与法院和检察院没有固定的协调机制，省级法院和检察院管理责任的缺位，带来了风险隐患；还有些地方

受人员限制管理不到位，也存在一些隐患。因此，必须建立适应"两级保障"的新监管机制，突出省级法院和检察院的作用，在省级法院和检察院成立专门的预算编制和执行监督部门，强化省级法院和检察院的监督力度。在此基础上，优化经费和财物管理的制度和流程，规范收支行为，完善相关的资产处置方式和办法。同时，建立省级财政与省级法院和检察院之间有效的协调、合作机制，提升监管能力。此外，从长远看，与未来经费保障改革的大方向相吻合，需要改革司法领域的预算管理和国库支付方式，提升财政资金的使用效率。

以上主要以法院和检察院为对象，研究司法经费保障改革。公安、司法行政及监狱机关经费保障改革，虽然与法院和检察院有一定的不同，但按照事权与支出责任相适应原则确定各级政府对各部门应承担的保障责任是我国今后改革的方向，也是公安、司法行政及监狱机关经费保障改革必须遵循的共同原则。

第五章　司法经费管理

司法经费管理是为保障司法部门履行职能的需要，按照国家有关财政、财务法律法规制度和司法工作方针政策要求，对司法机关的资金筹集、分配、使用等进行计划、组织、协调、监督等活动的过程。

司法经费管理是司法经费中最基础、最经常、最大量的工作。它以司法经费体制为基础、以司法经费政策为依据、以司法经费管理机构和人员为保障实施管理，涉及政府财政等部门与司法部门之间、司法部门内部之间及财政等部门、司法部门上下级之间的关系。

第一节　司法经费管理的内容

司法经费管理内容众多，涉及司法经费管理的任务、范围、方式等。随着财政改革和司法改革的深入，司法经费管理要求不断变化、制度不断健全、措施不断完善、水平不断提高，推动和加强了司法经费工作。

一、司法经费管理的任务

（一）制定经费政策制度

通过研究制定全国统一及各省（自治区、直辖市）具体的司法机关经费保障政策、制度和财务管理办法等，规范、指导、推动司法机关经费保障和管理工作。

（二）编制安排经费预算

通过科学编制预算、合理安排经费，保障本级司法机关经费需要，支持帮助下级司法机关提高经费保障能力和水平，促进全国司法机关完成司法工作任务。

（三）拨付办理经费开支

通过政府财政、发展改革等部门按照计划和程序向司法机关办理经费拨付及司法机关内部及时办理各项经费开支等工作，保障司法机关各项工作有序运转。

（四）推动经费相关管理

通过实施对司法机关的经费管理、收费管理及着装、人员编制、机构设置、业务用房、车辆等与经费有关的各项管理，推动司法机关保障工作全面协调发展。

（五）督促经费有效使用

通过政府财政、发展改革等部门及司法机关开展调研、检查、评估、审计等手段，督促各级司法机关经费政策落实有力、资金使用安全有效。

二、司法经费管理的范围

（一）司法经费管理的部门范围

司法经费管理的部门范围是各级公安机关、国家安全机关、司法行政机关（包括监狱单位）、国家审判机关和国家检察机关。各司法部门的基本机构设置从级次上划分为 2 级到 4 级不等。[①] 具体为：

1. 公安机关：公安部、省级公安厅（局）、市（地）级公安部门、县级公安部门及其所属乡镇派出所 4 级；省、市、县级看守所、行政拘留所、戒毒所、妇教所、安康医院。

2. 国家安全机关：国家安全部、省级安全厅（局）及其市县级派出机构 2 级。

3. 司法行政机关：司法部、省级司法厅局（监狱局）、市（地）级司法部门、县级司法部门及其派驻乡镇司法所 4 级；司法部直属中央监狱、

---

① 唐虎梅：《政法财务管理与改革》，载财政部行政政法司编：《行政政法财务管理讲座》，中国财政经济出版社 2001 年版，第 80～81 页。

省级监狱、市级监狱 3 级。

4. 国家审判机关：最高人民法院、省级高级人民法院、市级中级人民法院、县级人民法院及其派驻乡镇人民法庭 4 级。

5. 国家检察机关：最高人民检察院、省级人民检察院、市级人民检察院、县级人民检察院及其派驻监所（乡镇）检察室 4 级。

（二）司法经费管理的收支范围

1. 司法机关的收入范围

司法机关的收入，是指司法机关为开展业务活动和完成工作任务依法取得的非偿还性资金。其收入范围主要包括两类：

（1）财政预算拨款收入。司法机关的主要任务是促进政权建设和维护国家机器正常运转，其从事的活动是典型的公共产品，属于公共财政必须保障的对象和内容，因而司法机关开展业务工作所需的资金，通过从财政部门取得财政预算拨款收入解决。做好对财政预算拨款收入的管理，一直是司法经费管理的重要任务。

（2）行政事业性收费和罚没收入。行政事业性收费是司法机关依据国家法律、法规行使其管理职能，向公民、法人和其他组织收取的费用。主要有：公安行政事业性收费收入，即公安机关收取的户籍管理证件、居民身份证件工本费等证照性收费；法院行政事业性收费，即各级人民法院依法向案件当事人收取的诉讼费；司法行政事业性收费，即司法部门收取的外国律师事务所办事处申请手续费和年检费、公证费、司法考试考务费等。

在实行"收支两条线"管理之前，司法机关的行政事业性收费收入是司法经费的组成部分，也要按照相关政策规定纳入司法经费管理的范围；实行"收支两条线"管理后，司法机关的行政事业性收费收入全部上缴国库纳入预算管理，不再作为司法经费管理。

罚没收入是司法机关依据法律、法规，对公民、法人和其他社会组织实施处罚所取得的罚没款以及没收物资的变价款收入。主要包括公安罚没收入、检察院罚没收入、法院罚没收入。司法机关取得的罚没收入属于财政资金，必须全部上缴国库。

2. 司法机关的支出范围

司法机关的经费支出范围，可以按照两种方式划分为不同类型，对不同类型经费采取不同的保障和管理方式。

（1）按照政府收支科目统一确定的司法经费支出范围。政府收支科目是完整准确反映各级政府及各部门收支活动的总纲。我国2007年全面实施政府收支分类改革后，在大类基本稳定的情况下，根据需要在有的年份对个别类款项的设置进行过适当调整。按照改革当年的《2007年政府收支分类科目》，将司法机关的支出分为两大类：

一类是按支出的经济性质和具体用途分类，即"支出经济分类"，设置了工资福利支出、商品和服务支出、对个人和家庭的补助、基本建设支出等12类支出，反映各单位的各项经费支出用途，为各部门共有科目。

另一类是按政府主要职能活动分类，即"支出功能分类"，设置了一般公共服务、外交、国防、公共安全、教育等17类支出。司法机关支出均在"公共安全支出"类反映，下设公安、国家安全、检察、法院、司法、监狱等款级科目，反映各司法部门事务及管理支出。

在"支出功能分类"款级科目之下，根据各司法部门业务特点设置7~20个项级科目，反映不同部门的支出。如：公安设置了行政运行、一般行政管理事务、机关服务、治安管理、国内安全保卫、刑事侦查、经济犯罪侦查、出入境管理等20项科目；检察院设置了行政运行、一般行政管理事务、机关服务、查办和预防职务犯罪、公诉和审判监督等9项科目；法院设置了行政运行、一般行政管理事务、机关服务、案件审判、案件执行、两庭建设、其他法院支出等7项科目；司法行政设置了行政运行、一般行政管理事务、机关服务、基层司法业务、普法宣传、律师公正管理、法律援助等10项科目。其中，前三项为各部门共性科目，反映行政性经费支出；第4项后为不同部门的特有科目，反映该部门的业务性经费支出。

（2）按照司法经费保障体制改革确定的司法经费支出范围。2009年7月，中共中央办公厅、国务院办公厅《关于加强政法经费保障工作的意见》在明确司法机关新的经费保障体制时，为实行分类保障的司法经费保障政策，将司法经费划分为四大类六小类。即人员经费、公用经费、业务装备经费和基础设施建设经费四大类，其中，公用经费划分为日常运行公用经费和办案业务经费两部分，基础设施建设经费划分为办公基础设施建设经费和业务基础设施建设经费两部分。

（三）司法经费管理的司法部门与一般行政部门的联系与区别

司法经费管理的司法部门，从广义上说属于行政部门，因此，行政经费的有关政策也适用于各司法部门。但是，由于各司法部门的工作任务、对象、要求等又不同于一般的行政部门，因此，其又有特殊的经费政策和经费管理要求。

三、司法经费的管理方式

（一）司法经费管理的一般程序

目前，司法机关经费的管理以外部为主，即司法机关的经费预算、政策、标准、项目建设规划及资金等，主要由政府财政、发展改革等部门确定，司法部门具体执行。

1. 同级之间

（1）对日常经费的管理。司法机关的日常经费由各司法部门按照统一的预算编制要求，编制预算草案报同级财政审核，汇入统一财政预算报同级人大审批后由同级财政批复；各司法部门根据批复的部门预算编制分月经费使用计划，向财政部门申请拨付后使用经费。

（2）对建设经费的管理。司法机关的基础设施建设经费由各司法部门按照统一规定，提出项目建设需求及项目可行性研究方案，向发展改革部门申报；经批准的项目编入政府投资规划和年度投资计划，按照项目建设进度申请拨付并使用建设经费。

（3）对经费政策制度的管理。司法机关的经费政策、标准等制度，由财政、发展改革等部门制定，或由司法部门提出建议方案，提交财政、发展改革等部门研究，与司法部门联合制定发布。涉及经费体制等重大经费改革政策制度，由财政、发展改革等部门与司法部门共同研究提出方案，报党中央、国务院批准发布。

2. 不同层级之间

目前，我国司法机关经费的管理总体上随经费保障体制而定，即本级保障的经费由本级提供经费的部门管理，司法部门具体使用。由上级保障的经费，如用于地方司法机关的"中央政法转移支付资金"、中央预算内基础设施建设资金，分别由财政部、国家发展和改革委分配下达到省级财政、发展改革部门，再逐级下达到司法机关所在的财政、发展改革部门后拨付有关司法部门使用。上级司法部门对下级司法部门在经费工作上处于指导和监督关系。

（二）司法经费管理的层级

根据目前司法经费保障体制和保障政策，司法经费管理的层级分为以同级财政为主管理、中央部门垂直管理和省级财政统一管理三种。

1. 以同级财政为主管理

司法机关的行政经费由同级财政管理，部分业务经费由上级财政拨付市县同级财政管理。这是由于按照现行"明确责任、分类负担、收支脱钩、全额保障"的司法经费保障体制，司法机关的行政性经费由同级财政负担，办案业务经费、业务装备经费及业务基础设施建设经费由上级财政分区域、按比例保障。这样，既便于同级财政统筹管理，也有利于充分发挥地方的积极性。

2. 中央部门垂直管理

中央部门垂直管理，就是司法机关的经费预算由中央财政统一安排，列入中央财政支出，核定到中央业务主管部门，由其按"条条"垂直管理，自上而下分配预算指标，自下而上报送决算，与地方财政不发生经费领报关系。如国家安全机关经费，每年由财政部核定预算，国家安全部除本级留用部分外，负责分配各省级国家安全厅（局）的预算指标，再由省级安全机关具体核定派驻机构的年度预算。这是一种高度集中的管理形式，比较适用于那些业务上要求统一领导、费用开支机密性高的司法部门经费的管理。

3. 省级财政统一管理

按照2013年中央确定的"省以下地方法院、检察院财物统一管理"要求，已经在全省范围内全面实行省级统一管理的省份，由于司法机关的经费由省级统一保障，其管理也相应由省一级财政部门负责，便于责权一致。

（三）司法经费管理的类型

司法机关的经费一般按照预算科目划分的类型及相应的统一办法管理。由于司法机关工作的特殊性，其经费按用途可以划分为行政经费和业务经费两类，并分别进行管理。

1. 司法机关行政经费

司法机关的行政经费是维持司法机关正常运转、完成日常工作任务所需要的经费，属于基本支出，包括人员支出和公用支出两部分。司法机关的行政经费，与一般行政机关的经费性质和管理方式一样。

2. 司法机关业务经费

与一般行政机关经费性质不同的是，司法机关在行政经费以外还有业务经费。在预算科目中，分别按各司法部门设置了各类业务费。它是指各级公安机关、国家安全机关、司法行政机关、国家审判机关和国家检察机关，为维护国家政治制度、法律制度和社会正常秩序，保护国家和人民生命财产安全，打击各种违法犯罪活动，依法开展侦查、检察、审判及法律宣传等业务活动的经费开支。其开支的内容和管理形式具有特殊性，是国家实施专政职能和法治建设的物质基础，是国家行政性消费中一项特殊的政治性开支。司法机关业务经费有两种划分方法。

（1）按照部门划分。司法机关业务经费按照部门划分为公安业务费、安全业务费、检察业务费、法院业务费、司法业务费。

2007 年，政府收支科目改革时，将各司法部门的业务费细分成了多个项目，其设置及用途是与各司法部门业务工作的特点直接相关的，如公安业务费细分成了治安管理、禁毒管理、道路交通管理、反恐管理、居民身份证管理等 16 项支出；检察业务费细分成了查办和预防职务犯罪、公诉和审判监督、侦查监督、控告申诉等 5 项支出；法院业务费细分成了案件审判、案件执行 2 项支出；司法业务费细分成了基层司法业务、普法宣传、律师公证管理、法律援助等 6 项支出。之后，司法机关业务经费项目又进行了整合，如《2021 年政府收支分类科目》中，将公安业务类经费从原来的 16 项简化成了执法办案、特别业务、特勤业务、移民事务等 5 项，检察业务类经费从 5 项简化成了检察监督 1 项等。从 1985 年开始，司法业务经费均由财政部与各司法部门分别制定业务经费开支范围和财务管理办法进行管理。

（2）按照内容划分。司法机关业务经费按照内容可划分为业务消耗经费和装备购置经费两类。

①业务消耗经费。业务消耗经费，是指用于司法机关各项业务活动而直接支付的消耗费用。如：办案费及各种业务消耗费，专业设备、器材的管理、维修费。这种费用通过支付并办理报销以后，财务管理过程即告结束。

②装备购置经费。装备购置经费是指用于司法机关购置有形设备、形

成固定资产的经费，如购置技术器械、仪器设备、车辆等。这些设备将在较长时间内发挥作用，财务上还要按有关规定对其进行管理、调配、使用等后续管理工作。

（四）与司法经费有关的管理

司法机关的各项物质保障都与经费保障管理密不可分，有的是经费管理的组成部分，有的是经费管理的依据和基础。主要有六项内容。

1. 收费管理

目前，国家批准司法机关的行政事业性收费项目有 18 项，其中，公安15 项、法院 2 项、司法 1 项。

按照国家各个时期的管理规定，这些收费收入，逐步实行了从预算外收入管理，到上缴财政专户（包括同级财政专户、中央或同级财政专户两种形式）管理，直至目前全部上缴国库（包括同级国库、中央或同级国库两种形式）纳入财政预算管理的过程。在收费收入纳入财政预算管理之前，司法机关既要对收费过程和收入进行管理，又要对收费收入转化成的经费支出进行管理；在收费收入纳入财政预算管理之后，司法机关只对收费过程进行管理，收费收入实行"收缴分离"直接交由财政部门进行管理。

2. 着装管理

根据执法工作的需要，司法机关部分工作人员实行穿着统一服装的制度。目前司法机关的统一着装共分成三类：公安、安全、监狱部门的在编干警及各级人民法院、人民检察院的在编司法警察着人民警察服装；各级人民法院在编的现职审判员、助理审判员、书记员着审判服装；各级人民检察院在编的现职检察员、助理检察员、书记员着检察服装。

统一着装的批准权限集中在国务院，由国务院授权财政部与相关司法机关制定着装的人员范围、品种、标准、用料质量及换装年限等。着装经费长期实行国家和个人负担相结合的办法，其中，着人民警察服装的人员，个人不负担费用；着审判服装、检察服装的人员，需按工料费总额由个人负担 30%。个人负担部分，在发（换）装后半年内从工资总额中分期扣还；由财政负担的着装经费作为项目列入各司法机关的部门预算进行保障管理。2021 年 6 月，经国务院批准，财政部和司法部联合发出通知，决定从 2022 年起免除经国务院批准统一着装人员着装经费个人负担 30% 部分，所需经费由各级政府纳入本级预算管理。

3. 人员编制管理

根据司法机关工作的特殊性，目前司法机关的编制实行全国统一核定，采取由中央编制委员会向各省级编制部门统一下达控编数的方式进行统一管理。人员编制是经费保障的重要依据。一方面，各级财政在预算编制中普遍实行定员定额管理，其中的定员即为核定的编制人员；另一方面，每年"中央政法转移支付资金"分配中，也将"编制内实有干警人数"作为一项重要因素，影响各省份所得资金数量。

4. 机构设置管理

司法机构是各级财政提供经费保障的基础。在现有司法部门中，各级公安、国家安全、司法行政部门属于国家政府部门，其机构设置按照国务院的有关规定执行；各级人民法院、人民检察院属于法律审判机关和法律监督机关，分别依据《人民法院组织法》《人民检察院组织法》设置。依法合规设置的司法机构，是取得部门预算经费保障的前提。

5. 业务用房管理

根据司法机关工作的特点，为保证业务工作的不同需要，国务院规定各级司法机关在建设办公用房的同时，还要根据各司法机关的不同特点建设一定的业务用房，并将业务用房建设纳入城乡建设规划和当地基本建设计划，将其投资列入政府投资规划。2009 年后，按照"分区域、按比例"的原则，司法机关业务基础设施建设投资经费实行由中央、省、市或县三级负担管理。

6. 业务车辆管理

司法机关除按照一般行政机关的规定配备行政用车外，还根据业务工作的需要配备业务用车。业务用车配备，由各级司法部门报同级财政部门核定；国家安全机关的车辆编制，由国家安全部报财政部核定。财政部门按照核定的车辆编制和一定的消耗标准对车辆经费进行专项预算管理。

四、司法经费管理的发展趋势

随着司法体制改革的深化、事权与支出责任改革在司法领域的落实，以及"两权分离"（司法行政事务管理权与审判权检察权分离）改革的推动，司法经费管理将面临两大改革趋势。

（一）在管理层级上，司法（法院、检察院）经费将从市县同级管理为主，发展为省级管理为主，最终发展为中央统一管理

这一发展趋势的主要依据，一是随着党的十八届三中全会确定的"推动省以下地方法院、检察院财物统一管理"改革在全国的全面实施，在未来几年内司法（法院、检察院）经费管理将从目前的同级为主，发展为省级管理为主。二是根据"司法权是中央事权"的属性，从长远看，司法机关（法院、检察院）的经费垂直管理体制是司法权的性质和属性的必然要求，是维护国家法制统一的必要保证，也是理顺司法管理体制的关键。因此，我国司法（法院、检察院）经费保障体制改革和完善的长远方向是由中央统一管理司法（法院、检察院）工作经费，以实现事权和支出责任的统一，即全国各级法院、检察院的经费列入国家预算，经国家立法机关批准，列入中央财政本级支出，由财政部分别与最高人民法院、最高人民检察院统一安排和分配预算支出，实施经费管理。①

（二）在管理部门上，司法（法院、检察院）经费将从外部管理为主，发展为内部管理为主

根据对党的十八届四中全会提出的"改革司法机关人财物管理体制，探索实行法院、检察院司法行政事务管理权和审判权、检察权相分离"改革要求的研究，基于对我国国情的现实选择，我国法院、检察院司法行政事务管理权和审判权、检察权宜采取内部分离模式。即在中央与省两个层面设立由首席大法官或首席大检察官（省级大法官或大检察官）领导，以法官、检察官为主体构成，吸收全国人大常委会相关机构负责人，财政、发展改革等相关政府部门负责人，最高人民法院和最高人民检察院财物管理机构负责人等人员参加的司法保障委员会，并在中央和省级司法机关（法院、检察院）设立司法保障局作为其日常办事机构，相对独立地统筹司法机关（法院、检察院）本级预算，拟定编制并汇入国家预算审议程序，负责审议和通过中央对地方司法机关（法院、检察院）转移支付资金

---

① 根据王少南、唐虎梅、苏明等：《人民法院审判事权划分及经费保障问题研究报告》部分内容归纳整理，载《人民法院司法行政管理研究与参考》（第1辑），人民法院出版社2014年版，第61页。

分配、基本建设计划投资的编制，负责审议和决定司法机关（法院、检察院）全国性经费、装备、建设等标准及规划，负责审议和通过司法机关（法院、检察院）经费保障和管理相关政策。这样，司法机关（法院、检察院）的经费管理也从外部管理为主，发展为内部管理为主。

第二节　司法经费管理政策

司法经费管理政策是国家实施对司法机关经费保障和管理的基本依据。随着国家各项管理改革的深化和加强司法经费保障工作的需要，司法经费管理政策不断改革完善。

一、司法经费管理政策基本情况

（一）司法经费管理政策制定部门

在中央一级，司法经费管理政策制定的部门主要有党中央和国务院制定、财政部或发展改革部门单独或与中央司法机关共同制定、司法机关单独制定。在省一级，司法经费管理政策制定的部门基本与中央一级相似，即省级党委和政府制定、省级财政或发展改革部门单独或与省级司法机关共同制定、省级司法机关单独制定。

（二）司法经费管理政策制定层级

由于司法机关工作具有明显的集中统一性质，其经费管理政策主要是中央级制定总体政策、省级制定实施细则、市县级具体落实。

（三）司法经费适用管理政策类型

司法机关既执行行政类经费管理政策，又实行司法类经费管理政策。原因是司法经费管理的对象是司法机关，与行政机关同属国家机关，行政经费管理的有关政策也适用于司法机关；同时，由于司法机关的工作任务、对象、要求等又不同于一般的行政机关，因此，司法机关又有其特殊的管理政策对各类经费实施管理。

二、司法经费管理遵循的基本政策

(一)《行政单位财务规则》

1998 年 1 月，财政部首次发布了《行政单位财务规则》，建立了适应社会主义市场经济体制和公共财政要求的独立的行政单位财务制度体系，作为包括司法机关在内的所有行政单位财务活动的基本准则。为适应和体现财政改革需要，进一步规范和加强行政单位财务管理，促进行政单位更好地履行职能，2012 年 12 月，财政部发布了新修订的《行政单位财务规则》，确定了行政单位经费管理的通用规则。主要有四个方面内容。

1. 明确了行政单位财务管理的基本原则和主要任务

(1) 行政单位财务管理的基本原则：量入为出，保障重点，兼顾一般，厉行节约，制止奢侈浪费，降低行政成本，注重资金使用效益。

(2) 行政单位财务管理的主要任务：科学合理编制预算，严格预算执行，完整、准确、及时编制决算，真实反映单位财务状况；建立健全财务管理制度，实施预算绩效管理，加强对单位财务活动的控制和监督；加强资产管理，定期编制财务报告，加强对行政单位所属并归口管理的单位实施指导监督，行政单位财务活动由单位财务部门统一管理；行政单位应当单独设置财务机构，配备专职财务会计人员；等等。

2. 提出了对行政单位预算管理的要求

行政单位预算由收入预算和支出预算组成；各级预算单位应当按照预算管理级次申报预算，并按照批准的预算组织实施；财政部门对行政单位实行统一收支，定额、定项拨款，超支不补，结转和结余按规定使用；等等。

3. 提出了对行政单位收支管理的要求

行政单位的各项收入应当全部纳入单位预算，统一核算，统一管理；各项支出由单位财务部门按照批准的预算和有关规定审核办理；严格执行国家规定的开支范围和标准，对节约潜力大、管理薄弱的支出进行重点管理和控制；严格执行国库集中支付制度和政府采购制度等规定，加强支出的绩效管理，依法加强对各类票据管理；对结转和结余资金管理、资产管理、负债管理等提出了要求。

4. 提出了对行政单位财务报告和财务监督的要求

一是明确了财务报告和财务分析的内容，要求行政单位应当真实、准确、完整、及时编制财务报告，认真进行财务分析，按照规定报送财政部门、主管预算单位和其他有关部门。二是明确了财务监督的范围，要求行政单位应当将事前监督、事中监督、事后监督相结合，日常监督与专项监督相结合，并对违反财务规章制度的问题进行检查处理；建立健全内部控制制度、经济责任制度、财务信息披露制度等监督制度，依法公开财务信息。

（二）各司法部门财务管理办法

在1998年《行政单位财务规则》发布的前后，各司法机关根据本部门工作特点都与财政部共同制定了财务管理办法，作为各级司法机关经费管理的基本政策。

1997年1月，公安部与财政部联合印发《公安机关财务管理暂行办法》，对公安机关财务管理的主要任务、范围、单位预算管理、收支管理、资产管理、财务分析与监督、财务机构和财会人员等作了细化规定，特别是对公安业务费科目及开支范围作了具体、明确的规定，并专章对各级领导和财会人员规定了奖惩条款，鼓励公安机关人员维护国家财经纪律、做好财务和经费管理工作。

2001年11月，最高人民法院与财政部联合印发《人民法院财务管理暂行办法》，明确了人民法院财务管理的原则、任务及预算、收支等各项管理，特别是明确了人民法院业务经费开支范围，将办案费等14个方面的经费列入法院业务费开支范围，并对具体内容进行了细化界定，为规范和加强人民法院财务管理，保障人民法院依法履行审判职能和各项任务的顺利完成提供了基本遵循。

2014年2月，最高人民检察院与财政部联合印发《人民检察院财务管理暂行办法》，明确了人民检察院财务管理的基本原则、基本任务以及预算、收入、支出、结转和结余、资产、负债等各项管理要求，共12章60条内容。同时，为保障人民检察院业务工作特定需要，按照办案业务经费和业务装备经费两大类确定了检察业务费开支范围。

2017年12月，司法部与财政部联合印发《司法行政机关财务管理办法》，明确了司法行政机关财务管理的基本原则、主要任务以及预算、收支等各项管理要求，共 12 章 63 条内容。同时，明确了司法行政机关办案业务经费和业务装备经费开支范围。

三、不同时期的司法经费管理政策

（一）实行"收支两条线"时期

1998 年 12 月，中共中央办公厅、国务院办公厅以中办发〔1998〕30 号文件转发的《财政部关于政法机关不再从事经商活动和实行"收支两条线"管理后财政经费保障的若干意见》，第一次以中央文件的形式对司法经费管理提出了明确具体的要求。主要是：将讲求资金效益作为司法机关经费保障和管理的五项原则之一，要求司法机关要继续发扬艰苦奋斗、勤俭节约的优良传统，通过深化改革，严格管理，接受财政监督，提高资金使用效益。在具体措施上，明确要求司法机关要认真落实《行政单位财务规则》，坚决贯彻执行"收支两条线"管理的有关规定，切实加强司法机关财务管理；优化资源配置，避免重复建设，提高基础设施、信息、设备的综合利用率；加强司法机关人员编制管理，减轻国家财政负担；继续发扬艰苦奋斗、勤俭节约的优良传统，树立"过紧日子"的思想，切实提高资金使用效益。

（二）实行"分类保障"时期

2009 年 7 月，中共中央办公厅、国务院办公厅印发《关于加强政法经费保障工作的意见》（厅字〔2009〕32 号），提出司法机关实行"明确责任、分类负担、收支脱钩、全额保障"的"分类保障"经费体制，特别强调在新体制下强化经费管理的要求。在此文件三大部分内容中，将"进一步强化政法经费管理"作为一大部分内容进行专门强调，要求各级党委和政府切实加强对司法经费保障工作的领导，各级财政、发展改革和司法机关既要按职责分工各负其责，又要密切配合，协调解决司法经费保障工作中出现的问题，不断提高司法经费管理水平和资金使用效益。具体包括四个方面。

1. 对财政、发展改革部门的要求

各级财政和发展改革部门要建立健全适应司法经费保障体制改革需要的专门管理制度；会同司法机关制定和完善公用经费保障标准、业务装备配备标准和基础设施建设标准等规范性经费保障政策，保证司法机关所需资金的及时筹措和规范分配，指导司法机关不断提高经费管理水平；要建立经费分配与经费使用效益和管理水平相联系的激励约束机制，通过加强对司法经费使用的监督检查，奖优罚劣，及时制止和处理各种经费使用中的违法乱纪行为。

2. 对司法机关的要求

各级司法机关要切实加强内部财务管理，会同财政部门制定和完善司法机关内部财务管理办法，建立符合司法经费管理特点的财务核算体系，保证司法经费的安全有效使用；建立基层司法经费保障基础数据库，完善对基层司法机关的绩效考评办法，提高司法经费管理效率，努力实现资金使用效益的最大化；要保证经费向基层倾斜；要严格执行各项经费开支范围和标准，继续发扬勤俭节约的优良传统，坚决反对铺张浪费。

3. 对编制等相关部门的要求

各级编制、人事、财政部门和司法机关等相关部门要采取有效措施，齐抓共管，在增加司法经费投入的同时，努力降低司法成本。要切实加强对人员编制的控制，禁止标准外配置车辆等装备，控制和压缩一般性支出，确保办案业务和基层一线经费需要。

4. 对经费管理机构和人员的要求

要建立适应司法经费保障体制改革的专门管理机构和高素质的专业队伍。各级财政部门要根据改革和工作需要，抓紧健全司法经费管理机构，增加必要的管理人员；各级司法机关要尽快健全相关机构，充实财务管理人员，加强业务培训，共同确保司法经费保障体制改革工作顺利推进，确保司法经费按规定使用，切实提高资金使用效益。

四、"收支两条线"管理政策

(一)"收支两条线"管理政策总体情况

根据执法工作的需要，国家赋予司法部门在执法过程中收取必要的费用或进行罚款、没收财物等处罚的权限，从而取得一部分收费收入和罚没收入。对这些收入的管理，曾是司法经费管理历史上十分重要的内容，在具体管理上经历了从松弛到逐步严格、规范的过程。

1. "收支挂钩"时期

1993 年前，司法部门的收费收入留归单位使用，罚没收入虽然要求上缴国库，但基本上与单位直接挂钩，有的全额返还，有的部分返还。

2. 纳入预算管理，实行"罚缴分离"时期

1993 年，《中共中央办公厅、国务院办公厅关于转发财政部〈关于对行政性收费、罚没收入实行预算管理的规定〉的通知》要求，司法机关取得的行政性收费和罚没收入必须全部上缴国库，绝不允许将收费、罚没收入与本部门的经费划拨和职工的奖金、福利挂钩；行政性收费应作为国家财政收入，逐步纳入预算管理。1997 年，国务院发布的《罚款决定和罚款收缴分离实施办法》规定，作出罚款决定的行政机关应当与收缴罚款的机构分离，罚款必须全部上缴国库，即"罚缴分离"。

1998 年，《中共中央办公厅、国务院办公厅关于转发〈财政部、国家计划委员会、监察部、公安部、最高人民检察院、最高人民法院、国家工商行政管理局关于加强公安、检察院、法院和工商行政管理部门行政性收费和罚没收入收支两条线管理工作的规定〉的通知》将加强公检法部门的行政性收费和罚没收入管理工作，作为依法行政和公正执法、从源头上预防和治理腐败、建设高素质的执纪执法队伍、整顿财政分配秩序振兴国家财政的重要措施。之后，在中央纪委的直接组织领导下，全国上下各有关部门进行了声势浩大的贯彻落实、检查监督等工作，使收费和罚没收入上缴财政专户和国库工作有了实质性的进展，"收支两条线"管理工作得到较为全面的落实。[①]

3. 编制综合预算时期

2001 年，国务院办公厅转发了财政部《关于深化收支两条线改革进一步加强财政管理意见》，据此，财政部采取了多项措施，加大深化"收支两条线"管理改革的力度。

第一，在甄别性质、分类管理、清理整顿行政事业性收费和基金的基础上，清理部门账户，严控票据，严格非税收入收缴分离制度。

第二，强调收支脱钩、统筹支出、编制综合预算。中央一级的做法，一是从 2002 年起将公安部等 5 个行政执法部门按规定收取的所有预算外收

---

① 唐虎梅：《法院经费保障与管理》，载《人民法院司法行政工作通讯》2011 年第 4 期（总第 35 期）。

入（不含所属院校的收费）全部纳入预算，全额上缴中央国库；其支出由财政部按该部门履行职能的需要核定，确保经费供给。二是陆续选择司法部等部门进行预算外资金收支脱钩试点。对试点部门，其预算外收入缴入财政专户，财政部按核定的综合定额标准，统筹安排该部门年度财政支出，编制综合预算。地方在执行中央政策的基础上，编制了各具特色的综合预算，并对包括公安交通管理等部门在内的省级垂直管理部门制定收支脱钩预算管理办法。

4. 全面落实"收支两条线"时期

在落实司法部门"收支两条线"管理方面，中央和地方各级司法和财政等部门都做了很大努力，2008年与1998年中央明确提出司法经费实行"收支两条线"要求时的情况相比，已经有了很大的进展。从级次看，省、市级司法部门基本上严格实行了"收支两条线"政策，相当多的县级司法部门也落实了这一政策。但一部分县级司法部门，特别是贫困地区县级司法部门仍存在行政性收费、罚没收入与其经费支出明脱钩、暗挂钩或收支挂钩的情况。

2009年，中共中央办公厅、国务院办公厅《关于加强政法经费保障工作的意见》再次强调，要坚决贯彻落实"收支两条线"的有关规定，并对司法机关所需经费采取了由财政予以全额保障的多项切实有效措施。到2011年，在国家统一的财政预算科目中已没有了预算外收入，至此，"收支两条线"政策在司法机关得到全面落实。

（二）人民法院诉讼费用实行"收支两条线"管理情况

法院诉讼收费作为我国的一项重要司法制度，虽然不同于一般的行政性收费，却是实行"收支两条线"管理的重要组成部分，也是在贯彻落实1998年中央关于司法机关不再从事经商活动的重大决策过程中其他司法部门十分关注的问题。诉讼收费制度自1989年9月1日实行以来，对法院的业务工作发挥着日益显著的作用。到2000年，全国法院系统诉讼费收入已达100多亿元，财政专户返还80亿元，占法院系统全年经费支出的一半多。因此，加强对人民法院诉讼费用的管理，既是将中央关于实行"收支两条线"管理决策落实到法院系统具体工作中的重要措施，也是促进法院自身业务工作发展的重要保障。30多年来，随着"收支两条线"管理的不断深入推进，人民法院诉讼费管理经历了四个阶段的改革变化。

1. 自收自支阶段

1989~1995 年，法院诉讼费自收自支，主要用于弥补法院办案业务经费不足。1989 年 9 月，《最高人民法院、财政部关于加强诉讼费用管理的暂行规定》① （法（司）发〔1989〕25 号）提出："各级人民法院依法收取的诉讼费用属于国家规费。考虑到目前财政困难，拨给法院的业务经费不能完全满足审判工作的需要，法院依法收取的诉讼费暂不上交财政，以弥补法院业务经费的不足。"

2. 结余上交阶段

1996~1998 年，法院收取的诉讼费用扣除必要的办案费用支出后，结余资金上交同级财政专户。1996 年 1 月，财政部、最高人民法院印发的《人民法院诉讼费用暂行管理办法》② （财文字〔1996〕4 号）规定："诉讼费用实行'收支两条线管理'，收取的诉讼费用扣除该案必要的办案费用支出后，应按期将结余及时上交同级财政专户，由财政部门按核定的数额拨付，并与预算内资金结合使用。"

3. 纳入财政专户管理，全额返还阶段

1999~2003 年，法院诉讼费用全额纳入财政专户，由财政部门作为"业务补助经费"全额核拨给法院使用。1999 年 7 月，财政部、最高人民法院印发的《人民法院诉讼费用管理办法》③ （财公字〔1999〕406 号）规定："各级人民法院的诉讼费用全额纳入财政专户，严格实行'收支两条线'管理。纳入地方各级财政专户管理的诉讼费用，由各级财政部门按审批的诉讼费用收支计划，作为'业务补助经费'按月核拨给同级人民法院使用。"

在此阶段，为既落实"收支两条线"管理，又发挥诉讼费在提高法院经费保障能力、促进法院业务建设及更好地保障诉讼当事人利益等方面的作用，《人民法院诉讼费用管理办法》对诉讼费管理进行了重大改革，对相关问题作出了系统完整的规定。

---

① 本规定已被 1996 年 1 月 1 日《财政部、最高人民法院关于印发〈人民法院诉讼费用暂行管理办法〉的通知》废止。

② 本办法已被 2003 年 1 月 30 日《财政部关于公布废止和失效的财政规章和规范性文件目录（第八批）的决定》废止。

③ 本办法已被 2003 年 12 月 26 日《人民法院诉讼费管理办法》废止。

【实例五】

落实"收支两条线"管理　改革诉讼费管理办法①

诉讼收费制度自 1989 年 9 月 1 日实行以来，对法院的业务工作发挥着日益显著的作用。到 2000 年，全国法院系统诉讼费收入已占法院系统全年经费支出的近一半。加强对人民法院诉讼费用的管理，既是贯彻中央对公安、检察院、法院和工商行政管理部门行政性收费和罚没收入实行"收支两条线"管理重大决策的重要措施，也是促进法院自身业务工作发展的重要保障。为此，1999 年 7 月 21 日，财政部与最高人民法院共同印发了《人民法院诉讼费用管理办法》（财公字〔1999〕406 号），对诉讼费的收取、管理和使用等一系列内容进行了重大改革，主要有：

一是改革了诉讼费收入纳入财政专户管理的形式，实行全额上交财政专户的办法。新办法规定，各级人民法院的诉讼费用要全额纳入财政专户，严格实行"收支两条线"管理，改变了过去将收取的诉讼费扣除必要的办案费用支出后结余上交财政专户的做法。这样，就使法院的诉讼费用实现真正意义上的"收支两条线"管理，有利于全面反映法院诉讼费用的收入状况和支出情况，强化各级法院对诉讼费用的管理和各级财政对诉讼费用的监督；有利于从制度上解决结余上交办法存在的结余界限不清、部门理解不一、收入上缴不及时、数额少，以及支出不按规定范围和标准、挤占挪用诉讼费、化财政资金为单位的自有资金甚至"小金库"以尽量减少结余等使上缴财政专户的政策难以执行的问题。

二是改革了诉讼费用的收缴办法，实行收缴分离的制度。新办法明确规定：地方各级人民法院的诉讼费用，在法院确定具体数额后，由当事人直接全额交入省级财政在当地银行开设的财政专户分户，由省级财政专户集中管理；省级财政专户集中的地方各级人民法院诉讼费用，由代理银行按规定比例就地、及时、分别划入各级地方法院所在的同级财政专户和省级财政专户，改变了过去对诉讼费用的确定和收取都在法院内部自行运作的办法。这样做，既能保证诉讼费用及时足额上缴财政专户，堵塞少收乱支、挤占挪用等漏洞；又考虑到各地业务工作量的大小，便于调动各级地

---

① 唐虎梅、林洁：《落实收支两条线管理　改革诉讼费管理办法》，载《行政事业财务》1999 年第 6 期（总第 30 期）。

方法院的积极性，保证其基本办案所需经费；还使省级财政和法院能及时了解地方各法院诉讼费用的收入规模和业务工作量大小，便于从宏观上对下级单位的经费保障情况和业务工作实施有效的调控和指导。

三是改革了诉讼费用的集中办法，实行分级使用为主、省级集中为辅的方式。新办法规定，地方各级人民法院的诉讼费用由省级财政专户集中管理，实行分级使用与省级统筹相结合的办法，其中省级统筹的比例不得高于各级地方法院所收取诉讼费用的30%，由省级财政和法院共同掌握，用于统一购置法院系统必需的业务设备和补助贫困地区法院业务经费，不得用于高级人民法院本身的支出。这种做法改变了过去从中央到省、市（地）各级法院层层集中，集中的资金使用范围不明确等问题。这既有利于充分调动各级财政和法院部门在诉讼费用收取和管理上的积极性，又从制度上强化了省级管理诉讼费用的力度和保障法院经费、扶持贫困地区的责任，有利于各地依靠本省份的力量统筹安排、统一解决各级法院经费方面急需的问题，更好地满足法院业务工作的需要。

四是规范了诉讼费用的支出和使用管理。新办法将诉讼费用从收支到使用的全部过程都纳入了各级财政的管理和监督之中，并视同预算内资金进行严格、规范管理，保证诉讼费用按照规定使用，全面贯彻落实了中共中央办公厅、国务院办公厅《关于加强公安、检察院、法院和工商行政管理等部门行政性收费和罚没收入收支两条线管理工作的规定》和《行政单位财务规则》，改变了过去在管理上重预算内、轻预算外，在资金使用上挤占、挪用现象较为严重的问题。第一，明确了诉讼费用支出的性质，将纳入各级财政专户的诉讼费用由各级财政作为"业务补助经费"核拨给各级法院使用。第二，实行严格的"收支统管"，明确规定各级人民法院要按照预算内外资金收支统管的原则，将各级财政部门核拨的"业务补助经费"与同级财政部门核拨的预算内业务经费相结合，纳入本单位预算，统一核算、统一管理、统筹安排使用。第三，实行"一支笔"审批制度，使用诉讼费用时由法院财务部门按收支计划和规定的使用范围及业务工作需要提出意见，报主管财务院长审批。第四，强化了诉讼费使用的计划性，提出对省级集中和本级使用的诉讼费用的收入和支出，各级法院都要提前作出计划，随下一年度预算一同报送同级财政部门审批；年度终了后，将支出情况随预算内经费决算报同级财政部门审批。

五是提出了建立备用金的新措施。考虑到法院诉讼费用的特殊性，为满足各级法院业务工作的实际需要，保证当事人预交的诉讼费用及时退还及考虑到法院办案过程中垫支其他诉讼费用的实际，新办法规定，各级法院可根据审判工作的实际需要，用财政拨给的"业务补助经费"，按全年诉讼费用收入的一定比例或数额建立备用金，专门用于支付应退还的预交诉讼费用和其他诉讼费用的支出。这样，可以防止出现因诉讼费用全额上交财政专户、办案经费拨付需要在途时间等因素可能影响法院正常诉讼程序进行等问题，有利于消除各级法院在执行诉讼费用全额上交财政专户管理政策上的顾虑，更好地执行新办法。

六是规范了收费票据的发放和使用形式。新办法除保留了诉讼费用专用票据实行全国统一式样的规定外，将诉讼费用收费票据由原各高级人民法院组织发放，改变为由地方各级财政部门向同级人民法院发放的办法。这是根据《国务院关于加强预算外资金管理的决定》和财政部《关于加强中央单位行政事业性收费和政府性基金票据管理的通知》① 规定确定的。这样做，可以使法院诉讼费用收费专用票据的管理与其他行政事业单位相一致，还可以通过对收费票据的购领、使用、保管、核销等环节，加强财政部门对诉讼费用的管理和监督。

4. 全额上缴国库，纳入预算管理阶段

2004 年至今。2003 年 12 月，财政部和最高人民法院印发的《人民法院诉讼费管理办法》（财行〔2003〕275 号）规定："人民法院依法收取的诉讼费属于国家财政收入，按照国家财政管理的有关规定，全额上缴国库，纳入预算管理"，于 2004 年 1 月 1 日起施行。自此，法院依法收取的诉讼费要全额上缴国库，纳入预算管理，履行职能所需经费应由部门预算安排。从政策角度讲，这意味着用诉讼费收入弥补法院经费不足的状况已成为历史。

五、人民法院经费管理政策

在司法经费统一管理政策下，多年来，特别是 2009 年实行新的司法经费保障体制以来，人民法院结合工作实际，制定了一系列符合法院特点、

---

① 本通知已被 2016 年 8 月 18 日《财政部关于公布废止和失效的财政规章和规范性文件目录（第十二批）的决定》废止。

促进法院经费保障和管理能力水平提高的管理政策。影响重大的主要有三项。

（一）人民法院财务管理办法

部门财务管理办法，是国家财政政策制度在各部门落实的具体规定，是全面规范一个行业和系统经费财务工作的纲领性文件。2001 年 11 月，财政部与最高人民法院联合印发了《人民法院财务管理暂行办法》，对人民法院财务管理的原则、任务及预算管理、收支管理、资产管理、财务报告和财务分析、财务监督、财务机构及财务人员，特别是业务经费开支范围等作了明确规定，对规范和加强各级人民法院财务管理、提高资金使用效益、保障人民法院依法履行审判职能发挥了重要作用。

为贯彻落实党中央关于政法领域全面深化改革的工作部署，根据近 20 年来财政和司法各项改革要求的变化，财政部与最高人民法院对 2001 年的《人民法院财务管理暂行办法》进行了重大修订，于 2020 年 12 月联合印发了《人民法院财务管理办法》，以进一步加强人民法院经费财务管理，切实保障人民法院以审判执行为中心的各项工作顺利开展。新的《人民法院财务管理办法》，在对人民法院财务管理相关内容作出全面明确规定的同时，具有三个显著特点。

1. 突出体现现代管理要求

一是从原来的 9 章共 36 条，调整为 8 章共 53 条，内容更加集中全面。二是将全面规范、讲求绩效，统筹兼顾、保障重点，量入为出、厉行节约，责任明确、风险可控，作为人民法院财务管理的基本原则，体现了新时代重视资金绩效和安全的理念。三是突出体现了加强对权力的制约等治国理政新思想，将建立健全财务管理制度和内部控制制度，全面实施预算绩效管理，对财务活动进行有效管理、制约和监督等作为人民法院财务管理的主要任务之首；将人民法院财务活动在单位负责人领导下，由单位财务会计部门统一归口管理，作为第一章总则的内容加以规定；同时规定，单位负责人对本单位的财务会计工作负有领导责任，各内设机构和机关工作人员依据法律、法规和本办法规定从事财务活动，参与财务监督，并对相关事项负责；等等。

2. 更加强调预算和内控工作

一是删除了老办法中收入管理、支出管理两个专章，设置了预算决算管理、预算执行管理两个专章，突出强调了加强预算管理和决算管理的要求。包括人民法院应当按照国家有关预算管理法律法规及规定权限开展预算管理工作，部门预算应当全面反映本部门及其所属各单位的所有预算收入和预算支出，认真贯彻全面实施预算绩效管理有关要求，将本部门及所属单位各项收支全面纳入绩效管理，按规定组织本部门及所属各单位决算草案的编制、审核、汇总和报送，及时做好部门预决算信息的公开工作，自觉接受社会监督；各级财政部门要根据人民法院所承担的工作任务，遵照"明确责任、分类负担、收支脱钩、全额保障"的原则，建立和落实分项目、分区域、分部门的政法经费保障政策，保障人民法院履行职能所需经费充足。

二是将预算执行管理作为专章设置，凸显了细化和强化预算执行管理的重要性。包括人民法院应当按照严格预算执行、强化刚性约束、掌握工作进度、保证用款需要、落实分工责任、加强监督评价的要求，组织预算执行；取得各项收入应当符合国家规定，对按规定应纳入部门预算管理的各项收入均要编入本部门、本单位部门预算，并严格按照国家有关预算管理规定由本部门、本单位财务部门统一管理，统一核算，及时入账，不得设置"账外账"和"小金库"；将各项支出全部纳入本部门、本单位预算管理，建立健全支出管理制度，强化预算约束、严格支出标准、规范支出流程；在预算执行中严格执行国库集中支付制度、公务卡结算制度和政府采购制度等规定，建立完善工作措施、有效控制结转结余资金规模；预算执行结束后，对照确定的绩效目标开展绩效自评，并不断加强对绩效评价结果的应用。

三是将内部控制与财务监督一并作为专章设置，强化对内部权力运行的制约。包括人民法院应当遵循全面性、重要性、制衡性、适应性原则，建立与实施内部控制；按照财政部门有关规定，编制内部控制报告，综合反映本部门、本单位内部控制建立及实施情况，对所属各单位内部控制的建立健全和有效实施进行监督；人民法院院长及其所属各单位负责人分别对本部门、本单位内部控制的建立健全和有效实施，以及内部控制报告的真实性和完整性负责；等等。

3. 扩展了业务经费的开支范围

考虑到《人民法院财务管理办法》是对人民法院财务管理工作进行全面指导的规章，而经费开支范围是其附件内容，包含范围应该全面，不能仅限于原办法中规定的办案业务经费，因此，在新办法所附的"人民法院业务经费开支范围"中，增加了业务装备经费的开支范围，并按照"办案（业务）经费"和"业务装备经费"两大类分别列示各项经费的内容。其中第一类办案业务经费，包括办案费、会议费、培训费、法治宣传费、消耗费、业务租赁费、业务维修（护）费、档案管理费、其他业务费九个方面的开支费用；第二类业务装备经费，包括业务技术装备费、业务综合保障装备费、司法警察装备费、服装费、其他业务装备费五个方面的开支费用。

（二）建立人民法院经费保障和财务管理长效工作机制

随着财政改革、司法经费保障体制改革和人民法院工作发展，法院财务工作的责任越来越大、任务越来越重、要求越来越高。为适应财政改革和法院经费保障体制改革的迫切需要及为人民法院工作科学发展提供坚实的保证，2012 年 10 月，最高人民法院制定印发《关于建立人民法院经费保障和财务管理长效工作机制的若干意见》（法发〔2012〕21 号，以下简称《经费保障和财务管理的若干意见》），从六个方面提出了建立人民法院经费保障和财务管理长效工作机制的 21 条意见，第一次以最高人民法院文件形式，规范了全国法院系统的经费财务工作，为推动人民法院财务工作实现跨越式发展起到了关键作用。[①]

1. 总体要求

为解决人民法院财务工作中存在的与法院工作科学发展要求不相适应的问题，《经费保障和财务管理的若干意见》强调应将经费保障和财务管理长效工作机制建设作为各级法院的重要工作。一要认识到位，进一步摆正财务工作的位置，立足于提高司法能力、树立社会主义司法权威的高度认识和谋划财务工作，充分认识新形势下加强财务工作、建立经费保障和管理长效工作机制的重要性；二要目标准确，将经费保障和财务管理长效工作机制建设作为促进法院整体科学发展的一项重要内容，按照保障有力、管理规范、基础扎实、运行高效的原则，建立既符合国家法律法规和相关政策要求，又能够充分发挥财务工作在人民法院的参谋助手作用、综

---

① 唐虎梅：《加快人民法院经费保障与财务管理长效工作机制建设》，载《人民司法（应用）》2013 年第 13 期（总第 672 期）、《人民法院司法行政管理研究与参考》（第 3 辑），人民法院出版社 2016 年版，第 11 ~ 15 页。

合管理作用以及保障龙头作用的经费保障和管理长效工作机制，切实保障人民法院履行审判职责的需要，有力促进人民法院建设和事业发展；三要抓住时机，以财政改革和司法经费保障体制改革为契机，以服从服务好审判执行中心工作为首要目标，积极适应司法体制改革的要求，深入研究探索新形势下人民法院经费保障和管理的内在规律，不断克服解决财务工作中的现实困难和问题，全面推进经费保障和管理长效工作机制的建设。

2. 具体要求

为加快法院经费保障和财务管理长效工作机制建设，《经费保障和财务管理的若干意见》提出了大力推进法院经费保障和财务管理制度化、规范化、专业化、职业化、系统化建设的"五化"目标和具体要求。

一是加强财务政策和制度研究，推进经费保障和管理制度化。制度是财务工作的基本依据，制度化是人民法院经费保障和财务管理长效工作机制建设的基础。《经费保障和财务管理的若干意见》从落实经费保障政策、确定经费保障标准、完善财务规章制度三个方面提出了具体要求。

二是加快财务机构建设，推进经费保障和管理规范化。规范化是人民法院经费保障和财务管理长效工作机制建设的核心。《经费保障和财务管理的若干意见》从科学、规范设置财务机构、明确财务机构职责、落实财务归口管理三个方面提出了具体要求。

三是严格财务人员配备，推进经费保障和管理专业化。专业化是人民法院经费保障和财务管理长效工作机制建设的根本。《经费保障和财务管理的若干意见》从合理配备财务人员、建立总会计师制度、择优选配财务人员、配齐配强财务人员四个方面提出了具体要求。

四是强化财务教育培训，推进经费保障和管理职业化。职业化是人民法院经费保障和财务管理长效工作机制建设的保证。《经费保障和财务管理的若干意见》从创新财务培训机制、拓宽财务培训形式、提升财务培训层次三个方面提出了具体要求。

五是优化财务工作机制，推进经费保障和管理系统化。财务工作涉及方方面面，系统化是人民法院经费保障和财务管理长效工作机制建设的关键。《经费保障和财务管理的若干意见》从建立健全依法理财工作机制、建立健全科学领导工作机制、建立健全指导监督工作机制、建立健全绩效考评工作机制四个方面提出了具体要求。

(三)《最高人民法院关于加强财务工作的决定》

随着经济社会发展、法治进程加快、司法体制改革推进以及经费保障体制改革在人民法院的不断深入，人民法院面临的经费管理问题越来越复杂，对财务工作的要求也越来越高。针对最高人民法院现有财务制度的综合性不强、权威性不高、没有全面综合的财务制度、与国家提出的"依法理财"要求有很大差距的状况，2013 年 3 月，最高人民法院制定印发了《关于加强财务工作的决定》（以下简称《财务决定》，法〔2013〕72 号），第一次以决定形式提出了加强最高人民法院财务工作的要求，对规范和加强最高人民法院本级财务工作发挥了决定性作用。《财务决定》从六个方面提出了 20 条要求。

1. 充分认识新形势下加强财务工作的重要意义

《财务决定》从财务工作的地位作用、存在的问题及面临的任务出发，提出了加强财务工作的总体要求：最高人民法院全院各部门和全体干警要站在人民法院整体工作的高度，充分认识加强财务工作对于促进人民法院科学发展的极端重要性，做到"四个必须"。一是必须进一步摆正财务工作的位置，立足于提高司法能力、树立社会主义司法权威的高度认识和谋划财务工作，强化组织领导，积极营造良好的财务工作环境，努力开创财务工作新局面；二是必须注重制度建设，确保有法可依、有章可循，强化监督制约，严格依法依纪做好财务工作；三是必须加强队伍建设，努力打造一支高素质、专业化的财务工作队伍，全面提升财务工作能力；四是必须大力推进改革创新，注重研究新情况、新问题，积极探索和把握新形势下财务工作特点和规律，不断提升工作质量和工作效能。

2. 大力推进财务工作体系化建设

《财务决定》提出了大力推进财务工作体系化建设的三方面要求：一是明确财务工作指导思想，坚持"依法理财、科学理财、民主理财"，建立经费管理部门、事项管理部门、经费使用部门相互独立、相互协调及预算编制、预算执行、预算监督相互分离、相互制约的严谨、高效财务运行工作机制，充分发挥财务工作在人民法院工作中的参谋助手、综合管理和保障龙头作用，大力提升经费保障和管理水平，保证人民法院审判执行和各项工作稳步发展。二是健全财务管理体制，实行"统一领导、集中管理"的财务管理体制，全院经费开支实行"分级授权、统一审批"制度，在各项工作中涉及经费开支或财务管理的事项和政策，要先行征求财务部门意见。三是遵守财务工作基本原则，坚持依法理财、规范管理，坚持保障重点、统筹兼顾，坚持厉行节约、注重效益，坚持量入为出、收支平衡。

3. 建立健全财务工作机制

《财务决定》提出了从四个方面建立健全财务工作机制。一是建立健全内部会计控制机制，加强内部财务监督，坚持不相容职务相互分离，明确财务相关工作的授权批准范围、权限、程序、责任等，规范预算管理、经费收支、实物管理、重大经费项目决策、政府采购、合同管理等方面的财务工作，有效运用电子信息技术等手段建立内部会计控制系统，确保内部会计控制有效实施。二是建立健全财务协同配合机制，形成财务职能部门牵头负责、经费需求部门论证提出并负责执行、业务相关统管部门事先审核评估、审计部门事后监督的协同配合工作机制，建立健全财务部门内部、财务部门与同级相关部门之间互联互通的一体化财务管理体系，经费统管部门及资产、装备、政府采购、基建房产等相关事项管理部门与财务部门要紧密协作，实现财务综合管理。三是建立健全财务指导工作机制，加强和规范院机关财务部门对全国法院系统、本院机关各部门及直属单位财务指导工作，加强对本院机关各部门预算编制、经费申报、经费使用等方面的财务指导，加强对直属单位部门预算、财务收支、国有资产、政府采购等方面的财务指导。四是建立健全财务制约监督机制，加强对有关部门、财务机构以及财务事项的监督，财务部门、审计部门、组织人事部门、纪检监察部门要形成齐抓共管的财务制约监督机制，将廉政风险防控工作融入财务工作职责任务和管理流程中，将遵守和执行财经法律法规情况作为奖惩的重要依据。

4. 深入实施依法理财

《财务决定》提出：一要加强财务制度建设，将国家财经政策和法院工作实际紧密结合起来，及时对财务规章制度进行调整和完善，针对财务工作的薄弱环节，查找隐患，堵塞制度上的管理漏洞，对全院财务制度进行统筹规划，树立财务制度的权威性。二要严格经费规范化管理，全院各项经费收入要依法取得，全额纳入财务预算综合管理；各部门要将业务工作计划与预算需求相结合，真实、全面、准确反映经费需求；经费支出要严格执行预算和相关政策要求，按照规定的审批程序和权限办理；财务部门要明确财务岗位职责，完善财务工作流程，确保各项经费依法取得、合理使用。三要落实预算精细化管理，加强部门预算管理，形成预算编制、预算执行、预算分析以及绩效考评相互推动、相互制约的格局；要严格预算编制流程和编制方法，不断提高预算编制的规范性和准确性；要坚持无预算不支出的原则，强化部门预算编制与执行的主体责任；未经批准不得擅自变更预算计划、改变预算用款方向；有效实施对预算资金使用过程和效益考核分析，提高预算执行进度；建立绩效评价制度和绩效评价结果运用机制，加强对重点部门、重点项目投资效益追踪评查和内部审计监督。

5. 推动落实各项财务改革制度

《财务决定》提出：一要深化部门预算改革，强化预算观念，稳步推进部门预算改革；坚持厉行节约，从严从紧编制预算；坚持改革创新，健全预算决策机制；坚持科学管理，推进综合预算管理；坚持标准化管理，完善内部配套标准建设。二要推动经费保障体制改革，加强组织协调，促进各项改革措施在法院系统有效落实；积极适应司法经费保障体制改革对经费保障和财务管理的新要求，将各项财务工作进行系统化、常态化、机制化、专业化管理；结合工作特点，研究制定本系统办案业务经费、业务装备经费开支范围以及办案业务成本开支核算办法；切实加强内部财务管理，建立符合法院经费管理特点的财务核算体系；建立基层法院经费保障基础数据库，保证中央和省级转移支付资金及时足额到位、专款专用。三要确保财务制度严格执行，任何人不得以任何方式规避财务审批和预算监管，不得越权、越位管理和审批；财务部门和财务人员要坚持原则、严格管理，自觉抵制和纠正违反财经纪律和财务规章制度的行为；严格执行财务审批程序，各项经费开支和财务事项实行自下而上逐级审批；各级领导要以身作则，严格按财务制度办事，狠抓各项财务规章制度的落实。

6. 强化改进对财务工作的组织领导

《财务决定》从四个方面提出了强化改进对财务工作组织领导的要求。一是加强财务工作科学领导，各级领导要树立现代决策理念，充分依靠领导班子和财务人员的集体智慧，努力提高财务工作科学决策、民主决策、依法决策的水平；根据财务管理的客观规律，增强财务工作的前瞻性、计划性、程序性，减少临时动议，杜绝财务决策和开支的随意性；加强预算工作领导，成立预算管理委员会，负责研究审议全院预算编制和执行中的重大问题；加强重要项目安排和大额度资金使用管理，实行集体讨论决定制度。二是健全财务领导管理机制，严格实行党组集体领导下的分工负责制，实行分管财务领导专业化；院党组定期听取财务工作汇报，研究讨论和决定财务工作重大事项，积极营造良好的财务工作环境；财务部门领导每年至少两次向党组全面报告财务工作情况，重大财务事项要报党组讨论决策；经费统管和事项管理部门领导要组织对重点项目进行审核把关，组织制定和实施重点项目执行计划；各业务部门领导要组织做好涉及本部门经费申报、财务事项的有关工作，将涉及财务工作的事项与自身业务工作结合起来，共同部署、共同实施、共同考评，促进财务工作和业务工作顺利开展。三是规范财务工作职责，科学划分财务工作职能，实行定岗、定责、定员，按照管理权责，各司其职；全院一切财务活动和各类资金由财务部门统一管理，严禁非财务管理部门承担财务工作职责；财务部门和岗位之间要形成权责分明、相互制约、相互协调的工作机制。四是加强财务队伍建设，将选配财务人员纳入组织人事部门的重要议事日程，根据财务工作量和岗位职责要求，及时配备足够的专职财务人员；选择高素质、高层次财务人员担任总会计师，配备懂财务、善管理的专职财务人员承担财务管理工作，严把任职资格关；加强财务人员职业保障，对具有会计专业技术职称的在职财务人员，可参照有关政策标准和相应法官职级，落实相应职业保障待遇；增强财务人员的荣誉感和责任感，将工作业绩突出的优秀财务人才选任到财务领导和相关领导工作岗位；加强财务人员业务素质和职业道德培养，鼓励财务人员为财务科学决策提供合理化建议。

第三节　司法经费管理措施

司法经费管理措施是推动司法经费保障政策和各项改革落到实处的具体手段方式。根据司法经费保障体制和部门职责分工，我国司法经费管理实行财政等部门制定统一政策制度，进行统一部署推动，司法各部门结合各自实际具体实施落实的管理方式。多年来，各级财政、司法等部门努力探索、不断创新，采取了以财政为主导、司法各部门密切配合、齐抓共管的一系列司法经费管理措施，切实做好司法经费工作。

一、财政部门对司法经费管理的主要措施

（一）制定发布统一规范的司法经费管理制度

为做好司法经费管理，财政部单独或与司法部门共同制定发布一系列司法经费管理的制度，作为推动司法经费管理的根本措施。

1. 将司法经费管理制度贯穿于各项经费保障政策规定中

保障和管理是经费工作相互依存、密不可分的两个方面。在研究制定各阶段司法经费保障政策时，财政部门始终注重将加强对司法经费的管理作为做好司法经费保障的重要抓手。如在 1998 年中共中央办公厅、国务院办公厅转发的《财政部关于政法机关不再从事经商活动和实行"收支两条线"管理后财政经费保障的若干意见》中，第一次以中央文件的形式对司法经费管理提出了明确具体的要求；在由财政部起草，以 2009 年中共中央办公厅、国务院办公厅印发的《关于加强政法经费保障工作的意见》三大部分内容中，将"进一步强化政法经费管理"作为一大部分内容专门提出要求，将司法经费管理置于突出的地位；在 2009 年 7 月财政部印发的《政法经费分类保障办法（试行）》中，将"政法经费的管理与使用"作为专章，从九个方面提出了具体规定要求。

2. 制定各项专款管理办法确保专款专用

针对司法部门专款项目较多、用途各异的特点，财政部门及时制定各项专款管理办法，确保专款专用，切实发挥专款效益。如为"充分发挥专款的使用效益，更好地为政法业务工作服务"，1999 年，财政部制定印发了《中央政法补助专款管理办法》（财公字〔1999〕547 号）；之后，根据形势的变化对此项专款管理不断加强，财政部分别于 2001 年制定了《中央政法补助专款项目管理办法》，2005 年制定了《中央政法补助专款项目管理工作考核办法》，2005 年制定下发了《财政部关于"以奖代补"中央政法补助专款管理问题的通知》。同时，财政部分别与相关司法部门共同研究制定了相关管理办法，加强对各类专款的管理。如 2005 年 9 月与司法部共同制定印发《中央补助地方法律援助办案专款管理暂行办法》，2007 年 2 月与公安部共同制定印发《中央补助地方禁毒专款管理办法》，2007 年 10 月与最高人民法院共同制定印发《中央补助人民法院办案专款管理办法》等。

3. 制定财务管理办法全面规范各司法部门经费管理

为全面规范司法经费管理，财政部与各司法部门根据各自工作特点共同制定了财务管理办法，作为各级司法机关经费管理的基本政策。如 1997 年 1 月，财政部与公安部联合制定印发了《公安机关财务管理暂行办法》；2001 年 11 月，财政部与最高人民法院联合制定印发了《人民法院财务管理暂行办法》；2010 年财政部与司法部联合制定印发了《监狱体制改革单位财务管理办法》；2014 年 2 月，财政部与最高人民检察院联合制定印发了《人民检察院财务管理暂行办法》等。之后，根据形势的发展和管理要求的变化，财政部又对财务管理办法进行修订完善。如 2017 年 12 月，财政部与司法部联合修订印发了《司法行政机关财务管理办法》；2020 年 12 月，财政部与最高人民法院联合修订印发了《人民法院财务管理办法》等。

（二）召开全国会议统一部署司法经费重大工作

1. 全面研究部署全国政法财务工作

财政部在司法经费工作的重要阶段，及时召开会议在全国范围内进行统一部署推动。2000 年 10 月，在我国刚刚跨入新世纪之际，财政部在湖南长沙召开了由各省级财政部门领导参加的"全国政法财务工作座谈会"，专题研究"国家财政对政法机关履行职能所必需的经费给予保证"问题，向各级财政部门提出了要"优先保证政法机关人员工资按时足额发放、确保政法机关办案经费的需要、积极支持政法机关的业务建设"以及"积极推进政法财务改革，不断提高资金使用效益"等要求。① 这是财政部历史上第一次召开全国性会议，专门对司法经费工作进行系统全面部署，对解决当时司法机关普遍存在的经费保障困难、经费管理薄弱等问题起到了十分重要的作用。

2. 大力推动实施中央政法补助专款管理工作

对于在司法经费保障工作中具有重大影响的中央政法补助专款管理工作，1999～2007 年，财政部先后在云南、安徽、江苏等地多次召开会议或举办培训班，坚持不懈、一抓到底，推动加强专款管理各项措施有效有力

---

① 《财政部副部长金立群关于做好政法财务工作的讲话（摘要）》，根据 2000 年 11 月财政部行政政法司情况反映。

实施。2001 年 4 月，财政部在江苏举办"中央政法补助专款项目管理工作培训班"，采取以训代会方式，研究布置中央政法补助专款项目管理和三年规划工作，使在当时处于管理领先地位的政法专项经费管理办法得以顺利推行并取得很好的效果。

3. 及时部署实施全国政法经费保障体制改革工作

2009 年 7 月，财政部在云南昆明召开"全国财政政法经费保障体制改革工作会议"，认真贯彻落实党中央、国务院关于深化司法体制改革文件精神，部署全国财政系统政法经费保障体制改革工作。会议要求各省（自治区、直辖市）财政部门要充分认识做好政法经费保障体制改革工作的重要意义，全面准确把握政法经费保障体制改革政策，把政法经费保障体制改革作为当前和今后一段时期财政工作的一项重要任务。此次会议对统一思想，坚定信心，将 2009 年政法经费保障体制改革迅速在全国推开并取得巨大效果起到了关键作用。

（三）深入调查研究指导推动司法经费工作创新发展

财政部门十分注重调查研究，对司法经费既定政策执行情况及时跟踪，深入研究，了解执行情况，发现存在问题，深刻分析原因，并提出意见建议，形成政策文件，从政策制度规定和经费分配管理等方面，及时改进完善，指导推动司法经费工作不断创新发展。较为集中的调研指导工作有四项。

1. 调研推动中央政法补助专款管理工作

2004 年，财政部职能部门领导带队，先后两次到多个省份对中央政法补助专款使用情况进行专题调研后，提出了"充分发挥现有中央专款的作用、切实提高现有装备的利用率、正确发挥行业部门的指导作用、确定符合当地实际的发展目标、继续加大各级政府对政法部门的投入"[①] 五方面对策建议，形成了管理政策措施，运用到了司法经费的日常管理中，有力推动了司法经费工作的开展。

2. 调研推动政法部门网络设施共建和信息资源共享工作

从 2004 年开始，财政部在注重采取直接措施强化对司法经费管理的同

---

① 李林池、贾新怡、唐虎梅、左刚、陆强：《中央政法补助专款使用情况专题调研报告》，载《预算管理与会计》2005 年第 11 期、第 12 期。

时，不断拓宽思路，研究提出优化司法部门资源配置的具体建议，将其列入 2004 年 12 月的《中央司法体制改革领导小组关于司法体制和工作机制改革的初步意见》，作为"改革和完善司法机关经费保障机制"的重要内容。这些措施包括，通过优化司法部门资源配置，提高司法机关经费保障的有效性，充分发挥资金使用效益；优化人员结构，提高人员素质；加强信息化建设，应用现代化科技手段，增强司法部门的司法能力；推进司法部门设施共建、信息共享，发挥司法资源的整体效能等。2006 年，财政部又通过实地考察，深入研究总结国外在司法资源整合与共享上的主要做法，提出应建立起符合我国国情、适应司法实践特点的司法资源整合、共享机制的四条建议：一是建立起司法资源整合共享的工作机制；二是梳理出可供整合共享的司法资源的范围与内容；三是先易后难、统一规划、分步实施；四是发挥财政部门在司法资源配置中的职能作用。① 经过财政职能部门的不断推动，2008 年 1 月，财政部联合国家发展和改革委员会、中央政法委等九部门共同印发了《关于推进政法部门网络设施共建和信息资源共享的意见》，正式启动实施政法部门网络设施和信息资源共建共享工作。在该意见中，将"尽最大可能节约国家财力"作为推进共建共享的指导思想之一，将"本着降低成本、节约开支的精神"作为推进网络设施共建的措施之一，并对建设项目和经费作了明确。这项措施的实施，将司法经费管理工作提升到了一个新的高度。

3. 调研推动政法经费保障体制改革工作

根据中央关于推进司法体制改革的决策部署，为深化司法经费保障体制改革，从 2008 年年初直至年底，财政部组织了多层次、全方位的深入调查研究、广泛论证研讨，提出了政法经费保障体制改革方案和具体政策建议，于 4 月 15 日形成了两份改革司法保障体制专题调研报告，4 月 25 日向中央政法委报送了《关于深化司法保障体制改革的专题调研报告》，并在此基础上形成了《政法经费保障体制改革方案》于 5 月 29 日上报中央政法委，作为 12 月 5 日《中央政法委员会关于深化司法体制和工作机制改革若干问题的意见》第四部分的内容。2009 年 1~2 月，财政部又根据上年调研形成的意见，研究拟订了《关于加强政法经费保障工作的意见》，

---

① 贾新怡、唐虎梅：《国外司法资源整合共享的做法及启示》，载《中国财政》2006 年第 5 期。

并经中共中央办公厅、国务院办公厅转发全国执行，作为贯彻落实中央关于深化司法体制和工作机制改革、指导今后一个时期全国政法经费保障工作的纲领性文件。

4. 调研推动省以下法院检察院财物统管改革工作

早在2014年1月，在党的十八届三中全会作出"推动省以下法院检察院财物统一管理改革"决定仅一个多月之时，财政部即召集最高人民法院、最高人民检察院等部门召开工作会议，专题研究布置经费体制改革工作，决定成立由财政部等相关部门组成的经费体制改革工作小组，开展情况调研摸底、数据统计分析、国内外资料收集、研究提出改革试点方案等工作。2014年3月，财政部相关领导赴最高人民法院参加"人民法院经费体制改革座谈会"，听取最高人民法院拟订的《人民法院经费体制改革方案》论证情况及10多个省级法院领导和职能部门负责人的意见建议，指导人民法院经费体制改革工作。2019年9～10月，财政部分别与最高人民法院、最高人民检察院开展联合调研，深入了解省以下地方法院检察院财物统管改革工作的情况和问题，专门听取地方各级财政、法院、检察院对改革工作的意见建议，为深入研究推动改革掌握第一手资料。近年来，财政部积极组织开展法院及检察院财务管理办法、装备配备标准、中央政法转移支付资金管理办法等相关制度的制定及修订工作，完善法院及检察院经费保障机制。在此基础上，财政部联合相关部门研究制定了推进省以下地方法院及检察院财物统一管理改革中进一步完善经费保障机制的指导意见，深入贯彻落实党中央关于政法领域全面深化改革的决策部署。

二、人民法院对经费管理的主要措施

为加强对人民法院经费的管理，最高人民法院在认真执行国家统一的经费管理政策同时，积极主动作为，不断研究探索，努力开拓创新，采取多种措施，推动人民法院经费管理上层次、上水平。

（一）加强法院经费管理制度建设

1985年以来，最高人民法院通过制定出台40多项具有法院特性的专门制度，加强法院经费管理。这些管理制度主要分为三类。

1. 财务管理类

财务管理类制度主要包括：1985年最高人民法院联合财政部制定印发

《关于法院业务经费开支范围的规定》，以保证人民法院审判工作的顺利进行；2001 年联合财政部印发《人民法院财务管理暂行办法》，全面规范人民法院财务行为；2007 年联合财政部印发《中央补助人民法院办案专款管理办法》，对诉讼费降低后保障地方法院办案经费问题进行专门规范；2009 年和 2010 年最高人民法院办公厅印发相关文件，加强对最高人民法院本级经费审批的管理和控制；2012 年印发《最高人民法院关于建立人民法院经费保障和财务管理长效工作机制的若干意见》的通知，全面加强各级人民法院经费保障和管理；2013 年印发《最高人民法院关于加强财务工作的决定》，首次以院文并以决定形式对最高人民法院本级财务工作进行全面部署规范；2016 年最高人民法院印发文件，对加强人民法院系统财务统计工作提出专门要求，强化法院系统经费基础工作；2019 年印发《最高人民法院重大项目安排和大额资金使用管理办法》的通知，落实"三重一大"事项决策基本原则，规范最高人民法院机关重大项目安排和大额资金使用决策管理行为，提高决策水平；2020 年最高人民法院联合财政部制定印发《人民法院财务管理办法》，适应新形势变化进一步加强对人民法院经费的全面管理。

2. 收费管理类

最高人民法院自 1989 年印发《人民法院诉讼收费办法》以来，陆续与财政部共同印发了《关于加强诉讼费用管理的暂行规定》《人民法院诉讼费用暂行管理办法》《人民法院诉讼费用管理办法》。之后，最高人民法院与有关部门分别于 1997 年和 1998 年联合印发三个关于加强行政性收费和罚没收入管理、进一步落实"收支两条线"规定的文件。1999 年，最高人民法院单独或与财政部联合印发了 3 个文件，加强对诉讼费的管理。2003 年，最高人民法院与财政部联合修改印发了《人民法院诉讼费管理办法》，加强对诉讼费专户的管理。2006 年，《诉讼费用交纳办法》（国务院令第 481 号）发布，大幅度降低诉讼收费标准对法院经费保障工作造成了重大影响后，最高人民法院于 2007 年下发适用《诉讼费用交纳办法》的通知和《关于诉讼收费监督管理的规定》，加强对诉讼收费的管理。2016 年，最高人民法院联合财政部印发《人民法院诉讼费管理办法》的补充通知，提出对诉讼费管理的责任追究要求。

3. 建设管理类

最高人民法院自 1986 年印发《关于各级人民法院审判法庭建设问题

的意见》后，1989 年、1991 年单独及与国家计划委员会共同对加强审判法庭和人民法庭建设发出通知，将"两庭"（即审判法庭、人民法庭）建设作为法院经费管理相关工作的重点。2002 年，最高人民法院联合住房和城乡建设部、国家计划委员会首次发布了《人民法院法庭建设标准》（法〔2002〕229 号，建标〔2002〕259 号）；2002 年和 2003 年，最高人民法院连续发出了 2 个通知，对实施执行法庭建设标准作出部署。至此，法院"两庭"建设进入快速发展时期。2004 年和 2005 年，最高人民法院 3 次发文，专门就法院外欠债务问题提出意见，以妥善解决"两庭"建设工作中的突出问题。2011 年，最高人民法院联合国家发改委、财政部等 9 部委印发《关于加强和改进政法基础设施建设管理工作的意见》，全面规范法院基础设施建设管理。2012 年，最高人民法院连续印发《最高人民法院印发〈关于统一人民法庭标识工作的实施意见〉的通知》（法〔2012〕75 号）、《最高人民法院办公厅关于印发〈人民法庭统一标识设置规范〉的通知》（法办〔2012〕74 号）、《最高人民法院关于发布〈人民法院法徽技术标准〉的通知》（法〔2012〕225 号）和《最高人民法院关于印发〈人民法院法徽使用管理规定〉的通知》（法〔2012〕226 号）4 个文件，统一人民法庭标识，规范人民法院法徽技术标准和使用管理，对法庭建设进行精细化管理，提升法院形象，体现司法为民、便民。

（二）召开全国性专门会议对重大经费工作进行部署

1. 及时研究部署全国法院经费保障体制改革工作

2009 年 9 月，在中央政法经费保障体制改革有关文件出台后不到两个月，最高人民法院即在山东省济南市召开了全国法院经费保障体制改革工作会议，提出了推进法院经费保障体制改革的政策思路和具体措施，要求全国法院狠抓各项改革政策和措施的落实，大力推进经费保障体制改革，及时有力地指导和推动全国法院经费保障体制改革工作。

2. 首次系统全面部署全国法院财务工作

2012 年 9 月，最高人民法院在北京召开了首次全国法院财务工作会议，认真总结财政改革和政法经费保障体制改革以来，人民法院财务工作取得的成绩和经验，深入分析新时期人民法院面临的形势和任务，系统全面部署今后一个时期人民法院财务工作，提出了充分认识和发挥财务工作在人民法院全局工作中的重要地位和作用，深入推进法院经费保障体制改革，大力提升法院经费保障和财务管理水平，切实保障以审判和执行工作为中心的各项工作顺利开展的新思路和新措施。这次会议对大力推进全国各级法院财务工作新发展具有里程碑意义。

（三）开展重大调查研究和课题研究，为经费改革发展提供前瞻性政策理论基础

2009 年以来，最高人民法院通过开展 26 项重大调查研究、4 项重大课题研究，及时推动有关工作，并将重大工作推动与开展基础性、理论性研究相结合，为改革发展提供前瞻性政策理论基础，推动法院经费工作上层次，其形式、力度、效果都是前所未有的。26 项重大调查研究主要有：关于深化司法体制和工作机制改革调研；全国法院经费保障改革情况调研；联合财政部开展"政法经费保障体制改革"全面调研；开展人民法院经费保障体制改革可行性论证研究，为党的十八届三中全会提出省以下法院财物统管改革决策提供了全面报告；在《人民法院组织法》修改中增设法院经费保障制度研究；跨行政区划法院事权与经费保障问题研究；第一批第二批试点省市财物统管改革调研；全国法院基础设施建设情况调研；人民法院执行案款清理工作研究；省以下地方法院财物统一管理改革情况系列调研，对 16 个省份调研后形成调研报告 8 份；研究修订《人民法院财务管理办法》《人民法院诉讼费用管理办法》《人民陪审员经费保障管理办法》等。4 项重大课题研究为：《人民法院审判业务成本核算问题课题研究》《审判权属性课题研究》《人民法院司法行政事务管理权和审判权相分离问题研究》《我国审判领域财政事权与支出责任划分改革课题研究》。

（四）不断夯实法院经费管理工作基础

2009 年以来，最高人民法院十分注重抓紧做实经费管理基础工作。包括开展经费统计分析，2009～2019 年，连续 11 年，最高人民法院每年布置《人民法院财务统计报表》，全面收集经费相关数据，及时汇总分析，形成每年度《全国法院经费分析报告》，为领导决策、政策制定和管理监督提供翔实依据；加强经费管理业务培训，2012～2020 年，连续 9 年，每年举办全国法院财务工作培训班，不断提高全国法院财务人员经费管理和财务服务的素质能力；开展优秀业务成果评选，2014 年和 2018 年开展了两次全国法院司法行政装备优秀业务成果评选活动，鼓励财务人员深入研

究思考，提高财务工作层次；建立理论研究平台，2017 年 8 月，创立中国法学会审判理论研究会司法保障理论专业委员会，并举办了两届学术论坛，为财务人员提供常态化、高层次的研究交流平台；大力加强全国法院财务机构和队伍建设，2012 年，全国法院财务工作会议要求及随后印发的文件，专门对设置、配备全国各级法院财务机构和人员提出要求。之后，全国法院系统财务机构设置和人员配备得到了前所未有的规范和加强，如最高人民法院本级在 2009 年增设审计处加强对经费使用监督的基础上，又于 2015 年增设了预算处加强对预算经费的综合管理和内部控制；全国法院财务机构数量 2018 年比 2016 年增长 39.68%，财务人员数量 2018 年比 2012 年增长 45.09%，财务人员学历层次和财务队伍稳定性得到提高，为加强经费保障管理提供了有力组织保障。

第四节　司法经费管理特点

司法机关是国家权力机关，是国家机器的重要组成部分，担负着维护国家安全和社会稳定的重大责任，需要通过有效、有力的经费管理为司法机关履行职能提供保障。同时，司法经费管理是国家经济管理的组成部分，要依据国家财经法律法规和相关经费管理政策制度进行。因此，司法经费管理具有政策性和统一性强、工作要求高、管理难度大等特点。

法院经费管理作为司法经费管理的重要组成部分，除具有司法经费管理的共性特点外，又具有法院自身的特点。自 2009 年以来，经过 10 多年的不断探索实践，人民法院经费管理工作将经费保障和管理两大职责有机结合，具有以下特点。

一、精心谋划布局，推动经费管理方式发生历史性变化

（一）2008 年以前经费管理主要方式

2008 年以前，法院经费管理主要通过执行行政单位和司法部门统一的政策制度方式进行管理、监督。此外，法院还采取单独或与财政等部门制定少量管理制度的方式，对下级法院的经费管理进行指导，很多制度是应急的、临时的、"一事一办"式的。

（二）2009 年以后经费管理主要方式

2009 年以后，最高人民法院财务部门在继续注重法院经费管理制度建设的同时，不断创新经费管理工作方式、拓宽经费管理形式，大力提升了法院经费管理工作层次、能力和水平。特别是在财务部门和财务人员的努力工作下，最高人民法院在经费保障体制改革的每个关键时期，都精心部署和指导，使全国法院的经费改革工作形成"一盘棋"，由始至终向着正确的方向发展，也使法院经费管理工作发生了历史性的变化。

1. 经费管理工作从"零星"到"综合"。2009 年后，法院经费管理工作从之前的主要靠一事一发文、一事一通知，对经费工作中的某一具体问题提出专项工作意见、要求，并且大都是临时的、碎片化的、"一事一办"式的"零星"做法，改变为针对法院经费工作中发现和存在的问题，通过深入挖掘根源，进行系统分析研究，提出全面综合的指导意见、政策措施以及规范办法和经费标准等做法，举一反三，实施综合管理。

2. 经费管理工作从以本级为主，到本级与系统并重，使本级和系统经费工作实现高层次、跨越式发展。

3. 经费管理工作从靠人管，到靠机制管。包括完善工作机制、领导机制、财务内部机制及"一支笔审批"制度，增设机构及分离职能，实行制约监督等。

4. 经费管理工作从由各地因地制宜、各自管理，到顶层设计、自上而下、指导推动。包括最高人民法院于 2009 年参与财政部门制定的政法经费体制改革方案、于 2009 年召开的法院经费体制改革工作会议及之后对经费体制改革工作进行的全面调研评估等。

5. 经费管理工作从主要通过中央及部门印发的通知、意见、办法等文件制度保障方式，到提供法律保障。推动 2018 年新修订的《人民法院组织法》首次将经费保障内容列入其中，为法院经费保障提供法律依据。

6. 经费管理工作从主要按照财政、司法部门统一要求办理，到积极主动作为，有效开展具有法院特色的经费管理工作。10 年来，最高人民法院除制定了 29 项法院经费保障管理政策制度和加强财务队伍基础建设外，还开展了首创性工作 6 项、前瞻性工作 6 项、连续性工作 2 项、重大专项性工作 28 项。

二、努力开拓创新，开展经费管理多个首创性工作

（一）组织召开首次全国法院财务工作会议

2012 年 9 月，最高人民法院召开了自成立 60 年来首次"全国法院财务工作会议"，全面总结、研究、部署全国法院财务工作。时任最高人民法院院长的王胜俊作出专门批示，常务副院长和分管副院长出席会议并讲话，提出了大量全新的财务政策、要求。以此会议为契机，推进了全国法院系统和最高人民法院本身两项重要财务制度出台，开创了历史先河，影响重大深远。自此以后，法院系统财务工作得到了全面发展，实现了历史性跨越。

（二）制定印发首个全面规范全国法院经费保障和管理的政策文件

2012 年 10 月，最高人民法院印发《关于建立人民法院经费保障和财务管理长效工作机制的若干意见》，提出了按照制度化、规范化、专业化、职业化、系统化的"五化"要求，全面加强法院经费保障和管理，是最高人民法院首次对全国法院财务工作进行全面规划部署，大力促进提升了全国法院财务工作水平。同时提出，在高级以上人民法院建立总会计师制度，这也是最高人民法院历史上的首创。

（三）制定印发首个加强最高人民法院本级财务工作的决定

2013 年 3 月，制定印发的《最高人民法院关于加强财务工作的决定》，首次以院级文件并以决定形式对最高人民法院本级财务工作进行全面部署强化，并提出要建立健全内部会计控制机制，规范预算管理、经费收支、实物资产管理、重大经费项目决策、政府采购、合同管理等方面的财务工作，加强请购、审批、合同订立、采购、验收、付款等环节的会计控制；建立健全协同配合工作机制，加强对财务事项的全方位联动管理，形成财务职能部门牵头负责、经费需求部门论证提出并负责执行、业务相关统管部门事先审核评估、审计部门事后监督的协同配合工作机制；经费统管部门、资产管理部门、政府采购管理部门与财务部门要紧密协作，促进重点项目计划管理和预算管理、实物资产管理和经费管理、政府采购管理和支出管理等方面相结合，实现财务综合管理等措施。

（四）制定印发强化最高人民法院本级经费管理的新措施

2009 年 11 月，制定了《最高人民法院办公厅印发〈关于财务开支审批程序及权限的规定〉的通知》，首次规范最高人民法院本级财务开支审批程序，提出财务"一支笔审批"、分级分类审批等新措施。2010 年 6 月，制定了《最高人民法院办公厅印发〈最高人民法院经费开支审批暂行办法〉的通知》，首次规定最高人民法院财务审批时限要求；首次提出经费统管单位观念，并明确经费申报单位、经费统管单位、经费审批单位各环节的关系、职责，理顺、规范财务审批工作，形成法院内部各部门齐抓共管财务工作的新格局，避免财务部门单打独斗、独臂难支。

三、久久为功，注重经费管理工作的连续性和长效性

（一）加强财务统计分析，为领导决策、政策制定和管理监督提供翔实依据

自 2009～2020 年，连续 12 年，最高人民法院每年布置《人民法院财务统计报表》，并根据改革和管理工作需要不断修订、完善，增加相关内容，如增加了基建投资及项目、财务机构及人员等情况统计，全面收集经费相关数据，及时汇总分析相关情况和特点，形成完整系统的经费分析报告，为领导决策、研究加强保障管理工作，指导全国法院工作，吸引更多专家学者研究、关注法院保障工作等，提供翔实的依据，不断提升法院财务工作层次。

（二）加强对财务人员培训，不断提高经费管理能力

2012～2020 年，连续 9 年，最高人民法院每年组织举办全国法院财务工作培训班，邀请相关领域领导和专家，实时讲授财经政策、业务知识、司法及财政改革新情况及提升行政能力等内容，为全国法院财务人员及时更新知识、大力拓宽视野，提高经费管理和财务服务的素质能力发挥了十分重要的作用。

（三）深入进行经费理论和实践研究，及时推动重大工作开展

自 2009 年以来，最高人民法院每年都对经费保障、管理、改革中的重

大工作进行深入细致调研，有的年份1项、大部分年份3~4项，共开展了近30项。每次调研都形成调研报告，报各级领导和上级主管部门，及时有效推动相关工作；很多调研成果都被吸收进了政策、制度。同时，不断开展课题研究和实务研讨，注重将重大工作推动与开展基础性、前瞻性、理论性研究相结合，其形式、力度和效果都是前所未有的，切实推动法院经费管理工作上层次、上水平。

四、加强改善经费管理制度建设，不断提升制度的质量水平

经费管理制度是各类制度中最多、最细的。自1985年以来，根据国家财经政策要求和法院经费保障管理中的突出问题，最高人民法院及时制定法院经费管理制度40多个，形成了系统规范、相互配套、运行有效的法院财务制度网络体系。这些制度具有三个突出特点。

（一）经费管理制度本级与系统并重

最高人民法院一直重视加强全国法院系统经费管理制度建设，根据不同时期人民法院事业发展要求和国家财经管理政策变化，制定法院经费管理制度，加强对系统经费管理工作的指导、推动。与此同时，大力加强对最高人民法院本级经费的全面管理，根据国家财政要求和法院工作实际，制定了多项规范最高人民法院本级预算、经费开支、审计监督等方面的制度，特别是首次以院决定形式发布财务文件。

（二）经费管理制度层次水平不断提高

从经费管理制度制定发布方式看，最高人民法院从2008年前的主要与财政及其他司法部门共同制定经费管理制度，到2009年后加大对法院特色制度的制定；从经费管理制度内容看，从2008年前的很多制度是应急的、临时的、"一事一办"式的，到2009年后制度注重综合性、系统性、全面性、长远性，法院经费管理工作，从单一性转变为更加注重全面性，经费管理的能力、层次、水平有了大幅度提升。

（三）经费管理制度具有明显的时代特色

经费管理制度的制定，突出反映了国家政策要求变化和部门工作的关注重点。如：收费管理类制度，基本（13件中的12件）都是2009年前收

费在预算外管理，且收费收入是法院经费的主要来源时由法院部门制定的，2009 年后收费收入逐步规范，且纳入预算管理，按国家统一规定执行，法院部门基本不再发文；建设管理类制度大部分是 2008 年前（17 件中的 13 件）制定的，是法院"两庭"建设任务重、问题多的时期发布的，大多对建设投入和工作提出要求，2009 年后制定的大都为建设规范、标准类制度。

第五节　司法经费管理机构

一、司法经费管理机构历史沿革

司法经费管理机构涉及两个方面。一方面是为司法机关提供经费及实施管理的外部机构，如政府财政、发展改革等部门；另一方面是司法机关自身实施经费管理的机构。中华人民共和国成立以来，随着政府机构及司法机构的不断调整，对司法经费管理的内外部机构均发生了多次变化。在司法机关外部承担司法经费经常性管理工作的财政部，1978 年以来对司法经费的管理从原来的两三个人调整为后来的一个处（政法处）；2019 年，为适应中央关于省以下法院、检察院财物统管改革的要求，加强司法经费保障管理工作，财政部设立了政法一处、政法二处，分别对法院、检察院、司法行政机关和公安、国家安全机关经费实施管理。

就司法机关自身而言，以人民法院经费管理机构为例，经历了由外部到内部交替变化，且主要由人民法院内部机构管理的过程。主要沿革情况有五个阶段。①

（一）司法（法院）经费由司法行政机关管理阶段（1949 ～ 1958 年）

中华人民共和国成立伊始，我国在中央层面实行了司法行政事务管理权与审判权的外部"分立制"：最高人民法院执掌最高审判权；而司法部

---

① 王少南、唐虎梅、宋世明组织课题研究报告：《人民法院司法行政事务管理权和审判权相分离研究—以人民法院财物管理体制改革为视角》（2018 年 1 月）。

执掌司法行政事务管理权。在这一时期，最高人民法院的经费由司法部管理。

与中央层面实行的外部"分立制"不同，1949～1954年，省级人民法院与县级人民法院兼理司法行政事务，同时接受大行政区司法部的领导。1954年8月13日，随着各大行政区以及大区司法部的撤销，各省级逐步建立司法厅（局），主持该省份的司法行政工作，地、县一级不设司法行政机关，各级人民法院的司法行政工作由司法行政机关管理。至此，从中央到地方法院的经费均由司法行政机关管理。

（二）司法（法院）经费由人民法院管理阶段（1959～1966年）

1959年4月28日，第二届全国人民代表大会第一次会议决议撤销司法部，原司法部主管的工作转由最高人民法院管理。紧接着，各级司法行政部门相继被撤销。从中央到地方，人民法院包括经费在内的司法行政事务管理工作从司法行政部门交由人民法院管理。

由于对司法行政工作重要性认识不足，再加上1960年年底公安、法院、检察三大机关曾经短暂合署办公以减少编制、紧缩机构等原因，最高人民法院包括经费管理在内的司法行政事务管理部门和队伍一直处于不稳定状态，先后经历了"司法行政厅——司法行政处——司法行政组——司法行政处——司法行政厅"的反复过程，编制最少时仅为3人。

（三）司法（法院）经费管理缺失阶段（1967～1978年）

1966年"文化大革命"发生，各地人民法院被撤销，法院的审判职能由公安机关的军管会下属的"审判组"代为履行，[①] 与审判权相伴而生的司法行政事务管理权及其经费管理亦不复存在。这种非正常状态一直持续到党的十一届三中全会召开以后才结束。

（四）司法（法院）经费规定由司法行政机关管理、实际由人民法院管理阶段（1979～1982年）

"文化大革命"结束后，1979年司法行政机关开始恢复重建。1979年

---

① 参见韩大元、于文豪：《法院、检察院和公安机关的宪法关系》，载《法学研究》2011年第3期。

7月1日，第五届全国人民代表大会第二次会议通过的《人民法院组织法》第17条第3款①规定："各级法院的司法行政工作由司法行政机关管理"，但是实际上司法行政工作并未被完全移交，司法行政机关最终只是承担了法院的部分司法行政职能，②而与司法审判工作紧密相关的法院干部任命、经费保障、物资装备等人、财、物管理事项还是由法院自行管理。这一方面是因为司法行政系统被撤销20年间所形成的利益格局和制度惯性具有现实合理性；另一方面，人、财、物等核心司法行政权交由法院自行管理，也确实有利于增进司法效率。

（五）司法（法院）经费重新交由人民法院管理阶段（1982年至今）

1982年5月25日，司法部在机构改革过程中上报了关于司法部的任务和工作机构改革的报告，建议法院司法行政事务交法院自行管理，被国务院批准。各级人民法院的司法行政工作又重新归由各级人民法院自行管理。国务院及县以上地方人民政府在此次机构改革中放弃了管理法院部分司法行政工作的职能。

1982年8月6日，司法部和最高人民法院联合发出通知，要求根据中央批准的8项任务和国务院关于司法部机构编制的要求，将原定司法部主管的"审批地方各级人民法院、各类专门人民法院的设置、变更、撤销，拟定人民法院的办公机构、人员编制，协同法院建立各项审判制度，任免助理审判员以及管理人民法院的物资装备、司法业务经费等有关司法行政工作事项，移交给最高人民法院管理；各省市（区）司法厅局管理的同类工作移交各省市（区）高级人民法院管理"。

1983年9月，第六届全国人民代表大会常务委员会第二次会议对《人民法院组织法》的部分条款作了相应的修改，删去第17条第3款"各级人民法院的司法行政工作由司法行政机关管理"、第22条第3项基层人民法院"在上级司法行政机关授予的职权范围内管理司法行政工作"等条款。对于未在《人民法院组织法》中明确各级人民法院要求将法院的司法

---

① 该款已被《人民法院组织法》（2018年修订）删除。

② 参见韩大元、于文豪：《法院、检察院和公安机关的宪法关系》，载《法学研究》2011年第3期。

行政工作改由法院管理的问题，在关于该法修改的决定草案说明中作了解释：考虑到这类工作的分工较易发生变动，为了有利于法律的稳定性，《人民法院组织法》以不作规定为好。[①]

二、司法经费管理机构现状

（一）政府部门管理司法经费的机构

目前，负责对司法经费进行管理的政府部门主要有发展改革、财政等部门。其管理机构基本情况如下。

1. 发展改革部门

国家发展和改革委员会由内设的投资司为主管理司法经费；省级及以下发展和改革委员会一般也由内设的一个职能部门为主管理司法经费。

2. 财政部门

财政部由内设的行政政法司为主管理司法经费，预算司、国库司、综合司等对涉及司法经费的预算、支付、收费等事项实施业务指导并管理；省级财政部门由政法处或行政政法处为主管理司法经费，相关处室对涉及的事项实施业务指导并管理；市县以下财政部门由内设的一个职能部门为主管理司法经费，相关职能部门对涉及的事项实施业务指导并管理。

（二）公安、司法行政、检察部门经费管理机构

目前，中央一级司法部门都在内设的局级财物保障机构中设有专门的处级机构实施对其经费的管理，处级经费管理机构数量为 2～5 个不等。公安部为装备财务局及警务保障局，下设计划处、业务财务处、机关财务处等管理预算经费的机构；同时，设有监督审计局，对公安经费进行内部审计监督。司法部为装备财务局，下设计划处、财务处等对经费进行管理。最高人民检察院为计划财务装备司，下设计划处、财务处对经费进行管理。在省级及以下司法机关，有的单独设置、有的与物质保障等工作合并设置相应部门承担经费管理工作。各部门经费管理人员数量不等，与所在

---

① 参见王汉斌：《关于修改〈人民法院组织法〉、〈人民检察院组织法〉的决定和〈关于严惩严重危害社会治安的犯罪分子的决定〉等几个法律案的说明》，载《全国人大常务委员会公报》1983 年第 4 期。

部门的经费工作任务及重视程度密切相关，其中公安部门人员数量最多、配置最强。

（三）法院部门经费管理机构

1. 法院经费管理机构情况

目前，各级法院都在内部设置的司法保障机构中设有专门的机构或人员对经费进行管理。法院内设的司法保障机构职能包括预算管理、财务管理、物质装备管理、基本建设管理，有的包括后勤服务保障职能，还有的包括信息化建设和管理职能。最高人民法院为司法行政装备管理局；各高级法院为司法行政装备管理处（或称计划财务装备处）；有81%的中级人民法院设置了与上级法院对应的司法行政装备管理处，其余法院将职能并入了办公室；基层法院独立设置司法行政装备管理机构的不到10%，有90%的法院将职能并入了办公室等其他机构。①

随着国家财政预算改革的不断深入和对法院财务工作的重视，全国法院财务机构设置和人员配备也得到了加强。从财务机构看，最高人民法院在原计划财务处、机关财务处的基础上，于2009年增设了审计处、2015年增设了预算处，理顺了计划财务处、机关财务处的职责，将最高人民法院的预算编制、执行、监督工作相分离。2018年，全国地方法院财务机构数量比2016年增长39.68%；2018年设置的财务机构占法院数量的比例为87.37%，比2016年提高了24.08%。从财务人员看，一是财务人员总量，最高人民法院从2012年的10多人增加到2018年的近30人，增长了2倍。全国法院财务人员从2012年的7483人，增加到2018年的10 857人，2018年比2012年增长45.09%；平均每个法院财务人员数量，从2012年的2人增加到2018年的3人。二是财务人员学历以本科为主，本科学历人员占总人数的82.04%；研究生学历占比提高，从2012年的1.71%提高到2018年的3.32%。三是财务人员结构，以行政编制人员为主，专职财务人员占比从2012年的77.55%，提高到2018年的85.54%。②

2. 法院经费管理机构存在的问题

2009年以来，人民法院经费管理机构设置和人员配置虽然得到了加

---

① 唐虎梅、史为栋：《关于省以下法院内设司法保障机构改革问题的调研报告》（2019年12月30日）。

② 根据全国法院财务统计资料分析整理。

强，但与全面正确履行法院经费保障职责的实践要求和建立经费保障体系与保障能力现代化的目标要求相比，还存在不少问题，有的是近两年法院内设机构改革中出现的新问题。一是机构设置不统一、不规范，致使上下级法院之间在经费工作中难以有效对接，不同地区、同一地区不同法院之间经费工作发展不平衡，管理水平也有较大差异，影响了经费保障体制改革和相关保障工作的顺利推进。二是管理职能不集中、不到位，不少法院在内部财物相关职权配置上，管钱、花钱都在同一个部门，没有按照越来越严格精细的预算管理要求将"管事"与"管钱"职能分开，以从体制、机制、制度上形成制约监督，既不符合经费管理工作的基本要求，也不利于对法院经费的规范使用和正常保障。三是上下关系不全面、不明确，各级法院在经费保障管理工作职责配置方面，系统、本级不分，宏观、微观不分，主要人力、精力基本围绕机关本级的需要，对下级法院经费保障管理工作的指导监督不经常、不全面、不够有效，法院经费保障管理方面的标准、规定和要求难以在全国范围内得到全面落实。四是人员编制少、专业程度低，法院经费管理人员力量不足与职责任务大量增加之间的矛盾突出，司法体制和法院内设机构改革后，不少地方法院的经费工作岗位由法律专业或其他人员进行轮岗或顶岗，缺乏相关的经费管理专业知识和技能，既降低了经费工作的专业化程度，又影响了经费工作的能力水平，造成了法院经费保障管理工作的被动局面。特别是中、基层法院，因内设机构改革撤销了经费管理机构、缩减了经费管理人员编制，造成财务人员缺乏。[1]

为全面深化省以下法院财物统管改革，推进法院司法行政事务管理权和审判权相分离改革，建设和完善中国特色的法院经费体制机制，切实保障法院依法独立公正行使审判权，应当在遵循法院内设机构改革原则要求的基础上，紧密结合法院经费工作实际，并将当前需要与长远发展相结合，进一步改革完善法院经费管理机构。

三、司法经费管理机构改革趋势

党的十八届四中全会通过的《中共中央关于全面推进依法治国若干重

---

[1]　唐虎梅、史为栋：《关于省以下法院内设司法保障机构改革问题的调研报告》（2019 年 12 月 30 日）。

大问题的决定》明确提出："改革司法机关人财物管理体制，探索实行法院、检察院司法行政事务管理权和审判权、检察权相分离。"根据深化司法体制改革的要求，人民法院、人民检察院内设机构改革也作为重要的配套改革措施列入了议事日程。健全的财务机构、充足的专业化财务人员是确保经费保障有力、管理有序、使用有效的组织保证，也是司法行政事务管理权的重要内容。司法经费管理机构如何进行改革才能更好地保障司法职能履行，需要深入研究、科学设计。经过近几年来的探索研究，法院经费管理机构改革可以有小改、中改、大改三种方案。

（一）小改方案——在各级法院设置独立的财务机构实施对法院的经费管理

1. 设置独立的财务机构

改变目前各级法院财务都在对其所有财和物实行一体管理的司法行政部门状况，各级法院，特别是中央、省级法院应建立独立的财务管理机构，作为法院的一级内设机构（最高人民法院为财务局，省级法院为财务处，市县级法院为财务科室），在分管院长领导下开展工作；在财务管理机构内部设置相应的预算编制、执行、监督处室（或人员）。这样，一方面，通过实施专业化管理，利于财务工作及时主动发挥作用；另一方面，实行管钱与花钱相分离、管钱与管物相分离的制度，便于相互制约、监督，提高资金的安全性和有效性。

2. 改进财务人员配置

一是法院财务人员配置应与工作量相适应，根据财务业务工作量变化及时调整，从目前财务人员仅占法院人员 2.47% 的比例调整到 3.5%，改变目前财务人员数量一成不变、很难增加的状况，以适应财务工作大量增加的需要。

二是各级法院应将财务人员补充配置列入组织人事部门的重要议程，切实解决将财务人员作为非业务部门对待、增人要求往往难以获得批准的问题。

三是为适应"省以下地方法院财物统一管理"改革后市县法院经费由省级管理的需要，提高经费管理水平和效率，实行市县级法院财务部门负责人由省级高院统一派遣、定期（五年）轮换的方式；最高人民法院财务部门加强对省级及市县法院财务工作的指导监督。

3. 提升财务人员素质

一是配备专业人员，将"具备财务专业资格"或"具有财经专业教育背景"，作为从事和管理法院财务工作的必备条件，不具备此项条件的人员不能从事财务工作，更不能担任财务部门负责人，切实改变非专业人员从事、管理财务工作的状况。

二是优化财务人员配置结构，配置具备综合研究能力、预算控制能力、经费核算能力等不同类型的财务人员，为提升财务管理水平提供基础，保证财务服务保障职能落实到位。

三是结合人员分类管理的要求，将财务人员作为专业技术人员管理，加强培训提升，关心和重视财务人员的成长进步和工资待遇，为其提供必要的职业保障。

（二）中改方案——在最高人民法院设置财政保障部实施对法院经费管理

为保证司法权力行使的统一性，努力从根本上解决长期以来在法院财物保障管理中难以克服的体制机制性障碍，减少地方及行政部门对司法权行使的影响和制约，保证国家法制统一，应当尽快建立有利于促进司法公正、科学规范高效的法院财物保障管理新体制和法院经费保障管理新制度。[①]

1. 赋予最高人民法院一定的财政职能以保障司法公正和国家法制统一

法院经费保障制度，是保证司法公正的基础性、根本性制度。应切实改变一直以来在经费制度上将法院作为一般国家机关，只有财务职能，没有财政职能，只有执行职能，没有统筹管理职能，将各级法院作为政府预算的个体进行"一事一办"式管理的状况，实行与法院保障国家法制统一要求、保障司法权在国家政权中的地位和作用相适应的经费管理制度，赋予最高人民法院一定的财政职能。参照政府财政的四大职能，除收入职能外，应赋予最高人民法院在经费支出、管理、调控三个方面的相应职能。一是在经费支出方面，最高人民法院应负责协调有关部门研究制定法院系

[①] 参见苏泽林：《建立促进司法公正的法院财物保障管理新体制》，载《人民法院司法行政管理研究与参考》（第6辑），人民法院出版社2018年版，第21~25页。唐虎梅、史为栋：《全面深化改革背景下人民法院内设财物管理机构改革问题探讨》，载《中国应用法学》2018年第1期（总第7期）。

统经费及基本建设保障政策、标准、原则，组织编制全国法院经费及建设规划，研究确定经费及投资支出的方向和重点等，统筹协调全国法院经费保障工作，提高法院经费支出的计划性和整体效益。二是在经费管理方面，最高人民法院应负责组织全国法院预算编制、预算执行和预算监督等方面的日常管理，统一指导监督各级法院执行国家经费保障管理的法律法规及各项政策，确保全国法院管好、用好经费。三是在经费调控方面，最高人民法院可在中央财政、发展改革等部门确定的经费及投资总原则、总规模下，根据不同年度审判业务工作方向、重点及各地方法院的具体情况，统筹安排经费和项目；同时，中央财政每年为最高人民法院安排一定的机动经费，用于解决地方法院预算之外的重大应急事项。

2. 设立与履行法院财政职能相适应的工作机构

为适应法院履行部分财政职能后经费管理职权大为扩大、要求大为提高的需要，最高人民法院应设置财政保障部，负责制定全国法院经费和建设项目规划、政策制度、组织实施、指导监督、组织年度预算编制和执行等，领导全国法院经费保障管理工作。财政保障部的构架可与政治部类似，便于切实有效实施在法院内部对财物的统一管理及在法院外部与财政部、国家发改委、全国人大等国家机关的沟通协调，以确保最高人民法院以坚强有力的经费保障支撑各级法院履行国家法制统一职能、保障司法权在国家政权中的地位和作用。最高人民法院应在财政保障部下设财务规划司、机关事务管理司。其中财务规划司主要履行经费管理方面的职责。

高级人民法院将现司法行政装备管理处统一改设为保障管理局，下设财务规划处、机关事务管理处两个正处级部门。其中，财务规划处负责与经费管理相关的各项职责，可下设预算财务科、经费保障指导科、审计科等内设科室具体承办。

中级人民法院将现司法行政装备管理处统一改设为保障管理处，负责本法院的经费管理及对下级法院的经费指导等工作，可下设财务科等内设科室具体承办。

基层人民法院统一设置保障管理科，负责本法院的经费管理等工作，下设财务室等部门具体承办。

3. 配备与履行法院财政职能相适应的领导人员

为确保法院切实履行好财政职能、有效发挥全面统筹和协调各方的作用，最高人民法院财政保障部负责人应设置为院级领导岗位，进入院党组，不任法官职务，不履行审判组织及法官管理职能，其身份及职权与审判权分离。财政保障部负责人应当具备经济管理类专业教育背景和相关工作经历，以适应财政管理是一项专业化很强的工作，法院财政工作分管领导必须满足对大量财政管理法律法规、政策制度及具体要求清晰把握并融会贯通等要求，以实施对法院财政的专业化管理。

4. 建立法院经费管理民主化决策机制

为确保法院经费管理科学合理、公平公正，最高人民法院应成立由院长主持，全国人大内务司法委员会（或全国人大常委会预算工作委员会）及财政部、国家发改委领导和部分高级人民法院院长参加的法院经费管理委员会，作为法院系统经费管理的议事决策机构，审议确定财政保障部提交的经费管理规则、预算标准、基本分配方案等重大经费问题，避免经费分配的随意性。

5. 实行法院财物保障管理权与审判权在人民法院内部分离制度

鉴于法院财物统管改革的首要目的是为审判工作提供更好的物质保障，确保依法独立公正行使审判权，根据《预算法》关于"各部门编制本部门预算、组织和监督本部门预算的执行"、《会计法》关于"单位负责人对本单位的会计工作和会计资料的真实性、完整性负责"以及《行政单位财务规则》关于"行政单位应当单独设置财务机构，配备专职财务会计人员，实行独立核算"等法律法规，法院财物保障管理权与审判权应实行在法院内部分离，才能发挥法院贴近审判工作的优势实施精准保障。首先，应落实好党的十八届三中全会提出的推动省以下地方法院财物统一管理改革要求，实现法院的财物保障管理权与当地政府相分离，避免地方政府对司法的干扰。其次，法院内部应通过建立科学合理的领导体制、规范高效的工作机制、公正严密的监督体系，确保财物保障管理权与审判权分离，避免法院内部财物管理权对审判权的干扰。最后，最高人民法院和高级人民法院应建立健全严密的接受内外部监督的制衡监督机制，确保财物保障管理公平公正、安全有效。

（三）大改方案——在中央和省级设立司法保障委员会实施对法院经费管理

加强法院财物机构建设和经费管理，一要遵循司法规律，健全人民法院财物管理决策执行体系，保证财物管理工作符合服务保障审判工作的特点和需求；二要遵循行政机构建设的内在规律，完善职能配置，保证人民法院财物管理职能的完整、全面履行；三要遵循公共管理和经济规律，建立管办分离财物管理工作新机制，保证财物管理工作的规范性；四要按照职业化、专业化要求，同步调整配置财物管理人员，保证符合人民法院财物管理工作对人员能力素质要求的目标方向。据此，应对人民法院内设财物管理机构设置做如下改革，实施对法院经费的管理。①

1. 在中央一级设立司法保障委员会

中央级的司法保障委员会由最高人民法院院长（首席大法官）领导，以法官为主体构成，吸收全国人大常委会相关机构负责人，财政部、国家发改委等相关政府部门负责人，最高人民法院财物管理机构负责人参加。主要职责是：统筹最高人民法院预算编制，审议中央对地方法院转移支付资金分配、基本建设投资计划安排，审议决定人民法院经费、装备、建设等标准及规划，审议通过人民法院经费保障和管理相关政策。

2. 在最高人民法院设立司法保障局

按照精简、统一、效能原则和"大部门制"要求，有机整合最高人民法院司法行政装备管理局、机关服务中心、信息技术服务中心等部门现有的与财物管理职能相关的机构，统一划归最高人民法院司法保障局，作为最高人民法院司法保障委员会的办事机构和唯一承担全部财物管理职能的机构。司法保障局的架构参照最高人民法院政治部的设置模式，规格高于最高人民法院其他内设机构，下设四个内设机构：一是规划财务司，负责全国法院经费保障规划编制，经费保障和管理政策制定，经费、装备、建设等标准制定及最高人民法院预算编制，对经费相关工作实施内部审计监督；二是机关事务管理司，负责本级法院机关事务，即本级机关财务、资产配置、采购、基建、后勤服务；三是技术保障司，负责人民法院信息化规划、标准和规范的制定及组织实施，人民法院信息化的管理和指导，最高人民法院信息化建设、维护和管理等；四是司法技术司，负责为最高人民法院审判工作提供技术咨询、审核服务，办理最高人民法院对外委托、评估、拍卖等工作，监督、指导全国法院司法技术辅助工作等。

3. 在省一级设立司法保障委员会

省级司法保障委员会由省高级人民法院院长领导，高级人民法院审判

---

① 王少南、唐虎梅、宋世明组织课题研究报告：《人民法院司法行政事务管理权和审判权相分离研究——以人民法院财物管理体制改革为视角》（2018 年 1 月）。

及相关部门负责人、中级和基层人民法院院长、一线从事审判业务的法官推选的法官代表，省级人大及财政、发展改革部门负责人和省高级法院司法保障局负责人参加。省级司法保障委员会是统筹省以下法院经费保障和管理的决策机构，负责审议和决定省级以下（含省级）全口径经费预算编制，审议和决定本地区法院经费、装备、建设等标准及规划，审议和通过全省性法院经费保障和管理相关政策。

为实施党的十八届三中全会关于省以下地方法院财物统一管理的部署，结合司法体制改革和财政体制改革进程和要求，法院在经费管理机构上还可以实行省以下各级法院预算统一编制、独立决策、与政府预算并列的改革措施，即省级及省以下法院系统的预算统一编制，预算决策由跨层级、跨部门和跨领域的专门委员会作出，预算议案直接由省级人大审查批准，由省级财政部门统一执行。具体内容为：

（1）省以下法院财物保障的预算资金由省级财政部门分别向省级法院和省以下各级法院直接拨付。

（2）省级法院及省以下各级法院的预算与政府的预算并列，由省级人大统一审查批准。

（3）省级法院及省以下各级法院的预算编制和预算调整，以及其他财物保障的标准等制度，由专门委员会决策。专门委员会成员来自跨部门、跨层级、跨行业人士，决策后形成预算草案。

（4）省级法院系统的预算由省级财政部门统一执行。在省级人大批准之前，省级财政部门（代表政府）如对该预算草案有异议，不得直接改动，可在草案上标注理由，作为该预算草案的附属内容，一并提交省人大审议。一旦审议批准，则交由省级财政部门统一执行。其中，省级人大审议职能可由内务司法委员会（或与省级人大常委会预算工作委员会共同）承担。

（5）其他财物保障制度也按上述法律程序制定和实施。

由此，省级人大对法院的监督，就由原有的工作监督扩充为工作监督和预算监督，不仅审议其工作报告，还要审议其预算报告。具体职责及其分工流程如图11所示。

这一方案，可以在完成党的十八届三中、四中全会关于司法改革部署任务的同时，全面体现现代国家治理、全面依法治国的精神。一是在财物保障上确保法院司法审判事务上的"去地方化"；二是引入全新的机制实现上下级法院之间、法院与有关政府职能部门之间信息充分表达畅通，有效克服信息不对称问题；三是法院财物保障决策更公正、更规范，从法院系统实现预算的法治化和民主化，避免随意性，保证各级各个法院在财物保障方面依法独立行使职权。

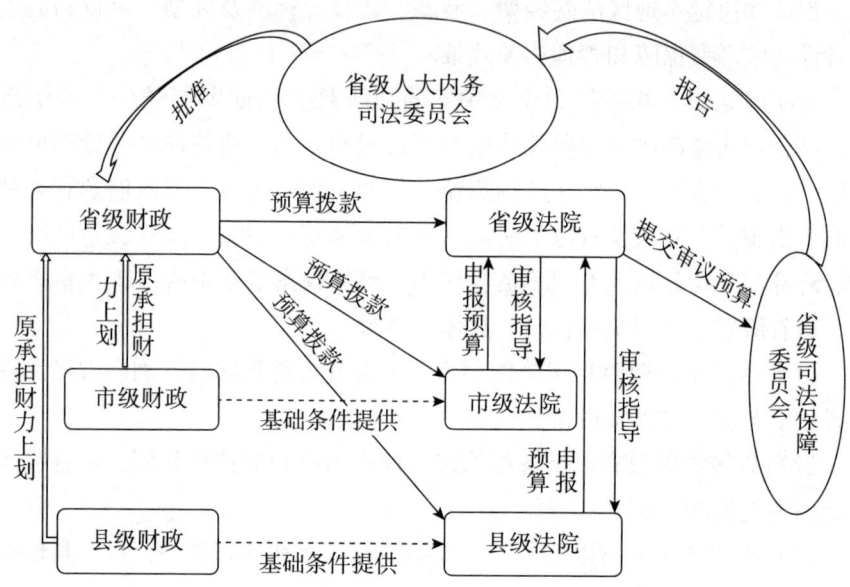

图11　省以下各级法院经费由省级统筹预算编制管理流程

4. 在省级法院设立司法保障局

参照最高人民法院相应做法，在省级法院设立司法保障局。其职能包括但不限于：

（1）作为省级法院司法保障委员会的工作机构，负责落实司法保障委员会制定的规则，拟定需要提交该委员会审议的各项工作方案，完成该委员会下达的任务。

（2）负责与省级人大及相关政府部门沟通协调。

（3）作为高级法院财物管理机构，为高级法院提供财物保障和管理服务。

（4）作为中级和基层法院财物保障管理的领导机构，负责指导各级法院日常运行、办案业务、装备购置、基础设施建设等经费预算和计划的编制、情况统计和信息披露工作。反映、协调、解决中级和基层人民法院在具体财物保障过程中遇到的问题。

（5）组织实施中央层面司法保障政策、标准，根据本地情况制定具体实施办法并提交相关决策机构通过；汇总分析本省司法保障业务情况，并向最高人民法院司法保障局报告。

（6）实施对经费相关事项的内部审计监督。

5. 中基层法院设置专门的财物保障机构

根据省以下法院财物实行省级统管的要求和国家对行政事业单位实行内部控制规范的要求，在中基层人民法院设立与业务庭、办公室同级的财务科（室），在本院院长领导下，负责本院预算编制和执行、经费管理控制等工作，省级人民法院需要中、基层人民法院配合的相关工作；物的管理由综合办公室负责。这样，将财的管理与物的管理相分离，既加强保障，又规范管理，使中基层人民法院财物管理及时适应财物统管改革的新变化，确保中基层人民法院审判执行工作正常开展。

6. 明晰上下级法院财物管理之间的关系

根据上述改革后的机构设置，上下级法院之间的财物管理关系为[①]：

（1）最高人民法院司法保障委员会与省级司法保障委员会之间没有直接隶属关系，但是最高人民法院司法保障委员会批准制定的规划、标准与政策对省司法保障委员会工作有强制性约束。

（2）最高人民法院司法保障局与高级人民法院司法保障局之间为业务指导和监督关系。

（3）高级人民法院司法保障局与中级、基层法院设置的专门财物保障机构之间为业务领导关系。

---

① 唐虎梅、史为栋：《全面深化改革背景下人民法院内设财物管理机构改革问题探讨》，载《中国应用法学》2018 年第 1 期（总第 7 期）。

第六章　司法专项经费

司法专项经费，是指政府财政及发展改革部门，为支持司法机关开展专项工作所安排的经费。司法专项经费是司法经费的重要组成部分，是政府对司法机关经费保障的重要措施，也是司法机关区别于一般行政机关经费保障制度的优势所在。其特点为：一是经费使用具有特定用途，必须专款专用；二是经费安排具有很强的阶段性，有的几年、有的十几年甚至数十年；三是经费走向一般自上而下，由上级财政或发展改革部门纵向分配用于下级司法机关；四是经费一般属于补助性质，不同于目前部门预算中的项目经费。本书所指司法专项经费主要是中央财政安排用于地方司法机关的经费。

第一节　司法专项经费的设置

一、司法专项经费设置项目

中央财政对地方司法机关的专项经费从 1986 年开始设立。之后，专项经费规模不断加大，项目内容陆续调整，项目名称逐步简化合并，项目形式也从按事项一事一设置发展为推动建立完善经费制度和经费体制。

（一）1998 年前司法专项经费项目

1998 年前，中央财政安排用于地方的司法专项经费共有十类项目，包括打拐和禁娼经费、公检法装备补助、公安监所修缮费、贫困地区公检法办案经费补助、禁毒经费、法院"两庭"建设补助、公安技侦装备补助、政法人员增编经费及对个别地区的补助等。① 这些专项经费是根据不同时期司法重点工作需要于 1986 年开始陆续设置的，对支持全国司法机关有效履行职能、维护社会稳定、保障经济社会发展等发挥了重要作用。

（二）1999～2008 年司法专项经费项目

1999 年，为发挥中央专项资金的整体效益，中央财政对 1998 年前司法专项经费中除个别有特定用途外的专款进行了整合转化，将中央财政用于补助地方司法部门的专项经费统称为"中央政法补助专款"，并根据当时地方司法部门急需解决的突出问题将专款按用途划分为装备补助经费、办案补助经费和基础设施维修补助经费三项。此外，为推动监狱体制改革，实现"全额保障"目标，2003 年中央财政设置了监狱保障体制改革补助经费；为解决地方司法部门业务基础设施建设薄弱的突出问题，从 2005 年开始，中央安排了国债资金及中央预算内基本建设投资，用于公安"三所"（派出所、看守所、拘留所）、法院"两庭"（审判法庭、人民法庭）、检察院"两房"（办案业务用房、业务技术用房）及司法所建设等；为解决新的《诉讼费用交纳办法》实施后各级法院因诉讼费收入减少而造成的经费困难，2007 年中央财政设置了"中央补助人民法院办案专款"等。

（三）2009 年至今司法专项经费主要项目

2009 年，为推动新的司法经费保障体制改革在全国落实，中央财政将 1999 年后确定的"中央政法补助专款"及 2007 年设置的"中央补助人民法院办案专款"，合并统称为"政法体制改革补助经费"，以"公共安全一般性转移支付资金"的方式下达到各省级财政用于补助市县公安、法院、检察院、司法行政各机关办案业务和业务装备经费。之后，为落实中央关于减少、整合专项转移支付的要求，该经费又于 2017 年改称为"中央政法转移支付资金"，2019 年改为"中央政法纪检监察转移支付资金"。

2014 年，为落实关于建立完善国家司法救助制度的要求，中央财政安排司法救助资金，对各地开展向受到侵害但无法获得有效赔偿的当事人实施救助工作予以经费补助；2015 年，为建立中央政法机关交办案件经费由

---

① 唐虎梅：《政法财务管理与改革》，载财政部行政政法司编：《行政政法财务管理讲座》，中国财政经济出版社 2001 年版，第 96 页。

中央财政保障制度，中央财政设置了"中央交办大要案办案经费"，列入中央有关司法部门的"部门预算"，用于地方司法机关办理中央交办大要案件的经费支出。

二、司法专项经费规模

（一）1998 年前司法专项经费的规模

1998 年前，中央财政安排用于地方司法机关的专项经费总规模共 5.4 亿元，扣除人员增编及对个别地区的专项补助，每年实际可供分配的专项经费只有 2.3 亿元。[①]

（二）1999～2008 年司法专项经费的规模

1999 年，为了贯彻落实中办发〔1998〕30 号文件，解决贫困地区司法部门落实中央关于政法机关不再从事经商活动和实行"收支两条线"管理后出现的经费困难问题，中央财政对地方司法部门的补助专款增加到 9.5 亿元，此后逐步增加，到 2008 年增加到 134.9 亿元。

（三）2009 年至今司法专项经费的规模

2009 年后，为落实司法经费保障体制改革确定的中央保障责任，中央财政不断加大对地方司法机关的专项经费投入，在 2009 年改革的当年即增加到 332.9 亿元，[②] 到 2012 年增加到 466.74 亿元。[③] 2020 年中央财政对地方司法机关的专项经费规模约 500 亿元，[④] 中央预算内用于地方司法机关基础设施建设的投资约 100 多亿元。

---

① 唐虎梅：《政法财务管理与改革》，载财政部行政政法司编：《行政政法财务管理讲座》，中国财政经济出版社 2001 年版，第 96 页。

② 《预算报告显示 2009 年政法经费中央财政投入惊人增长数》，载 2009 年 3 月 9 日新华网。

③ 参见王少南、唐虎梅、苏明等：《人民法院审判事权划分及经费保障问题研究报告》，载《人民法院司法行政管理研究与参考》（第 1 辑），人民法院出版社 2014 年版，第 61 页。

④ 参见《2020 年全国财政决算》《关于 2020 年中央对地方转移支付决算的说明》。

第二节　司法专项经费的作用

司法专项经费对支持司法机关重点业务工作开展、提高司法经费保障水平、促进司法机关专项工作任务的完成发挥了十分重要的作用。具体作用主要可分为三类。

一、解决司法机关出现的突出困难

由于司法机关在各级政权建设和维护社会稳定中具有重要的作用，而我国经济社会发展不平衡，在不同时期司法机关在经费保障中出现过不同的困难。为此，中央财政设置一定的专项经费，用于解决地方司法机关出现的临时突出困难。如 1986 年开始至 1998 年前设置的公检法装备补助、公安监所修缮费、贫困地区公检法办案经费补助、法院"两庭"建设补助、政法人员增编经费等，就是为了解决"文化大革命"后司法机关基础设施落后、业务装备缺乏及办案经费紧张与所承担的打击犯罪、维护稳定任务严重不适应的问题；1999 年，中央财政改设并延续多年的"中央政法补助专款"，是为了贯彻落实中办发〔1998〕30 号文件，解决贫困地区司法机关执行中央关于"政法机关不再从事经商活动"和实行"收支两条线"管理规定后出现的经费来源减少、难以保障所承担工作任务经费需要的问题；2007 年，中央财政设置的"中央补助人民法院办案专款"，更是由于《诉讼费用交纳办法》调整使各级法院依靠诉讼费解决办案经费的困难突出而紧急设置的。

二、支持司法机关重点工作开展

由于司法机关的工作具有政策统一性、影响全国性等特点，为落实特定时期特定业务工作需要，对中央统一部署开展的重点工作安排专项经费予以支持。如打拐和禁娼经费、禁毒经费、司法救助资金、中央交办大要案办案经费等。

三、推动落实司法经费体制改革

2009 年，中央将司法经费保障体制改革为"明确责任、分类负担、收支脱钩、全额保障"的新体制后，为落实中央在"分类负担"中应承担的责任，中央财政设置了"政法体制改革补助经费"、国家发改委设置了"中央预算内政法基础设施建设专项投资"，将司法专项经费作为司法经费保障体制改革的重要基础和组成部分，以中央投入带动省级和地方各级投入，对推动改革尽快到位、建立新的司法经费保障体制发挥了支撑和引领作用。

第三节 司法专项经费的管理

因司法专项经费的设置时期、用途不同，其管理要求、方式也不尽相同。现介绍几项主要的司法专项经费的管理。

一、"中央政法补助专款"的管理

"中央政法补助专款"是影响面最大、发挥作用最明显、管理效果最突出的司法专项经费。自设置后，通过不断创新改革，国家对其管理发生了明显的变化：管理部门从各司法主管部门分散管理，改革为由财政部门统一管理；使用方式从分项使用，改革为合并分类使用；分配方式从"跑部钱进"，改革为"因素法"计算；管理方式从一年一定自主管理，改革为一定三年实施项目管理。主要管理及改革情况如下。

（一）"中央政法补助专款"管理改革的原因

中央财政对地方司法部门的补助专款从 1986 年开始设立，到 1998 年共有十类项目，扣除人员增编及对个别地区的专项补助，每年实际可供分配的专项经费只有 2.3 亿元。数额小、项目多，专款的作用很难得到发挥。

为了贯彻落实中办发〔1998〕30 号文件，帮助贫困地区司法机关解决落实中央关于"政法机关不再从事经商活动"和实行"收支两条线"管理后反映出来的经费困难问题，中央财政决定从 1999 年开始较大幅度地增加对地方司法机关的补助专款，并提出减小使用范围、集中有限资金、保证有效使用的总体设想。具体方式是：将中央财政用于补助地方司法机关的专项经费统称为"中央政法补助专款"，并根据当时地方司法机关急需解决的突出问题将专款按用途划分为装备补助经费、办案补助经费和基础设施维修补助经费三项；将原有专款中除个别有特定用途的专款外的其他专款全部转化到上述三项专款中。

（二）"中央政法补助专款"管理改革的步骤与内容

自1999年开始，国家通过不断创新思路、制定严格办法，稳步推进、逐步规范对"中央政法补助专款"的管理。共经历了三个阶段：

1. 制定《中央政法补助专款管理办法》，规范中央专款的管理和使用

1999年9月，财政部制定印发了《中央政法补助专款管理办法》，从五个方面提出了规范专款管理的具体措施：

一是确定了中央专款的投向。将列入国家"八七"扶贫攻坚计划的贫困县作为中央专款支持的主要对象，适当支持部分省级贫困县及经费保障能力较低的其他贫困县，以集中中央有限财力，重点解决贫困地区司法机关的经费困难。

二是细化了中央专款的使用范围。将贫困县基层司法机关及其派出（派驻）机构的刑侦、审判、检察、通讯、交通等业务装备、办案经费、业务和技术用场所的维修作为中央专款的补助范围，重点支持司法机关改善基本条件，确保业务工作经费需要。

三是采用"因素法"计算分配专款。根据国家有关部门的统计资料，选择对司法支出水平影响较大的财政状况、司法业务工作量等客观因素，按照各因素对经费需求的影响程度确定权重和差异系数，通过公式计算确定补助各省（自治区、直辖市）的中央专款数额，有效地解决了在专项经费分配上人为因素干扰过多、分配依据不科学的问题。

四是强化了对中央专款的使用管理。明确将"突出重点，集中投入，定期完成，保证效益"作为中央专款使用的重要原则；强调各地要积极推进司法部门之间、司法部门内部设备共同投资、共同享用；要加强省级财政和司法部门对中央专款的管理力度，积极安排配套资金，制定具体实施办法。

五是注重了对中央专款的监督管理。要求各级财政和司法部门制定切

实有效的管理办法，保证中央专款及时、足额到位，专款专用，不得挤占挪用；建立报告和监管制度，省级财政部门要将中央专款的分项目、分地县安排情况及时报送财政部，对于不符合规定的项目财政部有权提出限期调整的意见，每年度终了要将中央专款的使用情况向财政部报告，中央财政将以此作为考核省级对中央专款管理工作的一项重要内容和安排下一年度中央专款的参考依据；建立考核和处罚制度，省级财政部门要会同同级司法部门建立效益考核制度，对使用中央专款后的社会效益和经济效益进行量化考核，定期向上级和下级财政、司法部门通报考核情况，及时提出问题和纠正意见，中央有关部门将直接或委托有关部门进行现场检查，对专款到位不及时或使用效益不高的地区，将减少或停止以后年度专款补助，对违反规定、挤占挪用专款的地区，要追究有关领导者和直接责任人员的责任。

《中央政法补助专款管理办法》的实施，对提高地方司法机关尤其是贫困地区基层司法机关的经费保障程度和业务工作的完成程度起到了十分重要的作用。《中央政法补助专款管理办法》下发后，大部分地区能够按照规定将专款及时分配下达到基层司法机关；许多省份陆续实行了由省级使用装备补助专款统一进行政府采购、以实物形式发放到使用单位的办法，既节约了资金，又保证了专款专用；有的省级财政部门利用中央专款作为调控手段，推动了司法机关设施共建、资源共享等工作的开展。

【实例六】

"中央政法补助专款"分配"因素法"

在历史上，中央财政设置用于补助地方各项事业的专款分配，一般采取根据省级财政部门向财政部提出对该项专款的经费需求报告和申报数量，由财政部负责此项工作的部门在可用专款总额内，结合日常工作了解的情况，对各地提出的报告及申请经费额度进行统筹研究、综合平衡后报批确定对不同省份或项目的专款补助数额。这种专款分配方式，容易造成申请多、汇报勤的省份就多得，申请少、汇报少的省份就少得资金等分配不够科学合理的现象。

为杜绝上述问题，经过深入研究探索、科学合理设计，从 1999 年开始，财政部对"中央政法补助专款"分配采取"因素法"。"因素法"分配的指导思想和基本原则为：一是体现国家宏观调控和政策导向；二是实现政法工作发展目标、保证工作重点、协调平衡财政支付能力；三是在保证重点向贫困地区倾斜的同时，兼顾经济效益和社会效益；四是力求公开、公平、规范、有效。

"因素法"分配的基本做法是：根据国家有关部门的统计资料，选择对司法支出水平影响较大的财政状况、司法业务工作量、工作成本、工作实绩等客观因素，在量化的基础上，按照各因素对经费需求的影响程度和财政管理的要求，确定各因素的权重和差异系数，通过公式计算确定补助各地的中央专款数额。"因素法"所选择的因素根据"办案补助专款"和"装备修缮补助专款"两类不同用途分别设置。其中，"办案补助专款"由4大项12小项因素组成，"装备修缮补助专款"由3大项7小项因素组成。各选取因素的数值均以各省（自治区、直辖市）总量为依据（详见表13）。

表13 "中央政法补助专款"分配因数及权重

单位:%

因素	权重	因素	权重
一、办案补助专款	100	（2）受理案件数	7.5
（一）政法工作任务量	35	3. 检察院	15
1. 贫困人口	25	（1）批捕起诉案件数	7.5
2. 总人口	10	（2）自行立案侦查案件数	7.5
（二）经费保障能力	35		
财政人均可用财力	35	二、装备修缮补助专款	100
（三）政法工作成本	15	（一）政法工作任务量	45
1. 人口密度	5	1. 贫困人口	25
2. 边境线	5	2. 总人口	10
3. 少数民族人口	5	3. 基层应设政法机构	6
（四）政法工作实绩	15	4. 基层政法机构应配人数	4
1. 公安	15	（二）经费保障能力	45
（1）发案率	7.5	财政人均可用财力	45
（2）破案率	7.5	（三）政法工作成本	10
2. 法院	15	1. 边境线	5
（1）结案率	7.5	2. 少数民族人口	5

这些因素中，"政法工作任务量"和"经费保障能力"是主要因素，在"办案补助专款"中分别占35%，在"装备修缮补助专款"中分别占45%，突出体现补助专款帮助贫困及工作任务重的地区保障基本经费需要的功能；"政法工作成本"是重要因素，在"办案补助专款"中占15%，在"装备修缮补助专款"中占10%，充分考虑了我国地域辽阔、多民族及边境线长对司法经费开支的不同需求。同时，为发挥中央专款的激励作用，在"办案补助专款"中设定了占15%的"政法工作实绩"因素，分别选取了反映公安、法院、检察院工作实绩的两项主要指标，公安为发案率和破案率，法院为结案率和受理案件数，检察院为批捕起诉案件数和自行立案侦查案件数。

对"中央政法补助专款"实行"因素法"分配，既改革了长期以来传统的专款分配方式，使专款分配科学规范、公平公正，又稳定了地方和部门对中央补助的合理预期，使各地有更多的精力用于对经费的使用和管理，也是当时财政部共400多项中央补助地方专款中率先实行"因素法"分配的专款，得到了审计署的肯定。

2. 制定《中央政法补助专款项目管理办法》，对中央专款实施项目管理

为解决在专款管理和使用中出现的专款不能及时足额到位等问题，经过深入研究，参考世界银行关于项目管理的做法，财政部决定对"中央政法补助专款"实行项目管理。2001年3月《财政部关于印发〈中央政法补助专款项目管理办法〉的通知》正式下发各地，提出从前期准备、申报审批、执行、检查评比四个阶段对专款实行项目管理，要求全国各级财政部门和司法部门认真编制项目规划，严格执行财政部批复的项目，切实加强监督检查，保证项目顺利实施。主要措施有：

一是加强专款安排和使用的计划性、有序性。为避免当时因贫困地区基层司法机关经费供需矛盾突出，各部门、各单位争抢早上项目、影响资金和项目正常安排的问题，财政部采取对项目实行"三年一次规划、集中安排项目、分批下达资金、逐年分项实施"的管理办法。即项目执行以三年为一个规划期，各省级财政部门申报项目时将下三年需要执行的项目进行筛选排序后集中一次申报财政部批准，避免各地争抢早上项目而存在的平均分配问题，以确保每个项目完成的质量；资金分配一年一下达，项目执行分年度进行。

　　二是细化资金管理、强化事前控制。通过由各省级财政部门按照财政部的要求进行统一规划后建立项目库，根据项目库的项目排序将专项资金直接落实到各个具体项目，并报财政部批准后执行的办法，从宏观上调控资金的使用方向，避免一些地方平均分配、挤占挪用专款及贪大求洋、不切实际使用资金的问题。

　　三是加强对项目和资金的事中、事后管理。通过上级部门对项目执行情况进行不定期检查和抽查、制定相关报表由下级部门对项目年度执行情况及三年执行期项目验收完成情况进行报告等方式，财政部能够及时掌握专款的使用和项目执行情况，并根据效益情况进行奖惩，促使各地、各单位对专款加强管理、注重使用效果。同时，通过对装备项目实行省级集中采购、维修资金直接支付到项目单位、明确项目实施管理单位和健全财务会计管理制度，从机制上保证专款专用。

　　四是优先支持司法部门共建项目。为了有效推动司法部门共建项目工作的开展，鼓励各省份司法部门在信息、通讯、技术检验、鉴定设备等方面实施设施共建、资源共享，尤其是鼓励跨行业、跨地域并能发挥资金综合效益的共建，财政部在项目管理办法总则中明确提出对共建项目"各地应优先申报、财政部将优先审批"的办法，旨在通过专款的导向作用，促使各级财政部门进一步深化支出管理改革，积极推行司法机关各部门之间基础设施、装备实行共建、共享、共用的办法，提高基础设施、信息通讯等设备的综合利用率，实现社会效益和经济效益的有机结合和统一。

　　五是将地方配套资金一并纳入中央"政法项目"管理。为扩大中央专款的拉动效应，帮助贫困地区司法机关尽快改变落后状况，《中央政法补助专款项目管理办法》提出了将地方的配套资金作为项目资金的一部分，统一纳入项目管理中，带动各级财政部门加大投入。为此，财政部在计算下达年度中央专款预分配方案的同时，认真考虑各省份财力水平、社会经济状况等因素后确定并要求各省级安排一定比例的配套资金，与中央专款预分配方案一起下达给各省级财政部门，用于各省份统一组织编制三年项目规划。

　　六是科学分配、合理安排中央专款项目资金。为避免分配不公等问题，财政部对"中央政法补助专款"的分配继续按照"公平、公正、效率"的原则，采取"因素法"进行计算。为确保"中央政法补助专款"用于贫困地区的基层司法部门，项目管理办法要求在安排中央专款项目资金时，要始终把解决基层司法部门的困难放在首位，除了鼓励共建而可以将项目资金适当用于省级和市（地）一级司法部门的共建项目外，其余资金要全部用于县乡一级的基层司法部门，切实解决有的省份将中央专款中很大一部分用于弥补省及市（地）级司法部门专项经费不足，而使应该补助的基层却多年得不到中央专款的问题。为此，财政部在批复各省份的项目规划书时对上述问题进行重点审核，对不符合要求的项目不予批准，也不下达专款指标。

自"中央政法补助专款"实行项目管理以来，顺利完成了 2001～2003年、2004～2006 年和 2007～2009 年三个三年期项目规划。对"中央政法补助专款"实行项目管理，是加强财政管理职能、深化财政支出管理制度及司法专项经费管理制度改革的一次有益尝试，极大地提高了"中央政法补助专款"分配和使用的规范性、安全性和有效性。

3. 制定新的《中央政法补助专款管理办法》，全面加强对专款的管理

为规范"中央政法补助专款"的管理，提高资金的使用效益，1999 年以来，财政部陆续制定了《中央政法补助专款管理办法》（财公字〔1999〕547 号）、《中央政法补助专款项目管理办法（试行）》（财行〔2001〕19号）、《财政部关于进一步加强中央政法补助专款项目管理工作的通知》（财行〔2003〕69 号）、《财政部关于"以奖代补"中央政法补助专款管理问题的通知》（财行〔2005〕102 号）、《中央政法补助专款项目管理工作考核办法》（财行〔2005〕286 号）五个与专款管理有关的政策文件，为专款管理走向制度化、效益化发挥了重要作用。

由于上述办法时间跨度长，每个办法都是根据当时的情况和管理需要而单项制定、逐步完善的，各个办法之间内容既相互联系又有交叉重叠，单独从任何一个办法中都无法全面反映对专款管理的所有要求。同时，随着专款数额大幅度增加和中央对地方司法机关的持续支持，地方司法机关的经费困难及保障状况发生了较大变化，专款管理也得到了中央领导及中央司法部门更多的关注，一些新的管理要求不断被提出，过去制定的专款管理政策有些已经不能完全符合现实的要求，急需作必要的调整。为此，财政部在多次深入调查研究、广泛征求意见的基础上，于 2006 年 10 月重新制定印发了《中央政法补助专款管理办法》（财行〔2006〕277 号）。

新的《中央政法补助专款管理办法》在保留了经 6 年多实践工作检验行之有效的按"因素法"计算分配专款、按"三年一次规划、按年编报项

目"方式对装备维修专款实行项目管理、按"定量"与"定性"相结合的方式对专款管理工作进行绩效考评等政策的同时，对专款的管理方式进行了调整。包括调整了专款的投向重点，将原办法规定专款主要用于"国定"（国家确定）、"省定"（省级确定）贫困县司法部门，调整为仍要支持"国定"贫困县，同时可根据需要投入到一些财力水平低、现有条件较差及工作任务重的县及部分市（地）级司法部门；对装备维修专款，按照编制三年期项目规划和年度项目计划相结合的方式实行项目管理；在因素分配时，首次界定了"基本专款"和"以奖代补专款"，在因素选择时，加大了"以奖代补专款"的力度，强化了激励机制和拉动效应；采取"地区集中"或"项目集中"的方式安排装备维修专款，集中资金办大事，防止地方形成专款依赖；等等。另外，还通过重新研究制定《中央政法补助专款项目管理工作考核办法》，进一步细化和规范专款管理考核工作程序，使各项目省（自治区、直辖市）之间在专款项目管理工作中形成竞争、激励机制，为专款管理工作步入良性循环轨道、发挥专款的最大使用效益起到了积极的促进和导向作用。

（三）"中央政法补助专款"管理改革取得的成效

"中央政法补助专款"通过管理方式的不断改革，特别是作为财政部最早实行"因素法"分配和引入项目管理的专款项目之一，因其管理方式的科学性和实际工作中带来的良好经济效益和社会效益，受到了中央地方各有关部门和审计部门的肯定，也多次受到中央有关领导的赞扬。①

各级政府及财政、司法部门普遍反映，1999年以来对"中央政法补助专款"管理实行改革的几年，是贫困地区基层司法机关条件改善很多、资金使用效益很好的时期。"中央政法补助专款"投入的加大、管理的加强和管理方式的改变，使专款发挥了很大的效益，为贫困地区基层司法机关执法能力的提高提供了切实保障。包括贫困县级司法机关的装备条件有了较大改善，办公执法场所条件得到有效改善，办案经费紧张的状况得到了缓解，为切实提高基层司法机关作战能力提供了保证。通过中央专款的支

---

① 唐虎梅：《提高经费保障程度——财政部颁发〈中央政法补助专款管理办法〉》，载《中国财经报》1999年11月10日。齐小乎：《一个公式：拒了人情，有了效益——三年来，中央政法补助专款实施因素法和项目管理，真正做到了为贫困地区"雪中送炭"》，载《中国财经报》2004年3月23日。

持和项目管理的实施、基层司法机关办公办案条件的普遍改善、具有科技含量装备的明显增多及办案经费紧张状况的缓解，使基层司法机关的职能得到进一步强化，提高了司法部门的办案质量和效率，有效地打击了各种犯罪活动，维护了社会治安秩序，促进了当地经济社会的发展。[①]

二、"政法体制改革补助经费"的管理

2009 年，中共中央办公厅、国务院办公厅《关于加强政法经费保障工作的意见》决定实行新的司法经费保障体制，要求中央、省级、市县级财政按照司法机关经费的不同类别，实行分区域、按比例负担的分类保障办法。为落实司法经费体制改革中中央应承担的责任，中央财政专门设置了"政法体制改革补助经费"。

（一）"政法体制改革补助经费"管理办法

为切实发挥中央专款的作用，推动司法经费体制改革目标任务的完成，中央财政在坚持采用中央政法补助专款"因素法"分配的同时，对"政法体制改革补助经费"采取了新的管理办法。

1. 在资金安排上

中央财政首先确定总体用于承担地方各司法机关的经费规模，按照"因素法"计算分配用于各省（自治区、直辖市）司法机关的经费总额及分部门、分项目数额；同时，按照改革政策及各省（自治区、直辖市）财力情况计算各省（自治区、直辖市）应安排的配套资金数额。中央财政将这两项资金一并下达省级财政，增强中央和省级财政共同支持市县司法机关经费保障工作的合力。

2. 在资金分配上

按照财政部 2009 年《政法经费分类保障办法》规定，省级财政部门与省级司法机关商定选择合理因素分配用于本省（自治区、直辖市）的中央和省级"政法转移支付资金"，确定用于所辖市县司法机关的资金数量，通过市县财政部门拨付下达到各司法机关，增强各省（自治区、直辖市）对所辖区域市县司法机关经费保障工作支持的针对性、有效性。

---

① 李林池、贾新怡、唐虎梅、左刚、陆强：《中央政法补助专款使用情况专题调研报告》，载《预算管理与会计》2005 年第 11 期、第 12 期。

3. 在资金使用上

一是明确规定中央补助经费和省级配套资金只能用于市县司法机关办案业务经费和业务装备经费两项，不再用于基层司法机关基础设施维修，以分清职责，切实落实分类保障体制改革确定的各类基础设施维修经费由地方同级财政负担的政策，集中财力履行好中央和省级应承担的责任。二是中央财政及省级财政在资金下达时，确定各司法机关用于办案业务经费和业务装备经费的比例，引导和支持各司法机关根据各自特点做好办案业务各项工作，以更加有力的经费保障，充分体现中央各司法主管部门对地方司法业务工作的要求。

4. 在资金监督上

财政部每年对"政法体制改革补助经费"使用情况进行考评打分，将考评结果作为下年资金分配的重要因素，促进各级财政和司法机关共同努力，合理分配、有效使用改革资金。

（二）"政法体制改革补助经费"管理取得的成效

2009 年，在"政法体制改革补助经费"的直接推动下，通过政策落实、资金投入、管理加强，司法经费保障体制改革取得了显著成效：一是经费保障水平取得了历史性突破，司法机关执法办案保障能力显著增强，既较好地解决了长期以来办案经费和装备经费短缺这一难题，又使经费收支水平和增长幅度创下了历史新高；二是基本保障了司法机关办案的经费需求，促进了司法业务工作的顺利开展，促进了办案效率提高和办案质量提升，进一步规范了司法行为；三是加大了司法机关装备建设力度，大大改善了执法条件，办案业务用车紧缺状况得到极大缓解，办案业务装备条件焕然一新，信息化建设实现了跨越式发展。

以人民法院为例，在司法经费保障体制改革三年后，最高人民法院调研总结显示，在"政法体制改革补助经费"的直接支持推动下，司法经费保障体制改革在人民法院取得了瞩目的成绩。[①]

1. 经费保障水平明显提高

司法经费保障体制改革实施以来，中央财政通过安排转移支付资金，

---

① 唐虎梅、李学华、杨阳、郭丰：《人民法院经费保障体制改革情况调研报告》，载《人民司法（应用）》2013 年第 21 期（总第 680 期）。

不断加大补助力度，省级财政部门积极落实配套资金，地方同级财政部门也不断加大对预算经费的支持，人民法院经费保障水平得到了前所未有的提高，尤其是办案业务经费水平得到了显著提高。据统计，2012 年与 2008 年相比，全国法院经费收入增长 60%，办案业务经费增长了 216%。

2. 执法办案条件明显改善

司法经费保障体制改革后，各省（自治区、直辖市）积极根据基本业务装备配备标准，按照装备配备规划和年度计划落实业务装备经费，人民法院办案装备和法庭装备面貌焕然一新，信息化建设实现跨越式发展，数字化法庭实现规范化、现代化建设，信息网络三级网建设全面推进，"科技强院"工作方针逐步实现。

3. 办案质量效率明显提升

过去，在办案经费困难的情况下，各级法院的院领导不得不耗费大量精力去争取资金。如今，办案经费有了保障，各级法院的院领导把主要精力放到了案件审判执行中心工作上，着重做好审判作风建设和审判方式改变，强化调解、和解、协调功能，努力追求案结事了的和谐结果；加大巡回审理的力度，组织法官深入一线，努力把矛盾和纠纷化解在基层；积极化解执行难的问题，全力解决了一大批难案、积案；充分运用科技信息手段，有效缓解案多人少矛盾。法官再也不用为垫付办案费用发愁，办案的积极性、主动性增强，办案效率明显提高。

4. 便民为民设施明显完善

司法经费保障体制改革后，人民法院更有条件完善各类司法为民便民措施。各地基本按照要求建成了符合标准的诉讼服务中心，增加导诉、法律咨询、庭审公开信息查询、涉诉信访、无障碍设施、数字档案查询等服务项目，为人民群众诉讼提供了便利；统一人民法庭标识，方便人民群众远距离识别；中基层人民法院根据工作实际设立适合审理涉及未成年人案件的专门法庭，在保护未成年人合法权益的同时体现人性关怀。

5. 司法公信权威明显加强

司法经费保障体制改革后，人民法院办案经费得到切实增强，司法公正得到进一步落实；司法程序进一步规范，司法公信力进一步提升；法院文化建设不断加强，法官素养进一步提升，司法廉洁自觉性进一步提高。

三、"政法基础设施建设资金"的管理

"政法基础设施建设资金"是各级发展改革部门安排用于各级司法机关各类基础设施建设的专项经费。"政法基础设施建设资金"管理的一般程序是：司法机关按规定要求提出所需建设项目和资金来源，报同级发展改革部门审批，经批准由政府承担的资金按照项目工程建设进度拨款。对于需要上级补助资金的建设项目，要经同级发展改革部门审核同意后报上级发展改革部门审批，资金由上级发展改革部门安排下达。

2009年实施司法经费保障体制改革后，对用于地方司法机关业务基础设施建设的资金，要经各级发展改革部门先审批确定项目，逐级报国家发展和改革委员会纳入基础设施建设规划及分年度投资计划，由国家发展和改革委员会分年向省级发展和改革委员会安排下达，逐级拨付用于司法机关的项目建设。

四、"中央补助人民法院办案专款"的管理

"中央补助人民法院办案专款"是中央财政安排用于地方法院因《诉讼费交纳办法》实施而造成的法院经费困难设立的、用于补助地方人民法院办案的专项经费。为使此项专款分配规范、公正，使用更加有效，2007年10月，财政部与最高人民法院联合制定印发了《中央补助人民法院办案专款管理办法》，对专款的分配原则、方法、用途、开支范围、绩效考核以及各级财政和法院部门的专款管理责任和经费保障责任等作了全面明确的规定。主要管理要求有五个方面。

（一）在专款设置作用上注重经费保障长效机制建立

与一般专款设置的作用单一性不同，"中央补助人民法院办案专款"的设置旨在提高地方中、基层人民法院办案经费保障能力的同时，注重促进人民法院经费保障长效机制的建立。为此，要求地方各级财政应加大对本级人民法院的经费投入，保障人民法院办案所需经费。省级财政应按照中央补助人民法院办案专款的一定比例安排省级专项资金，与中央专款一并分配使用和管理，并规定了省级安排专项资金的最低比例。这样，经过中央专款带动省级和市县本级共同努力，加大对人民法院经费的投入，尽

快建立人民法院经费保障长效机制。

（二）在分配专款时采取"因素法"计算

为科学合理分配"中央补助人民法院办案专款"，《中央补助人民法院办案专款管理办法》确定，选择"基本补助"和"以奖代补"两类共六项因素，作为计算分配此项专款的依据。其中，"基本补助"因素占专款总额的55%，包括诉讼费减少数（占30%）、办案经费支出情况（占20%）、贫困程度（占5%）三项因素，与诉讼收费制度改革后诉讼费收入减少现状、专款设立目的、各地财力水平有关；"以奖代补"因素占专款总额的45%，包括办案数量（占20%）、法院经费投入状况（占20%）、法院办案专款管理情况（占5%）三项因素，与市县级当地法院工作实绩、自身努力程度（本级财政对法院部门经费投入状况）、专款管理水平有关。这样，既体现政策导向，使专款更多地向财力保障水平较弱的地区倾斜，又考虑专款设立的目的，对东部省份和计划单列市给予了适当安排。

（三）在专款使用时突出重点

为切实发挥"中央补助人民法院办案专款"的特定作用，《中央补助人民法院办案专款管理办法》对此项专款的使用重点进行了严格规定：一是对特殊地区、重点地区及开展专项审判等重点工作的地区予以重点安排，有条件的地方可以实行"以案定补"的方式；二是为确保满足基层人民法院对办案经费的需要，规定中央专款用于基层人民法院的比例不得低于70%，用于中级人民法院的比例不得高于30%，高级人民法院不得使用专款；三是为确保专款专用，规定此项专款用于与法院办理案件直接相关的办案经费支出。

（四）在专款下达时严格时限要求

为使"中央补助人民法院办案专款"尽快发挥效益，《中央补助人民法院办案专款管理办法》规定，各省级财政部门收到中央财政下达的专款后，一个半月内连同省级专项资金一并直接分配下达到市、县级财政部门，拨付同级法院使用。

（五）在专款管理上建立绩效考评制度

为确保"中央补助人民法院办案专款"达到预期目的，财政部和最高人民法院建立了绩效考评制度，制定了《中央补助人民法院办案专款绩效考评规则》，与管理办法一并下发执行。绩效考评的重点是：法院办案专款下达到位情况、专款使用情况、使用专款的市县本级财政安排办案经费情况及法院经费投入情况、法院案件办理情况及办案工作成效、专款使用情况报告的报送情况等。每年度结束后，由财政部和最高人民法院按照绩效考评规则对各省（自治区、直辖市）该年度法院办案专款管理工作进行绩效考评，考评成绩在全国范围内通报，并作为中央专款分配的重要因素，直接影响下一年度中央专款的分配数额。

第四节　司法专项经费的发展趋势

改革开放 40 多年来，在司法专项经费的支持下，司法经费保障的体制机制趋向科学规范，各级司法机关经费保障水平有了明显提高，执法办案条件得到极大改善，办案能力和质效水平大幅提升，经费保障与执法办案步入良性循环，对维护国家和社会稳定、促进社会公平正义发挥了十分重要的作用。随着国家全面深化改革的逐步推进、财政体制和司法体制改革的不断深化，司法专项经费面临着调整、改革和今后的发展问题，需要深刻认识和研判相关改革对司法专项经费产生的重大影响及发展趋势，在研究建立适应新时代需要的更加健全、完善的我国司法经费制度时予以高度关注。

一、深化财税体制改革对司法专项经费的影响趋势

根据党的十八大关于深化财税体制改革和党的十八届三中全会关于"清理、整合、规范专项转移支付项目"的要求，财政部已经并继续从五方面进一步清理、整合、规范专项转移支付：一是对因政策到期、政策调整、绩效低下等原因而没有必要继续保留的专项及对属于"小、散、乱"，效用不明显的专项予以取消。二是属于中央委托事权的项目，可由中央本级组织实施的，原则上列入中央本级支出；属于地方事务的项目，划入一般性转移支付。三是保留中央地方共同事权项目、少量中央委托项目，以

及引导类、救济类、应急类项目，并建立健全定期评估和退出机制。四是对目标接近、资金投入方向类同、资金管理方式相近的项目予以整合，并设定每个方向或领域的专项个数上限。五是取消地方资金配套，中央委托事权要足额安排资金，原则上不得要求地方资金配套；中央地方共同事权的专项，要明确分担标准或比例。[①]

按照上述改革要求，沿袭了近40年的司法专项经费，目前虽然仍保留了一定的项目和数额，但管理方式上正从原来的专项转移支付向一般性转移支付转变。其结果，一方面，现有的司法专项经费项目和规模能否继续保留及保留的期限，具有不确定性；另一方面，上级司法机关在分配管理的参与度上、各级司法机关在使用的专属性上都面临了很大的制约，司法专项经费的作用发挥将受到影响。为此，需要在今后的司法经费工作中，密切关注深化财税体制改革对司法专项经费的影响趋势，积极研究探索既适应深化财税体制改革需要，又加强司法经费保障的新政策、新途径。

二、省以下法院检察院财物统管改革对司法专项经费的影响趋势

党的十八届三中全会提出"推动省以下法院检察院财物统一管理"改革的目标是，市县法院检察院的经费"由省级财政统筹、中央保障部分经费"。按此目标，中央保障的部分经费可以采取由中央财政根据各省财力情况统筹测算保障的方式，或像目前一样保留司法专项经费并按一般转移支付资金的方式下达各省级财政部门保障两种方式。无论采取何种方式，都要将目前直接用于市县司法机关（法院、检察院）的司法专项经费，调整为纳入省级财政预算统一安排，不再像以前一样直接体现出司法专项经费对司法机关（法院、检察院）经费保障的作用和效果。为此，一方面，需要各级司法机关（法院、检察院）充分认识财物统管改革对司法专项经费的影响，立足于总体保障、规范保障和实际保障的角度，做好经费保障工作，使经费保障科学规范、总体水平不断提高，切实满足司法实际工作需要；另一方面，需要各级财政部门充分考虑司法专项经费对司法机关（法院、检察院）经费保障的重要作用，采取切实有效的方式，解决司法

---

① 参见2016年12月26日向全国人大常委会所作的《国务院关于深化财政转移支付制度改革情况的报告》。

机关（法院、检察院）办案、装备等专项工作的经费需要，促进司法机关（法院、检察院）经费保障水平不断提高，执法办案条件不断改善，为司法机关（法院、检察院）有效履行职责提供坚实的物质基础。

三、事权与支出责任划分改革对司法专项经费的影响趋势

党的十八届三中全会作出的《中共中央关于全面深化改革若干重大问题的决定》提出"建立事权和支出责任相适应的制度"。为此，2016 年 8 月，国务院发布了《国务院关于推进中央与地方财政事权和支出责任划分改革的指导意见》，为中央与地方事权和支出责任改革的分步实施勾画具体时间表和路线图：2016 年先从国防、国家安全等领域着手，2017～2018 年深入到教育、医疗、环保、交通等领域，2019～2020 年基本完成主要领域改革，形成中央与地方事权和支出责任划分的清晰框架。

按照国务院对事权和支出责任划分改革的原则及对司法领域财政事权与支出责任划分改革的研究，由于我国司法权属于中央事权，借鉴国际上法院和检察院的经费大都由中央承担的经验，未来我国司法领域的支出责任和经费保障改革方向可以考虑实行由中央保障法院和检察院经费的模式。但由于受制于现有的财力水平，以及相关改革并不到位，当前暂不能实行中央统一保障法院和检察院经费的模式，仍需要进行事权与支出责任划分改革。改革的基本设想应当是根据我国制度特点，明晰司法领域中央与地方财政事权、基础标准及支出责任。改革的具体方案可以是按照性质和使用方向，将人民法院和人民检察院各类支出进行划分，从健全充分发挥中央和地方两个积极性体制机制及司法领域的财政事权特点出发，确定中央财政事权和支出责任、地方财政事权和支出责任、中央与地方共同财政事权和支出责任。据此，中央对地方法院和检察院的经费将按照事权和责任划分予以保障，现有司法专项经费的项目、数额、方式等也将面临调整。公安、司法行政机关的经费保障和专项经费政策也面临着同样的改革调整。

结　语

党的十八届三中、四中全会作出《中共中央关于全面深化改革若干重大问题的决定》《中共中央关于全面推进依法治国若干重大问题的决定》，开启了全面深化改革、全面依法治国的新征程，对司法经费工作提出了前所未有的新要求。需要我国健全完善司法经费保障体制制度，努力转变司法经费工作方式，重新架构司法经费运行机制，尽快改革司法经费保障管理组织结构，大力提升经费管理能力素质，构建适应全面深化改革需要的司法经费工作新体系。[①]

随着新时代司法工作的新发展、经济进入新常态、国家治理体系的新变化，对司法经费工作提出了新挑战。司法经费保障面临着司法部门需求加大与财政供给紧缩之间，预算精细化要求与司法经费粗放型管理之间两大矛盾，需要各级司法部门和司法经费工作者去解决。今后，应将制度建设放在司法经费保障工作的突出地位，将尽快推动财物统管改革作为加强司法经费（法院、检察院经费）保障的突破口，以全力打造一支专业化、职业化的司法经费保障队伍为抓手，努力破解司法经费工作中的突出问题，为司法机关更好地履行职责提供更加坚强有力的物质保障。[②]

展望未来，司法实践在发展，司法经费相关改革在深化，司法经费理论研究永无止境。今后，应以习近平新时代中国特色社会主义思想为指导，不断开展司法经费理论研究，构建中国特色的司法经费保障理论体系，推进司法经费工作高质量发展，为我国司法事业发展和平安中国、法治中国建设作出更大的贡献。

[①] 唐虎梅：《构建适应全面深化改革需要的法院财务工作新体系》，载《人民司法（应用）》2018 年第 22 期（总第 825 期）。

[②] 唐虎梅：《人民法院经费保障面临的形势与对策研究》，载《人民司法（应用）》2021 年第 4 期（总第 915 期）。

附　　录

1

国家行政经费与国家财政支出关系研究*

长期以来，我国无论是理论界还是实际工作部门，对国家行政经费与国家财政支出关系的全面研究都很少，而国家行政经费作为国家财政支出的重要组成部分是客观存在的和必不可少的。在实际工作中，对行政经费有保有压、支出水平有高有低，随当时财政状况和政府意愿在年度之间变化较大，产生了一些需要解决的问题。本文试从理论与实践、历史与现状的角度，对国家行政经费与国家财政支出之间的关系进行分析、比较和研究，以探索其中的规律性，从而确定我国实行市场经济和加入世界贸易组织后国家行政经费与国家财政支出关系的合理政策取向。

一、基本理论分析

（一）基本概念界定

1. 国家财政支出的界定

国家财政支出（以下简称财政支出）是指政府（包括中央和地方各级政府）将集中于国家预算的资金用于为实现国家职能而付出的一切开支，是政府把集中起来的社会资源按照一定的政治经济原则，分配、运用于满足社会公共需要的各种用途的过程。按使用的性质不同，财政支出可以分为经济性支出、社会性支出和维持性支出三大类。经济性支出是指政府用于经济发展方面的支出；社会性支出是指政府用于提供社会性服务方面的支出；维持性支出是指政府用于提供维持性服务，以保证国家机器的存在和运作的支出。

---

* （1）本文刊载于《财政研究》2002 年第 11 期、第 12 期。作者为唐虎梅，工作单位为财政部行政政法司。此处有删改。（2）本文中的"国家行政经费"，包括司法经费。

2. 国家行政经费的界定

国家行政经费（以下简称行政经费）是指国家财政（包括中央和地方各级财政）用于各级国家权力机关、国家行政机关、国家审判机关、国家检察机关以及外事机构行使其职能所需要的费用支出。

行政经费作为国家维持性支出的一部分，是国家财政支出的重要组成部分。

（二）行政经费与财政支出的关系

从总体上分析，行政经费既是财政支出不可缺少的重要组成部分，必须予以保证；又是影响财政支出整体效益发挥的重要因素，必须严格控制。

1. 财政支出中应首先保证行政经费的需要

（1）国家机器运转的需要。按照马克思主义原理，财政是随着国家的产生而产生的，财政的收入分配及其支出分配导源于国家职能，并且是国家全面履行其职能的一个工具。

我国的行政经费是保证国家权力机关、行政管理机关行使国家职能、组织和领导社会主义物质文明和精神文明建设、巩固人民民主专政、保证社会经济活动健康运行的物质基础。我国经过调整改革以后建立的公共预算支出范围界定的四个领域（政权建设、事业发展、公共投资、收入分配调节领域）中的第一个即为政权建设领域，也是行政经费（包括国防支出）所要保障的范围。

（2）市场经济发展的需要。政府作为组织整个国家事务管理的机关，一般具有政治、社会和经济职能。政府的经济职能就是管理经济、维护国家经济基础、以各种方式推动社会经济的发展。实际上，政府的经济职能是社会经济体制的表现形式，它决定了政府的规模和政府管理经济的方式。在现代社会化大生产的条件下，各国政府都根据各自的国情和经济发展的特点，不断加强自身的经济职能，力图有效地促进本国经济的迅速发展。在市场经济条件下，由于市场机制功能的局限性、市场的不完全性以及市场自身的不完善性等原因而出现市场失灵，从而使市场机制不能调节社会经济总量的平衡、提供公共品、解决外部效应、不公平分配、公共资源的有效利用以及市场成本过高、自然垄断等问题。市场经济发展的历史证明，市场不是万能的，市场失灵是必然的、客观存在的。为了保证社会经济的持续发展，保证市场经济的正常运行，客观上要求政府对经济活动进行必要的干预和调节。在市场经济发展的几百年中，不论"自由放任"与"国家干预"的理论在什么时期、谁占据主导地位，实际上政府对市场经济活动的干预一直在进行着。在市场经济条件下，政府管理经济的职能主要是正确运用经济、法律和行政的手段调控宏观经济，管理国有资产，提供社会服务，监督经济运行，为市场经济运行创造良好的环境。作为代表国家行使对经济进行干预和调控职能的政府，在行使职能过程中必须要有相应的行政经费作保证。

（3）公共财政的首要部分。建立公共财政已经成为世界各国的广泛共识和普遍实践。公共财政，就是为满足社会再生产的共同需要，由国家凭借公共权力对社会资源进行有效配置，向社会提供公共产品的分配方式。根据马克思关于社会再生产的共同需要对社会总产品进行六项扣除的理论、西方公共财政学理论及有关财政职能的理论，可将公共财政的供给范围分为三大类（"和生产没有直接关系的一般管理费用"即社会管理费用、"用来满足公共需要的部分"即社会发展所需要的公共产品、"为丧失劳动能力的人等等设立的基金"即社会保障性公共产品）。其中，第一类就是"和生产没有直接关系的一般管理费用"即社会管理费用，具体包括：满足公共权力有效运作的分配，主要是国家机器部分；满足公共权力实施需要的分配，主要是政府各项政策实施所应付出的成本；满足公众选择成本需要的分配，如政府首脑的选举、全民公决、政府重大决策的社会咨询费用等；满足社会公共权力运用失误所需要的分配，如行政诉讼中的政府赔偿性支出等。上述分配从性质上说属于行政经费的范围，也是财政支出中首先要保证的。

（4）行政经费的特点使然。行政经费是维持国家政权存在、保证各级国家管理机构正常运转所必须的费用。它具有两个显著特点：一是属于管理性支出，它主要用于解决各级国家管理机构从事管理工作所必需的公务性开支以及由此而附带产生的工作人员的个人经费；二是支出具有稳定性，行政机构的设置体现了国家在既定时期管理社会经济工作的实际需要与各级政府之间或各职能机构之间的职权划分，需要经过一定的法律程序，一经确定就不能随意变更。行政经费的上述特点，决定了在财政支出的安排上应保持连续性，也就是说，无论任何时期、财政支出的规模如何都是必须首先要保证的。

2. 行政经费必须严格控制在一定的限度内

（1）行政经费属于消耗性支出，不直接创造物质财富。虽然行政经费是每个国家财政支出中必须首先安排的支出，但从本质上说，行政经费又是属于消耗性的支出，使用其支出的部门并不直接创造物质财富。相反，由于开支行政经费的政府自身不是经济实体，它没有独立的自我经济支持，其支出必须从社会上获得，即通过税收来提供。在一国的经济资源一定的条件下，政府开支的行政经费过多，纳税人的税收负担就会因此而过重，相应地会降低微观经济主体的投资能力或消费能力，这样的资源分配显然会扭曲公共品与私人品的合理配置结构，影响全社会物质财富的创造和社会经济的发展。

（2）讲求管理成本效益的要求。根据成本效益理论，行政经费是政府为社会提供服务所付出的成本，这类成本相当于管理会计中的固定成本。在一定范围内，成本总额的变动与服务（或产出）总量的变化无关。换言之，服务总量的增加（包括服务质量的改进）并不要求成本的相应（成正比例）增加。因此，在有效率的前提下，既定服务的提高只需要投入较少的固定成本，高于某个临界值的成本增量对于服务数量的增加和质量的改进可能毫无帮助，相反，会导致经济上的低效率。一旦某个水平的行政经费足以提供必要数量和质量的服务，超出这个水平的支出就会成为纯粹的多余（浪费），因为它对服务数量和质量毫无助益，甚至产生效益负值。

（3）全面发挥财政支出职能的需要。财政支出是政府为履行其职能而花费的资金的总和，财政支出的职能除了保障行政经费外，还承担着经济性支出、社会性支出及国防支出的任务。在一国财政资源条件一定的条件下，政府用于行政管理的支出过多，用于提供其他公共品（如教育、科技、卫生保健等）的支出就会相应下降，这会降低公共品配置的整体效率；在财政用于行政管理的支出一定时，若政府的行政管理效率低下，那么单位行政管理的成本费用就会上升，要完成同量的行政管理任务，就必须追加行政经费，或降低行政管理的服务水平，这就会直接或间接地造成经济效率损失。财政的困难迫使各国政府不得不缩小政府职能范围，限制政府规模，即通过机构精简、裁减人员，以期通过设法节约行政开支求得财政汲取与财政支出的平衡。

（4）受需求拉动政府规模及其行政经费容易膨胀。政府就其实质来说，是公共力量的实体化，掌握着公共权力和代表公共利益。政府职能的扩张和政府规模的膨胀是必然的。一方面，政府在主观上希望做一个称职的政府，希望把政府应当做的事情做得尽善尽美，如果现在的政府工作存在着问题和不足，那么政府作出的第一个选择就是通过扩大机构、增设部门和增加人员来处理这些问题和解决这些不足。这是政府规模膨胀的主观动因。另一方面，社会对政府的要求总是无止境的，任何时候的政府所为都不是太好了，而总是太不足了；而且社会是一个动态发展着的过程，在它的每一个前进的步伐中都会对政府提出许许多多新的要求。这是政府规模膨胀的客观原因。政府职能的履行必须依靠政府机构，随着政府职能的扩展，政府机构的扩展也就顺理成章了，作为为政府机构提供物质条件的行政经费的膨胀也就成了必然要求。

同时，行政经费的自利性特征也造成行政经费容易膨胀。行政经费自利性的含义是：政府机构和政府雇员从这类支出获得的边际收益高于一般公众。与其他类型的财政支出不同，政府机构和雇员同行政经费之间的利害关系，远比一般公众密切。一般公众只能从行政经费所支持的政府服务中收益，但政府机构和政府雇员除此以外，还能够从行政经费支出本身获益、因而从支出增量中获得的边际收益比一般公众高。

（5）行政经费支出弹性大，效益难以考核。就政府与社会的关系而言，政府规模是指拥有工作人员的绝对数量，即人员多寡的问题。究竟政府拥有的工作人员多少才是合理的，可以有着各种各样的判别标准：根据工作量标准，政府工作人员数量的合理标准应该是，有多大工作量就配置使用多少人员；根据财政支出数量的标准，工作人员规模的标准应该是，有多少财政收入就配置使用多少政府工作人员；根据人口数量的标准，一个国家的人口数量可以与政府工作人员的数量成正比例关系。由于上述政府规模的合理标准难以判别，因而与之相应的行政经费也难以确定一个固定的规模。

由于上述行政经费和财政支出的特点以及种种原因造成行政经费容易膨胀，如果不加控制会造成财政支出效益下降。因此，控制行政经费的不合理增长始终是财政支出管理的一项重要任务。

二、我国状况分析（略）

三、对策与建议

（一）正确处理与财政支出的关系，合理确定我国行政经费支出规模

1. 正确认识和把握行政经费与财政支出的关系

根据上述对我国行政经费及其与财政支出关系的研究，可以得出以下几点结论供我们在今后处理两者关系时正确认识和把握：

（1）无论是处于什么发展阶段，行政经费在财政支出中都居于重要的地位、占有相当的比重，对于国家的发展具有十分重要的作用。

（2）行政经费占财政支出比重的高低与经济发展阶段是相联系的，在经济发展的初期所占比重相对较高有其必然性和合理性。

（3）我国行政经费从中华人民共和国成立以来的变化幅度较大，这是与当时我国特定的社会、政治状况紧密联系的。例如，在经济恢复时期，出于战争和经济建设的双重需要，行政经费所占比重最低（4.01%）；"三五"—"五五"期间，由于"文化大革命"等原因，致使行政、公检法部门及人数急剧减少，政府职能被严重破坏，在15年的时间里，行政经费支出长期处于低水平的状态（从"一五"时期的7.6%，下降到5%以下）。这种低水平的状况是极不正常的，也是不可比的。

（4）在计划经济向市场经济转轨及政府职能转换的过程中，行政经费必然处于一种较高的状态。因为在这一阶段，行政经费既要承担新增的合理事项，又要承担部分原有的尚未完全规范的事项。

（5）从长远趋势看，随着政府职能的准确定位，行政经费占财政支出的比重上升到一定程度后将逐渐略有下降，降到一定水平后处于较为稳定的状态。

2. 整合行政经费的概念，变分散为集中统一投入管理

为加强对行政单位的经费管理、保障行政单位履行职能的合理需要，对行政经费的概念应予规范，将属于为行政单位正常行使行政职能所需提供基本物质保障的经费，即现在的行政经费、事业（业务）经费、基本建

设投资都纳入行政经费的范围，并改革对行政单位的经费投入及其管理机制，实行由一个部门管理，避免行政经费与事业（业务）经费、行政经费与基建投资相分离，重复投资与合理需要得不到满足并存，以及不能真实反映行政经费支出全貌、不能对行政单位的经费实施有效管理等一系列问题。

3. 根据政府职能定位，确定行政经费的供应范围

目前，应尽快规范政府组织机构建设，修订和完善政权组织法规，使各级政府机构的建设有法可依。对地方各级政府公务人员占总人口的比重、行政区域的设置等，要根据各地情况，从法律上进行规定，并严格执行。随着政府机构的改革，逐步清理行政经费供给范围，凡是已经转变为经营性公司或行业管理协会的单位和部门应从行政经费供给范围中退出；对一些学会、协会、研究会等自律性、自治性的社团组织，要逐步退出行政经费供应范围；同时，要抓住行政机关改革的契机，在积极推进各级党政机构改革的同时，适时对群众性团体进行改革，并在转变职能过程中加强行政经费的供给和管理改革。

为给我国加入世界贸易组织创造一个有效率的市场环境，根据世界贸易规则的要求，我国政府的职能要进行相应的转变，行政经费也要随之进行调整，主要体现在以下几个方面：一是要付出必要的立法方面的成本，以满足建立一个透明的、统一的、公正的、可以预见的法律体系的需要；二是要减少政府行政审批部门的行政经费开支，以适应我国加速政府管理经济观念的根本性转变，把部分职能让渡给各类中介组织，清理并大幅度减少政府行政性审批，并相应减少此类机构和人员的要求；三是增加政府信息化建设经费，以适应改善政府经济管理方式、加速实现经济管理的信息化而需要在一定时期内投入相当数量的信息化建设经费的需要，并以此促使政府部门提高工作效率、精简政府部门和人员、节约政府人员及办公经费；四是增加执法部门的经费，以适应依法治国及按照建立统一、开放、公平竞争的国内市场、大力整顿市场秩序、加强执法机构和人员建设的需要；五是增加政府公务人员工资、建立对政府公务人员的激励约束机制，以适应通过对政府机构"减人增效"、提高行政管理效率和人员素质，将精干、养廉、高效有机结合，从总体上节约行政经费的要求。

4. 分别不同阶段，确定行政经费与财政支出的关系

（1）在近期内，行政经费占财政支出比重将继续上升。从上述对我国

行政经费状况的分析中可以看到，一方面，从经济发展阶段上看，我国处于社会主义初级阶段，在国际上属于低收入国家。根据上述行政经费占财政支出比重随经济发展阶段由低到高再由高到低的规律，在近期内，我国行政经费占财政支出的比重较高是必然的。另一方面，由于我国政府部门行政经费不足的问题还很突出，需要通过增加投入才能解决，行政经费供应范围过宽及使用上的损失浪费等方面的问题需要通过逐步清理、规范后才能得到控制；同时，考虑到我国去年加入世界贸易组织之后对国家经济所带来的巨大变化、公共财政的逐步建立、财政收入占 GDP 比重的上升、政府职能的转换以及随之对行政经费的需求等现实情况，预计在近期内我国行政经费占财政支出的比重还将继续上升。根据有关部门关于行政经费支出极其显著地依赖于自身前一时期数值的研究结论，依据改革开放以来我国行政经费占财政支出比重，运用二次回归法数学模型（公式为 $Y = -0.01179XX + 2.4918X - 118.73$，相关系数为 0.9422。其中，X 代表年份，Y 代表比重）计算，到 2006 年我国行政经费占财政支出的比重将达到最高水平（12.93%），行政经费总额预计将达到 3639 亿元，较 2000 年的 1787.6 亿元增加 1851.4 亿元，增长 2.04 倍，比 1985 年与 1980 年的 6 年间我国行政经费实际增长 1.96 倍高 0.08 倍（详见表 1、表 2）。

（2）从长远趋势看，行政经费的总量将会增加，但其占财政支出的比重则略有下降并趋于相对稳定。从长远看，随着我国政府职能以法定的形式确定后，政府机构的数量和人员不出现大起大落，与此相应地对行政经费的需求也会相对稳定，只需在比重稳定的基础上，随着财政支出规模的增加而增加适量的行政经费，以满足行政单位正常增长的经费需要。随着财政支出规模的进一步增加，由于行政经费的"必需品"性质，行政单位的各项支出达到一定水平后，行政经费占财政支出的比重会有所下降。从表 2 中可以看到，我国的行政经费占财政支出的比重预计在 2006 年达到最高水平后将逐年下降，到 2020 年达到 10.51%，之后将稳定在 11% 左右，行政经费总额预计将达到 11232.7 亿元，比 2000 年增加 9445.1 亿元，增长 5.28 倍，比 2000 年与 1980 年的 20 年间我国行政经费实际增长 25.76 倍低 20.48 倍（详见表 1、表 2）。

表 1　中国行政经费与 GDP 及财政收支对比

年份	GDP 亿元	GDP 增速（%）	行政经费 亿元	行政经费 增速（%）	占财政收入%	占GDP%	支出弹性	财政收入 亿元	财政收入 增速（%）	占GDP%	财政支出 亿元	财政支出 增速（%）	占GDP%
1952	679.0		14.5		8.34	2.14		173.9		25.61	172.1		25.34
1978	3624.1	433.7	49.1	238.62	4.34	1.35	0.43	1132.3	551.1	31.24	1122.1	552.11	30.96
1980	4517.8	24.7	66.8	36.05	5.76	1.48	3.79	1159.9	2.4	25.67	1228.8	9.51	27.20
1985	8964.4	25.01	130.6	95.51	6.51	1.46	1.51	2004.8	72.8	22.36	2004.3	63.11	22.36
1988	14 928.3	24.79	220.9	69.14	9.37	1.48	2.85	2357.2	17.6	15.79	2491.2	24.29	16.69
1990	18 547.9	9.69	303.1	37.21	10.32	1.63	1.56	2937.1	24.6	15.84	3083.6	23.78	16.63
1991	21 617.8	16.55	343.6	13.36	10.91	1.59	1.36	3149.5	7.2	14.57	3386.6	9.83	15.67
1992	26 638.1	23.22	424.6	23.57	12.19	1.59	2.25	3483.4	10.6	13.08	3742.2	10.50	14.05
1993	34 634.4	30.02	535.8	26.19	12.32	1.55	1.09	4349.0	24.8	12.56	4642.3	24.05	13.40
1994	46 759.4	35.01	729.4	36.13	13.98	1.56	1.46	5218.1	20.0	11.16	5792.6	24.78	12.39
1995	58 478.1	25.06	872.7	19.65	13.98	1.49	1.10	6242.2	19.6	10.67	6823.7	17.80	11.67
1996	67 884.6	16.09	1040.8	19.26	14.05	1.53	1.18	7408.0	18.7	10.91	7937.6	16.32	11.69
1997	74 462.6	9.69	1137.2	9.26	13.15	1.53	0.57	8651.1	16.8	11.62	9233.6	16.33	12.40
1998	78 345.2	5.21	1326.8	16.67	13.43	1.69	0.98	9876.0	14.2	12.61	10 798.2	16.94	13.78
1999	82 067.5	4.75	1525.7	14.99	13.33	1.86	0.68	11 444.1	15.9	13.94	13 187.7	22.13	16.07
2000	89 403.6	8.94	1787.2	17.17	13.35	2.00	0.84	13 395.2	17.0	14.98	15 886.5	20.46	17.77

1. 资料来源：中国财政经济出版社《中国财政年鉴》2001 年；中国统计出版社《中国统计年鉴》2001 年；经济科学出版社《新中国 50 年财政统计》2000 年版。

2. 行政经费为行政管理费，包括公检法支出和外交支出。

3. 行政经费支出弹性＝行政经费增速/财政支出增速。

表2　中国行政经费占财政支出比重及规模测算

年份	比重（%）	行政经费总额（亿元）	财政支出总额（亿元）
	1	2	3
2000	11.25	1787.6	15 886.5
2001	12.67	2214.1	17 475.2
2002	12.77	2454.7	19 222.7
2003	12.85	2717.1	21 144.9
2004	12.90	3000.5	23 259.4
2005	12.92	3305.6	25 585.4
2006	12.93	3639.0	28 143.9
2007	12.91	3996.7	30 958.3
2008	12.87	4382.8	34 054.1
2009	12.80	4794.8	37 459.5
2010	12.71	5237.2	41 205.5
2011	12.60	5711.1	45 326.0
2012	12.46	6212.4	49 858.6
2013	12.30	6745.9	54 844.5
2014	12.11	7305.8	60 329.0
2015	11.90	7897.1	66 361.9
2016	11.67	8518.9	72 998.0
2017	11.42	9170.0	80 297.8
2018	11.14	9839.7	88 327.6
2019	10.84	10 532.2	97 160.4
2020	10.51	11 232.7	106 876.4

1. 第1栏数根据改革开放以来我国行政经费占财政支出的比重按二次回归法数学模型计算得出。

2. 第2栏数根据第1栏数乘第3栏得出。

3. 第3栏数按平均增速10%测算。

当然，以上是根据改革开放以来我国行政经费的实际执行情况而对未来20年中我国行政经费的需求状况所做的测算，在今后的实际执行中年度之间此比重会有一定的变化，变化幅度大约在6%左右（根据上述二次回归法数学模型中计算的两者之间的相关系数为0.9422所得）。需要说明的是，根据我国行政经费在地区之间存在较大差距的特点，在今后的发展趋势中，行政经费占财政支出的比重根据各地经济发展阶段的差距在地区之间的差距仍然存在：即经济发展水平高的地区，其比重较低；经济发展水平低的地区，其比重则较高。

（二）按照公共财政的要求，切实保证行政经费的合理需要

1. 调整财政支出结构，提高行政经费的保障程度

在公共财政条件下，财政支出主要是满足社会公共需要。行政单位是国家机器的重要组成部分，担负着维护国家政权和社会稳定、保护人民生命财产的安全、确保国家政策法令的贯彻执行和国家外交及对外合作工作的顺利开展等重要职责。从公共财政的理论讲，行政单位的支出是典型的、纯粹的公共需要，保障行政单位经费需要是财政的基本职能。根据建立公共财政基本框架的要求，我国财政将逐步从竞争性领域退出，并将支出重点向公共需要领域转移。作为典型的和纯粹的公共需要的行政单位，应该作为公共财政支出的领域予以重点考虑。

随着市场经济的发展，行政单位的职能将逐步强化，其运行成本也将逐步提高，行政经费支出的总体规模必然呈不断增长的趋势。因此，我们必须转变长期以来压缩、控制行政经费的观念，提高行政单位经费保障程度，确保行政单位履行职能的基本需要。要在调整财政供给范围和支出结构的同时，根据行政单位的合理需要增加行政经费支出。在财政支出的三个组成部分中，按照先维持性支出（行政经费和国防经费）、后经济性支出、再社会性支出的顺序进行安排。对维持性支出中的行政经费的安排，首先要在规范机关公务人员范围和规模的前提下，提高行政机关工作人员的待遇，并由财政予以保证；要提高机关合理运转所需的公务费用；要对依法设置的行政机构的基础设施、装备等保障行政单位行使职能的基本条件的经费按照规定的标准予以足额保障。

2. 制定行政经费需求和供应标准，使行政经费保障有据可依

制定切合实际的行政单位各类经费开支和装备标准，是确定行政经费拨款和考核经费保障情况的基本依据，是规范各部门管理工作的基础。国家机关工作的性质、工作方式大体相同，对其经费预算最适宜实行定员定额管理。对人员经费和一般性公用经费、业务经费、装备经费等都应制定符合实际的定员定额标准，使各项预算支出有标准可依，减少预算分配中的人为因素，增强公平性、公开性、科学性、规范性；对大型设备购置、大型修缮应纳入项目预算，进行分类排队，根据各个项目的轻重缓急和财

力可能予以安排。同时，应制定科学合理的装备配备标准。中央一级可以制定各级、各部门保障基本工作需要的实物配备指导标准，按照不同经济类别、区域、人口、面积等多种因素分为高、中、低三类，供各地选用。各地可以按照中央的指导标准，本着既满足基本需要，又考虑财政承受能力的原则，制定符合本地区实际的不同类别、不同阶段的实物装备标准，逐步使行政机关的装备建设规范化、制度化、标准化。

3. 实行分步实施、分类安排、重点保障

对行政单位的经费应根据经济发展、财政状况和现有部门、单位的实际状况，区分人员经费和公用经费、重点经费和一般经费实行分步实施、分类保障的办法，在财政支出中适时、适量安排。应把好经费投向与投量关，保证重点支出，压缩一般性支出。对重点支出的经费，如编制内人员经费、办案（业务）等经费，应优先予以安排。对一般性支出，应提出压缩和控制目标，特别是对一些消耗性支出，即人们常说的"人、车、会、话、招"等经费从严控制。应切实加强对行政单位办案经费的管理和监督。办案经费属于消耗性支出，既是保障的重点，又是管理的难点，开支弹性大，管理上有一定难度。应做好事前、事中及事后的监督检查工作。

（三）严格规范行政经费管理，讲求资金使用效益

在强调按照公共财政要求提高行政经费保障程度的同时，必须不断深化行政经费管理改革，强化、规范行政经费管理，切实提高财政资金使用效益，从内涵上提高行政单位经费保障程度。

1. 精简机构、控制人员、提高行政经费支出效率

继1998年国务院进行新一轮机构改革后，各级政府部门都进行了大规模的改革，使国务院和省级政府机关人员减少了一半以上，市县乡各级政府机关人员减少了30%左右；党委系统也精简了20%~30%的人员。为了巩固1998年以来行政机构改革的成果，一是要从体制上重视政治体制其他方面改革的配套。我国的经济体制改革进行到今天的地步已经相对超前于政治体制改革，因而已经为后者奠定了较好的经济基础。所以，政治体制其他方面改革的配套进行对于行政改革的顺利进行就更加关键。如果仅仅是行政机构和人员的减少与重组，而没有干部人事制度、人才选拔制度、领导特殊待遇制度、行政经费支出管理制度等各方面的配合，即使政府有了市场经济职能，工作也不会有市场经济效率。二是从法律上重视行政法

律法规体系的建立。法律的作用不仅在于提供规范人们行为的一整套约束机制，更关键的是它对于人的思想的改造作用。建立与完善行政法律法规体系，一方面可以有效地约束行政机构设置上的随意行为，避免再次出现机构膨胀的局面，有效地控制行政经费的不合理增长；另一方面通过法律武器的运用，也有利于帮助包括领导干部在内的各方人士树立按照社会主义市场经济规则行事的思想观念。

2. 突破旧框架，积极探索支出管理改革的新途径

（1）引进市场机制，改革行政经费供应方式，不断完善支出管理办法。一是在行政经费供应方式上，要适应市场经济要求，推动个人待遇货币化改革。对一些带有供给性质又不宜取消的个人工作、生活待遇，变实物分配为货币分配，增强享受者的费用意识，建立自我约束机制。为此，可将目前在公用经费中开支的一部分实际上用于个人的经费从公用经费中分离出来，转化为人员经费，以真实反映公用经费的情况，提高经费使用效率。二是在人员、编制管理方面，财政部门要积极参与行政单位人员编制管理，凡超编人员一律不予安排经费，通过财政分配手段巩固政府机构改革成果。三是继续做好计划控制会议工作，完善定点办会制度，同城会议应实行无住宿制，充分利用现代通讯手段，改变会议形式，尽可能采用电视电话会议的形式，以节约开支。四是将单位建立网站作为新的支出重点控制项目，注意防止随着互联网的兴起和发展盲目建设、重复建设的问题。

（2）转变方式，转换机制，加快行政机关后勤社会化改革。随着我国社会主义市场经济的建立和第三产业的发展，行政单位在原来供给制制度下形成的机关后勤保障方式已远远不能适应需要。一方面，机关后勤队伍越来越庞大，占用和消耗了许多行政经费和社会资源；另一方面，服务水平和服务质量始终难以提高。因此，应加快改革的步伐，尽快推进机关后勤社会化改革。一是将机关后勤人员与公务人员从人员性质、福利待遇等所有方面进行彻底剥离，改变工勤人员与公务人员不分的状况。二是分别不同类型的后勤服务项目采取不同的管理方式：对机关食堂、车队、修建队、物业管理等适合市场化的后勤服务，应改变现行大部分机关实行的只能固定由单位内部后勤机构提供的方法，引入市场机制，使社会服务机构与本单位内部后勤机构具有同等的机会在公开招标、平等竞争中取得服务资格，按照所提供的服务数量和质量进行付费，使行政单位机关后勤尽快

走向社会化；对电话、文印等少量不适宜交由市场管理的后勤服务项目，应转换经费供应机制、改变目前按行政经费方式供应经费的办法，严格进行内部核算，采取由服务机构与机关签订服务合同、按劳付费、据实结算的方式，既强化后勤人员的服务意识、提高服务水平，又促使后勤部门自行精简、提高效率。

3. 严格实行预算约束

（1）改革预算编制方法。一是明确支出预算编制依据，充分体现政府职能。要严格按照政府职能范围确定预算支出范围，调整预算支出结构，改变以"关系""条子"为依据编制预算、追加预算的不正常现象。二是要留足支出预算编制时间，把编制周期由目前的 1~2 个月延长至 9~12 个月，以保证预算编制的质量，推行"铁预算"。三是细化预算内容，加强预算论证。改变"基数加增长"的粗放编制方法，推行"零基预算""定额预算"。要论证预算单位或预算项目能否成立，对每个预算项目的目标、活动进行准确的描述，对其成本效益、工作量、可供选择的不同改造用途、不同程序资金支持的不同效果等有关内容，作科学的量化分析，并落实、细化到每一个支出项目的支出额度。在正常的预备费外，不能另留机动财力。

（2）严格预算支出约束和监督。一是建立由各方专家组成的预算审查委员会，对预算进行全面审查，这样既可以减轻财政部门的压力，也可以提高预算的准确性和透明度，杜绝浪费。二是严格预算支出约束。预算一经同级人大通过即具有法律效力，各项支出要严格执行。任何单位和个人不得以任何理由开增支口子，特别情况需要追加预算的必须按法定程序经人大批准，且每年预算变动必须控制在一定范围内，以维护预算的严肃性。三是强化支出监督。各级人大要经常监督各级财政预算执行情况，审计部门要将地方财政审计作为一项重要工作加强监督，财政部门对各单位支出情况要进行定期检查，对各种支出不能一拨了之，要随时跟踪监督支出执行及效益情况，发现问题及时解决。

4. 进行政府行政成本控制

政府行政成本是政府组织在为社会提供公共服务、生产公共产品的活动过程中投入的人力、财力和物力资源，它包括人力成本、管理成本和物力成本。政府部门要强化勤俭节约的观念并使之具体化，即讲求成本控制。

（1）引入竞争机制。将政府一些生产公共物品的领域，一些直接为社会提供公共服务的过程，以及一些直接为政府自身管理提供服务的内容，采取服务招标、签订合同、政府采购等形式实行竞争，既有利于降低行政成本，又公开透明，利于廉政建设。

（2）优化行政成本结构。在行政成本结构中，人力成本比重最大，管理成本弹性最大，制度创新要把重点放在这两个部分。影响人力成本的直接因素有人事编制和人员的素质能力。节约人力成本的根本出路在于转变职能，这个思路与机构改革的发展战略是一致的。在节约管理成本问题上，比较可行的措施是与办公室自动化和勤政建设、廉政建设结合起来进行。21世纪是信息时代，目前，政府上网工程已成为潮流所向，电子商务、可视电话等新技术正显示勃勃生机。发达的资讯缩短了人们的距离，加强了人们的正面沟通和交流。一些纯属宣读式、传达式、形式化的会议可以降低到最低水平，现代通讯技术可以帮助减少这部分行政成本。随着勤政建设的深入发展，应逐步建立起一套较为系统的责任制度、评估制度。责任到人、落实到位、绩效评估总体上能比较客观、全面地显示出政府官员的业绩状况，政府的行文、会议也能够融入成本观念，这样，可以在相当程度上降低行政成本。廉政建设是一项常抓不懈的工作，当人们不仅从观念上对名为公务实际上是公款吃喝、公费旅游、公车私用等不易界定的行为有更深刻的认识，而且从制度上对这些行为有可操作性的对策举措，就像近年来清公房、清手机那样，廉政建设又会上一个台阶。对明显涉及到金钱、利益的问题进行规范，是从源头上治理腐败的一项治本之策。从外部关系上，解决了老百姓普遍反映强烈的问题，重新建树了政府的美誉形象，从内部关系上，则可以大大降低行政成本。

5. 对行政经费支出实行效益评估

（1）建立健全行政经费支出使用管理的效益机制。一是对行政单位的重点支出项目实行竞争机制，对大额支出的管理实行政府采购的做法，对专项资金实行招标投放、效益合同管理。二是建立行政经费支出效益考核指标体系。包括：行政经费支出结构的考核——考核行政经费支出结构是否符合比重、行政单位供养人员结构是否合理、政府消费性支出是否按正常需求发展；行政经费支出项目的考核——必须保证的资金拨付后，政府行为与社会安全是否正常运转、事业发展计划是否超越财力的可能等等。

（2）建立行政经费支出效益的责任制，使行政经费分配和使用的各个方面都对提高行政经费效益承担完全的责任。讲求行政经费支出效益和提高行政经费支出效益，要靠行政经费分配过程中各个方面共同努力，任何一个方面或一个环节的忽视，都会造成行政经费效益的降低。为此，必须建立行政经费支出效益责任制度，把行政经费分配活动过程中的效益责任，从质与量两个方面明确起来，并落实到各个方面。行政经费支出效益责任制度，是一套完整的行政经费支出效益责任的考核和奖惩制度体系，它主要包括行政单位完成各项事务活动的费用定额、责任定额和考核办法、奖惩办法等制度。费用定额是在一定的经济、技术、社会条件下完成一定质量单位的事务而耗费的财力所必须遵守和达到的数量标准，它是控制财力耗费，评价财力耗费的节约或浪费的尺度。责任定额，是各个行政经费分配和使用活动责任者在一定时期内，所应承担的筹集行政经费的数量、财力供给中应达到的符合比重的程度，以及所必须完成的事务活动的数量与质量标准，它是评价行政经费分配活动效用方面的尺度。费用定额与责任定额，是行政经费支出效益责任制度的基础，缺一不可。在考核行政经费支出效益状况时，只有行政经费使用的节约与浪费的考核，而没有行政经费分配的质量及其所完成的事务的量与质的考核，就会走向单纯财政观点。比如，某一政府机关，在年度内行政经费耗费节约了，但它的工作效率也随之降低更多，所承担的事务完成得很差，这决不能称之为有效益，只能叫浪费。反之，只讲完成事务的质与量，而不讲工本，不计耗费，这同样也不能称之为有效益。因此，应把费用定额和责任定额两者结合起来考核，真正促进行政经费支出效益的提高。

借鉴有益经验　构建符合我国国情的
司法经费保障机制*

为深入探讨按照依法治国和公共财政的要求，研究建立符合我国国情的司法经费保障机制，由财政部、中央有关政法部门和部分省财政厅人员参加的"国外司法机关经费保障情况考察团"，先后于 2004 年、2005 年分别赴英国、德国及美国、巴西进行了考察。考察团访问了英国财政部、宪法事务部、内政部、皇家检察院、法律服务委员会、沃金郡治安法院，德国司法部、柏林州司法部、巴伐利亚州司法部、慕尼黑高等法院，美国国家禁毒署、司法部刑事局、巴尔的摩市警察局，巴西司法部等部门，与有关负责人进行了座谈，听取了有关司法机关设置、职能和运作程序的介绍，重点了解了四国司法经费保障体制及预算管理等方面的情况。

一、英、德、美、巴四国的司法体制和司法机构设置

英、德、美、巴四国政治体制不同（英国是中央集权型单一制国家，德国、美国和巴西是联邦制国家），其司法体制也各具特点。英国的司法系统由中央一级管理，德国由联邦和州两级管理，美国由联邦、州、县、市镇两至四级管理，巴西由联邦、州、地区和市镇四级管理。

在司法机构设置上，英国（仅指英格兰和威尔士地区）司法体系大体可分为刑事与民事两个部分。刑事司法系统主要包括警察、法院、检察院、监狱及缓刑管理机构等；民事方面的司法权主要由法院行使。司法机构包括法院、检察院、警察三个部分，没有独立的司法部门。法院包括刑

---

* 本文刊载于《财政研究》2006 年第 4 期。作者为贾新怡、唐虎梅，工作单位为财政部行政政法司。

事法院和民事法院系统，刑事法院系统按照审级由低到高分别为治安法院、巡回法院、高等法院、上诉法院刑事庭和上议院；民事法院系统包括郡法院、高等法院、上诉法院民事庭和上议院四个审级。全国专职法官不足 1400 人，绝大多数是兼职的义务法官（近 3 万人）。全国法院系统的事务由宪法事务部中的法院服务部统一管理。英国的检察机关由以总检察长为首长的总检察长办公室、皇家检察院以及地区检察院构成，实行分级设置、自上而下垂直领导，在全国 42 个警区设置 42 个地区皇家检察院作为检察机关的基层机构。内政部是警察管理体制中的最高权力机构，根据资源管理的需要，全国 42 个独立的警察局分管着大小不等的地区，另外，还有一些负有特殊责任的警察局及其他重要的警察机关，如交通警察局、国家犯罪情报署、国家刑事侦缉队等。英国警察系统共有 21.1 万人，其中警察 14 万人。

德国属于大陆法系国家，联邦与州的司法系统相互独立，但在各州范围内，上下级司法机关之间实行垂直管理体制。其司法机构包括法院、检察院、警察和司法部门。德国法院分普通法院和专门法院。普通法院包括联邦最高普通法院、州高等法院、州法院和初级法院四级；具有明确管辖权的专门法院包括宪法法院、普通法院、行政法院、财政法院、劳工法院和社会法院，这类法院的设置级次和数量不尽相同。全国共有法官 2.15 万名，其中各州 2.1 万名（其中 80% 在初级普通法院）。检察院是联邦和州政府的组成部分，分联邦检察机关和州检察机关两级，隶属于相应级别的司法行政部门，接受司法部领导，除初级法院外，每个法院都附设一个相应级别的检察院，并独立开展工作，不受司法部和法院的干预。德国警察主要有刑事警察、司法警察、交通警察三类，联邦警察和州警察分别归属联邦内务部和各州内务部领导。司法部兼具行政、立法与司法职能，在德国司法体系中具有十分重要的地位，它分为联邦司法部与州司法部两级，司法部长一般为同级立法机构议员或同级政府行政内阁成员。联邦和州司法部都具有管理法院、领导检察院、提请任命法院法官和检察官、制定有关法律草案的权力。

美国属联邦制国家，各司法机构普遍存在联邦与州两套系统。法院包括联邦法院、哥伦比亚特区法院和 50 个州法院三个独立的系统。联邦法院分普通法院（包括上诉法院和最高法院）、特别法院（包括权利申诉法院、关税和专利权申诉法院、税务法院、军事上诉法院）、弹劾法院。美国各州法院差异较大，其设置由各州法律自行规定，因此在名称、组成、管辖权等方面均不统一。目前美国共有大约 700 多名联邦法官，2.7 万多名州法官。美国的检察体制具有"三级双轨、相互独立"的特点。三级是指美国的检察机关建立在联邦、州和市镇三个政府"级别"上。双轨是指联邦检察系统和地方检察系统分别行使权力，互不干扰，互不隶属。美国警察分属近两万个互相独立的警察机关，分别隶属于联邦、州、县、市镇四级政府，约 50 多万人。市镇警察是美国警察的最主要力量，占美国警察总数的 3/4。

巴西的司法机构主要包括法院、检察院、政府律师事务所、平民律师事务所及警察机构等。在法院组织体系中，除了联邦普通法院和州立法院外，联邦系统还设有三个专门法院：劳工法院、选举法院和军事法院；全国法院分四个层级，即联邦最高法院、高级法院、地区法院、初级法院，全国大约有法官 1.4 万人。检察机关包括联邦和州两个系统，联邦检察系统由联邦检察院、劳工检察院、军事检察院组成，联邦检察院又下设地区检察院和基层检察院。联邦各级检察院的检察长均由总检察长任命，上级检察院领导下级检察院的工作；各州检察机关由州检察长领导。检察机关经国会批准，可以自由决定所属机构的设立或撤销，自主制订工作计划以及独立编制预算。巴西联邦警察机构主要包括联邦警察、高速公路警察、铁路警察、民事警察以及军事警察、军事消防警察。在联邦警察之外，宪法授权各大城市组建自身的警察队伍，依据法律维护社会治安，保护公民的人身财产安全。政府律师事务所是在司法或与司法有关事务中代表联邦、并为政府提供法律咨询或支持的部门，首席律师由总统任命，其他律师通过公务员考试和法律素质测试进行选任。平民律师事务所是专门负责为需要法律援助的公民提供法律指导、代理或辩护服务的机构。此外，巴西还设立了国家司法委员会，主要是加强对司法机构的统一协调和管理。

二、英、德、美、巴四国司法经费保障机制的特点

尽管四国属于不同法系，司法体制和司法机构设置不同，政治体制、财政体制、经济发展水平也不相同，但在司法经费保障方面具有明显而共同的特点：既高度重视对司法部门的经费保障和投入，又十分重视经费投入及其使用的效益。具体体现在五个方面。

（一）根据各自司法体制的特点，形成了灵活多样的司法经费保障体制

1. 司法经费保障体制与司法体制相一致

英国的司法机构由中央一级管理，与此相适应，其法院、检察院、警察、安全、监狱等司法部门的经费主要由中央政府承担。其中，刑事司法系统的经费管理主要由宪法事务部、总检察长办公室和内政部三个部门负责。它们从财政部获得经费预算后，再直接向各检察院、警察局、监狱等分配经费，各个法院经费则由法院服务部通过其在各司法行政区设立的专门管理机构拨付。宪法事务部通过法律服务委员会向 11 个地区办公室分配法律援助经费。需要说明的是，在英国，由于历史上警察主要是为维护地方治安而产生的，按照法律虽然在业务上受内政部管辖，但实际上地方自主权极大，因此，它除了从中央获得大部分经费外，每年还从郡、区政府获得 20% 的经费（每年大约 20 亿英镑），这部分经费主要源于地方政府收取的居民房产税。民事法院的经费主要源于自身审理案件收取的诉讼费，中央财政基本不拨付经费。与实行由联邦和州两级管理的司法体制相适应，德国的司法经费保障实行由联邦和州两级负担的体制，联邦政府只负责联邦各法院、检察院、司法部、警察等司法机构的经费，所有监狱经费和州属司法部门、法院、检察院、警察等部门的经费均由各州负责。联邦和州内政部负责管理警察经费；联邦司法部负责管理联邦法院及检察院的经费，各州司法部管理各法院、检察院及监狱经费，劳工法院、社会法院等专门法院的经费则由劳工部、社会福利部等专门机构负责。与实行分级管理的司法体制相适应，美国的司法经费实行按司法部门隶属关系分别由联邦、州、县或市镇分级保障的体制。联邦司法系统的经费由联邦政府统一负担，各州法院的保障体制不尽一致，但多数采取由州财政统一保障的模式；地方检察官和警察主要由地方选举产生或组建，其经费分别由所属的州、县或市镇地方政府承担。虽然美国原则上对联邦和各州司法经费实行严格划分，但根据实际需要，联邦政府也会对州以及地方司法部门的执法活动进行一定补助。如在 2006 年联邦司法部预算中，专门用于补助地方司法机关开展"平安社区""反恐训练""地区间信息共享"等项目的经费约占其当年总预算的 10%。巴西的司法经费也实行按司法部门隶属关系

分别由联邦、州、地区和市镇分级保障的体制。联邦法院系统、检察院系统、警察系统的经费由联邦政府统一负担；地方法院、检察院和警察经费由相应的地方政府承担。

2. 司法经费保障体制与政府体制和财政体制不相一致

英国基本法和德国联邦基本法都明确划分了本国中央政府与地方政府的事权与财权。英国有中央、郡和区三级政府和三级财政，但对司法经费实行的是由中央政府一级保障的体制。根据《英国基本法》规定，英国将司法部门作为向全国所有个人提供具有以国家为整体考虑的集体性质的"公共劳务职能"与"资源配置职能""稳定经济职能"一起作为中央财政的三大职能之一而由中央政府予以保障其经费。德国联邦、州和市镇三级财政相对独立、自求平衡，但对司法部门的经费实行由联邦和州两级保障的体制。各州除了通过统一的财政平衡政策得到联邦给予州财政的转移支付资金外，联邦各司法部门均不能给州司法部门补助任何经费。美国与巴西都有联邦、州、县、市镇四级政府和财政，但对司法部门的经费实行两至四级保障的体制，如对法院的经费实行由联邦和州政府两级保障的模式，对检察院和警察机构的经费美国实行由联邦、州、县、市镇四级保障的模式，巴西实行由联邦、州、市镇三级保障的模式。

（二）高度重视司法部门经费投入，保证司法机关有效执法和公正司法

尽管各国都在不断地采取措施，努力控制公共支出，但四国都高度重视司法支出，并把它作为公共支出的重点予以保障。美国、巴西建立了比较健全的法制化财政保障制度，以立法的形式保证司法机关的经费来源，确保司法机关不因经费方面的问题影响执法和受控于其他机关和个人。巴西还在宪法中专门规定了法院、检察院等司法机构获得独立预算的权力，使司法在经济上有了强有力的保证。

1. 司法支出不仅规模较大，而且占公共支出的比重也较高

英国的司法支出近年来保持了较高的增长幅度。2004年，英国法院、检察院、警察、监狱等支出占中央政府公共支出的8.3%，年均增长6%，其中，警察开支比2000年实际增长（扣除通货膨胀）21%。2002年，英国政府公布了刑事司法系统改革白皮书，决定到2006年增加13万名警察，警察支出增加15亿英镑；在IT方面投入6亿英镑，监狱关押能力提高

18%，并增加投资改善犯人的学习设施和监狱卫生条件。德国司法支出主要集中在州一级政府，联邦司法支出占整个公共支出的比例较低，如联邦法院（剔除专门法院的支出）的预算占联邦预算不到1%；而各州都将维护本州范围的社会安全作为州政府的主要任务之一，其司法支出占州公共支出的较大比例，如各州法院支出约占州预算的3.5%。经济富裕的巴伐利亚州法院、检察、警察、监狱等司法支出占州公共支出的19.3%，经济比较贫困的柏林州占11.6%。美国2005年司法部所属各类联邦警察与联邦检察官经费支出就达250亿美元，占联邦政府财政预算的1.2%。"9·11"事件之后，为加强反恐力量建设，联邦政府不断加大了对相关执法部门的经费投入，其中联邦调查局的经费从2001年的33亿美元增加到2006年的57亿美元，增长73%。各州在财政预算中也非常重视增加对司法经费的投入，加利福尼亚州法院系统2004年预算达26亿美元，人均年支出达13万美元，远远高于其他机关。巴西司法经费在其财政支出中也占有较高比例，据巴西司法部官员介绍，其法院预算占全国经费预算总额的3.7%，在世界上属于较高水平。

2. 法官、检察官待遇很高

为了保证法官、检察官依法公正地履行职权，四国还制定了保证法官、检察官获得充足经济收入和物质待遇的制度。在美国，法官的收入居社会中上等水平，远高于一般政府公务员，其中各级联邦法院的法官年薪在13万至16万美元，州法院法官的年薪在6万至12万美元；检察官的收入与法官基本相同。在巴西，法官的工资也同样高于政府公务员，其中联邦最高法院大法官的月工资约为2.2万巴币，联邦检察长的工资与总统相同，都是每月1.4万巴币。

3. 人员支出占司法经费支出的绝大部分

在英国警察支出中，人员经费占83%。德国联邦司法部管理的经费中，人员经费约占70%；在巴伐利亚州的司法支出中（不包括警察支出），人员经费也达到了68.3%（包括养老金支出的19.1%），其余的主要是日常公用支出（8.5%），法律援助和鉴定支出（11.7%），囚犯支出（3.9%）；在柏林州的法院检察院支出中，人员经费占74%、日常公用支出占23.6%、建设性支出占2.4%。美国巴尔的摩市警察局2005年预算中用于工资支出占76.7%、医疗福利支出占15.4%。

　　（三）通过资源整合、司法改革等途径，努力节约司法成本，提高经费使用效益

　　英、德、美三国同属世界上经济发达的几个国家，司法经费投入水平高、经费保障充足。即使如此，各国都重视经费投入及其使用的效益。

　　1. 重视资源整合和共享

　　一是通过强化各部门之间的业务合作提高资金使用效率。英国政府鼓励各司法部门通过加强合作协调以提高工作效率、降低司法成本。在刑事司法系统，从地区到中央均成立了刑事司法委员会，统一协调警察、检察、审判、监狱、假释等各部门的工作。每个委员会年初要提交合作计划，制定体现效率的业务指标，并向社会公布；英国法院系统还成立了量刑指导委员会，目的是保证各法院量刑的一致性，使法官清楚量刑结果对监狱的影响，提倡判轻刑、短刑、罚金刑。英国财政部的官员认为，在整个司法系统，每一个部门作出的决定，都会引起其他部门工作成本的变化，因此，他们从预算角度进行控制，促使各相关部门都要考虑效益。二是实行资源共建、共享。英国由内政部统一投资建立刑事司法信息系统（也称案卷公助系统），在各司法部门间做到了案卷互换、信息共享。德国由内政部制定统一的信息系统建设标准，由各司法行政主管部门按标准组织实施。同时，各国都非常重视资源整合，巴伐利亚州原来有 80 个初级法院，为节约支出，提高效率，现已合并为 37 个，柏林州和勃伦登堡州的高等法院也于 2004 年实现了合并。美国巴尔的摩市成立了市长刑事司法办公室，负责协调不同部门、组织在打击刑事犯罪方面的合作，统一管理不同部门公共安全方面的经费，使用效益明显增强。

　　2. 以司法改革促进司法成本的降低

　　美国赋予了检察官对具体案件决定是否起诉的权力和进行"辩诉交易"的权力，如果检察官决定不起诉，法院、监狱等司法机构也就不再需要进入相应的司法程序，从而降低了司法成本。据介绍，美国大约 90% 的刑事案件都是通过辩诉交易结案的。巴西对审判制度作了重大改革，规定下级法院在审理案件时应当参照最高法院类似案件的判决结果，从而使一些案件的审理期限明显缩短，减轻了各级法院的工作量，也使法院的审判成本大大降低。德国柏林州司法部对法院管理权限进行改革，减少高级法

院的权限，将经费由司法部直接拨付到初级法院，既减少了经费拨付环节，又加大了基层法院的支出责任。

3. 效率和节约观念渗透在各部门的各项工作中

各国的司法部门都非常强调如何提高效益、节约开支的问题，并在实际工作中采取了许多有效的措施。一是要求各部门制定提高效率的计划。英国有专门人员受首相和财政部的委托，要求每个部门围绕提高效率做出本部门从 2004 年开始至 2007/2008 年度的计划，并在网站上公布，接受公众的监督。二是财务管理工作日益受到重视。在英国，司法部门之间的主要合作领域是在公共服务领域提出一些指标，现也逐渐体现在资金方面，例如，统一计算刑事司法系统的信息技术开支，审查 42 个地方刑事司法委员会如何更好地运用资金、提供工作。政府越来越强调在资金运用上的专业化，并且要求财务主管必须是部门最高领导层的人员。三是对与经费开支有关的工作都严格控制。对办公设备及有关装备的配备制定了严格的标准，不准突破。德国巴伐利亚州规定，一个法院只能有一辆公务用车，价格不得超过 3.2 万欧元，购置时还需要州高等法院批准；对每个公务员或法官办公设备的配置也有严格的规定；为了节约支出，甚至停发了雇员圣诞节的过节费和休假费。四是设施建设注重实用、节约。英德两国许多司法机关的房屋都是利用过去的建筑，不少都有上百年的历史。英国沃金治安法院建于 15 年前，但只有三个不大的法庭，日审理案件最多达 70 件。德国司法部官员告诉笔者，在法庭建设上没有统一要求，如果说要有标准的话，那就是健康和安全。

4. 对人员控制严格

由于人员支出占司法支出的绝大部分，因此，各国对人员经费的控制极为严格。如英国财政和司法行政主管部门在经费分配时，以工作量为依据，不与人员挂钩，各单位则依据获得的经费多少来决定雇佣的人数。德国规定单位每增一个人必须同时减一个人，并大量削减财政供养人员；对法官人数虽没有限制，但一个法院要增加一名法官必须有充分的理由，同时减少一定量的行政人员，总之工资总额不能增加，以维持支出的平衡。此外，每个单位增加人员必须经审计部门和上级主管部门的联合审查。根据德国联邦政府的要求，各单位都在削减人员，如到 2005 年，柏林州的雇员人数从 2001 年的 14.5 万人减少到 13.1 万人，裁减 1.4 万人、减少 10.7%。裁减人员的方式：一是退休后不再雇佣新人；二是提前退休，给予一次性补贴。

（四）效益的提高以规范健全的制度措施作保证

效益的提高不是部门与生俱来的自觉行为，而是制度和外部环境约束的结果。从考察的点点滴滴中，笔者发现四国从多环节、多方面对部门资金使用效益进行引导、控制和约束。

1. 预算编制环节

一是注重预算分配的成本和效益。在公共管理中引入企业管理机制已成为各国的一种共识，实践中也得到了广泛的应用。四国的司法行政部门在对下分配经费时，以案件数量决定经费，而不与人员编制挂钩。在分配警察经费时，综合考虑当地的面积、人口、失业、经济状况、交通、房屋类型、犯罪率等因素，计算单个工作的成本，以此决定各部门的经费预算。德国则研究在费用支出和实际工作效果之间建立一个平衡表，对具体的司法工作进行成本和效益分析。美国总统预算办公室设计了一套"预算项目评估分级体系"，专门用于对联邦政府各部门过去一年的预算执行情况进行效益评估，从而为今后审查预算提供参考依据。对经过评估证明没有取得应有效益的项目，在今后的预算中有可能会被取消。如在审查 2006年司法部预算时，总统根据评价结果，取消了被证明没有取得效益的项目，共计 12.89 亿美元。二是通过目标管理控制司法经费支出总量。英国由公共服务部门大臣与财政部长签订 3~5 年的《公共服务协议指标》，包括在有限的资金内犯罪率下降指标、案件审结指标、关押能力增加指标、法律援助指标等方面，所有指标都要公布。各司法部门根据经费总量自行安排采取何种措施完成所有工作任务，而不是每增加一件事情都要财政另行增加经费才能办理，资金不够也由各部门通过改进业务管理方式、减少人员等办法自行解决。三是预算编制有很强的计划性和严密性。英德两国都要求各部门先编制一个五年滚动实施的预算规划，在此基础上，英国要用两年时间编制一个为期三年的部门预算，德国则用 15 个月的时间编制为期两年的部门预算。在一个预算年度执行完成后，各部门可以根据情况对下一年度预算作些适当调整和补充，并报财政部、内阁和议会批准。美国的预算编报一般提前两年就开始进行。由于预算跨度大，预算编制每一阶段的工作都有具体的时间和程序规定，体现了西方国家预算编制的高度组织化、程式化。

2. 预算执行环节

预算执行以严格执行预算、节约支出、提高资金使用效益为核心。一是努力保持对预算执行的有效控制和约束。司法经费预算是整个日常支出的准绳，各部门开展工作完全取决于预算项目的有无和数额多少。预算执行中如果经费不足，一般只能通过内部调剂解决。人员经费基本上是定死的，公用经费虽然可以调剂，但对调剂的项目、调剂的幅度和调剂的权限都作了具体的规定，专款专用的项目根据经费数额大小规定了上下级单位间的使用权限。二是重视对预算执行情况的监督。英国对法律援助经费虽然实行按实拨付，但仍然需要编制预算，支出情况要接受审查，并通过招标确定参与法律援助的辩护律师。德国联邦各部委支出的账单都要送联邦审计署，由其抽样审查，对发生超支的单位则直接派人进行审计。在巴西，国会通过下设的审计法院对预算执行情况进行严密监督，如果发现预算资金使用不合法，项目取得的效益太差，审计法院可以对有关部门直接行使处罚权，或向国会提出有关建议，从而直接影响下一年度该部门的预算。三是财务分析和监督以绩效评价为核心。英德两国都非常重视司法经费使用情况的绩效评估，并建立了较为完整的绩效考核机制。对财务状况进行定期分析和评价已成为各司法行政主管部门的一项重要工作，几乎每个月都进行，并逐级上报。财务分析和评价不仅是为了掌握经费开支状况，更重要的是检查经费使用的效果。英国各个司法行政区域的地区主管办公室都专设了一名绩效经理，专门负责对辖区司法机关经费使用效果进行定期评估、考核。通过绩效评价可以使各司法机关对照绩效指标来改进工作、提高效率，社会和公众也可以依据绩效指标来树立对司法支出的价值认同。

3. 实施全方位监督体系

英德两国对司法部门资金的使用效益，实施了从单位内部到主管部门、财政部门、审计部门、议会以至社会等各方面在内的全方位监督体系。每个单位内部都有严格的对预算执行进行监控和绩效考核的管理运作程序；主管部门负有对单位的管理、监督责任，并在预算分配和执行环节实行严密的监管；财政部门通过预算、成本分析、绩效评价、与主管部门签订《公共服务协议》等形式对司法部门进行效益监督；审计部门对单位的支出账单可以随时进行抽查，对超支情况更要进行严格审计；各部门的年度预算、审计结果、绩效评价结果甚至增加编制都要报议会批准；经批准后的各部门预算、对单位支出的审计结果、部门提高效率计划等都要在网站上公布，接受全社会的监督。

（五）在严格规范管理的同时具有一定的灵活性

1. 收入管理

司法部门收入的管理，既严格实行收支分离，又实行分类管理、鼓励创收。在对罚没及规费收入的管理上，英德两国的做法有以下三个特点：一是收入支出严格分离。虽然英国的民事法院主要是以收费来保证支出的，但每年仍然需要编制收费预算，年初财政部根据民事法院的收费预算垫付支出，法院取得收入后再归还财政部。二是分类管理。对各司法部门取得的各项收入，政府和财政部门区别不同情况，实行分类管理。如罚没收入一般都要上交财政，但在英国没收罪犯财产的收入在一定限额内是由内务部保留的，每年约5000万英镑；警察为球赛等活动提供安全保护所取得的收入也由各警察厅留用，不需要上交财政（每年4亿英镑）。三是鼓励创收。两国都制定了相应的激励措施，鼓励各司法部门创收。英国民事法院的收费如果低于年初编制的预算，则会影响下一年度法院的经费支出；在对犯人的判决中，刑事法院更愿意选择罚款方式。德国巴伐利亚州的各个监狱都致力于让囚犯多劳动，以增加监狱收入，同时规定：100万欧元以内的收入由各监狱自己留用，超过100万元部分，90%上交财政，10%留用。

2. 资金使用管理

预算资金在严格规定用途下可以适当调整，体现了严肃性与灵活性的有机结合。一是允许基层单位对不同项目间的经费进行调剂使用。各国都制定了一系列的规则、制度，以保证预算执行中的灵活性，避免管理过于僵化而产生的负面效应。如除人员经费和专项经费必须专用外，英国对警察部门的经费支出没有硬性的限制，而只注重经费使用所取得的效益；德国预算管理经历了从细到粗的改革，对日常运转经费使用给予了基层单位一定的自主权；美国和巴西两国规定，对于不同预算项目，经财政部审批，可以进行适当调剂。二是改进对经费结余的管理。英德两国从以前规定当年经费当年用完、结余上交的做法，改为结余的经费可以留用，而且不影响下一年度的预算，以鼓励节约。巴西要求结余资金原则上应当退回国库，但实践中为了防止突击花钱的现象，也允许司法部门将结余资金用于法律允许的其他项目。三是允许主管部门预留机动经费。为了解决预算执行中的各种不确定增支因素，英德两国的司法行政部门都按预算的一定比例预留机动经费，如德国一般按预算的 2% ~5% 预留。

3. 预算分配管理

英、德两国以及不同的司法行政主管部门对预算资金的分配级次灵活多样，管理方式不尽相同。有的由财政部门分配到主管部门，再由主管部门分配到基层单位；有的则由财政部门直接分配到基层单位。如英国的警察经费由财政部统一核拨到内政部，再由内政部分配到所属的各警察厅；但在德国，人员经费由财政部门直接发放，其他经费由财政部通过主管部门分配。部门负责分配时也有不同情况，一般是将日常公用经费、小额房屋维修和采购经费分配到各基层单位，但信息系统建设经费、一定数额以上的建筑维修、大的采购合同都由各司法行政主管部门直接掌握。

三、几点启示和建议

笔者认为，英、德、美、巴四国司法经费保障和经费管理方面的经验与做法，可以帮助我们不断创新思路、改进方法，努力提高司法经费的使用效益，更好地服务于司法工作和司法改革。同时，对建立符合我国国情的高效的司法经费保障机制也具有启迪意义。

（一）紧密结合我国司法体制特点，构建我国的司法经费保障体制

一国司法经费保障体制，不仅要以本国的财政体制为基础，而且应当符合其司法体制的要求和司法工作的客观规律。建立专门的司法经费保障体制是保障司法权正确行使的客观需要。从我国目前情况看，司法管理体制与行政管理体制相一致，各司法机关与行政机关实行统一的"分级管理、分级负担"的保障体制，因而未能体现出司法机关的权力属性。按照我国目前的司法体制，各级法院依法独立行使审判权，非依审判监督程序，不受上级法院或其他法院的干预；而检察机关的主要职能在于监督、维护国家法律的统一正确实施，法律赋予其上级检察机关领导下级检察机关的权力，形成上下一体的领导体制；公安机关由于其直接隶属于行政机关，其所行使的权力更具有浓厚的行政管理和地方化色彩。因此，经费保障要适应不同司法机关的特点，在模式选择上不搞"一刀切"。从各国情况看，一般也不存在一个所有司法机关完全统一的保障模式。

近年来，要求突破我国现行"分级管理、分级负担"的司法经费保障体制，将司法经费全部或者部分上收到中央或省级统一管理的建议，经常被司法界、学术界，甚至两会代表、委员提起；在实际工作中，中央与地方事权也常纠扯不清，中央对地方的司法专项补助项目也没有确定的范围，有的司法部门甚至将中央本级预算经费自行补助给地方，从而形成我国现行的司法经费保障体制既明确又模糊的局面。借鉴英、德、美、巴四国司法经费保障体制与司法体制相一致、而与政府体制和财政体制不相一致的经验，在今后改革我国司法保障体制的过程中，如何更好地把我国现行财政体制与司法体制紧密结合起来，真正建立起适合我国不同司法机关特点的灵活的经费保障体制，是一个值得深入探讨的问题。笔者认为，司法改革或政策调整必须保证司法部门执法的公正性和统一性，就经费保障体制而言，应该根据司法部门工作任务的特点，突破现行的政府机构设置和财政体制，作必要的调整，但前提是要对现行的司法体制先作出调整，在此基础上，重新划分中央与地方及地方政府间的事权财权，进而制定各司法部门的经费保障体制。具体设想为：如法院、检察院管理体制调整为中央和省两级管理，则法院、检察院的经费保障体制也随之由现行的四级政府保障调整为中央和省两级政府保障；对公安部门的经费保障体制基本维持现行四级管理和负担的方式，但对涉及国家全局性利益的公安工作，由中央财政根据工作量实行专项补助；对司法行政部门的经费仍实行现行四级保障的体制，对监狱经费和法律援助经费实行按隶属关系由中央和省两级分别保障的体制，对劳教经费实行市一级保障的体制。

（二）逐步实现司法经费保障的制度化

党的十六大强调社会主义司法制度必须保障在全社会实现公平和正义，而司法权的行使需要有稳定的经费保障做基础，因此，司法保障的制度化，是法治现代化的一个重要方面。司法保障制度化的意义，就在于为司法机关提高司法能力提供必要的物质基础。在现行司法经费保障体制下，要着重从三个方面予以规范。

1. 切实加大各级政府对司法部门的经费投入

一方面，各级政府应按照"分级管理、分级负担"的司法经费保障体制，根据有关司法经费保障政策的要求，切实负起保障责任。要充分考虑司法机关的合理需要，保障司法机关的正常运转和执法活动的正常进行。

另一方面，中央仍需加大对司法部门的专项补助力度。从目前基层司法部门的实际看，县乡财政困难问题也体现在司法部门的经费保障上，尤其是贫困地区，资金供需矛盾更为突出。如果都依靠一般性转移支付由地方财政安排司法经费，恐事与愿违，起不到应有的作用。因此，在一个较长的时期内中央财政仍应通过专项补助的方式加大对地方司法机关的支持，切实解决基层司法部门的突出问题，同时对各级政府的支出也可以起到明显的政策导向作用。

2. 推动制定经费保障标准工作，为解决基层司法机关经费困难提供有效依据

中央财政和主管部门要提出制定日常经费保障标准的原则意见，指导各省制定各类司法部门的经费标准，使经费保障有据可依；省级财政和主管部门要制定县级司法部门的具体分类保障经费标准，并监督实施；县级财政部门要按照省里制定的标准供给司法部门经费，切实保障司法部门履行职能的经费需要。

3. 建立激励约束机制，推动地方各级政府增加对司法机关的投入

为防止地方财政、司法部门对中央补助专款的依赖性，避免中央专款的"挤出效应"，要进一步研究提出以中央专项补助为导向的激励和约束机制，推动地方各级政府共同增加对司法机关，尤其是贫困地区基层司法机关的经费投入，全面提高司法机关的经费保障水平。一是加大以奖代补力度。要对目前中央政法补助专款分配方式和因素进行调整，突出对地方司法经费投入自身努力程度高、司法部门工作实绩突出、专款管理水平高的地区的奖励，扩大专款总额中主观努力程度因素的比重，逐步提高到60%以上。二是建立对地方司法部门经费投入状况的考核制度。充分运用好 2004 年开始建立的司法部门基本情况统计报表数据，每年对地方各级司法部门的经费支出状况进行准确考核，为建立中央专款分配的激励约束机制提供科学依据。

（三）增强效益观念，切实提高司法经费使用管理水平

目前我国的司法经费保障工作，一方面存在经费不足的困难，另一方面存在使用经费效益不高的现象。我国是一个发展中国家，完全靠增加投入来解决司法经费保障的困难，会受到多方面的制约，也是不现实的。因此，我们尤其要重视司法经费的管理，提高资金使用效益，用更少的钱办

更多的事，从内涵上提高司法经费的保障水平。

1. 继续推进司法部门设施共建资源共享工作

从公安到检察院、法院、监狱，各司法部门在业务流程上构成了一个有机的整体，它们在资源配置上有许多相同之处，特别是在信息资源方面。因此，要对司法设施和装备进行合理配置，尽可能实行共建共享，以减少重复投资，提高公共资金使用效益。司法设施共建应从中央部门做起，自上而下地开展。可以成立由中央政法委牵头，财政、发改委以及各司法部门参加的共建工作领导小组，研究制定各司法部门之间及其内部开展共建的政策和项目类型，制定司法部门信息通讯系统建设统一标准，各部门和地方都要按政策和统一标准组织实施，财政和发改部门在安排资金时也要鼓励和支持共建。

2. 研究设计提高工作效率、降低司法成本的制度框架，促进司法事业科学发展

应当主要从机构设置管理、人员编制管理、业绩评价、经费投入和预算核定等方面寻求科学合理的方式，促进部门尽可能通过有效整合现有资源完成新的工作任务，走内涵式发展道路。同时，在改革各司法部门职责设置和司法执法方式方面，既要保证各部门在执法过程中的独立公正，又要考虑某一部门执法对其他部门的影响。在降低司法成本制度的设计上，要积极吸收国外司法部门好的做法，以提高司法资源的整体利用率。

3. 综合研究制定涉及经费投入方面的政策

目前，我国各司法部门设备和设施闲置等利用率不高的问题还比较严重。因此，中央各司法部门要转变工作思路，应从原来管理型、指令型机关转变为服务型、指导型机关。在制定建设和装备标准时，一要切实可行、满足需要；二要以指导性意见为主、慎重规定具体标准；三要充分发挥省级司法及相关部门接近基层、了解实际的优势，将制定具体标准的任务落实到基层。司法机构的设置应充分论证、科学规划、合理布局，并报经人大审议批准，一旦确定不宜随意改变。要加强部门之间配合，规范行政管理程序，司法部门的设施装备建设和机构的设置等，要与发改、财政、人事等有关部门协商，充分征求和听取意见。

4. 加强对人员编制和进人环节的管理和控制

严格控制编制是节约支出的有效途径，借鉴德国的做法，笔者认为，一是应对我国司法部门人员编制实行更严格的管理政策和程序，建立编制

部门与财政部门之间的固定协作机制，即由目前的部门提出申请、编办一家审批，改为编办与财政部门共同审核研究提出意见，报人大审议批准的办法，以严格和规范编制管理。二是对司法部门编制仍实行由中央统一管理的政策。对司法部门及系统的总编制和增加编制情况，应报全国人大审议批准，再由中央编制部门和主管部门分解下达到各级司法部门。不允许地方各级政府擅自超编，搞地方政法编制。

5. 以促进效益提高为核心，健全各项管理制度

一是改进预算编制工作。如延长预算编制时间、改变财政预算年度起止时间，使预算工作与业务工作相衔接；编制五年滚动预算计划，使预算与部门业务规划相一致，增强预算工作的前瞻性，为科学编制年度预算奠定基础；建立目标管理预算核定体系，以激励各部门、各单位在一定的预算额度内充分发挥主观能动性，主动讲求效率，更好地完成工作任务。二是高度重视预算执行工作。尽快建立绩效评价机制，科学全面地评价各部门的经费使用对业务发展的效果，在绩效评价的基础上制定对部门进行激励和约束的绩效预算机制；建立使执行监督经常化的工作制度，强化对决算的监督，实行决算前的审计制度，将审计、评价、决算的结果向人大报告，强化人民代表的监督；对违规违法行为要依据相关法规追究责任；提高预算、审计、决算、评价结果的社会透明度，引入公众监督。三是推进司法行政管理改革，实现司法经费保障工作的专业化。党的十六大报告提出："改革司法机关的工作机制和人财物管理体制，逐步实现司法审判和检察同司法行政事务相分离。"根据我国现阶段情况，完全实现这一目标还需要较长的时间，目前可先在司法机关内部建立相对统一的司法行政管理系统，尽量弱化司法机关管理的行政化现象，同时对人员实行分类管理，配备具有专业知识的行政管理人员，提高经费管理水平。

（四）实事求是地制定经费管理政策

1. 制定切合实际的收入管理政策

目前，我国对司法部门的收入管理实行彻底的"收支两条线"政策，但在实际执行中问题较多，要么收入急剧减少，要么仍然挂钩或名义上不挂钩、实际上仍挂钩。究其原因，在强调政策统一性和严格性的同时，缺乏有效的激励性和约束性。因此，应在严格"收支两条线"政策的同时，建立必要的约束和激励机制，确保应收尽收。应区别收入类型，对收入实

行分类管理。对罚没收入实行收缴分离、全额上缴国库，收支彻底脱钩；对规费收入应每年编制收入预算，并视收入预算完成情况核定安排下年度项目经费，全额完成的正常安排，超收的按超收比例增加安排，减收的按减收比例减少安排。

2. 预算编制和执行应有一定的灵活性

目前，我国的预算编制要求从粗到细，增强了预算的严肃性。但由于编制时间短、与工作计划不衔接等原因，在预算执行中发生变化的可能性大。同时，预算编制要求细化到所有基层单位的所有项目，在资金有限的情况下，资金分散，不能集中发挥效益。笔者认为，预算管理政策的制定应本着符合实际需要、促进效益提高的原则。一是应充分考虑司法部门突发事件较多的情况，在细化预算的同时，给司法部门一定的自主权、灵活性，在预算中给司法部门另行安排一定的机动经费，或允许司法部门在年度预算中预留一定的机动经费。二是在具体管理上实行细粗结合、统分结合。装备性项目经费大部分直接落实到基层单位，维修性项目或部分装备项目经费可由部门在一定数额内根据基层单位的具体情况突出重点、集中安排、集中解决问题。但执行情况应受有效的监督、控制。

3. 妥善处理部门结余资金

结余资金过大一直是我国预算执行中的一个"顽症"，对结余资金的处理应分别不同的情况，采取不同的办法。其原则是应体现激励和鼓励政策，鼓励在支持业务工作正常完成的基础上节约资金。具体可采取：对因预算编制、审核不合理，或客观情况变化、终止执行原项目而形成的结余，应上缴财政或抵顶预算应安排的其他项目；对因部门加强管理、提高效益而节约了资金所形成的结余，应留单位自主安排一些应办的项目。

适应司法工作需要　改革经费保障体制[*]

随着我国民主与法制建设的逐步加强，司法改革的不断深入，现行司法经费保障体制的弊端也暴露得更加明显。特别是党的十六大提出司法审判和检察与司法行政事务相分离的要求后，改革的呼声愈益高涨，中华人民共和国全国人民代表大会和中国人民政治协商会议上许多代表和委员也连年提出建议，要求突破现行我国"分级管理、分级负担"的司法经费保障体制，将司法部门的经费全部或按经费支出的性质部分上收到中央或省级统一管理。根据多年来从事司法经费保障工作的情况，借鉴国外的先进经验，我们认为，对我国的司法经费保障体制进行改革势在必行。

一、改革司法经费保障体制的必要性

（一）现行司法管理体制及其经费保障体制未能体现司法权的权力属性和各司法机关的不同需求

司法经费保障体制，不仅要以本国的财政体制为基础，而且应当符合其司法体制的要求和司法工作的客观规律。建立合理的司法管理体制、进而建立与司法管理体制相一致的司法经费保障体制是保障司法权依法正确行使的客观需要。从我国目前情况看，由于受司法管理体制的限制，各司法机关与行政机关实行统一的"分级管理、分级负担"四级保障的经费保障体制，显然对司法机关的权力属性与保障特点考虑不够充分。另外，即使同属司法权的组成部分，不同司法机关因各自在权力内容、组织体系以及运行方式等方面的差异，在管理与保障方面也会产生出不同的需求。按

---

* 本文刊载于《中国财政》2006 年第 3 期。作者为贾新怡、唐虎梅，工作单位为财政部行政政法司。

照我国目前的司法体制，各级法院依法独立行使审判权，除依审判监督程序外，不受上级法院或其他法院的干预；而检察机关作为法律监督机关，其主要职能在于维护国家法律的统一正确实施，因此法律赋予其上级检察机关领导下级检察机关的权力，形成上下一体的领导体制；至于公安机关，由于其直接隶属于行政机关，其所行使的权力更具有浓厚的行政管理和地方化色彩。因此，针对不同司法机关的特点，采取不同的管理与保障模式，能够更好地适应不同司法机关的实际需求。

（二）现行司法经费保障体制未能划清中央与地方、地方各级政府间的财权事权关系

根据"分级管理、分级负担"的要求，现行体制似乎是明确的。但实际上，有的划分是不够科学的。在具体实践中，事权划分也不清晰，如监狱和劳教系统，有的由省一级管理，有的省市共同管理，还有的劳教完全由市一级管理。有些具体事务司法主管部门和地方认为是中央的事权，要求中央补助，而在实际操作中往往界定不清，有的给予补助、有的不予补助；有的司法部门认为地方确实办理了中央的事务或出于一些其他的目的而将中央本级预算经费自行补助给地方。因此，我国现行的司法经费保障体制是既明确又模糊的，很难说清某一事项是哪级的事权，是分两级还是三级甚至分四级负担。

（三）改革现行司法经费保障体制是适应司法工作的需要

随着改革开放的不断深入，国际国内形势的日益变化，当前我国正处在社会转型的复杂时期。司法机关在开展对敌斗争、维护国家安全和社会稳定、保障社会公平正义、促进改革发展、建设和谐社会方面发挥着愈益重要的作用，承担着越来越繁重的任务。这些任务的完成，需要一定的财力作支撑。近年来，中央财政也不断加大对地方专项补助力度并采取许多措施强化管理，取得了一定的成效，但由于各地管理意识和水平的差异以及基层财政困难等问题，一些地方对司法经费投入不足，一些地方无力投入，甚至出现了对中央的"专款依赖症"。因此，有必要对现行司法经费保障体制进行改革，理顺司法经费保障体制，分清事权财权，改变责任和能力不相称的问题，以进一步明确各级政府在司法经费保障上的责任，规范保障，不断加大对司法经费的投入和保障力度，保障司法部门履行职能

的合理经费需要。同时，通过落实保障责任，减少管理层次，也可以有效解决贫困地区基层司法部门的经费困难问题。

（四）改革现行司法经费保障体制可以为公正司法创造必要的条件

由于我国司法体制及其相应的司法经费保障体制实行中央、省、市、县四级管理的方式，加之一些地方、部门和人员法治意识不强，存在地方行政干预、办案质量和水平不稳定、司法成本高等问题，降低了全社会对司法公正的价值认同，削弱了司法权威。改革司法经费保障体制，可以优化人财物等方面的资源配置，提高不同地区间司法保障的均等化水平，稳定经济欠发达地区的司法干部队伍，使司法部门在执法过程中远离自身利益的追求，为公正司法创造必要的条件。

二、改革司法经费保障体制的总体思路

（一）以"分级管理、分级负担"原则为基础

根据现行我国司法部门经费实行"分级管理、分级负担"的要求，改革后的司法经费保障体制将仍与目前中央确定的司法经费保障体制的原则相一致，即司法部门仍实行由中央和地方分级管理，其经费也实行相应由中央和地方政府负担。至于管理和负担的级次则根据司法工作的特点和需要重新进行划分，经费保障体制根据重新划分后的司法部门管理级次重新确定。

（二）以财权与事权相统一原则为依据

改革司法经费保障体制应遵循财权与事权相一致的财政体制确定原则。一方面，司法的统一性、公平性，要求司法体制与政府体制相分离，由司法部门独立行使职权，因而，司法体制可以与政府体制及其财政体制不一致。另一方面，经费保障体制只有与事业管理体制相一致，才能实现财权与事权相统一的财政体制设计原则。根据司法工作的需要，对地方司法管理体制的事权进行调整后，作为财政体制中财权体现的司法经费保障体制也能作相应改变。

（三）以国外司法经费保障体制的实践为借鉴

从国外司法经费保障体制的实际看，虽然司法体制和司法机构设置不同，政治体制、财政体制也不相同，但在司法经费保障方面具有明显而共同的特点，即司法经费保障体制与政府体制和财政体制不相一致，而与司法体制相一致。这种经费保障体制为各国的司法经费保障提供了有效的制度保证。例如，英国有中央、郡和区三级政府和三级财政，但对司法经费实行的是由中央政府一级保障的体制；德国有联邦、州、专区、市县和乡镇三至五级政府，有联邦、州和市镇三级财政并要求相对独立、自求平衡，但司法部门的经费实行由联邦和州两级保障的体制；美国与巴西都有联邦、州、县（地区）、市镇四级政府和财政，但对司法部门的经费实行两至四级保障的体制，如对法院的经费实行由联邦和州政府两级保障的模式，对检察院和警察的经费，美国实行由联邦、州、县（地区）、市镇四级保障的模式，巴西实行由联邦、州、市镇三级保障的模式。从经费保障体制与司法体制情况看，尽管各国的政治制度不同，司法体制也不相同，但司法经费保障体制的特点却是相同的，即都是与本国的司法体制相一致的。英国的法院、检察院、警察、安全、监狱等司法部门的经费主要由中央政府承担，地方政府只负担20%的警察经费；德国的司法经费保障实行由联邦和州两级负担的体制，联邦政府只负责联邦各法院、检察院、司法部、警察等司法机构的经费，所有监狱经费和州属司法部门、法院、检察院、警察等部门的经费均由各州负责；美国和巴西的司法经费保障实行按司法部门隶属关系分别由联邦、州、县（地区）、市镇两至四级负担的体制。这些做法值得处于转型期的我国在设计改革方案时加以借鉴。

三、改革司法经费保障体制的具体建议

（一）调整司法管理体制

根据我国财权与事权相统一的财政体制确定原则，综观世界各国司法经费保障体制的实践，笔者认为，改革司法经费保障体制的前提是要对现行的司法体制先作出调整。为此，要根据司法工作的特点，按照公平与效率相结合的原则重新确定司法管理体制。具体设想，就是要将法院、检察院由目前的中央、省、市、县四级管理的体制改为由中央和省两级管理的

体制，并由两级人大选举产生和任命人员，人财物等各项管理工作也相应地改为中央和省两级管理；公安和司法部门的管理体制及人财物等管理体制仍基本维持现状。

（二）根据司法部门工作特点实行不同的经费保障体制

司法机关是国家的重要执法和司法部门，因此，在设计各项政策时应充分考虑其执法的统一性和公平性。就经费保障体制而言，应该随着司法管理体制改革、司法部门工作任务的特点和司法工作的需要作必要的调整。一是法院、检察院的管理体制如改为中央和省两级，经费保障体制则由现行的四级政府保障调整为中央和省两级政府保障。法院和检察院包括经费在内的各项司法行政工作，如果按照党的十六大提出的审判检察和司法行政事务相分离的要求，可以借鉴英德两国的做法由中央和省两级司法部门统一管理。但考虑到我国司法机构设置情况，职能在各部门之间的调整阻力很大，可以在现有格局下，由中央和省两级法院和检察院向两级财政部门统一申请经费，并负责向其下属法院和检察院分配和管理经费。二是对公安部门的经费保障体制基本维持现行四级管理和负担的方式，但对涉及国家全局性利益的公安工作，如出入境管理，国保，跨省区经侦、禁毒、反恐案件所需经费，由中央财政根据工作量实行专项补助，其余工作所需经费严格按管理体制分级保障；对目前存在的贫困地区基层公安部门的经费困难问题，通过加大和规范一般性转移支付解决。三是对司法行政部门的经费仍实行现行四级保障的体制，其中对法律援助经费，考虑到法律服务的公平性，可以实行由中央和省两级保障的体制；对监狱经费实行按监狱隶属关系由中央和省两级分别保障的体制；对劳教经费实行市一级保障的体制。

（三）改革其他相关工作

一是对法院、检察院系统的机构设置进行必要的调整，以优化资源配置，降低司法成本。可以借鉴英国划分司法行政区、按司法行政区设立司法机构的做法，中央一级法院、检察院仍按现状，省一级法院、检察院仍按现行各省级行政区划设置。同时，根据我国人口多、地域大的实际，在省以下设置一定数量的法院和检察院，作为省级下设机构。但不是按现行的行政区划设置，而应适当减少数量、相对集中设置。省高级法院下设置可以管辖几个市的中级法院；中级法院下设置可以管辖几个县（市）的初级（或称基层）法院；为方便百姓诉讼，县以下可以根据管辖地域、人口、案件情况开设少量巡回法庭。省检察院下设置可以管辖几个市的市级检察院，市级检察院下设置可以管辖几个县（市）的基层检察院。上述机构的设置可充分利用现有场所，只需减少，无需增加。当然，机构的调整必然带来人员的调整，这在短期会造成一定的波动。二是修改有关法律。将司法体制作上述调整，要修改《人民法院组织法》《人民检察院组织法》等相关法律的有关条款。在目前我国社会经济法律制度都在进行较大调整的形势下，为保证司法公正，对法院和检察院的管理体制和机构设置在法律上做部分调整是十分必要和可行的。

省以下法院财物统管改革的现状与展望[*]

党的十八届三中、四中全会对全面深化司法体制改革作出重大部署。省以下法院财物统管改革被中央确定为解决影响司法公正的体制机制性问题，与司法责任制改革、法院人员分类管理改革、法官职业保障改革一起列入司法体制四项基础性改革任务之一先行一步。2013 年 11 月，党的十八届三中全会作出的《中共中央关于全面深化改革若干重大问题的决定》明确提出了"改革司法管理体制，推动省以下地方法院、检察院人财物统一管理"的要求。之后，在中央层面于 2014 年陆续下发的关于深化司法体制改革的 3 个文件中提出了具体要求：一是研究建立省以下地方法院、检察院经费由省级政府财政部门统一管理机制；二是地方各级法院、检察院经费上收省级统一管理，保证办公经费、办案经费和人员收入不低于现有水平；三是省以下地方法院、检察院经费统一管理，要体现财政管理特点，发挥高级法院、省检察院了解下级单位情况的优势。自 2014 年以来，全国法院财物统管改革经过第一、二、三批试点，取得了一定的进展和成效，但也存在一些突出的问题，需要认真研究分析、切实加以解决。本文试就这一改革作系统分析探讨，提出相关思路和方案，以期对推动全国法院落实完成中央确定的财物统管改革任务有所裨益。

一、省以下法院财物统管改革的现状

2014 年 3 月，中央有关文件对省以下法院财物统管改革的进度和工作成果提出了明确要求，即 2014 年 10 月提出试点方案；2015 年 1 月开始试点，12 月总结试点经验，完善试点方案；2016 年 1 月扩大试点，12 月底

* 本文刊载于《法律适用》2018 年第 21 期（总第 414 期）。作者为唐虎梅，工作单位为最高人民法院司法行政装备管理局。此处略有删改。

前出台具体办法并组织实施，2017 年在全国全面推开。为此，中央提出了采取顶层设计和各地探索相结合的方式推进改革，实行三批试点的推进步骤，2014 年有 7 个省份进行第一批试点，2015 年扩大至其他 11 个省份进行第二批试点，2016 年内其余 13 个省份要全部作为第三批进行改革试点。按照中央倡导的对改革情况要对标、对表检查落实的精神，目前，省以下法院财物统管改革的现状主要有三个方面。

（一）财物统管改革有了一定的进展

根据对全国 31 个省（自治区、直辖市）、5 个计划单列市及新疆生产建设兵团共 37 个地区的全面统计梳理，省以下法院财物统管改革有了实质性推进，取得了一定的进展。

1. 改革试点进度

从时间进度看，2015 年改革的有 2 个省市（1 个省、1 个单列市），2016 年改革的有 6 个省份，2017 年改革的有 8 个省份，2018 年改革的有 9 个省市（8 个省份、1 个单列市），尚未改革的有 12 个省市（8 个省份、3 个单列市及兵团）。到 2017 年，已改革的地区共 16 个（15 个省份、1 个单列市）、占 43.24%；到 2018 年 5 月底，已改革的地区共 25 个（23 个省份、2 个单列市）、占 67.57%。

2. 改革试点程度

从推进程度看，截至 2018 年 5 月，已经全面推开改革的有 22 个省、市（20 个省份、2 个单列市），占 59.46%；进行部分试点改革的有 3 个省，占 8.11%；尚未开展改革的有 12 个区域（8 个省份、3 个单列市及兵团），占 32.43%。

3. 改革试点分布

从区域分布看，到 2017 年年底，在已改革的 16 个地区中，东部有 4 个、占其总数的 50%，中部有 6 个、占其总数的 37.5%，西部有 6 个、占其总数的 46.16%。截至 2018 年 5 月，在已经全面推开改革的 22 个地区中，东部有 5 个、占其总数的 62.5%，中部有 9 个、占其总数的 56.25%，西部有 8 个、占其总数的 61.54%；在部分改革的 3 个省份中，中部有 2 个、西部有 1 个；在未改革的 12 个地区中，东部有 3 个、中部有 5 个、西部有 4 个。

从以上推进情况可以看出，无论是按到 2017 年应全面实施改革的规定时间看，还是从到 2018 年已全面推开改革的进度看，在东、中、西部地区中，东部发达地区改革的比例都很高，分别为 50% 和 62.5%，高于全国平均 43.24% 和 59.46% 的进度。这充分说明，财物统管改革推进不顺畅的主要原因，不取决于经济发展状况，并不是人们想象的经济落后地区愿意改、经济发达地区不愿意改，关键在于重视程度、工作深度及推动力度。

（二）财物统管改革出现了不同的模式

目前，全国法院财物统管的模式多样，既有省级统管、又有市级统管。而在已全面推开省级统管的 21 个省份中，保障和管理模式也形式多样，出现了两种保障模式和三种管理模式。

1. 两种保障模式

第一种模式，省、市、县三级法院经费全部由省级财政保障，没有要求市县级财政承担保障责任。实行此模式的地区有 17 个（15 个省份、2 个单列市），其中东部 4 个（3 个直辖市、1 个单列市）、中部 8 个（7 个省份、1 个单列市）、西部 5 个省份。这种模式的优点是，真正意义上的省级统管，利于实现去地方化的改革初衷；不足之处是，一些法院高于省供给标准之外的经费未很好解决，中基层法院应急突发事项经费难以及时保障。第二种模式，省、市、县三级法院经费由省级财政保障为主，市县级财政保障为辅（主要保障地方性津补贴和聘用人员工资）。实行此模式的地区有 4 个，其中东部 1 个、中部 1 个、西部 2 个。这种模式的优点是，承认现实地区差距，发挥省和地方两个积极性，实事求是解决个人收入、编外人员经费问题，切实做到三个不降低，不失为是一种较好的过渡办法；不足之处是，未摆脱对市县地方政府的依赖，与改革初衷不符。在这两种保障模式中，实行由省级财政全部保障模式的地区居多，占 80.96%。这说明大部分省能够按照中央要求的层级落实改革后对法院的经费保障责任。

2. 三种管理模式

三种管理模式的共同做法是，省、市、县三级法院均作为省财政一级预算单位，经费全部由省级财政统一保障和安排。此外，三种管理模式的具体做法有差异。第一种模式，省级财政部门直接管理（"直管"模式）。即：经费预决算由三级法院独立编制，直接上报省财政部门；三级法院所有与省级职能部门对接事项，都由各级法院直接对接。实行此种模式的地区有 12 个省市（10 个省份、2 个单列市），其中东部 3 个（2 个直辖市、1

个单列市)、中部6个(5个省份、1个单列市)、西部3个省份。这种"直管"模式,完全由省级财政部门直接管理,省级法院没有任何责任。不足之处是,省级财政部门对法院系统业务不了解,纵向信息不对称,财政部门直管能力基础不足;同时,没有发挥高级法院了解下级法院的优势,省级财政部门管理难度很大,众多中基层法院遇到各种各样问题,难以找到省级财政部门及时解决。第二种模式,省级财政部门直接管理、省级高院协助管理("协管"模式)。即:三级法院一定数量的专项经费,省级高院可以向省级财政提出建议后,由省级财政下拨,日常财物工作由省级高院协助管理。经费预决算由三级法院独立编制,经省级高院对报表的合理性、规范性进行初审汇总后报省级财政部门审核;三级法院预算执行均纳入省级财政部门国库支付系统,由省级财政各部门按职责分工,审核完成法院资金收付;市、县法院日常财物管理工作由省级高院协助监管;三级法院所有与省级财政、省级发改委等职能部门协调对接事项,由省级高院负责统一对接。实行此种模式的地区有8个省份,其中东部2个、中部3个、西部3个。这种"协管"模式,与中央精神相吻合,切实落实了中央要求。不足之处是,省级高院只是起到沟通和协助的润滑作用,帮助上情下达,事事需要请示财政相关部门,管理效率有待提升。第三种模式,省级财政直接管理、委托省级高院进行管理("托管"模式)。即:三级法院财物统管事项由省级财政部门授权委托省级高院代为管理。实行此种模式的地区有1个,为西部省份。这种"托管"模式,与中央精神相吻合,切实落实了中央要求;同时,充分发挥高级法院作用,高级法院在经费安排、物质装备规划、计划、系统调剂等方面起到积极作用,不仅帮助财政部门把好关,更加规范化管理,还能实现全省域法院同步协调发展。不足之处是,省级法院现有的管理机构、人员难以胜任,需要大力加强。在这三种管理模式中,实行"直管"模式的地区居多,占57.15%;实行"协管"模式的地区占38.1%。

(三) 财物统管改革取得了很大成效

省以下法院财物统管改革从局部试点、到扩大试点,由于各地不断探索实践、努力攻坚克难,各级领导高度重视、建立畅通高效的工作机制、制定和完善配套制度、强化组织保障,统筹规范、纵深有效推进改革,取得了很大的成效。

1. 促进了司法体制改革稳步推进

一是财物统管改革，作为党的十八届三中全会提出的深化司法体制改革四项重要基础性改革之一，通过局部试点到不断推进，贯彻落实了党中央关于深化司法体制改革的重要决定。二是财物省级统管后，市、县两级法院经费不再依赖当地财政，保障责任主体的转变，有效降低了市、县法院受地方政府的干预度，体现了司法体制改革去除地方化的目标。三是财物统管改革，支持、保障了司法体制其他各项改革的稳步推进，特别是保障了法院人员工资收入实现了改革目标，司法改革增加的基本工资和绩效考核资金全部及时落实到位，保障了三级法院国家政策性人员收入及时、足额到位，避免了过去因市县财政困难导致政策所规定的人员收入长期拖欠问题；有的省财政还保障了因司法体制改革新增的任务经费，如湖北省财政保障了三级法院因司法改革新增的"雇员制"法院工作人员经费。

2. 初步建立了省级统一管理的法院经费体制

一是财物统管改革有利于三级法院财物管理事项的统筹研究。法院系统有着自己独特的工作任务和要求，统管后法院对工作中出现的问题统一研究、统一谋划、统一解决，既节约了成本，又符合司法规律。二是统管改革后，三级法院统一的财物管理平台，如预决算系统、国库支付系统等，已成为法院系统财物统管工作的一个有力抓手，促进了法院各项经费、装备配备及设施建设的标准化。三是统管改革后，能充分发挥省高院了解下级法院工作特点的优势，集中资金紧密结合法院中心工作，自上而下统一部署配置，着重解决中基层法院信息化、"两庭"等重点项目建设以及大要案、突发性事项经费，及时、有力保障了法院系统重点工作的开展。

3. 基本实现了法院经费的精细化、科学化保障

一是财物统管后，无论从财力还是从经费保障的规范性看，省级财政的保障渠道更稳定，法院资金年初预算到位率达到近100%，增强了资金的可预见性，便于统筹规划管理。二是财物统管后，经费收支彻底脱钩，既完全落实了20多年来中央提出的要求，又规范合理保障了法院各项工作的开展。三是按照中央提出的财物省级统管改革要保证办公经费、办案经费和人员收入不低于现有水平的要求，全国已全部完成财物统管改革的22个地区法院经费基本达到了"保高托低"，保障水平都得到了不同程度提升。以已改革法院改革后3年（2015～2017年）与改革前3年（2012～

2014 年）年均经费支出增长比较，改革后为 18.26%，比改革前的
10.58% 高出 7.68 个百分点。其中，公用经费改革后为 9.13%，比改革前
的 6.2% 高出 2.93 个百分点；办案经费改革后为 13%，比改革前的 6.16%
高出 6.84 个百分点；人员经费改革后为 22.97%，比改革前的 14.31% 高
出 8.66 个百分点。

4. 有效促进了法院各项工作的规范化、制度化

一是财物统管后，经费保障来源稳定，一些法律明文禁止的行为，如
争案源、拉赞助等现象得到了有效遏制，提高了司法公信力。二是财物统
管后，财物管理更加严格、规范、透明，经费支出必须有预算，无预算则
无支出，有效约束了法院领导在经济活动中对权力的滥用、错用行为。三
是财物统管后，部门预算情况、资金使用情况等都必须按期公开，强化了
法院各部门和干警的预算意识和廉政意识。四是财物统管后，资金收付、
政府采购、银行账户、资产管理、非税收入票据等各项财务活动都统一至
省级管理，为法院财务工作创造了良好的基础和环境，也倒逼了法院必须
提高自身财物管理水平，以适应统管改革。

二、省以下法院财物统管改革存在的问题

经过深入系统调研、全面梳理分析，笔者认为，在省以下法院财物统
管改革工作中存在一些突出的困难和问题，需要引起高度重视。

（一）财物统管改革进展缓慢，对全国法院经费保障和管理造成了困难

目前，在党的十八届三中全会确定的深化司法体制改革四项重要根本
性改革任务中，司法责任制、司法人员分类管理、司法职业保障三项改革
均已在全国范围内全面推进落实，而省以下法院财物统管改革从推进情况
看，虽然各试点省市作了大胆尝试，但因改革任务艰巨、涉及问题多、困
难多，需要省级财政牵头，发展改革、人社、国土、住建等部门共同协同
配合。由于中央没有明确推进改革时间表，致使不少省市持观望心态，改
革进展缓慢，停滞不前，个别省份甚至出现反复和倒退。如有个省已确定
在 8 个法院进行试点，2016 年 6 月 1 日正式上划省级，9 月 18 日即发文划
回地方，仅实际运行 4 个月后又退回原点；有个省会城市两级法院从 2018

年1月1日起退出已实行了两年的省级统管模式，改为市级统管；有个省于2018年6月1日正式发文明确，将已从2018年1月1日起上收省级统管的改革改变为从8月1日起，统一调整为市级统管。按照中央规定要求，财物统管改革应于2017年在全国全面推开，而实际推进进度大大慢于规定的时间要求，到2017年，有56.76%的地区未进行改革；到2018年上半年，已在全省范围内全面推开省级统管改革的仅有21个地区、占56.76%，未改革及未全面推开的地区比例很高，超过了40%。改革进展缓慢，导致全国法院经费体制不统一，相关保障和管理政策难以出台、出台难以落实，在改革进展不同的地区出现了不同的困难和问题。

1. 全面统管改革地区

在已经全面推开统管改革的地区，面临着急需解决的深层次问题。一是省级无法逾越的问题，如统管模式、保障责任划分、保障机构加强、车辆编制、投资保障机制调整、建设造价、中央加大投入等，急需中央层面制定统一的政策、措施。二是省级层面财物统管政策、制度完善问题，包括保障标准、管理制度，省级与市县级保障、管理（采购、资产报废等）责任界定，法院管理基础能力（财务管理机构设置、人员数量及素质）等问题。三是工作协同问题，包括省级部门之间的协同，省与市县之间的协同，与财物相关的改革内容、步骤之间的协调推进，财物统管常态化、长效化工作机制建立等问题。四是省级财政对法院经费、投资的持续保障问题，包括保障能力够不够及努力程度够不够的问题。

2. 部分统管改革试点地区

在开展财物统管改革部分试点的地区，出现了改革还要不要推进的问题。一是试而不推、停滞不前。在至今仍未实行统管改革的12个地区中，实际上有4个省在2016年及2017年期间，已经进行了局部试点，但在2018年正式统计情况时又不试不改了。二是保障不平衡矛盾较为突出。在部分试点省份，对法院审判执行各项工作要求全省一致，而在经费保障、干警收入待遇上，只有少量试点法院享受省级政策，水平大都高于非试点地区，给法院之间造成较大的矛盾。三是相关部门对改革准备不足，等待观望。实行财物统管改革部分试点的省份，虽然按照要求从不同的职能角度支持了试点，但对下一步改与不改、怎么改，乃至投与不投、管与不管等方面，都出现了较大的问题，等待观望思想较为严重。

3. 尚未统管改革地区

在尚未推进财物统管改革的地区,经费保障力度受到明显影响。一是经费增长乏力。因体制、政策的不确定性,大多数尚未改革的省、市、县级政府部门因担心给法院安排的经费多会随时因体制调整而将本级的经费基数上划到省级财政,从而减少对法院的经费投入。据统计,全国法院2015~2017年经费支出年均增长17.46%,已统管地区为18.26%,增幅最高;未统管地区为16.70%,增幅低于统管地区;部分统管地区为15.06%,增幅最低。特别值得注意的是,业务装备经费,已统管地区为20.11%,远远高于部分统管(4.34%)和未统管的地区(4.82%)。可见,实行统管后,经费保障责任明确,除了"保吃饭"外,法院事业发展所需经费也得到了规范合理的保障。相反地,在部分统管的地区,由于保障责任主体预期不确定,经费增长总量最低,特别是除了人员经费因必须兑现落实法官工资改革政策而增长了22.04%与全国平均21.95%的增长水平接近外,办案业务经费(2.40%)及业务装备经费(4.82%)远低于已统管地区13.00%及20.11%的水平。二是"两庭"建设工作停顿。由于有的地方政府认为法院很快要上划省级保障,当地不予立项、也不予投入了,市县法院"两庭"建设处于停顿状态。从全国法院基础设施建设经费的变化看,改革前三年的2014年与2012年相比,增幅很高,达40.47%;改革后三年的2017年与2015年相比,却大幅降低,到了-13.19%。虽然有中央停止楼堂馆所建设政策调整因素的影响,但更多的是改革的不确定因素所致。如:同期比较,已统管地区降幅最低,为-5.86%;部分统管地区降幅最高,为-45.48%;未统管地区降幅为-15.24%,比统管地区降幅高2.6倍。

(二)财物统管模式多样化且偏离了要求,困扰改革持续有效推进

当前,全国法院在推进省以下法院财物统管改革过程中,出现了多种模式,而且偏离了规定要求。一是从统管方式看,出现了变异走形。2014年中央有关文件明确提出"地方各级法院、检察院经费上收省级统一管理"。而从已经实际改革的省份看,既有省级统管,又有市级统管。二是从保障方式看,出现了责任下移。在改革伊始,中央明确提出,地方各级人民法院和专门人民法院的经费"由省级财政统筹,中央财政保障部分经费"。而实际情况是,有省级财政全额保障、省级财政和地方财政共同保

障、市级财政保障3种模式，中央财政责任未落实，市级财政仍承担了保障责任；在未统管的12个地区，仍由市县级财政承担主要保障责任。三是从经费管理模式看，未能发挥改革主体的作用。中央提出法院、检察院是司法改革的责任主体，并明确要求，省以下地方法院经费统一管理，要体现财政管理特点，发挥高级法院了解下级法院情况的优势。而实际情况是，各地改革中实行的"直管""协管""托管"三种模式，都充分体现了财政管理特点，但未能很好地发挥作为改革主体的省级法院的作用，特别是"直管"模式，完全脱离开高级法院，不利于全省法院工作"一盘棋"，统筹规划部署、落实统一要求，全面完成全省乃至全国审判执行工作任务。由于统管方式、保障方式及管理模式的复杂多样，而且与规定要求有较大差距，执行效果也有较大差距，各地始终是"摸着石头过河"，没有一个被全国一致认可的模式，致使各省在推进财物统管改革时瞻前顾后，困扰改革持续有效推进。

（三）财物统管政策基础缺乏，出现了改革"瓶颈"

财物统管改革是一项政策性、综合性、专业性很强的工作。由于政策基础缺乏出现了改革瓶颈。一是工作基础不扎实。财物统管后，高、中、基层法院全部作为省级财政部门一级预算单位。但省级财政等部门面对全省市县级法院、检察院共300～400个新增的一级预算单位，能力不足，难以进行有效管理，以致由于基础不扎实，管理工作出现弱化。二是管理权责不清晰。财物统管后，高、中、基层法院均为省财政一级预算单位，在预算管理方面是平级单位，相互间按预算管理权限是同级的，无管理和被管理关系。但实际工作中，无论是何种管理模式，省财政等部门让省高院承担大量的协助管理职责，在财物统管改革涉及的财政、发展改革、法院等部门之间的职责分工没有明确界限，又缺乏配套的指导意见和措施，造成职责定位不清，任务关系不明，工作运行不顺畅，无法形成合力，一些工作出现了改革"瓶颈"。三是中央政策不明确。财物统管改革实施以来，在中央层面一直没有完整、系统、全面的顶层设计方案进行指导，在财物统管模式以及经费保障的原则、方式、标准、责任等方面没有规范统一的要求。目前在全省范围内推开法院财物统管改革的省，都出台了财物统管改革的实施方案或办法，但主要内容都不统一，对于一些重大、关键问题没有明确，各地做法也都不甚相同。由于没有具体规范和指导意见，各地在经费保障政策、"两庭"建设投资、基建债务化解、资产清产核资、管理运转机制等方面缺乏统一管理措施,对一些复杂问题中基层法院无所适从。

(四) 省级财政对法院经费保障不全面不足额问题凸显

按照财物统管改革的要求,省级财政应该全面足额保障市县级法院的经费。但是,由于政策制度不到位、体制责任不明确以及省级财力有困难等原因,财物统管后法院经费出现了新的困难和问题。

1. 财物统管改革后对地方财政仍有较重的依赖

在实行省级统管的 21 个地区中,有 4 个地区仍要求(或默许)市县财政保障人员经费中地方性奖励经费、聘用人员的部分工资福利待遇。此种方式在改革初期对解决改革阻力和现实问题有实际效果,但存在偏离改革初衷和目标价值的问题。

2. 经费保障长效机制尚未有效建立

一是法院公用经费未得到有效增长。近几年,法院案件量呈井喷式增长,而因受上划基数和财政预算控制数的影响,没有建立办案经费动态增长机制,增加的经费主要用于了人员,变相降低了办案业务和业务装备的经费保障水平。例如,2012 ~ 2014 年(改革前),全国法院年均公用经费增长 4.22%、案件受理量增长 4.41%,与案件量增长基本相适应;2015 ~ 2017 年(改革后),全国法院年均公用经费增长 12.17%、案件受理量增长 13.13%,与案件量增长有一定的差距。而且,在全国法院经费总额中,人员经费所占比重逐年上升,从 2014 年的 50.97%,上升到 2017 年的 57.15%;公用经费所占比重逐年下降,从 2014 年的 49.03%,下降到 2017 年的 42.85%。2017 年全国法院人员经费增速为 21.95%,高于公用经费增速 9.78 个百分点。二是没有根据司法体制改革需要,适当调增预算安排。如律师参与调解、信访、执行化解机制,刑事诉讼证人出庭作证,人民陪审员制度改革等均未能予以经费的增长。三是中央政法转移资金未随着办案量、办案成本的提高而加大,距离中央文件确定的保障要求差距加大,省级财政的保障压力相应加大。2009 年中央办公厅、国务院办公厅关于加强政法经费保障工作的意见要求,中央财政加大转移支付力度,对中西部地区法院办案业务经费和业务装备经费承担比例平均达到 50% 以上,最高可达 90% 以上。2010 年,中央政法转移支付资金占全国法院业务经费支出比重为 48.22%，占中西部地区法院业务经费支出比重为 56.2%，符合中央要求；到 2017 年，这两项经费支出比重分别下降到了 30.39% 和 37.87%，以致出现省级财政的持续保障能力不足的情况，急需中央支持。四是服务地方中心工作经费无预算保障。地方法院每年均需完成精确扶贫、基层对口帮扶、文明城市创建、慈善助残等服务于地方的中心工作，所需资金较大，但无法编入部门预算，只能挤占日常公用经费。

3. 基础设施建设面临困难与问题

改革后"两庭"建设困难加大，建设资金存在"硬缺口"更大。一是改革前，基础设施建设投资由中央、省和市县级政府按比例分担，改革后，市县级分担缺失部分未明确由谁负担，增大了"硬缺口"。二是中央投资建设资金使用范围小。"两庭"建设项目国家及省级配套资金只负责主体土建工程，而对设施装修、附属设施建设、室外绿化亮化、围墙等所需资金，未列入国家投资范畴，使"两庭"建设项目资金存在"硬缺口"。三是现行的"两庭"建设综合造价偏低，与实际造价之间存在较大差距。四是改革后地方政府以法院已上划省级保障为由，无偿划拨建设用地和减免规费比改革前更难落实。

4. 编外人员经费因缺乏政策依据无法落实

改革前，地方财政编制、地方事业编制、聘用制书记员、法警、驾驶员或劳务派遣制人员等办案辅助人员，均由当地财政资金保障或由当地财政通过非税收入返还（办案成本补偿）的方式进行了保障。改革后，这几类人员经费大都无法纳入财政预算，又缺乏其他解决渠道，只能靠挤占日常公用经费或办案业务经费自行解决，成为各级法院一个沉重的负担。

（五）法院财物部门管理能力与实际工作需要存在较大差距

财物省级统管后，法院财务人员工作极其繁重，且面临内设机构改革后弱化的风险。一方面，由于司法行政人员在法院总员额中的比例下降，财物管理机构和人员都要在内设机构改革中出现不同程度的精简，特别是基层法院没有独立的财物管理部门，财务人员素质不高、配备不足且聘用、兼职等问题突出。2017 年，全国法院财务人员平均每个法院有 3 人，编制外人员占 1/3（32.34%）、无职称人员占 75.31%、非会计专业占 37.92%、从事财务工作 5 年以下的占 43.81%、本科以下学历的占 14.65%。基层法院问题更加突出。另一方面，财物统管后高中级法院的财务指导监督职责越发重要，经费政策研究、财务统计汇总、业务上传下达、沟通协调等工作大幅度增加；中基层法院财务管理都要按省一级预算单位的标准统一规范，特别是预算法、新会计制度、政府采购法以及中央八项规定的实施，对财务人员都提出了更高要求，压力和责任倍增，法院管理能力和实际工作需要之间形成更大的反差，财务部门和人员亟须增配并加紧能力提升。

省以下法院财物统管改革在推进过程中存在的上述困难和问题，从客观上看，是由于此项改革涉及面广、政策性及专业性强、复杂程度高。在涉及面上，既涉及法院外部的党委及政府财政、发改、编制、住房、社保等多个职能部门，又涉及法院内部行装、人事、司改等部门；在政策方面，既需要改革经费、投资、人员类经费的政策，又需要对经费体制、保障责任进行改革，还需要对改革涉及的部门之间、上下级之间的管理职责进行界定；在专业性方面，既需要具有经济思维、精通财经业务政策制度，又需要了解法院工作实际和审判发展规律的各层级人员；在复杂程度上，一方面，既需要了解历史情况、又需要厘清现实状况、还需要对未来趋势有准确的分析判断；另一方面，既需要对经费本身大量具体情况清晰明了，又需要对与经费相关的人员、车辆、房屋、资产等情况全面掌握、统筹研究，协调难度确实很大。虽然由于财物统管改革是党的十八届三中全会确定的17项司法改革任务中最难的两项任务之一，改革出现一些问题在所难免，但毋庸讳言的是，在推进此项改革中存在改革认识不统一、配套政策不完善、协同机制不健全、统管能力有差距等思想和行动上的问题，需要进一步下大气力加以解决。

三、对推动省以下法院财物统管改革的展望

省以下法院财物统管改革从提出到推进四年多来的实践证明，改革十分必要，对于确保人民法院依法独立公正行使审判权、规范提高法院经费保障水平等具有重要作用；改革能够进行到底，有成功的实践，积累了十分重要宝贵的经验；改革中出现的问题，都是工作过程中的问题，虽有其复杂性、艰巨性，但能够通过更加艰苦细致的工作得到解决。结合当前推进司法体制综合配套改革的要求，笔者认为，可按照"坚定推、体制统、模式正、制度配、方式准、基础实"的思路，全面推进省以下地方法院财物统管改革。

（一）坚定不移推进财物统管改革

综合分析目前省以下法院财物统管改革推进缓慢甚至倒退、遇到许多困难和问题，关键是在改革中期，对改革的时间要求不明确、推进要求不一贯，把有些地方在推进改革中由于相关政策不配套、工作机制不协调、机构人员能力不足等改革工作过程中的问题，误解为改革方向和目标方面的问题，因而对是否要推进此项改革出现犹豫徘徊。有的地方因上级部门未坚持统一的改革时间要求，便不愿意费时费力搞改革。

省以下地方法院财物统管改革是党的十八届三中全会提出的深化司法体制改革四项重要基础性改革之一，是确保落实司法责任制改革的重要保障性改革。为确保人民法院依法独立公正行使审判权的宪法目标得以实现，必须坚定改革信心，统一思想，毫不动摇地推进改革。党的十九大报告明确提出要深化司法体制综合配套改革，全面落实司法责任制，努力让人民群众在每一个司法案件中感受到公平正义。在当前全面贯彻落实习近平新时代中国特色社会主义思想、坚持全面依法治国基本战略的新时期，更应该将省以下地方法院财物统管改革既作为党的十八大确定的未完成的改革任务，又作为党的十九大确定的司法体制综合配套改革的重要内容加快推进。为此，需要各级党委、政府相关职能部门及法院，统一思想、提高认识、增强信心，按照中央要求，不折不扣推进财物统管改革。特别是需要中央作出统一安排部署，在全国层面上提出改革政策和目标要求，明确时间进度表，在2019年实现在全国范围内全面推开省以下法院财物省级统管改革。

（二）尽快出台全国统一的法院经费保障体制

我国是单一制国家，为保障国家法律统一实施，自中华人民共和国成立以来，特别是改革开放以来，无论是实行"统一政策、分级管理、分级负担"，还是实行"明确责任、分类负担、全额保障、收支脱钩"，我国法院以及其他政法机关，都是实行全国统一的经费体制、保障政策。目前，由于省以下法院财物统管改革推进不统一，导致全国法院经费体制、保障政策不统一，实际存在省级统管、部分省级统管、市级统管和仍由市县本级管理四种不同的经费体制；在一省之内也存在省级统管和市、县管理两种体制。几种体制并存，在试点阶段的短期内可以尝试，但长此以往，将对法院的工作造成不利的影响。

省以下法院财物统管改革推进 4 年多，既有成功经验，又有可吸取的教训，中央层面应尽快总结、提炼，寻找规律，找到科学办法，研究确定全国统一的法院经费体制、保障原则、统管模式等政策措施，使此项改革工作有序推进，全国法院经费保障体制尽早确定，与改革相应的政策尽快落地，法院经费保障尽快走上科学化、规范化、制度化的轨道，为人民法院审判执行各项工作提供更加有力的支撑。

（三）研究确定科学正确的财物统管改革模式

法院财物管理模式受法院管理体制、财政体制及行政管理规律的影响。4 年来财物统管改革实践中上与下、统与分、进与退的情况说明，模式不合理、不科学，甚至因人为及临时因素而走"回头路"，改革不可持续，给法院财物保障直至审判工作造成不利的影响。

究竟何为财物统管改革的合理模式？至少应遵循两个原则，一是符合司法保障"去地方化"的改革初衷，二是符合行政管理层级化的规律。经过近年来持续不断深入研究，综合对已全面推开改革的 22 个省份及 3 个试点省份实际效果的比较分析，根据党的十八届三中全会决定和 2014 年中央层面 3 个文件的要求，笔者认为，省以下法院财物统管合理的改革模式应当是"省级统管、两级预算、两级保障"。省级统管，即省以下地方法院经费上划到省级财政统一保障；收取的诉讼费、罚金和没收的财产，以及追缴的赃款赃物等，统一上缴省级国库。省级部门对市县级法院财物管理的职责程序应该是，省级法院审核—省级相关部门会同（或授权）省级法院审批—省级法院组织实施—省级相关部门监督。两级预算，即省级法院为省财政的一级预算单位，市县法院为省财政的二级预算单位。计划单列市法院比照执行。两级保障，即省以下法院的经费由中央和省两级保障。其中，省级政府为保障责任主体，省级政府对于省以下法院预算安排的经常性支出，不得低于改革前实际水平，并建立随着案件数量及成本增加使经费正常增长的机制；中央财政不断加大投入力度，对业务性经费（即办案业务经费、业务装备经费、业务基础设施建设经费）给予一定比例的补助，补助比例采取分区域、分项目的方式。除法院建设用地及规费仍按中央政策要求由当地政府解决外，市县政府不再承担任何费用。即使要解决省内个人收入差异的问题，需由市县财政负担经费，也应通过省级财政与市县财政结算或上解的方式解决，而不应由市县法院直接向当地财政追要。在此基础上，建立科学严密、规范专业的财物统一管理运行监管体系，包括统一预算管理、调整国库收付方式、完善经费保障办法、规范基建投资、集中资产管理、加强经费监管等。同时，以强化法院系统管理为基础实行"省级统管"，以"预算制"为核心实现"两级预算"，以加大中央保障为支撑实施"两级保障"，使财物统管改革顺利推行，法院经费体制尽快落地生根。

（四）健全完善财物统管改革相关的配套制度

改革工作牵一发而动全身，财物统管改革工作更是与法院内部业务工作、上下级法院，特别是政府多个职能部门相互关联、紧密依靠，必须有健全完善的配套制度，才能协同推进、有效落实。在现阶段，应尽快制定出台"一主两支"的政策制度体系，即：以一个全国统一的财物统管改革顶层设计方案为主体框架，以与法院办案业务紧密相关的财物配置标准（包括经费、装备、建设、车辆等）及管理政策（包括财务、装备、建设、资产、采购等）为两个支撑，协同推进财物统管改革。

当前，在尽快出台财物统管顶层设计框架下，急需制定出台的具体标准制度有五类。一是最高人民法院应会同财政部，研究制定《进一步加强人民法院经费保障工作的意见》，加强各级人民法院经费预算管理，推动建立经费保障标准正常增长机制，实现人民法院各项经费全额保障。二是完善经费保障标准。进一步明确公用经费保障标准的范围，科学合理界定日常运行公用经费和办案业务经费的开支内容，建立法院办案业务经费成本核算体系，实现办公办案经费的科学保障。三是健全财务管理制度。按照内部控制管理制度的要求，进一步探索建立法院系统内部控制体系，研究制定下发《人民法院财务管理办法》，修订《人民法院诉讼费用管理办法》，保障诉讼费应收尽收、收支脱钩、及时足额退费。四是完善基础设施建设投资保障政策。根据实际情况核定基础设施建设投资保障范围和标准，明确各级政府投资保障责任，厘清基础设施建设项目申报审批工作程序，提高项目建设和管理水平。五是修订《人民法院基本业务装备配备指导标准》和《人民法院执法执勤用车配备使用管理办法》，确保人民法院业务装备配备有据、更新有序，满足业务工作发展需要。

（五）采取准确有效的财物统管改革推进方式

改革推进顺利与否，路径十分重要。总结与财物统管改革一并被党的十八届三中全会确定的其他三项司法改革任务顺利完成的经验，都是在一个司法改革总体框架下，每项改革都作为重大的专项改革工作，集最高人民法院及全国法院之力，集中时间、人力，逐项研究、逐个问题突破，形成全国统一的每项改革的文件规定，有的还制定下发了多个文件，对全国法院进行专项指导。反观财物统管改革 4 年多来，地方所能依据的仅是 4 年前中央发布的包含在司法改革各项工作部署中的几项原则要求，没有对财物统管改革制定过专项政策、提出过专门具体的要求，致使进展不一、模式多样、保障困难。

当前，财物统管改革进入关键时期。借鉴其他司法改革成功的经验，针对财物统管改革存在的突出问题，应尽快采取准确有效的方式，扎实推进改革。一是总结各地探索试点阶段经验，自上而下推进改革，不宜再由各地各行其是。二是改变将财物统管改革混杂在司法改革各项工作中的状况，专项安排部署、专业系统研究。三是打破部门分割，建立党委领导、政府主体职能部门牵头、相关职能部门及法院共同参加的多部门协同工作机制。为此，一方面，应由中央政法委领导、财政部牵头、国家发改委等相关职能部门配合、最高人民法院及最高人民检察院参加，组成中央层面的财物统管改革专门班子，统一思想认识、统一协调部署，在 2018 年年底前制定出台省以下法院、检察院财物统管改革顶层设计方案，重点对改革相关部门的组织、管理以及保障权责进行划分，对人事政策与保障政策协调对接等一些重大、关键问题进行中央决策，指导全国法院开展统管改革工作。另一方面，各级法院应主动作为，将财物统管改革列入重要议程，从原来的单项、独自、具体层面工作，上升为院级层面的工作，内部由职能部门牵头、相关部门参加，进行专业、协同工作，深入研究、先行提出具体方案争取被相关部门采纳，增加改革政策制定中的话语权，并发挥好对下级法院的指导、推动、督促作用。最高人民法院应充分履行作为全国法院司法行装管理最高领导部门的职责，作为全国法院改革的代言人和推动者，成立人民法院财物统管改革领导小组，由院领导直接负责，安排或抽调相关专业人员，集中精力研究拟定涉及财物统管改革的相关政策、制度、方案、建议，具体负责内外协调、实施推动等工作。

（六）夯实筑牢财物统管改革基础能力

基础不牢，地动山摇。由于财物统管改革的复杂性、艰巨性，更需要打牢各项基础。一是工作职能基础，建立财物统管改革外部及内部相关方畅通、高效的工作机制，初期可以实行联席会议制度，待改革方案确定、政策健全完善后，明确各部门职责、各负其责。二是财政能力基础，各省级财政应大力加强管理机构、人员及能力建设，以适应省以下法院财物统管改革后对新增加的法院及检察院各100～200个单位大量的保障和管理工作。三是法院能力基础。当前全国每个基层法院平均都管理着上千万元的资金，省以下法院财物统管改革后，每个省法院都要管理几十亿元、上百亿元的资金，财务工作效果好不好，将直接影响到法院审判执行业务工作和其他各项工作的保障程度，直接关系到法院事业的发展。因此，在财物统管改革中，夯实打牢法院能力基础尤为重要。

对于各级法院而言，一应大力提升对财务工作的重视程度。财务工作是人民法院司法行政工作的核心内容和司法保障最重要的基础工作。随着司法改革及国家各项改革的不断深化，人民法院案件增多、手段方式创新、设施更新需求加大，国家对各项工作保障规范化要求大大提高，财物统管改革对以经费、预算为核心和基础的法院保障工作特征更加明显，财务工作在人民法院各项工作中的地位更加重要。各级人民法院应站在人民法院整体工作的高度，充分认识加强新时代财务工作的极端重要性，进一步摆正财务工作的位置，立足于提高司法能力、建立公正高效权威的社会主义司法制度高度认识和谋划财务工作，强化和改进对财务工作的组织领导，积极营造良好的财务工作环境，为财务工作更好地发挥保障、支撑人民法院各项工作发展作用提供必要的条件。二应高度重视财物统管改革需要，按照提升财务构架层级、适应综合管理和保障龙头地位，强化对系统的管理指导、适应财物统管的需要，加强对预算编制管理、适应预算改革和系统财物统管改革需要，实行预算编制执行监督分离、利于相互制约监督及实施内部控制，管钱与花钱管物分离、利于实施规范管理及有效监督五项目标原则，根据不同层级法院财物管理职能，分层级、差别化设置财务组织机构。最高人民法院调整设立财务规划局、机关事务管理局，分别主要负责系统财物保障政策、规划、标准制定及实施、指导、监督与本级机关服务保障及财物管理工作。按照上述职能分工，高级法院对应设立财务规划局（副厅级）、机关事务管理处，中级法院设立财务科、机关事务管理科（或含在办公室），基层法院设立财务室、机关事务管理室（或含在办公室）。三应加强财务专业人员配备，应根据法院工作特点和内部控制规范要求引进、选拔财务专业人才。财务人员数量不得低于法院编制人数的3%，最少不少于2人。核心财务业务管理岗位不得购买社会化服务，确保资金安全。四应强化职业保障，进一步加强各种方式业务培训，为财务人员晋升提供专业化渠道，优化结构、激发活力，确保省以下地方法院财物统管改革后，各级法院能够接得住、管得了、管得好。

人民法院财务工作 40 年[*]

人民法院财务工作承担着法院经费保障和管理两大职责，是人民法院工作的重要组成部分。改革开放 40 年以来，随着我国政治、经济、社会变革的不断推进，财政体制和司法体制改革的不断深化，我国法院经费的保障和管理也经历了一个不断改革、调整、完善的过程，取得了重大的发展，为人民法院各项工作任务的顺利完成和司法体制改革的不断深化，发挥了十分重要的作用。

一、40 年法院财务工作的发展历程

法院财务，是法院在开展业务工作过程中的资金运动及其所体现的经济关系，主要涉及法院与政府、法院与财政、财务与业务、上下级法院财务之间四重关系。这四重关系可以从经费体制、经费收支、财务管理、财务改革四个方面得到具体体现，展示其发展历程。

（一）法院经费体制

经费体制是法院经费保障和管理的最基本制度。40 年来，法院经费体制经历了四个阶段改革，实行过四种体制、多种方式。

1. "统收统支"体制

1979 年前，法院经费实行"统收统支"的中央一级保障体制，即：各级法院的经费由中央财政按照统一的标准和方式，核拨至中央主管机关（司法行政机关或法院机关），再由中央主管机关拨付至各级法院。这种经费体制，是与这个时期我国实行高度集中的计划经济体制和"统收统支"

---

　* 本文刊载于《人民司法（应用）》2019 年第 22 期（总第 861 期）、第 25 期（总第 864 期）。作者为唐虎梅，工作单位为最高人民法院司法行政装备管理局。此处略有删改。

的财政体制相适应的。其特点如下：一是地方各级法院的经费，统一由中央财政核定；二是地方法院的经费，由中央主管机关按照中央财政部门确定的支出计划，直接拨付至各级法院。

2. "分级管理、分级负担"体制

1980 年至 2008 年的 28 年间，法院的经费逐步建立和实行了"分级管理、分级负担"的 4 级保障体制，即最高、高级、中级、县级法院的经费，按照其不同级次的行政隶属关系分别由中央、省、市和县级政府负担。这种经费体制，是与改革开放后我国财政体制改革为"分灶吃饭"体制和法院实行中央、省、市、县 4 级管理的行政体制相一致的。其特点如下：一是各级法院的各项经费由同级财政保障；二是在这一总体制下，法院经费保障方式发生过不同的变化。第一阶段，1980 年至 1997 年（17年），各级法院的经费保障与其他党政机关基本相同，由同级财政保障。这一阶段，尤其是 1984 年之前是人民法院经费最困难的时期。第二阶段，1998 年至 2008 年（11 年）。以中办发〔1998〕30 号文件为标志，实行了有别于一般党政机关的特殊政策，形成了以同级负担为主、中央和省级补助为辅的法院经费保障新格局，法院经费保障困难状况得到了较大程度的缓解。

3. "明确责任、分类负担、收支脱钩、全额保障"体制

2009 年至 2013 年的 5 年里，法院经费实行"明确责任、分类负担、收支脱钩、全额保障"的体制。主要内容有：（1）将法院经费改革为本级管理、上级分担部分下级经费的体制；（2）将法院经费划分七类，人员经费、日常运行公用经费、办公基础设施建设经费及各类基础设施维修经费由同级财政负担，办案业务经费、业务装备经费及业务基础设施建设经费由中央、省级和同级财政分区域按责任负担；（3）制定和完善业务装备配备与基础设施建设标准；（4）建立公用经费正常增长机制；（5）严格实行收支脱钩。

实行这种经费体制，是为落实 2007 年党的十七大提出的要"深化司法体制改革，优化司法职权配置，规范司法行为，建设公正高效权威的社会主义司法制度"，解决"分级管理、分级负担"的经费保障体制运行多年积累的一些突出矛盾和问题，以适应新时期司法事业发展的需要。其特点有两点：（1）以解决突出问题为导向，明确了各级政府的保障责任，加大了中央、省级财政对贫困、基层法院机关的保障力度，拓宽了经费保障

渠道，建立了分类保障、按标准保障、公用经费正常增长以及收支脱钩管理等机制；（2）有利于通过中央、省级的支持和市县自身努力，提高经费保障的总体水平，缩小上下之间和区域之间经费保障水平的差距，逐步缩小因经济发展水平不同而导致的法院经费保障的差异化问题，在全国法院全面实现全额保障、收支脱钩。

4. "省以下地方法院财物由省级统一管理"体制

2014 年至 2019 年的 5 年间，中央提出的法院经费体制是，"推动省以下地方法院、检察院人财物统一管理……研究建立省以下地方法院、检察院经费由省级政府财政部门统一管理机制。地方各级法院收取的诉讼费、罚金和没收的财产，以及地方法院、检察院追缴的赃款赃物等，统一上缴省级国库""地方各级人民法院、人民检察院和专门人民法院、人民检察院的经费由省级财政统筹，中央财政保障部分经费"。

实行这种经费体制，是为了贯彻落实党的十八届三中全会通过的《中共中央关于全面深化改革若干重大问题的决定》，解决影响司法公正、制约司法能力的体制性、机制性、保障性障碍，解决司法机关的人财物受制于地方，影响法制统一、损害司法权威的问题，确保依法独立公正行使审判权，破除司法地方化。此体制的特点在于：（1）保障级次，从市县同级上收至省级，责任主体发生了重大变化；（2）管理方式，市县级法院都作为省财政的一级预算单位，与省高院的预算地位平行，省高院对下级法院经费事务无直接管理权；（3）改革对象，与以往不同，此次经费体制改革，仅以法院、检察院为改革的对象，建立单独的法院检察院司法经费保障体制，不像以往将公安、司法部门一起作为政法机关为对象，改革政法经费保障体制；（4）管理要求，省级财政直接管理全省范围内的市县级数百家法院、检察院一级预算单位，对财政、法院的管理能力水平、政策制度、规范运行、资金安全等提出了前所未有的挑战和要求。

（二）法院经费收支

法院经费收支反映法院取得收入的形式、占有和消耗资源的水平。改革开放 40 年来，全国法院经费收支规模不断扩大、水平不断提高、结构变化很大。[①]

---

① 本部分数据均根据全国法院财务统计分析整理。

1. 法院经费收入

（1）经费收入总量。2017 年与 2008 年相比，全国法院经费收入总量增长 205.18%、年均增长 13.2%。一是从分阶段看，上一轮经费保障体制建立发展期的 5 年，即 2012 年比 2008 年，总量增长 59.94%、年均增长 12.46%；经费保障新旧体制转换期的 5 年，即 2017 年比 2013 年，总量增长 71.93%、年均增长 14.51%。二是从改革进展不同地区看，2017 年与 2015 年比较，已统管省份，总量增长 38.58%、年均增长 17.72%；未统管省份，总量增长 35.34%、年均增长 16.34%；部分统管省份，总量增长 33.14%、年均增长 15.39%。

（2）经费收入结构。一是从法院取得的财政拨款收入与预算外收入关系看，1998 年前，由于国家财政困难和当时鼓励各部门、各单位创收的政策，法院经费收入，特别是办案和基础设施建设经费在很大程度上来自法院的诉讼费和罚没收入；1998 年，中央关于政法机关停止经商办企业政策实行后，财政保障力度不断加大，诉讼费逐步纳入预算管理，法院经费收入主要来自财政拨款；2008 年后，国家对落实"收支两条线"规定要求更加严格，2008 年至 2010 年 3 年中每年预算外收入仅占法院收入的 2% 左右；自 2011 年开始，严格实行"收支两条线"管理，法院经费科目中不再有预算外收入的内容，经费全部来自财政拨款。二是从基本建设投入与法院经费收入的关系看，在法院经费总收入中，基本建设收入所占比重，2008 年为 7.24%，2010 年为 12.34%，2017 年为 4.67%。三是从中央、省级与市县各级投入的关系看，在法院经费收入中，中央、省级和市县同级所占比例，2008 年分别为 12.92%、2.84% 和 84.24%，2009 年分别为 17.06%、5.83% 和 77.11%，2017 年分别为 8.11%、26.32% 和 65.58%。

（3）经费收入水平。法院经费收入，无论是总量、还是年均增长，都远比财政收入高。国家财政收入，2017 年比 2008 年总量增长 181.37%、年均增长 12.18%。其中，前 5 年，即 2012 年比 2008 年，总量增长 91.18%、年均增长 17.59%；后 5 年，即 2017 年比 2013 年，总量增长 33.56%、年均增长 7.50%。法院经费收入与国家财政收入相比，2017 年比 2008 年，总量增长高 23.81 个百分点、年均增长高 1.02 个百分点。特别是后 5 年，即 2017 年比 2013 年，在财政收入增幅大大降低的情况下，国家对法院的经费投入仍大为提高，法院经费收入比财政收入总量增幅高 38.37 个百分点、年均增幅高 7.01 个百分点。

2. 法院经费支出

（1）经费支出总量。2017 年与 2008 年相比，全国法院经费支出，总量增长 196.18%、年均增长 12.82%。其中，前 5 年，即 2012 年比 2008 年，总量增长 56.36%、年均增长 11.82%；后 5 年，即 2017 年比 2013 年，总量增长 72.03%、年均增长 14.53%。

（2）经费支出结构。一是从人员、公用结构看，人员经费占比，从 1998 年的 34.15%、上升到 2008 年的 46.97% 和 2017 年的 57.15%；公用经费占比，从 1998 年的 63.74%，降低到 2008 年的 53.03% 和 2017 年的 42.85%。二是从项目支出结构看，日常运行公用经费，从 2008 年占 41.7%，降低到 2017 年的 35.86%；办案业务经费，从 2008 年占 22.76%，提高到 2017 年的 44.59%；业务装备经费，从 2008 年占 35.53%，降低到 2017 年的 19.56%。

（3）经费支出水平。一是从案费情况看，以 1998 年到 2017 年的 20 年间、1998 年到 2008 年的 10 年间及 2008 年到 2017 年的 10 年间 3 个阶段比较，受理案件量分别增长 129.72%、8.86% 和 111.02%；经费支出量分别增长 1131.58%、315.82% 和 196.19%。二是从人均支出经费总额看，从 1998 年的 3.08 万元、增加到 2008 年的 12.78 万元、2017 年的 33.46 万元，2017 年比 1998 年增长 9.86 倍，其中，前 10 年即 2008 年比 1998 年增长 314.79%，后 10 年即 2017 年比 2008 年增长 161.86%。三是从案均支出经费总额看，1998 年 0.1 万元、2008 年 0.38 万元、2017 年 0.53 万元，2017 年比 1998 年增长 4.3 倍，其中，前 10 年即 2008 年比 1998 年增长 281.97%、后 10 年即 2017 年比 2008 年增长 40.36%。

（三）法院财务管理

财务管理是法院财务中最经常、最大量、最基础的工作。各级法院通过实施有效的财务管理，及时取得各项收入、合理安排各项支出，保障法院审判执行各项工作顺利开展。

1. 财务管理内容

从法院财务管理内容看，一是通过接受政府财政、发展改革等部门的经费领报、管理和监督等工作，实现法院单位财务与政府部门之间的管理关系；二是通过执行行政类、政法类及法院类财务政策制度，实施对法院的经费管理、收费管理及着装、人员编制、机构设置、业务用房、车辆等与经费有关的各项管理；三是通过协调中央或省级财政、发改等部门，制定全国或全省统一的法院经费保障政策、标准、财务管理办法等，指导下级法院财务工作；四是通过争取中央政法转移支付资金，并与财政部门协调提供资金分配建议方案，支持帮助地方法院提高经费保障水平；五是通过调研、检查、培训、经费统计等手段，督促财务政策、资金在各级法院的落实。

2. 财务管理方式

从法院财务管理方式看，一是自 1985 年以来，通过制定出台 60 多件具有法院特性的专门财务制度，加强法院经费保障、规范财务管理；二是通过 2009 年召开的全国法院经费保障体制改革工作会议、2012 年召开的首次全国法院财务工作会议等全国性专门会议，对重大财务工作进行专题部署；三是自 2009 年以来，通过开展 26 项重大调查研究、4 项重大课题研究，将重大工作推动与开展基础性、前瞻性、理论性研究相结合，为改革发展提供前瞻性政策理论基础，推动法院财务工作上层次；四是 2009 年至 2018 年，连续 10 年，每年布置《人民法院财务统计报表》，加强财务统计分析，为领导决策、政策制定和管理监督提供翔实依据；五是 2012 年至 2018 年，连续 7 年，每年举办全国法院财务工作培训班，不断提高财务服务的素质能力；六是 2014 年、2018 年开展了两次全国法院司法行政装备优秀业务成果评选活动，鼓励财务人员深入研究思考，提高财务工作层次；七是 2017 年 8 月创立司法保障理论专业委员会，并开展了两届学术论坛，为财务人员提供研究交流平台。

3. 财务人员和机构

随着法院财务工作量的增加和国家财政预算改革的不断深入，法院财务人员和机构也得到了加强。一是全国法院财务人员总量，从 2012 年的7483 人，增加到 2017 年的 10 386 人，2017 年比 2012 年增长 38.79%；平均每个法院财务人员数量，从 2012 年的 2 人增加到 2017 年的 3 人。二是财务人员学历，以本科为主，占 82.3%；研究生学历占比提高，从 2012年的 1.71% 提高到 2017 年的 3.05%。三是财务人员结构，以行政编制人员为主，专职财务人员占比提高，从 2012 年的 77.55%，提高到 2017 年的 84.61%。四是全国地方法院财务机构数量，2017 年为 2897 个，比 2016年的 2218 个增长 30.61%；2017 年设置的财务机构占法院数量的比例为82.68%。五是最高人民法院 2009 年增设审计处、2015 年增设预算处，理顺了计划财务处、机关财务处的职责，实现了预算编制、执行、监督相分离。

（四）法院财务改革

法院财务既是法院各项改革的重要保障，也是促进规范法院工作的有效手段，还是改革的直接对象。就财务改革而言，随着国家政治经济体制及财政体制改革，法院财务工作与其他部门的工作一样，也经历了不断改革的过程，除与其他行政部门共有的改革，如实行部门预算、国库制度、行政经费定员定额、政府会计制度等改革外，还根据政法和法院财务工作的特点进行了几项特有的改革。

1. 全面实行"收支两条线"管理

对诉讼收费和罚没收入实行"收支两条线"管理改革，是自改革开放以来，特别是 2003 年前法院财务工作中十分重要的内容。这项改革，经历了从管理松弛到逐步严格、规范的过程。

（1）从收费和罚没收入总体管理改革情况看。1993 年前，各单位的行政性收费收入留归单位使用；罚没收入也要求上缴国库，但基本上也与单位直接挂钩，有的全额返还，有的部分返还。1993 年，中央文件要求，政法机关的行政性收费和罚没收入必须全部上缴财政，决不允许与本部门的经费划拨和职工的奖金、福利挂钩；行政性收费应作为国家财政收入，逐步纳入预算管理。1997 年国务院令规定，作出罚款的行政机关与收缴罚款的机构分离（"罚缴分离"），罚款必须全部上缴国库。1998 年，中央再次发布文件后，公检法部门的收费和罚没收入上缴财政专户和国库工作，才有了实质性的进展，"收支两条线"管理工作得到了较为全面地落实。

（2）从诉讼费用管理改革情况看。1989 年，法院诉讼费用实行统一收费以来，管理方式经历了四个阶段的改革变化。一是自收自支阶段（1989年至 1996 年），法院诉讼费自收自支，主要用于弥补办案业务经费不足；二是结余上交阶段（1996 年至 1999 年），法院收取的诉讼费用扣除必要的办案费用支出后，结余资金上交同级财政专户；三是纳入财政专户管理，全额返还阶段（1999 年至 2003 年），法院诉讼费用全额纳入财政专户，由财政部门作为"业务补助经费"全额核拨给法院使用；四是全额上缴国库，纳入预算管理阶段（2004 年至今）。2003 年 12 月，《人民法院诉讼费管理办法》规定："人民法院依法收取的诉讼费属于国家财政收入，按照国家财政管理的有关规定，全额上缴国库，纳入预算管理。"自此，从政策角度讲，用诉讼费收入弥补法院经费不足已成为历史。

2. 大力推进经费体制改革

（1）积极配合研究制定科学有效的政法经费保障体制。为适应深化司法体制改革要求，积极配合中央有关部门改革政法经费保障体制，于2009年、2011年制定下发《关于加强政法经费保障工作的意见》《关于印发政法经费分类保障办法的通知》《关于进一步加强地方政法基础设施建设规范投资保障机制的意见的通知》，提出了划分经费保障责任、实行分类保障政策、制定完善保障标准、建立正常增长机制、严格实行收支脱钩的政策要求，并逐步予以落实。

（2）主动努力推进省以下地方法院财物统管改革。2013年党的十八届三中全会决定"推进省以下地方法院财物统管改革"以来，最高人民法院财务部门提前研究提出方案，多次向上级部门报告，年年向下级法院推介，竭尽所能，大力推动改革。经过不懈努力争取，目前，全国54%的地方法院实行了省级统一保障管理的经费体制，并已将继续推进此项改革列入了中央全面深化改革委员会《关于政法领域全面深化改革的实施意见》《人民法院第五个五年改革纲要（2019-2023）》。

3. 制定积极的经费保障管理政策

（1）配合制定政法机关不再从事经商活动和实行"收支两条线"管理后的财政经费保障政策。积极配合财政部研究制定并于1998年12月由中央办公厅、国务院办公厅转发了《财政部关于政法机关不再从事经商活动和实行"收支两条线"管理后财政经费保障的若干意见》，该意见第一次以中央文件的形式专门对包括法院在内的政法机关经费保障管理工作提出全面、明确的要求和具体的措施。

（2）配合推进中央政法补助专款管理改革。为加强中央财政对地方政法部门补助专款的管理，自1999年到2001年的两年时间中，配合财政部对中央专款管理进行改革。一是制定《中央政法补助专款管理办法》，规范中央专款的管理和使用。二是制定拨款模式，采用"因素法"，规范中央专款的分配。三是制定《中央政法补助专款项目管理办法》，对中央专款实施项目管理，使中央政法补助专款的管理规范化、制度化、科学化，提高使用效益。

（3）积极争取安排中央补助人民法院办案专款。针对2006年国务院令第 481 号《诉讼收费交纳办法》发布实施后，诉讼费收入急剧下降对法院办案经费造成的困难，最高人民法院配合争取中央财政于 2007 年安排 40 亿元专款，并联合财政部制定管理办法，主要用于补助中基层法院办案经费，对保障人民法院审判任务完成发挥了巨大的作用。

（4）积极研究推动将法院经费保障列入新修订的《人民法院组织法》。抓住全国人大修订《人民法院组织法》的有利时机，从 2014 年开始，深入研究，反复探讨，起草拟定列入《人民法院组织法》的法院经费制度条款，努力争取实现法院经费从政策制度层面保障上升到法律层面保障。经过不懈努力，在 2018 年全国人大发布修订的《人民法院组织法》中，列明了专门经费条款，使人民法院组织法自 1979 年发布以来的 6 次修订中，第一次列明了经费保障条款。

二、40 年法院财务工作的基本特点

总结 40 年来人民法院财务工作发展的历程，在法院经费体制、经费收费、财务管理和财务改革几个方面都具有十分显著的特点。

（一）法院经费保障体制特点

1. 经费体制的确定应遵循经济社会发展及管理规律

2009 年之所以将"分级管理、分级负担"的体制，改革为"明确责任、分类负担、收支脱钩、全额保障"体制，就是因为旧体制已不符合新的经济社会发展状况。一方面，"分级管理、分级负担"的政法经费保障体制与当时财政体制的特征不一致，已难以适应健全公共财政体制的要求。突出体现在，地方各级政法机关不断增加的经费支出由地方分级负担，与 1994 年分税制财政体制改革后地方财力不断向中央集中的矛盾加大，地方财政困难，难以满足政法部门经费增加的需要。一则，政法机关是国家机器，这就要求"政府事、政府办"，政府财政要加大投入；二则，经济问题仅靠一般性的要求是难以快速解决的，如政法机关实行"收支两条线"政策，中央年年提要求，20 多年都解决不了，其根源是经费保障不到位；三则，财务的基础是财政，作为基础的财政体制早已变化，财务也必然要随之变化，才能确保工作顺畅。另一方面，"分级管理、分级负担"政法经费保障体制的支出责任与事权不相匹配，已难以适应政法工作的需要。突出体现在，政法支出责任在地方，而为国家法制统一，中央交办地

方的政法事项、提出的要求越来越多。这就要求，"中央事、中央担"，对于中央统一部署的政法事项，中央要加大投入。因此，提出了"明确责任、分类负担、收支脱钩、全额保障"的政法经费保障新体制，从制度上解决了包括法院在内的政法部门经费保障问题，这是遵循经济社会发展及管理规律的必然要求和集中体现。

2014 年提出的省以下法院财物实行省级统管改革，方向是正确的，但具体管理方式的确定应遵循客观规律。行政管理层级化规律告诉我们，管理围度要科学，过窄（如一个上级领导管一个部门或一个人），容易包办代替；过宽（如一个人要管几百个单位的大量日常事务），容易鞭长莫及。近年来，财物统管改革实践中，不断出现上与下、改与退的问题（有的改了，又退了；有的作为省财政一级预算单位；有的明确为省财政的二级预算单位；有的实行市级统管），就是不遵循管理规律的结果，很值得我们深思。

2. 通过政策调整可完善体制的不足，解决特定时期的突出问题

经费体制与国家政策密切相关，40 年发展历程表明，在体制不变的情况下，可以通过政策调整，解决特定时期的突出问题，体现党和国家的意志、导向。如 1998 年至 2008 年的 11 年间，人民法院经费保障虽然还是以"分级管理、分级负担"体制为基础，但实行了有别于一般党政机关的特殊政策，包括中央财政大幅度增加中央政法补助专款、扩大专款使用的覆盖面、加大"两庭"建设投资及设立中央补助人民法院办案专款等，使全国法院经费支出中，中央补助所占比例从 1998 年的 0.33% 提高到 2008 年的 12.92%，形成了以同级负担为主、中央和省级补助为辅的法院经费保障新格局；2009 年将"分级管理、分级负担"体制改革为"明确责任、分类负担、收支脱钩、全额保障"的体制，就是在财政体制不变的情况下，突出问题导向，重点解决当时政法机关经费保障困难问题。目前，在省以下地方法院财物统管改革中，实际存在的改革进展缓慢、要求不明确等给法院经费保障造成新的困难问题，也必然要依靠强有力的政策推动，尽快加以解决。

（二）法院经费收支特点

1. 法院经费收入

一是对法院的投入状况，与国家对法治的认识、要求密切相关。1978

年前，是法院经费最困难的时期，从办公建筑办公费用到人员设置，都比别的系统差一些。1998 年，从整顿国家市场经济秩序、规范执法行为出发，政法机关停止经商后，加大财政投入政策出台，财政保障程度明显提高。2009 年，从深化司法体制改革、建立公正高效权威的社会主义司法制度出发，改革政法经费保障体制，加大中央、省级财政保障责任及经费投入。2014 年，从破除地方保护主义、确保依法独立公正行使审判权出发，推动省以下地方法院检察院财物统管改革，市县级法院检察院经费实行省级统管，中央保障部分经费。

二是法院经费收入总量增长很高，也明显高于财政收入增长，国家财政对法院支持保障十分有力。近 10 年来，法院经费收入增长很高，且前低后高。无论是总量、还是年均增长，后 5 年都高于前 5 年。其主要原因是，自 2009 年以来，随着法院经费体制改革深入，经费保障政策逐步稳定，保障措施落实逐步到位。同时，国家财政对法院工作极其重视，对落实中央关于经费保障政策的力度也前所未有，即使在国家经济下行压力加大、财政收入增长缓慢的情况下也是如此。近 10 年来，无论是总量、还是年均增长，法院经费收入都远比财政收入高。特别是后 5 年，即 2017 年/2013 年与 2012 年/2008 年比较，在财政收入增幅大大降低（总量增长 -57.63%、年均增长 -10.09%）的情况下，国家财政对法院的经费投入仍高于前 5 年，总量增长高 11.99%、年均增长高 2.05%。

三是司法改革、财物统管体制改革对法院经费收入影响较大。一方面，随着司法改革的深入、审判业务的发展，经费增长显著，保障更加有力。改革后 3 年（2015～2017 年）与前 3 年（2012～2014 年）相比，经费总量增长高 16.23 个百分点，年均增长高 7.2 个百分点。另一方面，财物统管体制改革对经费收入有重要的促进作用。2017 年与 2015 年相比，无论是总量、还是年均经费增长，已统管省份最高，未统管省份次之，部分统管省份最低。原因是，已改革后的省份保障责任明确，保障规范有力；未改革的省份，责任仍明确在市县，对基本保障，该投仍投；部分试点省份，责任不明确，等待观望。

四是法院经费收入经历了从多渠道创收到政府财政拨款的过程。改革开放 40 年来，法院经费收入，经历了多渠道并以预算外收入自收自支为主（1998 年前）、到逐步将预算外收入纳入专户通过预算返还（2004 年前）、再到主要来自财政拨款（占 90% 以上，2010 年前）、直至全部来自财政拨款（2011年后）的变化过程，主要原因是国家对预算外收入管理政策的调整和"收支两条线"政策的落实。同时，在法院经费总收入中，基建收入所占比例很小，大部分年份占10%以下，最高年份占12.34%（2010年）。因此，各级法院要高度重视预算工作，做好日常各项预算基础，才能得到更好的预算经费支持，为法院提供有力的经费保障。

五是法院经费收入中各级政府占比随着国家政策调整、财务改革等工作力度不同发生变化。以2008年至2017年法院经费收入中中央、省级和市县同级所占比例变化为例，其一，从中央级收入占比变化看，2009年开始，最高人民法院财务部门抓住改革契机，努力协调争取财政部用于法院的中央政法转移支付资金增加了40亿元，使法院经费收入中，中央占比从2008年的12.92%，提高到2009年的17.06%（最高值），到2012年最高达到99.36亿元。之后，由于中央政法转移支付资金总规模基本固定，中央占比逐年降低，到2017年降到8.11%，从而出现中央占比低——高——低的状态。其二，从省级收入占比变化看，由于2009年后中央要求省级财政安排配套资金政策的落实，省级财政占比相对稳定，从2008年的2.84%，缓慢上升，自2009年至2014年连续6年占5%多；2015年降到4.57%（最低值）；2016年后因推进省以下地方法院财物统管改革，实行省级统管的省份法院经费由省级财政直接保障，所占比例激增至17.97%、2017年26.32%（最高值），从而出现省级占比低——高——低——高的状态。其三，从市县同级收入占比变化看，2009年实行新体制后，中央、省加大对中基层法院的经费支持力度，使同级占比下降（2008年最高，占84.24%；2009年开始降低，2009年至2015年占77%~84%）；2016年后，统管改革省份扩大，省级财政直接保障，市县经费占比再次下降，从2016年开始降低10个百分点以上，到2017年降到65.58%（最低），从而出现同级占比高——低的状态。

六是不断增加的经费投入，为各级法院提供了雄厚的物质条件。近10年来，由于经费投入的不断增加，使全国法院固定资产总值大幅增长，2017年比2008年增长166.64%，房屋、业务装备、车辆条件大为改善，大额业务装备数量增长254.05%，全国一半以上的"两庭"得到了建设改造，为人民法院向社会提供更多、更好的司法服务打下了坚实的基础。

2. 法院经费支出

一是经费支出增长总量很高，且高于案件增长速度。20年来，法院经费支出增长远高于案件增长，前20年（2017年比1998年）高1001.86个百分点。近10年来，尽管随着司法改革深入法院案件量猛增，经过法院财务部门辛勤努力工作，大力争取各方支持，使经费支出水平增长保持很高，且高于案件量增长，切实保障了法院审判执行等各项经费需求。2017年与2008年相比，法院经费支出总量增长196.18%、年均增长12.82%，分别比同期案件量总量增长高85.17%、年均增长高4.17%。其中，后5年（2017年比2013年），无论是总量、还是年均支出均高于前5年（2012年比2008年），总量增长高15.16%、年均增长高2.71%。

二是经费支出水平不断提高，人员及办案经费得到了实际增长。首先，人均支出增长很高，人员经费得到了有力保障。1998年以来的前10年，即2008年比1998年，人均支出增长314.79%；后10年，即2017年比2008年，人均支出增长161.86%，未因法院人员增加而降低保障力度，法院经费得到了实际的增长。其中，人均支出人员经费增长，高于人均支出总额增长（2008年比1998年高155.81%、2017年比2008年高56.74%）。其次，案均支出水平增幅很高，办案经费得到了切实保障。随着法院案件量快速增长，案均支出总量仍有很大增长，2017年比2008年增长40.36%。其中，案均支出办案业务经费增长更高，达122.16%，对执法办案经费保障十分有力。

三是经费支出优先保障人员、办案需要，与司法改革的方向和重点相一致。首先，法院经费增长从主要用于日常运行、办案业务等公用经费，转变为主要用于维持人员开支需要。人员经费占比，从1998年的34.15%，上升到2017年的57.15%。特别是2015年后，增加的经费主要用于工资调整、落实司法体制改革后法官员额工资增加等法院职业保障政策。其次，由于2009年后中央转移支付资金支持，重点保障了办案业务需要，在公用经费中，办案业务经费从2008年占22.76%，急速提高到2017年占44.59%。最后，受财物统管改革政策不确定及公车改革政策影响，装备投入特别是车辆装备经费投入减少，业务装备经费占公用经费的比例，从2008年的35.53%，猛降到2011年（最低）的15.85%和2017年的19.56%。

四是经费支出效率，日常经费高，基建支出不稳定。2008年以来，法院每年的日常经费支出占收入比都在95%以上，经费使用效率很高。基建项目，有的年份安排了资金，但工程进度慢，资金未使用；有的年份工程进度快，使用了以前年度的资金，这与工程项目的规律和工作力度都有关系。因此，法院各部门，要树立绩效意识，还要会花钱、花好钱。

（三）法院财务管理特点

1. 精心谋划布局，推动财务管理方式发生了历史性变化

2008 年前，法院财务主要通过执行行政单位和政法部门统一的政策制度方式进行管理、监督。此外，采取单独或与财政等部门制定少量管理制度的方式，对下级法院的财务进行指导、管理，很多制度是应急的、临时的、"一事一办"式的。

2009 年后，最高人民法院财务部门在继续注重法院财务制度建设的同时，不断创新财务工作方式、拓宽财务管理形式，做了许多最高人民法院历史上和其他政法部门都未做过的事，大力提升了法院财务工作层次、能力和水平。特别是在财务部门和财务人员的努力工作下，最高人民法院在法院经费保障体制改革的每个关键时期，都精心部署和指导，使全国法院的经费改革工作形成"一盘棋"，由始至终向正确的方向发展，也使法院财务工作发生了突出的变化。一是从零星（一事一文一通知）到完整（全面、综合、意见指导、办法标准约束）；二是从本级为主到本级与系统并重，系统工作实现高层次、跨越式发展；三是从随意（一人一事一办）到规范（程序、过程规范，实施综合管理等）；四是从靠人管到靠机制管，包括工作机制、领导机制、财务内部机制，一支笔审批制度，增设机构及分离职能、制约监督等；五是从因地制宜、各自管理到顶层设计、自上而下、指导推动，包括 2009 年财政部门制定的经费体制改革方案、2009 年法院经费体制改革工作会及之后的全面调研评估等；六是从文件制度保障（中央及部门通知、意见、办法）到法律保障（《人民法院组织法》首次将经费列入其中）；七是从主要按照财政、政法部门要求做工作到积极主动作为、有效开展具有法院特色的财务工作。

2. 十分注重重大专项调研，及时推动重大工作开展

一是在中央政法经费保障体制改革文件于 2009 年 7 月出台后不到 2 个月，最高人民法院即于 2009 年 9 月 18 日在山东省济南市召开了"全国法院经费保障体制改革工作会议"，提出了推进法院经费保障体制改革的政策思路和具体措施，及时性、针对性、指导性十分强，工作推动十分有效、有力，法院系统改革工作效果十分显著。二是自 2009 年以来，最高人

民法院每年都对经费保障、管理、改革中的重大工作进行深入细致的调研，有的年份1项，大部分年份3~4项，共开展了近30项。每次调研，都形成调研报告，报各级领导和上级主管部门，及时有效推动相关工作；很多调研成果都吸收进了政策、制度，也就是说，最高人民法院财务部门每次重要改革政策建议，都是在充分、深入调查研究的基础上提出的，具有扎实的基础和很强的可操作性。

3. 加强改善财务制度建设，不断提升财务制度的质量水平

自1985年以来，根据国家财经政策要求和法院经费保障管理中的突出问题，及时制定法院财务制度共65件，形成了系统、科学、规范以及相互配套、运行有效的法院财务制度网络体系。一是本级、系统并重。最高人民法院在大力加强对系统财务工作指导、推动的同时，加强对本级财务的全面管理，首次以院决定形式发布文件，提振财务权威。同时，根据国家财政要求和法院工作实际，制定了多项规范最高人民法院本级预算、经费开支、审计监督等方面的制度。二是保障、管理并存。在制定的制度中，管理类占67.7%。但分阶段看，2008年前，管理类占77.78%；保障类仅占22.22%；2009年后，在法院财务工作中更加重视保障工作，管理类下降至55.17%，保障类上升至44.83%。三是公务、人员并重。在保障类制度中，人员保障类占比略高，为57%；公务保障类制度，主要是根据中央对政法部门保障要求的变化统一制定的。四是财务制度层次水平不断提高。其一，从制度制发方式看，从2008年前的主要与财政及其他政法部门共同制定，到2009年后加大对法院特色制度的制定；其二，从制度内容看，从2008年前的很多制度是应急的、临时的、"一事一办"式的，到2009年后注重综合性、系统性、全面性、长远性制度，法院财务工作，从管理的单一性转变为更加注重全面性，财务管理的能力、层次、水平有了大幅度提升。

4. 注重全面协调，务求整体效果

一是财务与业务协同。近10年来，财务工作紧跟业务工作，促进业务工作发展。如：中央预算经费安排与死刑复核上收协同，中央补助地方法院办案专款安排与诉讼收费政策改革协同，经费体制改革与司法体制改革呼应，巡回法庭设置有工作经费投入跟进，中央交办案件制度与中央大要案专项经费安排协同等。二是政策指导与实地推动结合。首先，政策指导推动先行。如：2009年经费体制改革和2012年全国法院财务工作会，全

面布置规范财务工作；2009 年后加大对改革调研、监督促进、工作推动。其次，政策制定与监督落实结合。如：2009 年实行新体制后，中央财政在加大投入的同时，为使各省财政配套资金落实，认真研究制定精细政策、分省份区域确定具体配套比例、每年考核督促落实并与下年资金安排挂钩，是"一分部署、九分落实"做得很早的工作，使全国法院经费中，中央、省占比得到切实上升，地方法院经费保障水平大幅提高，经费体制改革成效明显。三是当前要求与长期工作结合。2009 年以来，努力开拓创新，注重将重大工作推动与开展基础性、前瞻性、理论性研究相结合，推动法院财务工作上层次，形式、力度、效果都是前所未有的。如调研持续不断，加强重点工作推动；培训每年必办，提高素质、加强指导；统计年年分析，及时提供决策依据；课题研究、研讨不断，切实加强财务工作的前瞻性、长远性、基础性。

5. 以完善有效的财务手段，促进规范法院工作

通过健全完善相关财务制度、严格规范财务审批权限程序等一系列工作，推动落实八项规定、加强三公、会议、培训管理等；事先审核、事后公开，计划与经费、管理结合等，促进法院工作规范，落实党的十八大、党的十九大以来全面从严治党、从严治院的要求，以经济财务手段，促进政治建设和党风廉政建设，规范法院工作。

6. 高度重视财务队伍建设，努力夯实财务工作基础

一是 2012 年全国法院财务工作会议要求及随后印发的文件制度，专门对设置、配备全国法院系统财务机构和人员提出要求，大力推动、加强财务队伍建设，为法院经费保障提供有力的组织保障。之后，全国法院系统财务机构和人员配备得到了前所未有的加强，特别是已统管省份财务人员数量、素质提高最快，2017 年比 2014 年增长，财务人员总量已统管地区为 23.11%、部分统管地区为 20.47%、未统管地区为 15.36%；专职财务人员总量已统管地区为 39.09%、部分统管地区为 31.18%、未统管地区为 28.25%，占比增长，已统管地区为 6.29%、部分统管地区为 0.47%、未统管地区为 2.22%。财物统管后，有的法院增设了财务机构，如广东省高级人民法院新增设财务处，全省法院新招录财务人员 150 人；湖北全省法院新增财务人员 135 人；安徽省高级法院增设财务保障中心。二是最高人民法院本级财务机构和人员得到大力加强，2009 年增设审计处、2015 年增设预算处。三是通过每年对全国法院财务人员培训、开展财务统计分析、

组织学术研讨等工作，大力提升财务人员素质、能力。

（四）法院财务改革特点

1. 不断开拓创新，求真务实开展财务改革

20 年前在财政部推进中央政法补助专款管理改革时，创新务实、全面谋划、环环相扣，于 1999 年制定《中央政法补助专款管理办法》，规范中央专款的管理和使用；制定拨款模式，采用"因素法"，规范中央专款的分配；2011 年研究参考世界银行关于项目管理的原则，制定《中央政法补助专款项目管理办法》，对中央专款实施项目管理；注重对专款的监督管理，要求建立报告和监管制度、考核和处罚制度，对违反规定、挤占挪用专款的地区，要追究有关领导者和直接责任人员的责任。在此项改革中创造了三个第一：是当时财政部管理的 400 多项专款中，最早实行"因素法"分配的专款；是最早实行项目管理、建立项目库的专款；是最早提出实行量化考核、责任追究制度的项目。2009 年至今的中央政法转移支付资金管理，基本沿用了此思路、方法。

2. 以专业务实的理论研究为支撑，制定经费改革政策方案

体制改革是大事，其调整应与务实的理论研究相衔接，充分吸收专业研究成果。2009 年经费体制改革方案，就是在 2004 年以来大量理论、实证研究的基础上提出的，经过了数年的专业理论和实证研究积累，包括对国外的考察借鉴，非一日之功。同时，如何抓改革，方法十分重要，细节决定成败。2014 年提出的省以下法院财物统管改革，是党中央部署的全面深化改革事项中十分重要的任务，是法院经费保障体制的深刻变革，其重要性、复杂性远远超过 2009 年的经费体制改革，应专业做，让专业之人做专业之事；应专项做，组织专门改革班子，由财政部门主导，中央政法委支持推动，司法部门参加，相关职能部门协同，共同推动，顶层设计、自上而下、一步到位。不能自行其是、零敲碎打。

3. 努力探索改革，开展了法院财务多个首创性工作

一是 2012 年组织召开了全国法院财务工作会议，全面总结、研究、部署，提出大量全新的财务政策、要求。这是最高人民法院成立 60 年来首次召开的全国法院财务工作会议，对大力推进全国各级法院财务工作新发展具有里程碑意义。以此会为契机，推进了对全国法院系统和最高人民法院本身两项重要财务制度出台，开创了历史先河、影响重大深远。自此以后，法院系统财务工作取得了全面发展，实现了历史性跨越。二是 2012 年最高人民法院印发《〈关于建立人民法院经费保障和财务管理长效工作机制的若干意见〉的通知》，提出了按照制度化、规范化、专业化、职业化、系统化的"五化"要求，全面加强法院经费保障和管理，是最高人民法院首次对全国法院财务工作进行全面规划部署，大力促进提升了全国法院财务工作水平。三是 2013 年印发了《最高人民法院关于加强财务工作的决定》，首次以院级文件并以决定形式对最高人民法院本级财务工作进行全面部署强化，并提出要建立健全内部会计控制机制、协调配合工作机制等之后国家相关部门也提出的措施。四是 2009 年最高人民法院办公厅印发有关通知，首次规范最高人民法院本级财务开支审批程序，提出财务"一支笔审批"、分级分类审批等新措施。五是 2010 年最高人民法院办公厅印发有关通知，首次规定最高人民法院财务审批时限要求；首次提出经费统管单位观念，并明确经费申报单位、经费统管单位、经费审批单位各环节的关系、职责，理顺、规范财务审批工作，形成法院内部各部门齐抓共管财务的新格局，避免财务部门单打独斗、独臂难支。六是 2012 年最高人民法院印发的文件中明确提出，在高级以上人民法院建立总会计师制度，这是最高人民法院历史上的首创。

4. 注重开展重大专项研究，为改革发展提供前瞻性政策理论基础

2009 年以来，最高人民法院财务部门努力开拓创新，紧跟财政、法院工作大势，超前深入研究影响法院保障管理的重大问题，注重将重大工作推动与开展基础性、前瞻性、理论性研究相结合，推动法院财务工作上层次、高质量。一是 2011 年开展人民法院审判业务成本核算问题课题研究，力求以成本为依据，科学核定法院办案经费，实现以案定费、以案定支，而且区别于其他部门在经费保障上的一味攀比、平衡。二是 2013 年开展审判权属性课题研究，在中央财政研究大幅度整合、减少专项转移支付改革的关键时期，推动保留了中央政法转移支付资金。三是 2015 年至 2017 年开展人民法院司法行政事务管理权和审判权相分离问题研究，力求推动法院财物机构改革、内设机构改革，为此后两年研究行装部门在司法改革等相关重大工作中的定位提供持续支撑。四是 2018 年开展我国审判领域财政事权与支出责任划分改革课题研究，力求从理论层面为推动财物统管改革提供政策支撑、财政保障，已作为《人民法院第五个五年改革纲要（2019－2023）》和 2019 年最高人民法院司法改革工作的重要内容。

三、40 年法院财务工作的主要启示

总结 40 年来人民法院财务工作的发展历程、基本特点及规律经验，给我们很大的启示，可以概括为"时、势、统、人"四个方面。

（一）法院财务工作要适应不同时期和实际，不失时机做工作（"时"）

1. 经费体制变化要适应不同时期国家治理体制、财政体制的变化

综观 40 年来，法院经费体制每一次改革都是以财政体制变化为基础，而且有其特定的政治、经济背景。例如，市、县级法院经费体制，1979 年前由中央统一保障，是基于当时计划经济体制的高度一统性和"统收统支"财政体制的考虑；1980 年后由市县同级财政保障，是基于当时"分灶吃饭"的财政体制、财政经济困难及经济社会发展不平衡、调动地方本级积极性的考虑；2009 年后由市县同级＋中央、省级保障，是基于事权理论、财力基础状况、加大中央责任的考虑；2014 年后实行省级＋中央保障，是基于破除司法地方化、依法独立公正行使审判权的大背景，上收财物保障层级、减少地方干扰。

特别值得一提的是，与以往不同，2014 年经费体制改革，不是以解决经费保障困难为出发点，而是以破除司法地方化、确保法院依法独立公正行使审判权为目的，政治意义大于经济意义。由此推论，此次体制改革设计的前提是，保障层级应当放在省级，而不能放在市级。原因是，从案件审判的关联度看，市级更容易干扰县级，与改革的初衷更不一致。至于因各地法院、检察院数量多都由省级管理难度大，以及因担心省级统管后法院干警不能享受当地市县政府的年终考核奖金等问题，只是管理制度、工作机制问题，完全可以通过具体政策措施加以解决。因此，应按照党的十八届三中全会通过的《中共中央关于全面深化改革若干重大问题的决定》要求，坚定不移、不折不扣推进省以下地方法院财物省级统管改革。

2. 经费投入水平要适应不同阶段经济社会发展水平和国家政策要求

经济决定财政。法院经费投入水平与国家财政政策取向和能力水平密切相关，要适应不同阶段财政收入水平、当地及各部门支出实际。1979 年前"建设财政"，先保建设，看钱吃饭，对政法机关只能低水平保障；1979 年到 1992 年"吃饭财政"，国家经济发展水平低，财政十分困难，先保吃饭、后保发展，财政无力"应保尽保"，只能鼓励各单位创收弥补

（"吃杂粮"）；1992年党的十四大后实行"公共财政"，政法作为公共财政保障的重要内容，中央出台政策、加大投入；1998年政法机关停止经商后，不断加大中央、省级投入，带动市县投入，提高保障水平。

21世纪"现代财政"，是民生、效益财政。财政支出结构不断调整，压缩一般性、行政性开支，保重点、保民生，对包括法院在内的政府性开支都要讲效益、实行绩效预算，要分事权、定责任。财政保障的趋势是，效益保障、法定保障、规范保障，不是无止境保障。要求各级法院要学会理财、编好预算、讲求绩效。那种只考虑自身需求，一味靠增加投入、铺大摊子实现法院工作发展的做法，已难以为继。各级法院应更多地靠内涵式发展，在投入一定的前提下，统筹合理安排经费，做好保障、改革、发展各项工作。

3. 重大财务改革要及时深入研判、科学研究设计、强力主动推进

一是对于重大财务改革，特别是体制改革等涉及制度保障的重大问题，法院不能犹豫不决、等待观望，应及时、主动强力推进。以前历次经费体制改革都是公安发起并强力推动，中央政法委强力支持政法部门，速度快、效果大。这次财物统管改革仅法院检察院两家，法院无论是需求规模还是面临的问题都更大，理应也必须投入大气力，打头阵、担重任。二是经费管理改革是一大科学，无论何时，都要深入细致研究、科学合理实施，才能取得好的效果。1999年开始推进的中央政法补助专款管理改革是如此，从制定管理办法、规范中央专款的管理和使用，到制定拨款模式，采用"因素法"规范中央专款的分配，再到实施项目管理，每一步都经过了深入细致调研、科学研究制定；2008年至2009年研究设计"明确责任、分类负担、收支脱钩、全额保障"的体制也是如此，针对突出问题，研究适应经济社会发展规律的体制改革方案；2009年9月组织召开的全国法院经费保障体制改革工作会议还是如此，在中央2009年7月出台政法经费保障体制改革文件2个月内，最高人民法院即将财政部研究设计新政策的核心、关键要义与法院实际结合，及时研究并提出针对性、指导性十分强的措施要求，十分有效、有力推动全国法院系统经费体制改革工作。

4. 财务政策制度既要及时跟上国家统一政策变化、又要根据不同时期法院保障管理中的突出问题及时制定完善

一是为解决好法院经费保障，从1985年重点解决业务经费开始，到2005年制定公用经费保障标准，再到2009年、2011年制定分类保障办法，以及2015年建立中央政法机关交办案件办案经费保障制度等，每次公务保障类文件的制定下发，都是针对当时保障的突出问题，根据国家对政法工作的要求，适时制定。这也告诉我们，财物统管改革也必然要有具体政策制度作支撑。二是对诉讼费的管理，从自收自支，到结余上交，再到专户管理，最终纳入国库，每一阶段的管理政策变化都是与当时国家经济社会整体发展阶段和政策要求相一致的。而且，各级法院在对诉讼费管理的重视程度上，也是适应了当时法院经费保障的实际状况。三是对于共性的财经制度，法院要及时学习、研究遵循。预算改革、支出管理改革、会计制度改革、财政体制改革等不断深化，对单位财务影响重大，各级法院要认真学习研究，及时贯彻执行，制定具体细化办法。例如，政府收支新科目反映内容更加细化，其变化反映国家对单位收入、支出管理更加严格、精细、公开、透明，部门财务管理必然要遵循并与之适应。

5. 要根据法院财务工作及财物统管改革对专业化要求更高的实际，及时加强法院财务人员

法院财务人员是实施法院经费保障和管理的首要基础，应从政策上及时指导、观念上及时转变、措施上及时加强财务人员配置。从2014年实施财物统管改革以来全国法院财务人员变化看，2017年比2014年总量增长19.82%，专职财务人员总量增长34.05%、占比增长8.98%。其中，已统管省份财务人员数量、素质提高最快，这三个增长比例分别是23.11%、39.09%和6.29%。改革使法院财务工作量呈几何级数增长、财务工作要求从县级水平跳升到省级甚至中央级水平，也倒逼了法院财务人员增加、素质提高。各级法院领导应充分认识到加强财务队伍建设的极端重要性，及时研究、合理配置足够数量和素质的专职财务人员。法院财务人员应适时关注新情况、新变化，不断学习、掌握新知识，才能创造性地做好财务工作，才能不落伍、不掉队。

（二）法院财务工作要顺应大势，乘势而上、顺势而为（"势"）

1. 财务工作要把握国家大势

财务工作要做好很难，应首先把握好国家大势，以收到事半功倍之效。一是乘国家提出改革大势，创造性做工作。2002 年党的十六大提出"改革司法机关的工作机制和人财物管理体制，逐步实现司法审判和检察同司法行政事务相分离"。乘此大势，政法财务管理部门做了之前从未做过的两方面大的工作，组织赴国外考察（2004 ~ 2005 年）、开展委托课题研究（2007 ~ 2008 年），取得领导支持、部门支持、经费支持，创造性、前瞻性开展工作，为形成 2009 年科学合理的政法经费体制、做好经费保障工作打下了坚实的基础。二是根据不同时期中央对政法机关的政治要求，加强法院经费保障管理。2003 年之前的近 20 年间，根据中央对政法机关行政性收费和罚没收入管理在不同时期的政策要求，制定有利于法院的预算外资金管理制度；1998 年根据中央对政法机关停止经商的要求，制定中办发〔1998〕30 号文件，加大中央政法转移支付资金，加强财政对政法机关的经费保障，资金、政策支持的力度前所未有；根据 2007 年党的十七大提出司法体制改革要求，2009 年政法经费体制改革，对保障政策及经费作了重大调整，政法机关经费保障进入历史上最好的时期；根据 2013 年中央八项规定、2018 年中央八项规定实施细则对厉行节约的要求，加强对"三公"经费及会议、培训费等行政性、一般性支出的全面管控，财务工作进入了全面、严格、规范的新时期。

2. 财务工作要顺应财经大势

法院各项经费保障工作，与国家财经大势密切相关，随之改变。一是财政体制。财政体制调整，法院经费体制随之改革；中央转移支付制度的改革，使中央政法转移支付资金从专项性调整为一般性转移支付，管理方式、要求也随之改变，例如，中央政法转移支付资金年初一次下达、列入地方财政和部门预算；管理要求也更加严格，例如，中央政法转移支付资金分配按因素法，不能"点菜""戴帽"等。二是预算管理。预算内外资金管理要求的变化，导致诉讼费从主管部门预算外管理到纳入预算内管理的变化；2014 年新修订的《预算法》实施，对强化预算约束的变化，导致经费追加十分困难，要求预算编制规范化、科学化，提高年初预算到位率；预算科目设置的变化，例如，将"诉讼费"单列，增设缴入"国库"

和"财政专户"两款,分别反映不同收费的处理方式;取消"培训费",增设"收回部门预算存量资金"等,将财政对政府收支管理政策要求的变化,通过及时、有效的制度加以落实;在政府收支的"支出功能分类科目"中,将法院支出分为通过三项各部门共性科目反映法院行政性经费支出,通过三项法院特有科目反映法院业务性经费支出的方式,使法院收支反映内容更加细化,既利于部门间相互比较、反映绩效高低,又体现国家对单位收入、支出管理更加严格精细,法院部门财务管理必然要遵循并与之适应。三是国库制度。实行国库集中支付,单位支出在科目、项目间不能随意挪用;通过账户设置单一、公务卡支付等改革,加强对各部门、单位每一笔支出监督,将几十年来专款专用、不得挤占挪用的原则性要求具体化、硬性化、实时化。四是绩效考评。前几年财政部门提出、2018 年中央文件专门要求实施预算绩效管理,预算讲效益、结余要收回。这就要求法院财务部门,要树立绩效意识,要会花钱、花好钱。

未来,随着新的政府会计制度实施、记账方法的变化、管理会计的运用等,行政财务管理将更加严格,法院各级领导和财务部门都要有足够的心理思想和人力资源准备。

3. 财务工作要紧贴法院大势

法院财务是法院审判执行各项工作顺利进行的首要物质基础,既要保障发展,又要顺应改革。一是要保障、支持发展。案件数量增加,经费规模增大;审判职能扩展,保障范围增宽、保障形式调整,如法院及法庭建设数量、类型、面积、形状等扩大及变化;发展方式变化,如信息化手段广泛、大量运用,信息化建设及运维经费大量增加;人员数量增加、职业保障制度改革,人员经费保障水平大幅提高。二是要紧跟、促进改革。司法体制改革,要求经费体制改革,党的十八大提出将法院财物统管改革作为保障性、机制性、基础性四项改革之一先行一步,党的十九大提出深化司法体制综合配套改革,要求财物内设机构改革、财物统管改革紧跟、配套;为民、便民改革,要求加强基层基础设施建设(如诉讼服务中心、律师场所等)及人民法庭建设(如人民法庭标识建设);确保司法公正,完善人民陪审员制度,要求经费政策和保障紧跟而上;解决执行难,办案经费、业务车辆装备经费保障要加强;巡回法庭的设立,最高人民法院本级经费规模不断增大(2017 年比 2008 年增长 149.17%)、财务管理范围不断延长(从本院 1 地到院外 6 地);实施司法救助制度,经费保障政策、资金跟进，支持人权司法保障机制不断强化。三是要乘改革、发展之势。从近10来法院经费投入的实践看，全国省以下地方法院经费保障的责任已从市县同级向中央和省级转移（市县同级占比从2008年的84.24%下降到2017年的65.58%，中央和省级占比相应从15.76%上升到34.43%），中央也明确提出审判权是中央事权、推动省以下地方法院财物统管改革等要求，最高人民法院应尽快从理论、体制、政策制度上大力加强研究，推动法院经费保障顺应法院改革、发展大势。

4. 要积极主动为财务工作造势

一是2009年以来，法院经费保障、管理水平提高，赢得了最高人民法院领导的重视，借此于2012年9月召开了首次全国法院财务工作会，使各级法院领导更加重视财务工作，将财务工作放在了重要的地位，能够为财务工作专门发文件、增机构、增人员，自此以后，法院财务工作取得了全面发展，实现了历史性跨越。二是要乘势而上，加强财务工作基础。首先，随着最高人民法院对财务制度加强、力度加大的推动及各级法院财务工作量的增加，全国法院财务人员，数量得到了较快增长，2017年比2012年增长38.79%；素质得到了提高，财务人员学历层次提高，专职财务人员有了增加、占比也有了提高。其次，财务机构进一步加强。全国地方法院财务机构数量，2017年比2016年增长了30.61%；最高人民法院2009年增设了审计处、2015年增设了预算处，这是在法院优先保办案业务部门、人员向业务部门倾斜的情况下，为行装后勤部门增设的，十分不易。财务人员和机构的加强，为法院财务工作上水平、提层次打下了坚实的基础。

总之，从财务工作的发展规律看，财务在支持、保障各项业务工作的前提下，更多是约束、限制人和事的。财务办法、措施、制度要顺应大势，才能推得动、行得通、立得住。如吃喝招待、差旅报销等顽疾，在中央八项规定大势下迎刃而解。法院财务部门和人员，要研究大势、认清大势、乘势而上、顺势而为。

（三）法院财务工作要加强统一指导、注重统筹兼顾（"统"）

1. 财务工作应加强统一组织指导

法院财务工作作为法院重要的行政工作，应按照全国一盘棋的要求，实行统分结合、重在统的原则，包括全国统、全省统。

（1）经费体制、重大制度改革应自上而下、统一研究。对于经费体制、重要财务政策制度，由于各自的理解、研究能力不一样，不能指望全国法院系统"人人搞设计"，应科学组织领导，集中专业力量，自上而下，统一设计、统一部署、统一实施。2009年经费体制改革方案的形成，首先是行动迅速、工作有力，顶层设计、政策统一，自上而下、一步到位，从提出改革到新体制统一实施，总共仅用了一年半时间；经历的三个阶段，紧锣密鼓、环环相扣、扎实有效；从文件发布的当年，中央财政承诺的资金即安排到位，新体制即在全国统一实施。其次是方式得当、力量集中、推动有力，专业职能部门牵头，充分调研论证，相关部门协同，专业、专项研究，共同推动实施，特别是中央政法委极力支持推动，帮助各政法部门向财政、发改部门争取增加资金和有利的投入政策。最后是关系顺、工作细、措施实、效果大。"顺"，是指上下同心、齐步做，部门同力、协同做，与党的十八大后习近平总书记提出的要注重改革的系统性、协同性、整体性要求十分吻合；"细"，即全面调研、详细测算，找准问题、一一对应解决；"实"，分类办法，各类负担方法、负担比例，经费、装备、建设标准，配套措施等同步或陆续出台，环环相扣，专业、科学、合理；"大"，改革政策实施后，法院经费保障水平更高、提高更快，法院院长为"钱"发愁的时代一去不复返了。

反观这次的财物统管改革，2013年中央决定提出，至今仍无统一的政策落实，从而导致了四种体制并存的局面。究其原因有两个，一个是缺乏统一完整系统的政策依据。"省以下地方法院财物由省级统一管理"体制，自2013年提出以来，可以依据的是2013年及2014年4个文件中包含在对所有司法改革事项的几段文字，只提出了一些原则要求，难以操作落地。另一个是没有统一的组织领导。与以往不同，此次经费体制改革，仅以法院、检察院为改革的对象建立单独的法院检察院司法经费保障体制，不像以往将公安、司法部门一起作为政法机关而改革政法经费保障体制，未能像2009年改革政法经费保障体制那样，主要部门主导、多部门协同配合、集中统一领导、全力推动改革。

（2）经费体制改革应统一推动实施。经费体制作为法院经费保障最根本的制度基础，对法院经费保障水平影响重大。体制改革方案应科学合理，体制改革工作应步调一致、统一实施。2009年体制改革，政策科学合理、责任明确规范、工作推动有力，经费增长快速，是历史上法院经费保障最好的时期。从 2015 年实施财物统管改革后的实际看,已统管的省份法院经费增长水平更高;反之,则低。因此,关注经费保障工作,就要关注经费体制改革工作,不能就经费论经费。为破解目前地方法院经费保障中出现的新困局、全面提高全国法院的经费保障水平,应尽快统一设计、统一部署、统一实施,坚定不移将财物统管改革进行到底。

(3)财务政策制度应统一。一是财政对各单位的政策统一,很少例外。法院作为单位财务,首先要统一执行国家财经政策和行政、政法单位的财务规章制度、办法,包括人员经费制度,如工资待遇、医疗报销、探亲、住房等;公用经费制度,如公务出差、会议、接待、培训、出国等;经费管理制度,如财务规则、内控规范、预算管理、国库管理、政府会计制度等。二是法院财务政策,全国应基本统一。40 年来,最高人民法院制定了大量法院特有的经费保障管理政策制度,统一指导全国法院财务工作,使全国法院形成一盘棋,大力推动经费保障管理水平提高。包括人员经费制度、公用经费制度和经费管理制度,有的制度与部门切身利益密切相关,突出了问题、利益导向,如诉讼费管理政策。三是在今后的法院财务工作中,要进一步加强全国性财务规章制度的制定,以更好地指导、推动全国法院财务工作发展。

(4)系统财务工作应统一。为全面做好全国法院经费保障工作,应对系统财务工作统一研究、统一部署、统一推动。既要有阶段性、临时性重点部署,如全国性会议、各阶段重大工作研究、重要工作督查推动等;又要有长效性、常态化举措,久久为功,持续不断推动促进工作,如每年举办全国法院财务培训班、开展财务统计等。各省也应不断加强全省性系统财务工作,特别是财物统管后的全省财务工作,应作为日常性重要工作,统一部署、统一推动,制定全省统一的政策制度,提升全省财务工作能力和经费保障水平。

2. 财务工作应坚持统筹兼顾

统筹兼顾、综合平衡是财务工作的基本原则,财务工作要始终坚持统筹规划、突出重点、全面发展,避免顾此失彼。

(1)经费体制改革与司法体制改革统筹。司法体制改革离不开经费支持、保障。正因如此,每次重大司法改革时都将经费体制、机制作为重要内容提出。党的十八大提出深化司法体制改革时,更是将财物统管改革作为先行一步的四项基础性改革之一明确提出。党的十九大提出深化司法体制综合配套改革，也把财物统管改革作为与完善司法责任制依存度高、耦合性强的改革举措及相互关联的有机整体，提出需要同步推进。各级法院、特别是最高人民法院应高度重视、狠下功夫，做好经费体制改革的统筹规划、部署和实施。

（2）经费体制与经费保障统筹。40 年来，法院经费保障实践证明，经费体制对经费投入力度和经费保障工作影响重大。科学、合理、顺畅的经费体制，会有效、有力提升保障水平。如 2009 年的分类保障办法，实现了从人治保障到体制、制度保障，保障效果巨大。不合时宜的经费体制，会极大降低保障能力，如分级负担与分税制的矛盾时期，政法机关经费保障出现的极度困难和问题。目前，没有实行改革和实行部分改革的不少市县法院，经费保障中出现的困难和问题，从根本上看，是由于改革不力造成的，必须通过尽快改革理顺经费体制才能解决。

（3）财务与业务统筹。财务与业务作为法院工作两个相互依存的重要工作，要统筹发展，不可偏废，否则会一条腿长、一条腿短，不能长久，迟早会失去支撑，会倾斜、甚至倒塌。在经费相对充足的时期，也不能高枕无忧，要看到潜在的重大问题，因为经费体制未理顺对业务的影响，不是一时一事的问题，而是时时隐藏、终会牵制业务发展需要。如现行多种体制下法院经费保障中出现的个人待遇难落实、经费增长乏力、两庭建设停顿等问题，切不可小视，或认为不是法院的事。各级法院领导要统筹好财务与业务工作，同规划、同部署、互促进、共发展。

（4）经费管理与物资管理统筹。物的基础是财，很多中央级政府部门都有财务司，中央政法部门大都称装备财务局、计划财务局等。财务在部门工作中具有参谋助手、保障龙头、综合管理三大作用，财在法院行装工作、司法保障中处于基础性地位，具有决定性作用。各级法院要统筹好财与物的关系，要以财配物（编制采购预算、资产预算等）、账物（实）相符，实行经费管理与资产、采购、建设项目管理等相结合（也是内部控制规范的要求）。

（5）财务各项工作之间统筹。首先，预算编制、执行、监督工作要统筹安排、相互分离制约。其次，要实行内部控制，财务机构设置、岗位设置、人员选配各方面要统筹考虑，该增的增、该分的分。最后，本级财务与系统财务要统筹、并重，法院领导和中级法院以上财务人员，要目光长远、深谋远虑，在加强本级财务的同时，要重视系统财务，不能只要本级有资金保障、无后顾之忧，还要全系统都有资金保障、无后顾之忧。特别是省级统管后，重视系统财务是上级法院避不开、躲不掉的问题。近几年，有的省份统筹兼顾、主动担当，统一为市县法院招聘财务人员，就是如此。最高人民法院在改革关键时期更应加强本级与系统之间财务工作的统筹，大力推进全国法院系统财务工作改革发展。

总之，从财务工作的发展实践看，"统"是趋势。包括经费体制——省级统一管理，甚至不久的将来，会发展到中央统一管理；经费政策——统一制定、指导，包括全国、全省统一，财务部门要切实加强政策研究，制定出高水平、合实际、统得住的财务政策制度；统一严格执行是必然——全面从严治党、治院、讲政治、讲规矩，统一严格执行财务制度是重要内容，各级法院要统一执行经费政策、标准、范围，按统一要求做好向社会公开部门预算、"三公"经费等工作。

（四）法院财务工作要凝聚起人心、发挥好人力（"人"）

1. 凝聚财务人心是保障财务工作顺利开展的基础

人心即人的观念、理念、信念。首先，作为法院财务人，一要有公心，即秉公、为公，包括财务审批，不搞关系、讲人情，要一视同仁；出以公心，按照讲规矩、从紧从严的要求依法依规理财，不怕得罪人，不做老好人。二要有正心，即公正、公开、透明，要使对力、正力，不使歪力、邪力；要坚持制度先行、按制度办事，从程序、过程公开到结果公开，民主理财。三要有实心，即务实、进取，实心办事、表里如一，不尚清谈、不务虚名。一直以来，法院财务工作紧跟改革、支持改革、保障改革、促进改革，法院财务人员既默默无闻，是燃灯者、幕后英雄，又是新时代的有力建设者、司法改革的坚定支持者。各级法院财务部门和财务人员，争取国家对法院工作支持的贡献巨大，对审判工作保障十分有力。20年来，经费支出增长远高于案件增长；近10年来，尽管司法改革深入，案件量猛增，但经费增长仍高于案件增长85.17个百分点；特别是近5年来，财务部门积极工作，努力增加经费，将司法人员职业保障制度改革政策切实落实到位。最高人民法院财务部门和财务人员一直坚持不懈、努力工作，在中央不断控制压缩一般性支出的形势下，使本级经费规模2017年比2008年增长149.17%。其次，对财务人员要有关爱之心，凝聚起财务人心。各级法院领导要正确评价"财务人"。财务既不似业务，以案件为法院的一线、主业；又不似建设装备，有形物体，看得见、摸得着。财务工作看不见、摸不着，做好了什么事也没有，一旦出问题都是大问题，报不了销，开不了张，理不清账，甚至出现贪污腐败问题，看似一时，实质是长久积累所致，基础崩溃、日常混乱。因此，各级领导要正确评价财务人，要重视人、激励人、发挥人的主观能动作用，调动财务人的内在动力。在思想、觉悟上，重视配备专业强、素质高的财务人。要选好人，"让专业之人做专业之事"；要用好人，尊重、信任财务人员，营造好的财务工作环境；要善待人，重视提升和认可财务人员。

2. 发挥好财务人力是保障财务工作高质量支持审判业务发展的关键

财务人力，即财务人的能力、行动和实践。财务工作难，做好财务工作更难，需要有不一般的人力。

（1）专业能力。财务是专业，如同审判是专业一样。做财务工作要具有财务专业知识、专业素养、专业理念，无资格人员不能从事财务工作；财务领导要专业，不专业，不能当财务领导，这是 2012 年最高人民法院关于经费保障和管理长效机制文件中的明确要求；不懂财务管财务，要学懂弄通。新时代的法院财务人员，在革命化的基础上，一定要实现专业化、职业化、正规化。2009 年体制改革，从提出改革到新体制统一实施，总共仅用了一年半时间，关键是"人"的作用：专业职能部门人员牵头，相关部门专业人员协同，中央政法委人员极力支持推动，都是各部门的专业人员进行专项研究，齐心协力、共同推动的结果；2009 年后，最高人民法院财务部门不断创新财务工作方式、拓宽财务管理形式，做了许多最高人民法院历史上和其他政法部门都未做过的事，实现财务管理方式发生了历史性变化、财务工作层次水平得到了大力提升，靠的是人的智慧和力量。今后，法院改革工作需要更多财务专业人员。财物统管改革 3 年来，已统管的地区，财务人员总量和专职财务人员增长最快；如果未改革的 12 个省份按已改革地方的增长比例，需增加 800 名财务人员，平均每省至少需增加 67 人。

（2）协调能力。财务与审务、政务密切相关，要统筹协调、步调一致、同心向前；要进行内外协调、上下协调，取得各方理解、支持。2009 年以来，特别是近 5 年来，国家财政对法院工作极其重视，对落实中央关于经费保障政策的力度也前所未有，即使在国家经济下行压力加大、财政收入增长缓慢的情况下也是如此，离不开法院财务人员始终与财政部门紧密沟通、良好协调，得到了最大限度的财政支持。

（3）研究能力。新时代的法院财务工作要彻底改变"账房先生"的形象，需要一大批既有实务操作能力，又有研究能力的财务人员进行深入的理论研究、前瞻研究、长远谋划。2014 年及 2018 年全国司法保障优秀业务成果评选、2017 年司法保障理论专业委员会研究平台设立及两次学术论坛，都是为了提升法院财务人员的研究能力。近 10 年来，最高人民法院开展的 4 项课题研究、近 30 项重大专题调研，既推动了法院重大工作，又大力提升了法院财务人员的研究能力。

（4）精力。财务工作的日常管理，耗时耗力，需要投入大量精力，耐心细致做好工作；财务改革创新，需要法院财务部门尽心竭力，调研分析、研讨设计、制定办法制度等，需要狠下功夫投入，集中团队攻坚突破，才能取得好的效果。2009 年体制改革如此，2013～2018 年财物统管改革也是如此，2009 年以来的很多首创性、前瞻性财务工作都是如此。同时，重大改革工作，不仅财务部门要投入精力，法院领导及相关部门也要下大力气，强力推动。目前，省以下地方法院财物统管改革工作正需如此。

（5）毅力。工作推动靠"人"。对于重大、难点工作，要有坚忍不拔的毅力，坚持不懈，攻坚克难，穷尽一切办法。首先，经费投入如此，需要靠人去实施、紧抓不放，不断沟通、协调、争取，不厌其烦、长期协作支持。如针对 2006 年《诉讼收费交纳办法》发布实施后法院诉讼费急剧下降对办案经费造成的困难，财政部门主动积极呼吁、最高人民法院配合争取，中央财政安排 40 亿元专款，对保障法院审判任务完成作用巨大。2009 年开始，最高人民法院财务部门抓住改革契机，努力协调争取用于法院的中央政法转移支付资金增加了 40 亿元，使一直以来在中央政法转移支付资金涉及的公检法司 4 个部门中，法院的增长幅度最大、人均水平最高。2009 年以来，在法院财务人员辛勤努力工作下，全国法院经费收入，无论是总量还是年均增长，都远比财政收入高。其次，改革政策设计、推动更是如此，需要法院人员以极大的毅力想方设法、主动推动。"推进省以下地方法院财物统管改革"，自 2013 年党的十八届三中全会《中共中央关于全面深化改革若干重大问题的决定》通过以来，最高人民法院财务部门提前研究提出方案，多次向上级部门报告，年年督促下级法院，竭尽所能，大力推动改革。尤其是在推进不顺畅、外界存在不同声音，改革遇到困难、问题的关键时刻，财务人员不畏难、不退缩，经过一年多的深入系统调研，于 2018 年 9 月提出进一步推进改革的全面意见、建议，推动向中央政法委专题报告。经过我们不懈努力争取，目前，此项工作已重新启动并分别列入了中央全面深化改革委员会《关于政法领域全面深化改革的实施意见》《人民法院第五个五年改革纲要（2019 – 2023）》。

总之，在 40 年法院财务工作给我们的 4 方面启示中，"人"是一切的基础，即"事在人为"，"政治路线确定后，干部就是决定的因素"。财务是一门专业，各级法院领导在重视办案业务部门和人员的同时，应充分看到法院财务部门、财务人员的作用和贡献，全面看待财务人、充分信任财务人、合理使用财务人，让真正能干事创业的专业之人在法院财务岗位上发挥最大的作用，把法院工作的物质基础打牢夯实，更加有力地支持保障人民法院事业永续发展。

参考文献

1. 唐虎梅：《国家行政经费与国家财政支出关系研究》（上）、（下），载《财政研究》2002 年第 11 期、第 12 期。

2. 苏泽林主编：《司法行政管理改革的路径与成效》，人民法院出版社 2013 年版。

3. 唐虎梅：《法院经费保障与管理》，载《人民法院司法行政工作通讯》2011 年第 4 期（总第 35 期）。

4. 习近平：《关于坚持和发展中国特色社会主义的几个问题》（2013 年 1 月 5 日），载《十八大以来主要文献选编》（上），中央文献出版社 2014 年版。

5. 唐虎梅、张光明：《贫困地区公安经费保障的对策》，载《行政事业财务》1998 年第 6 期（总第 24 期）。

6. 唐虎梅、林洁：《增加投入 加强管理 提高贫困地区政法部门的经费保障程度》，载《行政事业财务》1999 年第 5 期（总第 29 期）。

7. 唐虎梅：《提高经费保障程度——财政部颁发〈中央政法补助专款管理办法〉》，载《中国财经报》1999 年 11 月 10 日。

8. 齐小乎：《一个公式：拒了人情，有了效益——三年来，中央政法补助专款实施因素法和项目管理，真正做到了为贫困地区"雪中送炭"》，载《中国财经报》2004 年 3 月 23 日。

9. 贾新怡、唐虎梅：《借鉴有益经验 构建符合我国国情的司法经费保障机制》，载《财政研究》2006 年第 4 期。

10. 贾新怡、唐虎梅：《适应司法工作需要 改革经费保障体制》，载《中国财政》2006 年第 3 期。

11. 贾新怡、唐虎梅：《国外司法资源整合共享的做法及启示》，载《中国财政》2006 年第 5 期。

12. 张述元：《在中国法学会审判理论研究会司法保障理论专业委员会成立大会上的讲话》，载《人民法院司法行政管理研究与参考》（第 6 辑），人民法院出版社 2018 年版。

13. 项怀诚、刘长琨主编：《英国财政制度》，中国财政经济出版社 1999 年版。

14. 何家弘主编：《中外司法体制研究》，中国检察出版社 2004 年版。

15. 项怀诚、刘长琨主编：《日本财政制度》，中国财政经济出版社 1998 年版。

16. 陈春梅：《各国法院经费保障制度的通行规则》，载《人民法院司法行政管理研究与参考》（第 6 辑），人民法院出版社 2018 年版。

17. 项怀诚、刘长琨主编：《法国财政制度》，中国财政经济出版社 1999 年版。

18. 项怀诚、刘长琨主编：《美国财政制度》，中国财政经济出版社 1998 年版。

19. 唐虎梅、曹云、李海军：《美国加拿大司法行政装备管理制度概况及启示》，载《人民司法（应用）》2014 年第 15 期（总第 698 期）。

20. 项怀诚、刘长琨主编：《德国财政制度》，中国财政经济出版社 1999 年版。

21. 项怀诚、刘长琨主编：《俄罗斯联邦财政制度》，中国财政经济出版社 1998 年版。

22. 项怀诚、刘长琨主编：《印度财政制度》，中国财政经济出版社 1999 年版。

23. 唐虎梅 、郭丰、李军：《港澳法院经费保障与管理情况之借鉴》（2015 年 9 月），载《人民法院司法行政管理研究与参考》（第 7 辑），人民法院出版社 2019 年版。

24. 唐虎梅、杨阳、郭丰：《台湾地区法院经费保障与管理》，载《人民司法（应用）》2015 年第 3 期（总第 710 期）、第 5 期（总第 712 期）。

25. 唐虎梅：《台湾地区法院经费体制与管理的特点》，载《人民法院报》2014 年 11 月 7 日。

26. 唐虎梅：《人民法院财务工作 40 年》（一）、（二），载《人民司法（应用）》2019 年第 22 期（总第 861 期）、第 25 期（总第 864 期）。

27. 唐虎梅、郭丰、李军：《全国法院经费保障体制改革情况调研报告》，载《人民司法（应用）》2011 年第 17 期（总第 628 期）。

28. 唐虎梅、李学华、杨阳、郭丰：《人民法院经费保障体制改革情况调研报告》，载《人民司法（应用）》2013 年第 21 期（总第 680 期）。

29. 《〈中共中央关于全面深化改革若干重大问题的决定〉辅导读本》，人民出版社 2013 年版。

30. 唐虎梅：《省以下法院财物统管改革的现状与展望》，载《法律适用》2018 年 11 月 1 日第 21 期（总第 414 期）。

31. 唐虎梅：《推动省以下地方法院财物统一管理改革研究》，载《中国法学会审判理论研究会 2014 年年会暨全面深化司法改革促进司法公正理论研讨会论文集》；《人民法院司法行政管理研究与参考》（第 5 辑），人民法院出版社 2017 年版。

32. 项怀诚编著：《中国财政管理》，中国财政经济出版社 2001 年版。

33. 苏泽林：《认真编制部门预算 切实提高预算管理水平》，载《人民法院司法行政工作通讯》2011 年第 3 期。

34. 贺荣：《在全国法院系统预算财务知识视频培训班上的主持讲话》，载《人民法院司法行政管理研究与参考》（第 3 辑），人民法院出版社 2016 年版。

35. 财政部预算司编：《中央部门预算编制指南》（2020 年），中国财政经济出版社 2019 年版。

36. 唐虎梅：《政法财务管理与改革》，载财政部行政政法司编：《行政政法财务管理讲座》，中国财政经济出版社 2001 年版。

37. 唐虎梅、刘尚希：《我国审判领域财政事权与支出责任划分改革研究》，载《财政研究》2021 年第 5 期（总第 459 期）。

38. 王少南、唐虎梅、苏明等：《人民法院审判事权划分及经费保障问题研究报告》，载《人民法院司法行政管理研究与参考》（第 1 辑），人民法院出版社 2014 年版。

39. 唐虎梅、林洁：《落实收支两条线管理 改革诉讼费管理办法》，载《行政事业财务》1999 年第 6 期（总第 30 期）。

40. 唐虎梅：《加快人民法院经费保障与财务管理长效工作机制建设》，载《人民司法（应用）》2013 年第 13 期（总第 672 期）、《人民法院司法行政管理研究与参考》（第 3 辑），人民法院出版社 2016 年版。

41. 李林池、贾新怡、唐虎梅、左刚、陆强：《中央政法补助专款使用情况专题调研报告》，载《预算管理与会计》2005 年第 11 期、第 12 期。

42. 王少南、唐虎梅、宋世明组织课题研究报告：《人民法院司法行政事务管理权和审判权相分离研究—以人民法院财物管理体制改革为视角》，2018 年 1 月。

43. 韩大元、于文豪：《法院、检察院和公安机关的宪法关系》，载《法学研究》2011 年第 3 期。

44. 王汉斌：《关于修改〈人民法院组织法〉、〈人民检察院组织法〉的决定和〈关于严惩严重危害社会治安的犯罪分子的决定〉等几个法律案的说明》，载《全国人大常务委员会公报》1983 年第 4 期。

45. 唐虎梅、史为栋：《关于省以下法院内设司法保障机构改革问题的调研报告》，2019 年 12 月 30 日。

46. 苏泽林：《建立促进司法公正的法院财物保障管理新体制》，载《人民法院司法行政管理研究与参考》（第 6 辑），人民法院出版社 2018 年版。

47. 唐虎梅、史为栋：《全面深化改革背景下人民法院内设财物管理机构改革问题探讨》，载《中国应用法学》2018 年第 1 期（总第 7 期）。

48. 唐虎梅：《构建适应全面深化改革需要的法院财务工作新体系》，载《人民司法（应用）》2018 年第 22 期（总第 825 期）。

49. 唐虎梅：《人民法院经费保障面临的形势与对策研究》，载《人民司法（应用）》2021 年第 4 期（总第 915 期）。